ADVERTISING
MEDIA 광고 매체론
IN THE
DIGITAL AGE 이경렬 저

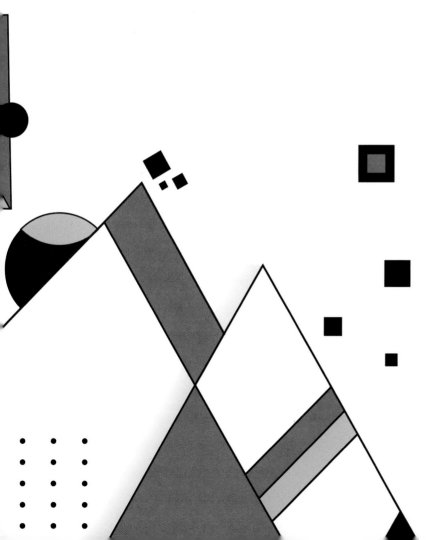

학지사비즈

머리말

저자는 2016년 『광고매체론』 초판을 집필한 이래 2019년 개정판인 2판을 거쳐 코로나 팬데믹의 어려운 시기를 지나 마침내 세 번째 개정을 진행하여 이 책을 집필하게 되었다. 최근 빅데이터(big data), 머신러닝(machine learning), 클라우드(cloud), 블록체인(blockchain) 등의 4차 산업 혁명에서 주목 받고 있는 ICT 기술이 광고에 접목되어 광고가 단순히 전략과 크리에이티브의 조합만이 아닌 광고주의 문제를 해결해 주는 솔루션(solution)으로 발전하고 있다. 예를 들어, 온라인이나 모바일 광고 플랫폼이 사용자가 웹(web)이나 앱(app)에 접속하는 순간 사용자의 특징을 인공지능 알고리즘으로 분석하여, 타깃 오디언스임이 확인되면 0.1초 이내에 적합한 광고를 노출하는 프로그래매틱 바잉(programatic buying)이라고 불리는 광고 자동 구매가 가능해졌다. 또한 웹이나 앱 사용자의 로그 데이터 분석을 통하여 확인된 고객에게 메시지를 노출시키는 것이 가능해지면서 과거 타깃 오디언스가 있을 것 같은 매체를 구매하여 광고가 노출되기를 기다리는 미디어 바잉(media buying) 방식에서 벗어나서, 고객을 적극적으로 찾아나서는 오디언스 바잉(audience buying) 방식으로 매체 기획과 집행의 패러다임이 바뀌고 있다.

저자는 이 책을 내면서 전통적인 매체 기획 이론 및 실무와 함께 ICT 기술의 접목으로 확장되고 있는 디지털 광고 생태계 및 광고 패러다임의 변화로 인한 전반적인 매체 환경 및 전략의 변화를 다루려고 노력하였다.

이 책의 구성을 살펴보면, 총 4부, 21개 장으로 구성되어 있다. 제1부에서는 광고 매체의 정의, 역할, 분류와 같은 광고 매체에 대한 기본적인 지식과 함께 소비자 정보처리 이론과 미디어, 통합적 마케팅 커뮤니케이션(IMC)과 매체 전략, 디지털 매체와 광고 패러다임의 변화 등 매체 기획에 직간접적으로 영향을 끼치는 환경 요인에 대해서 다루고 있다. 또한 제1부에서는 디지털 매체를 둘러싼 광고환경을 이해하기 위해 제5장 '디지털 광고시스템 및 생태계'를 새롭게 추가하였다.

제2부에서는 매체 효과측정의 기본단위와 도달률, 빈도, GRPs, 유효빈도 및 유효도 달률, 노출분포 등을 포함한 매체 기획의 기본개념을 소개하고, 이러한 기본개념이 매체 기획에서 어떻게 활용되는가를 다루고 있다. 특히 제6장 '매체 효과측정의 기본단위'에서는 시청률, 청취율, 열독률 등의 대중매체의 측정단위와 함께 디지털 매체의 인게이지먼트 측정단위를 새롭게 추가하였다.

제3부는 제9장부터 제17장까지로 구성되며, 전반적인 매체 기획과정에 대해 설명하고 있다. 여기에는 매체 기획 의사결정과정, 사전기획과정, 표적 수용자의 선정, 매체 목표설정, 미디어 믹스, 매체 스케줄링, 광고지역의 결정, 매체 스케줄의 효과평가, 광고 예산의 설정 등이 포함된다. 제3부에서는 각 장마다 디지털 매체 기획과 관련된 새로운 내용이 대폭 추가되었다. 예를 들어, 제10장 '사전기획과정'에서는 소비자 구매 여정 및 퍼널, 제11장 '표적 수용자의 선정과 타기팅'에서는 디지털 광고의 표적 수용자 타기팅, 제12장 '매체 목표'에서는 디지털 광고의 매체 목표설정과 같은 새로운 내용을 추가하였으며, 제13장 '미디어 믹스'에서는 디지털 광고의 미디어 믹스 최적화와 같은 새로운 디지털 매체 전략을 소개하는 데에 많은 내용을 할애하였다.

제4부에서는 방송 매체, 인쇄 매체, 디지털 매체, 옥외매체 등 매체 기획 및 구매 그리고 집행에서 사용되는 다양한 광고 매체를 소개하고 있다. 특히 제20장 '디지털 매체'에서는 급변하는 미디어 플랫폼 환경에 맞게 메신저 광고와 같은 새로운 디지털 매체 유형을 소개하는 데에 많은 내용을 할애하였다.

저자가 이 책을 집필하는 데에 오랫동안 한양대학교에서 광고 매체론, 매체 기획론, 광고심리 등을 가르친 경험이 큰 밑거름이 되었다. 특히 2017년부터 새롭게 몸담게 된 한양대학교 ICT융합학부에서 애드테크(AdTech)를 배우고 가르친 지식이 이 책을 내는 데 많은 도움이 되었다. 이 책을 내는 데 물심양면으로 도와준 학지사의 김진환 사장님과 책의 편집에 큰 도움을 준 편집부에게 감사드리며, 이 책이 나오기까지 정신적으로 큰 힘이 되어 준 나의 가족과 하나님께 모든 감사를 돌린다.

2023년 9월
저자 이경렬

차례

제2부
광고 매체의 기본개념들

제4부
광고 매체의 유형

제1부

광고 매체의 이해

광고 매체의
정의, 역할, 분류

1. 광고 매체의 정의

매체(media)는 '중간(middle)'을 뜻하는 라틴어로부터 파생된 단어이다. 즉, 중간에 있는 어떤 것으로 둘 이상의 사이에서 중개의 역할을 하는 것을 말하며, 광고로 본다면 광고주와 소비자 사이에서 중개의 역할을 하는 것이다. 커뮤니케이션을 송신자가 수신자에게 매체를 통하여 광고 메시지를 전달하여 어떤 효과를 기대하는 과정으로 보는 라스웰(Lasswell, 1984)의 커뮤니케이션 모형(S → M → C → R)을 생각할 때, 송신자인 광고주의 광고 메시지를 전달하는 모든 수단을 매체라고 할 수 있다. 즉, 우리가 흔히 알고 있는 라스웰의 커뮤니케이션 모형(S → M → C → R → E)은 누가(who), 무엇을(say what), 어떤 경로로(in what way), 누구에게(to whom), 어떤 효과를 바라고(with what

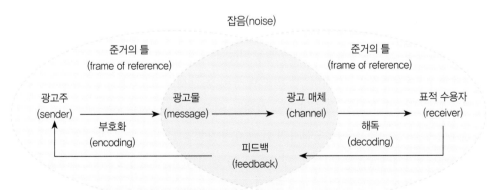

[그림 1-1] 광고 커뮤니케이션 모델

effect)의 다섯 가지 기본 요소(SMCRE)로 구성되어 있다. '누가'는 송신자, '무엇을'은 메시지, '어떤 경로'는 매체, '누구에게'는 수신자, '어떤 효과'는 피드백과 반응을 말한다.

라스웰의 SMCRE 모델은 커뮤니케이션을 과정으로 보는 과정학파(process school)의 초기 모델로 송신자가 항상 수신자에게 영향을 미치려고 하며 또한 메시지는 항상 효과가 있다는 것을 가정한다. 매체는 이 과정에서 수신자에게 부호화된 메시지를 전달하는 수단이다. 라스웰의 모델을 광고 커뮤니케이션에 적용하면 송신자는 광고주 혹은 정보원(예: 광고 모델)들이고, 메시지는 TV의 경우 CF(Commercial Film), 신문과 잡지의 경우 인쇄 광고물(advertisement), 인터넷의 경우 광고콘텐츠(advertising contents) 등의 다양한 용어로 불린다. 반면, 수신자는 광고 메시지를 받는 표적 수용자, 경로는 광고 매체, 효과는 광고 메시지에 대한 표적 수용자의 반응 혹은 피드백을 말한다. 부호화는 광고 메시지의 창조, 해독은 광고 메시지의 해석 및 수용과 같은 심리적 정보처리과정을 말하며, 잡음은 광고 커뮤니케이션을 방해하는 모든 물리적이고 심리적인 현상들을 말한다. 준거의 틀은 광고주와 표적 수용자 간의 커뮤니케이션을 도와주는 공통된 경험의 영역을 의미한다.

광고 매체는 전통적인 4대 매체(TV, 라디오, 신문, 잡지)뿐만 아니라 정보통신기술(Information & Communication Technology: ICT)의 발달로 모든 디지털 미디어를 포함한다. 여기에는 IPTV, 디지털 케이블방송, 위성방송, 이메일, 메신저, 웹사이트, 애플리케이션, 소셜 미디어 등이 포함된다. 즉, 우리가 일생생활에서 접하는 모든 웹사이트와 애플리케이션 하나하나가 모두 광고 매체라고 할 수 있다.

1) 송신자 혹은 정보원

송신자(sender)는 메시지를 보내는 정보원(source)을 말한다. 광고주(개인, 기업 등), 광고대행사, 광고제작자, 마케터, 광고 모델 등이 송신자에 해당된다. 송신자의 역할은 메시지를 수신자가 이해될 수 있게 부호화하는 역할을 한다. 예를 들어, 광고 커뮤니케이션에서 송신자인 광고주는 수신자인 표적 수용자의 니즈(needs)를 파악하여, 이에 적합한 광고 전략과 크리에이티브를 개발하는 등 광고 메시지를 창조하는 작업을 한다. 광고 모델의 경우 공신력(credibility) 및 매력도(attractiveness)가 광고 메시지의 효과를 결정하는 데 중요한 역할을 한다.

2) 수신자

　수신자(receiver)는 생각이나 정보를 받는 사람을 말하며 광고 커뮤니케이션에서는 표적 수용자(target audience)가 된다. 광고의 수신자는 광고 메시지를 받아들여 해독한 후 인지적·태도적·행동적 반응과 같은 다양한 차원의 커뮤니케이션 반응을 나타낸다. 따라서 광고의 수신자는 인지, 태도, 행동 등의 여러 단계의 정보처리과정을 거쳐 메시지를 해독하게 된다.

3) 메시지

　메시지(message)는 송신자가 보내기를 원하는 정보나 의미를 말한다. 광고의 경우 TV CF, 신문, 잡지광고물의 전달하고자 하는 내용을 말한다. 광고 메시지는 대량 생산 및 복제가 가능한 상징적 구조로 되어 있다. 광고 메시지는 광고주의 소비자에 대한 약속이 담겨 있다. 광고주는 메시지를 통하여 우리 제품을 구매하면 이러이러한 혜택이나 가치를 얻을 것을 소비자에게 약속한다. 따라서 광고 메시지에는 제품이 소비자에게 제공하는 혜택과 가치 등이 담겨 있다. 광고 메시지는 이러한 혜택과 가치를 강조함으로써 소비자의 마음을 움직인다. 광고 메시지에는 소비자의 마음을 움직이기 위한 아이디어가 구체화되어 있으며, 광고 메시지는 스스로 살아 움직여 소비자로 하여금 그 제품을 사지 않을 수 없게끔 만들어져 있다.

4) 부호화

　부호화(encoding)는 수신자에게 전달할 정보나 의미를 만들어 내는 과정을 말한다. 광고 커뮤니케이션에서는 광고주 혹은 광고제작자의 생각이나 아이디어를 메시지를 전달할 수 있는 상징(symbols) 혹은 기호(signs)로 바꾸는 작업을 말한다. 광고에서 부호화란 광고 메시지의 창조과정을 말한다. 광고 메시지는 기본적으로 전략을 바탕으로 아이데이션(ideation) 과정을 거쳐 카피와 비주얼의 결합으로 표현된다. 광고 아이디어가 카피와 비주얼의 결합으로 구체화된 것을 크리에이티브 콘셉트(creative concept)라고 한다.

5) 경로

경로(channel)는 수신자에게 기호화된 메시지를 전달하는 수단으로써 광고 커뮤니케이션에서는 광고 매체를 말한다. 광고 매체는 신문, 라디오, TV, 잡지, 빌보드, 인터넷, 소셜 미디어, 메신저 등이 있으며 시간적 · 공간적 용량의 제한이 있다. 매체는 광고 메시지를 수신자에게 전달하는 역할을 한다. 어떤 매체를 선택하느냐에 따라 노출 효과는 달라지며 최종 광고효과도 영향을 받게 된다.

6) 해독

해독인 메시지를 해석하고 수용하는 것을 말한다. 광고 커뮤니케이션에서 해독(decoding)은 광고 메시지를 표적 수용자가 해석하는 것을 말한다. 해독 과정에서 송신자와 수신자 간 상호 공유하는 준거의 틀이 있을 때 효과적인 커뮤니케이션이 일어난다. 해독은 메시지에 노출된 후 바로 시작되며 주의(attention), 해석(interpretation), 파지(retention), 태도 변화(attitude change) 등의 정보처리과정을 거치게 된다. 광고 메시지의 해독을 설명하는 소비자 정보처리이론에는 정교화 가능성 모형, 고전적 조건화 이론 등이 있다.

7) 잡음

잡음(noise)은 송신자와 수신자 간의 성공적인 커뮤니케이션을 방해하는 현상들을 말한다. 광고 커뮤니케이션에도 잡음이 있다. 예를 들어, 매체 클러터(media clutter), 애드블로킹(adblocking),[1] 재핑(zapping),[2] 지핑(zipping)[3]과 같은 광고 회피 행동 등이 잡음의 예이다. 매체 클러터란 광고 혼잡 현상을 말하며 한 매체 비히클(media vehicle) 내에 광고물의 절대적인 양(quantity)이 많거나, 동일 제품군 내의 경쟁광고의

---

1) 구글 크롬 확장 프로그램을 이용하여 광고를 차단 혹은 제거하는 행위를 말한다.
2) 광고 방영 중 리모컨으로 채널을 바꾸는 광고 회피 행동을 말한다.
3) TV의 경우 녹화 혹은 다운로드가 된 프로그램 속 광고를 빨리 감기로 건너뛰는 광고 회피 행동을 말한다.

수(competitive ads)가 많아서 경쟁광고의 방해 현상이 심한 상황을 말한다. 매체 클러터로 인해 미디어 콘텐츠의 흐름에 대한 광고의 방해 혹은 침입성(intrusiveness)이 심해지면 소비자들의 광고에 대한 거부감이 증가하고, 이에 따라서 광고의 효과가 감소한다. 애드블로킹은 애드블록(adblock)을 이용하여 광고와 같은 페이지를 차단하여 보이지 않게 하는 것을 말한다.

이 외에도 소비자의 마음속에 경쟁제품이 이미 포지셔닝(positioning)되어 있어 자리매김하고 있을 때 혹은 경쟁제품에 대한 소비자의 충성도가 높을 때에도 광고 커뮤니케이션이 방해받을 수 있다.

8) 피드백 혹은 반응

광고 커뮤니케이션에서 피드백(feedback)은 광고 커뮤니케이션의 결과로 발생하는 소비자 반응을 말한다. 피드백은 메시지가 해독되었다는 것을 알려 준다. 광고 커뮤니케이션에서 직접적인 피드백은 광고캠페인의 결과로서 발생하는 제품구매와 같은 즉각적인 반응을 말한다. 반면에 간접적인 피드백은 브랜드 인지도, 브랜드 호감도, 구매의향과 같은 표적 수용자들의 구매를 촉진하는 커뮤니케이션 효과를 말한다. 광고 커뮤니케이션에서 피드백은 소비자 설문조사나 로그 데이터[4] 분석을 통하여 측정이 가능하다.

9) 준거의 틀

준거의 틀(frame of reference)은 개인이 어떤 사물이나 현상을 지각하고 판단할 때 적용하게 되는 비교나 평가 등의 기초가 되는 일련의 기준을 말한다. 즉, 개인이 자기 행동의 옳고 그름, 또는 규범이나 가치를 판단하는 데 표준으로 삼는 기준이라고 할 수 있다.

광고캠페인의 표적 수용자마다 준거의 틀이 다르므로 광고제작자는 이러한 표적 수

---

4) 디지털 사용자의 사용성 및 행동 패턴을 확인하거나 사용자 클러스터링, 모델링 등 다양한 목적으로 사용되는 행동 데이터로서 사용자의 웹이나 앱 내 활동 기록이라고 할 수 있다.

용자 준거의 틀을 이해하고 있어야 표적 수용자와 성공적인 커뮤니케이션을 할 수 있다. 가령 우리 제품의 표적 수용자가 어릴 때부터 근검절약하는 습관이 몸에 밴 부모님의 영향을 받아서 제품구매 시 실용적 가치를 중시하는 준거의 틀을 갖고 있다면 광고주는 이러한 표적 수용자 준거의 틀에 맞추어 광고를 제작해야 표적 수용자의 공감을 이끌어 내고, 기대하는 광고효과를 얻을 수 있다. 표적 수용자도 광고주 준거의 틀을 이해한다면 광고 메시지에 대한 해독이 더 쉽게 이루어질 수 있다.

2. 매체, 비히클, 유닛

광고 매체의 범위는 수평적 범위와 수직적 범위로 나누어 살펴볼 수 있다. 광고 매체의 수평적 범위는 대중매체와 비대중매체, ATL과 BTL, 그리고 페이드 미디어(paid media), 온드 미디어(owned media), 언드 미디어(earned media)와 같은 매체의 특성과 역할에 따른 분류와 유형들을 말하며, 광고 매체의 수직적 범위는 매체 유형(media type), 매체 비히클(media vehicle), 매체 유닛(media unit)과 같은 매체의 계층을 말한다. 우리가 흔히 일컫는 '매체'는 TV, 신문, 잡지, 인터넷 등의 매체 유형을 말한다. '매체 비히클'은 하나의 매체를 구성하는 동종의 집합체로서 매체 유형 내의 개별 메시지 전달자(carrier)를 말한다. 예를 들어, TV와 라디오 매체의 비히클은 〈KBS 9시 뉴스〉와 같은 하나하나의 프로그램이며, 신문 매체의 비히클은 『조선일보』『동아일보』와 같은 신문의 종류, 잡지 매체의 비히클은 『여성동아』『주부 생활』 등과 같은 잡지의 종류를 말한다. 디지털 매체의 비히클은 구글, 네이버, 인스타그램, 카카오, 개인 블로그 등을 말한

〈표 1-1〉 매체, 비히클, 유닛의 차이

매체	비히클	유닛
TV	〈KBS 9시 뉴스〉	15초, 20초, 30초, 60초
라디오	MBC-FM 〈별이 빛나는 밤에〉	15초, 20초
신문	『조선일보』『동아일보』『중앙일보』	스포츠면, 5단
잡지	『씨네21』『세씨』『라벨르』	표지면, 뒷면
옥외매체	빌보드, 옥탑, 포스터	100, 75, 50, 25
디지털 매체	구글, 네이버, 인스타그램 등	배너, 동영상, 이미지

다. '매체 유닛'은 비히클을 구성하는 개별 광고물의 형태로서 매체 비히클 내의 광고물의 형식, 크기, 게재 위치, 길이, 색상 등을 말한다. 매체 기획은 단지 매체의 유형만을 다루지 않고, 비히클과 유닛까지 포함하여 다루게 된다. 따라서 매체 전략과 전술을 수립할 때 매체, 비히클, 유닛의 차이를 알아야 한다.

3. 광고 매체의 분류

광고 매체는 미디어 커뮤니케이션 마케팅 등의 학문적 성격에 따라서 대중매체와 비대중매체, 전통매체와 디지털 매체, ATL과 BTL 매체, 트리플 미디어 등의 다양한 기준으로 분류된다.

1) 대중매체 vs. 비대중매체

광고 매체는 크게 대중매체와 비대중매체로 구분한다. 대중매체는 불특정 다수에게 획일화된 메시지를 전달하는 TV, 라디오, 신문, 잡지 등을 말하며, 비대중매체는 이러한 대중매체를 제외한 모든 매체를 말한다.

2) 전통매체 vs. 디지털 매체

전통매체는 TV, 라디오, 신문, 잡지를 포함한 4대 매체와 옥외매체를 말하며, 레거시 매체(legacy media)라고도 불린다. 디지털 미디어는 올드 미디어의 상대적인 용어로서 디지털 기반의 인터넷, 모바일, 스마트 미디어 등을 말한다. 스마트 미디어에는 스마트 TV, 태블릿 PC, 스마트폰, 소셜 미디어 등이 포함된다. 그러나 스마트TV, 태블릿 PC, 스마트폰은 단말기로도 혹은 미디어 서비스로도 볼 수 있다. 스마트폰에는 수많은 모바일 웹(mobile web)과 앱(app) 기반의 미디어 서비스들이 존재한다.

3) ATL vs. BTL, TTL 매체

마케팅 커뮤니케이션 활동에서 통합적 마케팅 커뮤니케이션(Integrated Marketing Communication: IMC)에 대한 요구가 증가하면서 광고 매체가 단순히 광고 메시지를 전달하는 역할뿐 아니라 PR, 프로모션, 이벤트, PPL 등을 지원하기 위한 도구로 활용되면서 광고대행사들은 광고캠페인에서 광고 매체의 역할과 특성에 따라 광고 매체를 ATL과 BTL로 구분하기 시작하였다. ATL(Above The Line)은 TV, 신문, 잡지, 라디오 광고, 극장광고, 옥외광고 등의 4대 매체를 포함한 대중매체를 활용한 비대인적 커뮤니케이션 활동을 말한다. 반면에 BTL(Below The Line)은 ATL을 제외한, 주로 대인 커뮤니케이션 방법을 활용하는 비대중매체 커뮤니케이션(non mass media communication)을 말한다. 매체 소유의 관점에서 보면 ATL은 다른 사람에 의해 소유된 매체(주로 4대 매체)을 말하며, BTL은 자신이 소유하고 있는 매체(in-store, POP, 팸플릿 등)를 말한다. 재무적 관점과 매체 대행 업무를 기준으로 보면 광고대행사는 커미션(commission) 기반의 매체를 ATL, 피(fee) 기반의 매체를 BTL 매체로 구분한다. ATL 매체에는 광고대행사들이 대행수수료

〈표 1-2〉 ATL과 BTL의 차이

유형	커뮤니케이션 수단들	세부 수단들
ATL	대중매체 광고	TV, 신문, 잡지, 라디오
BTL	직접반응 광고	인터넷, 모바일, 직접우편(DM), 전화, 인포머셜 등
	옥외, 현장광고	빌보드, 야립, 전광판, 포스터, 교통매체 등
	구매 시점(POP) 광고	진열대, 통로, 쇼핑카트, 기타 인스토어 미디어 등
	소비자 프로모션	샘플링, 쿠폰, 프리미엄, 환불, 리베이트, 보너스팩, 할인, 게임 및 컨테스트, 소비자 로열티 프로그램(마일리지) 등
	유통프로모션	머천다이징, 구매할인, 콘테스트 및 딜러 인센티브, 훈련프로그램, 무역박람회, 공동광고, 기타 유통 로열티 프로그램 등
	매장프로모션	시음, 시식 등
	이벤트, 스폰서십	스포츠마케팅, 예술(전람회), 오락, 로드쇼, 컨퍼런스, 전시, 페어, 페스티발, 공익(대의)마케팅, 스폰서링 등
	MPR(Marketing PR)	언론보도, 매체인터뷰, 기자회견, 뉴스레터, 사진, PR광고, 공익광고(PSA), 제3자 보증, 대변인, 기사재인쇄 등
	인적판매	내부판매, 외부판매 등
	PPL, 협찬광고	영화, 드라마, 예능 프로그램 PPL 및 협찬광고

로 커미션을 받는 TV, 라디오, 신문, 잡지 등이 포함되며, BTL 매체에는 인터넷, 모바일, IPTV, 소셜 미디어, SNS, 스폰서십(sponsorship), 그 이외 모든 매체가 포함된다.

　디지털 시대의 도래로 전통적인 관점에서의 ATL과 BTL 간의 경계는 무너지고 있다. 예를 들어, SNS는 불특정 다수에게 광고 메시지를 노출시킬 수 있지만 1:1로 답글을 달 수도 있다. 또한 유튜브는 다수의 시청자에게 메시지를 노출시킬 수도 있지만 시청대 상을 구체적으로 설정하여 그들에게 맞춤형 메시지를 노출시킬 수 있다. 이제는 경계 구분이 중요한 게 아니라 상호 영역에서 나오는 소비자 반응을 어떻게 잘 버무려 최대의 시너지 효과를 낼 수 있는지가 중요하다. 이런 ATL과 BTL의 기능과 역할을 합친 매체의 영역을 나타내는 TTL(Through The Line)라는 개념이 등장하였다. TTL 매체는 노출 효과뿐 아니라 소비자를 참여시키는 인게이지먼트 효과, 소비자의 행동 반응을 유도하는 전환 효과, 나아가 리드(lead) 및 신규 고객까지 창출할 수 있다. TTL 매체의 예로는 인스타그램 및 틱톡과 같은 소셜 미디어, 유튜브와 같은 동영상 매체 등을 들 수 있다.

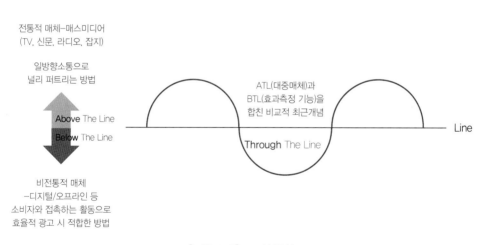

[그림 1-2] **TTL의 특성**

출처: SystemplerKR (2020. 2. 13.). https://systempler.tistory.com/9

　[그림 1-3]은 BODY럽 플랫폼에서 기획한 TTL 브랜드 캠페인의 사례이다. 이 캠페인은 공식 SNS 채널 콘텐츠, 네이버 블로그/카페, 소셜커머스 입점, 인스타그램 광고, 옥외매체, 버스/지하철광고, 유튜브 광고, 네이버 포스트, 연관검색어, 언론 보도자료 송출, FB 채널 제휴와 같은 다양한 TTL 매체를 결합하여 소비자에게 다양한 접점에서 브랜드를 경험하게 하고 이를 통해 브랜드 캠페인을 성공적으로 확산하였다.

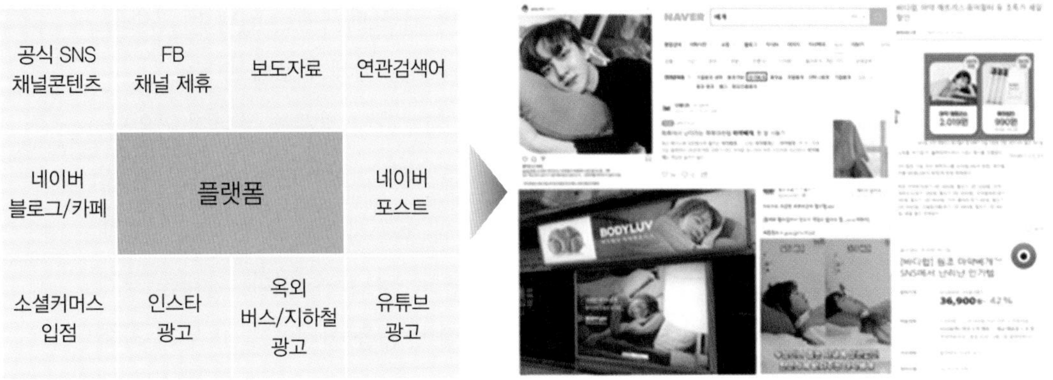

[그림 1-3] BODY럽 브랜드 캠페인 사례

출처: SystemplerKR (2020. 2. 13.). https://systempler.tistory.com/9

오늘날의 소비자들은 대중매체를 통한 브랜드와의 간접적인 접촉에서 벗어나 적극적으로 브랜드를 경험하기를 원한다. BTL은 단순히 브랜드를 소비자에게 알리기가 아닌 브랜드 체험과 구매 행동의 촉구뿐만 아니라 장기적 브랜드 구축도 가능하게 한다. 특히 다매체, 다채널 시대의 도래로 소비자의 브랜드 접촉점이 다양화되어 가고, 대중매체만으로는 효율적으로 소비자에게 도달하기 어렵게 되어 감으로써, 커뮤니케이션 시너지 효과를 극대화하기 위하여 ATL과 BTL, TTL을 결합하는 미디어 믹스가 중요해지고 있다. 예를 들어, 전통적 대중매체 중심의 광고와 함께 미디어 콘텐츠 속으로 들어가 소비자에게 브랜드를 직간접적으로 체험케 하는 PPL,[5] PR, 프로모션 등의 BTL 매체를 활용한 통합적 마케팅 커뮤니케이션(IMC) 전략이 효율적으로 실행되어야 커뮤니케이션 시너지 효과를 극대화할 수 있다.

4) 트리플 미디어

대중매체에서 디지털 미디어로 매체 환경이 변화함으로써 트리플 미디어(triple media) 시대가 도래했다. 트리플 미디어란 소비자와 브랜드 간 접점이 되는 미디어의 종류를 세 가지로 구분한 개념으로, 페이드 미디어, 온드 미디어, 언드 미디어로 구성

---

5) Product Placement의 약어로 영화, 드라마, 예능 프로그램 등의 내용에 방해를 주지 않으면서 제품을 보이게 배치하여 시청자에게 노출하는 간접광고의 한 형태이다.

된다. 트리플 미디어는 전통적인 대중매체 중심의 유료 미디어의 개념을 온드 미디어 와 언드 미디어로 확장시켰다. 광고캠페인을 성공시키기 위해 이 3개의 미디어 유형들 을 잘 결합하여 커뮤니케이션 시너지 효과를 극대화하는 것이 중요하다.

〈표 1-3〉 트리플 미디어의 유형과 특징

구분	매체 종류	수용자 특성	역할
페이드 미디어	대중매체, 옥외매체, DM, 검색 광고, 스폰서십광고, 인스토어 미디어 등	불특정 다수 (strangers)	캠페인 인지, 온드 미디어로 고객 유입, 언드 미디어 창출
온드 미디어	브로슈어, 매장, 기업 웹 및 앱 페이지, SNS 공식 계정, 브랜드 커뮤니티 등	잠재, 가망, 신규, 충성고객들	광고 및 마케팅 활동의 허브, 고객 육성 및 관계 유지 촉진, 충성도 강화
언드 미디어	WOM(Word Of Mouth), 바이럴(viral), 버즈(buzz)	옹호고객들	캠페인 확산, 대고객 신뢰와 평판 형성

(1) 페이드 미디어

페이드 미디어는 대중매체와 같은 유료 미디어를 말하며 온라인에서는 인터넷 디스플레이(display) 광고, 검색(search) 광고, 스폰서십(sponsorship) 광고 등이 있으며, 오프라인에서는 대중매체 광고, 옥외광고, 유료기사, 전단지 광고 등이 포함된다. 페이드 미디어는 주로 광고캠페인 초기 단계에 광범위한 브랜드 및 캠페인 인지도를 획득하고, 온드 미디어로 잠재고객을 유도하며, 궁극적으로 언드 미디어를 창출하는 역할을 한다. 페이드 미디어는 비용을 지급하는 미디어이기 때문에 필요한 만큼 조절할 수 있으며 즉시 효과를 볼 수 있다. 또한 대규모 전개와 통제가 가능하다는 장점을 갖고 있지만, 비용 대비 고객의 반응과 신뢰성이 낮은 것이 약점이다.

(2) 온드 미디어

온드 미디어(소유 미디어)는 기업 자체가 보유하고 있는 다양한 커뮤니케이션 채널이 미디어의 역할을 하는 것을 말한다. 온드 미디어의 예로는 기업 및 브랜드 웹사이트, 블로그(Blog), 유튜브(YouTube), 페이스북(Facebook), 인스타그램(Instagram), 트위터(Twitter) 등의 SNS 계정 등이 있으며, 오프라인에서는 매거진, 상품 패키지, 카탈로그, 매장 POP, interior, exterior, 자사 직원 및 판매 사원까지도 미디어의 정의에 포함하고 있다. 온드 미디어는 주로 현재 고객(current customer)과 깊이 있는 커뮤니케이션을 하는 채널로 활용된다. 예를 들어, 고객에게 이벤트 브로슈어를 보내기도 하고, 고객은 기업의 웹사이트를 정기적으로 방문하여 제품이나 서비스 정보를 얻기도 한다. 이러한 고객과의 관계 유지 및 강화 활동을 통해 고객은 제품이나 자신이 경험한 것에 대해 입소문을 내고, 제품이나 서비스를 다른 사람에게 적극적으로 추천하는 언드 미디어의 채널로 활용된다. 코카콜라는 자사의 웹사이트를 뉴스룸 형식으로 꾸며 고객에게 최신 소식과 이벤트 정보 등을 제공함으로써 온드 미디어를 베이스 캠프로 하는 마케팅 활동을 활발히 펼치고 있다. 이러한 온드 미디어 기반의 마케팅 활동을 온드 미디어 마케팅이라고도 한다.

온드 미디어는 매체 비용이 들지 않고 기업이 통제가 쉽기 때문에 온드 미디어를 기반으로 페이드 미디어와 언드 미디어를 융합하는 트리플 미디어 전략이 활성화되고 있다. 예를 들어, 캠페인 초기에 페이드 미디어로 잠재고객의 관심을 끌어 이들을 온드 미디어로 유입시키고, 이러한 유입된 잠재고객에게 유용하고 재미있는 콘텐츠를 지속적으로 공급함으로써 잠재고객을 활동고객으로 만들 수 있다. 특히 오늘날 SNS 이용자 수가 지속적으로 증가하고 이들을 대고객 접점으로 하는 기업의 광고 및 마케팅 활동이 증가함으로써 온드 미디어의 광고 채널화가 진행되고 있다. 즉, 기업이 소유하거나 운영하는 온드 미디어 채널들(웹사이트, 앱, 블로그, SNS 공식 계정 등)에 유입된 고객의 리드(lead)[6]를 확보한 후 이를 활용하여 할인 쿠폰을 정기적으로 발송함으로써 재구매율을 높이거나 충성도를 강화하는 마케팅 활동을 실행할 수 있다. 한편, 온드 미디어는 비용 대비 효율성이 높은 편이지만, 기업이 제공하는 정보에 대한 신뢰성이 떨어진다는 약점을 가지고 있다.

(3) 언드 미디어

언드 미디어는 소비자가 스스로 매체가 되어 바이럴 효과를 일으키는 미디어로 획득 미디어 혹은 공짜 미디어라고 한다. 즉, 바이럴(viral)이라는 구전효과를 하나의 미디어 개념으로 확대한 것으로 볼 수 있다. 구체적으로 온라인에서는 페이스북, 트위터, 블로그, 게시판 등에 나타나는 좋아요(like), 댓글(comment/reply), 사용자 간 공유(share), 리트윗(retweet), 전문가의 평가 등이 모두 언드 미디어에 포함된다. 오프라인

---

6) 고객의 이메일 주소나 휴대폰 번호 등의 연락처를 말한다.

에서는 대중매체에서 제품과 관련된 신문기사, TV 보도 프로그램, 구전 등이 언드 미디어에 속한다.

언드 미디어는 캠페인을 확산시키는 역할을 하며, 소비자가 주체적으로 제품에 대한 평판을 확산하는 미디어이기 때문에 가장 신뢰도가 높은 미디어이다. 언드 미디어가 효율적으로 기능하면 브랜드에 대한 고객의 신뢰와 평판이 발생한다. 그러나 언드 미디어는 비용을 지급하거나 자신이 소유하는 미디어가 아니므로 통제가 어렵고 부정적일 수 있으며 대규모 전개가 어렵다. 오래전부터 언드 미디어는 소비자의 신뢰 지수에 영향력을 끼쳐 매출에 상당한 영향력을 미쳐 왔다. 이제 언드 미디어의 실체가 소셜 미디어(social media)라는 채널로 명확해지면서 언드 미디어 볼륨(volume)을 최대한 확보하기 위해 소셜 미디어는 앞으로 더욱 중요해질 것이다.

4. 광고 매체의 역할

1) 메시지 전달자

광고캠페인에서 광고 매체는 메시지를 소비자에게 전달하는 역할을 한다. 광고 메시지를 소비자에게 전달한다는 것은 광고 메시지를 표적 수용자에게 노출하는 것을 말한다. 광고의 효과는 노출에서부터 시작하여 커뮤니케이션 과정을 거쳐 구매로 이어진다. 크리에이티브가 아무리 뛰어나다고 할지라도, 표적 수용자에게 광고 메시지를 먼저 노출하지 않는다면 광고는 아무런 효과도 발생시킬 수 없다. 따라서 광고 노출(advertising exposure)은 광고효과 발생의 첫 단계라고 할 수 있다. [그림 1-4]의 미국광고연구재단(Advertising Research Foundation: ARF)의 모델은 광고 메시지의 역할과 매체의 역할을 확연히 구분하고 있다. 이 모델에서 비히클 분배, 비히클 노출, 광고 노출은 매체의 역할이고 광고 지각, 광고 커뮤니케이션, 판매반응은 메시지의 역할로 구분된다. 광고는 이러한 매체와 메시지의 결합으로써 완성된다.

비히클 분배(vehicle distribution)는 발행 부수와 같은 매체 비히클의 유통, 비히클 노출(vehicle exposure)은 광고 메시지를 전달하는 매체 비히클(예: TV 프로그램)에 대한 노출, 광고 노출은 광고 메시지에 대한 노출을 말한다. 비히클 노출은 광고 노출의 필요

[그림 1-4] ARF 모델
출처: Advertising Research Foundation (1980).

조건이지만 필요충분조건은 아니다. 즉, 비히클 노출은 광고를 볼 기회(Opportunity To See: OTS)만을 의미하며, 매체 비히클에 노출되었다고 해서 반드시 광고 노출이 되었다는 보장은 없다. 이는 사람이 매체 비히클에는 노출되어도 비히클 내에 게재되거나 방영된 광고는 보거나 읽지 않는 경우가 많기 때문이다. 따라서 광고 매체의 궁극적인 역할은 비히클 노출이 아닌 광고 노출이라고 할 수 있다.

비히클 노출과 광고 노출 간 차이가 생기는 이유는 매체 수용자의 광고 회피 행동 때문이다. 광고 회피 행동은 크게 인지적 회피, 기계적 회피, 물리적 회피(행동적 회피)로 구분된다. 인지적 회피는 광고에 주의 집중하지 않음을 말하며, 기계적 회피는 TV의 경우 지핑(zipping)과 재핑(zapping), 이메일 광고와 모바일 광고의 경우 스팸 신고 및 수신 거부 행위를 말한다. 물리적 회피 혹은 행동적 회피는 TV의 경우 광고 방영 중 다른 사람과 대화를 하거나 자리를 뜨는 행위, 신문과 잡지의 경우 광고페이지를 읽지 않고 넘겨 버리는 행위를 말한다.

광고주가 기대하는 최소한의 광고효과를 얻기 위하여 이러한 매체 수용자의 광고 회피 행동을 최소화하는 것이 중요하다. TV 광고의 경우 인지적 회피를 최소화하기 위하여 더블 스폿팅(double spotting)[7] 전략을 사용하기도 하며, 재핑 행동을 최소화하기 위하여 로드블로킹(roadblocking)[8] 전략을 사용하기도 한다. 반면 인터넷 광고의 경우 기사식 광고, 기사를 가리는 광고, 종료 버튼에 다가가면 확장되는 광고, 종료 버튼이 없는 광고, 팝업 및 팝언더 광고 등 소비자들의 정상적인 인터넷 콘텐츠 이용을 방해하거나 기만적인 광고기법을 사용하기도 한다. 광고 지각(advertising perception)은 광고 노출 후 감각기관을 통하여 광고 메시지를 수용한 후 이를 해석하는 것을 말하며 광고 커

---

7) 하나의 프로그램에 2개의 광고를 반복적으로 방영하여 광고 노출 시간과 광고 메시지의 정보처리 시간을 늘리는 전략을 말한다.
8) 동일한 광고시간대에 모든 채널에 광고를 동시에 방영하여 광고 회피 행동을 최소화하는 전략을 말한다.

뮤니케이션(advertising communication)은 광고 지각 후 나타나는 인지적 반응(예: 광고 인지도), 태도적 반응(예: 브랜드 태도), 행동적 반응(예: 제품구매)을 말한다. 마지막으로 판매반응(purchase response)은 앞의 여러 단계를 거쳐 발생하는 매출 혹은 판매 효과를 말한다.

2) 브랜드 접촉점

매체는 브랜드 접촉점(brand contact point)이다. 차별화되고 일관된 브랜드 이미지를 구축하기 위하여 매체를 브랜드 접촉의 수단으로서 인식하고 관리하는 것이 중요하다. 소비자들은 브랜드와 접촉하는 모든 순간을 개별적으로 인식하는 것이 아니라 통합된 전체로서 지각한다. 따라서 일관된 브랜드 이미지를 형성하기 위하여 다양한 브랜드 접촉점을 통하여 일관된 브랜드 슬로건 및 CI(Corporate Identity)를 사용하여 하나의 통합된 메시지를 전달하는 것이 중요하다. 브랜드 접촉점으로서 매체는 대중매체뿐만 아니라 인터넷과 같은 디지털 미디어 및 옥외매체와 같은 BTL 매체도 포함한다.

3) 매체는 메시지

매체는 단순히 메시지 전달수단을 넘어서 그 이상의 의미를 갖고 있다. 금세기 최고의 미디어 이론가인 마셜 맥루한(Marshall McLuhan)은 일찍이 "매체는 메시지이다."라고 설파하였다. 이 말의 뜻은 메시지 전달수단이 무엇인가에 따라 수용자에게 발현되는 '메시지 의미'가 크게 달라진다는 것이다. 예를 들어, TV 매체는 영상과 음악 등 시청각적 자극을 통하여 감성적 소구에 효과적이며, 시청자를 화면에 끌어들이는 강한 임팩트가 있다. 반면에 인쇄 매체는 활자 미디어가 갖는 고유한 설득의 힘이 있다. 인쇄 매체는 지면이라는 공간을 활용하여 활자를 통한 기표(signifier)의 정박(anchorage)[9]에 효과적이다. 즉, 소비자의 마음속에 브랜드와 관련된 이미지를 각인시키는 데에 효과적이다. 예를 들어, [그림 1-5]의 말보로 광고는 반세기 이상 남성다움의 상징인 '카

---

9) 롤랑 바르트(Roland Barthes)의 기호학에서 나온 용어로, 텍스트 및 이미지와 같은 기호의 의미를 수용자의 마음속에 고정하는 것을 말한다.

말보로 담배'는 1960년대 이후 지금까지 변함없이 지속되는 카우보이 광고 캠페인을 통해
남성적 담배라는 브랜드 이미지를 구축함으로써 최고의 시장점유율을 유지하고 있다.

[그림 1-5] 말보로 광고의 예

출처: Malboro.

[그림 1-6] 루이비통 광고의 예

출처: Louis Vuitton.

우보이'(말보로 맨)와 '말' '넓은 들판'이라는 시각 기표와 'Marlboro Country'라는 문자기표를 이용하여 '남성다움'과 '말보로와 함께하는 자유로운 세계 혹은 일상으로부터의 탈출을 꿈꾸는 브랜드'라는 신화 혹은 이미지를 소비자 마음속에 심어 주는 데에 성공하였다.

　인쇄 매체는 이미지광고를 통하여 표적 수용자의 자아 이미지에 소구할 수 있고, 지면으로 많은 정보전달을 통하여 이성적 소구를 할 수 있다. [그림 1-6]의 루이비통 핸드백 광고는 할리우드 유명 여성 연예인을 모델로 내세워 광고 속의 가치(이상적 자아)와 현실적 자아 사이에 간격을 극대화하고, 이를 통하여 소비자로 하여금 상상적 동일시와 자기결핍을 느끼게 함으로써 상품구매를 통해 욕망을 해소하고 자기결핍을 해소하도록 조작하는 것을 보여 준다. 이처럼 인쇄 매체는 직접적으로 상품의 효용성(사용가치)을 강조하기보다는 우회적인 방식, 즉 제품의 사용가치와 무관하게 타깃의 욕망을 자극하는 무수한 이미지들로 상상적이고 허구적인 공간을 창조함으로써 은밀한 방식으로 소비 주체를 호출하거나, 브랜드와 관련된 이미지를 소비자의 마음속에 각인시키는 데에 효과적이다. 반면에 온라인 광고는 소비자로 하여금 관심 있는 정보에 선별적으로 노출할 수 있게 하며, 제품 정보를 탐색하고 브랜드를 체험할 수 있게 하는 데에 효과적이다. 따라서 매체는 단순히 메시지 전달자 이상의 의미를 갖고 있으며 넘어서 매체에 따라 설득의 힘이 달라진다고 할 수 있다.

5. 매체 효과의 범위

1) 노출 효과

노출 효과(exposure effect)는 광고 메시지가 사람들에게 얼마나 보이는가를 나타내는 것으로 방송 매체에서는 시청률, 인쇄 매체에서는 열독률이라는 용어로 표시되며, 디지털 광고에서는 임프레션(impression)과 페이지 뷰(page view)라는 용어로 표시된다. 노출 효과는 크게 도달 효과(reach effect)와 반복 효과(repetition effect)로 구분된다. 도달 효과는 광고 메시지가 얼마나 많은 사람에게 노출되는가를 나타내며 반복 효과는 광고 메시지가 표적 수용자에게 얼마나 반복적으로 노출되는가를 말한다. 도달 효과는 도달률(reach), 반복 효과는 빈도(frequency)라는 용어로 표현된다.

2) 커뮤니케이션 효과

커뮤니케이션 효과(communication effect)는 광고 메시지와의 커뮤니케이션을 통하여 발생하는 효과를 말한다. 광고가 소비자들의 주목을 끌고, 기억하게 하고, 합리적 선택을 할 수 있도록 소비자에게 제품을 알리거나 호감을 높이고 구매 욕구를 불러일으키는 것을 말한다. 즉, 우리 제품을 모르면 알게 하고, 알고는 있으나 좋아하지 않으면 좋아하게 하고, 좋아하고는 있으나 구매하지 않으면 구매할 의향을 높이는 것을 말한다. 따라서 커뮤니케이션 효과란 광고 정보처리의 결과로 발생하는 인지적 · 태도적 · 행동 의도적 반응과 같은 소비자의 심리적 반응을 말한다. 방송 매체나 온라인 동영상 매체는 생동감 넘치는 표현력으로 주목을 끌거나 브랜드 인지도 창출에 효과적이다. 반면 온라인상에서 사용자 리뷰를 작성할 수 있는 디지털 매체는 태도 변화를 유도하거나 구매의향을 높이는 데에 효과적이다.

3) 인게이지먼트 효과

오늘날 다양한 상호작용적 특성을 가진 디지털 미디어들이 등장하고 소비자들의 광고에 대한 통제권이 증가하면서 매체의 역할도 대중매체 중심의 수동적인 노출에서 벗어나서 소비자를 광고콘텐츠에 적극적으로 참여시키는 역할로 확장되고 있다. SNS와 같은 디지털 매체에서는 사용자가 디지털 매체에 접속하여 소셜 활동에 참여하는 행위를 인게이지먼트라고 하며, 소셜 미디어의 효과를 측정하는 데에 적절한 지표로 사용되고 있다. 소셜 미디어에서 인게이지먼트는 좋아요, 댓글 혹은 코멘트, 공유, 리트윗, 팔로워, 조회, 구독 등을 포함한다.

4) 바이럴 효과

바이럴은 바이러스(virus)의 형용사형으로 '전이되는' 등의 의미가 있으며, 바이러스가 전염되듯이 소비자들 사이에 소문을 타고 브랜드에 대한 홍보성 정보가 끊임없이 전달되는 구전효과를 의미한다. 바이럴 효과는 입소문(Word Of Mouth: WOM) 효과, 구전효과라고도 불리며, 인터넷을 통하여 소비자 간에 발생하는 제품 정보, 사용 후기, 추천 등의 정보 교환을 온라인 구전(eWOM)이라고 한다. 인터넷 포털(portal)의 연관 검색어, 실시간 검색어, 네이버 카페의 이용자로 가장한 콘텐츠 포스팅과 블로그, 지식in 포스팅과 같은 매체가 인터넷을 통한 입소문의 주요 통로로 이용되고 있다. 특히 SNS(Social Network Service)는 기본적으로 참여, 공유, 확산의 미디어이기 때문에 바이럴 효과를 창출하는 데에 효과적이다. SNS 이용자들은 기업의 광고나 프로모션에 댓글을 달거나 '좋아요' '공유' '리트윗' 등과 같은 SNS의 고유 기능들을 통해서 자신이 선호하는 광고, 제품, 혹은 서비스를 표시하고, 입소문을 낸다. 바이럴 효과는 이용자들의

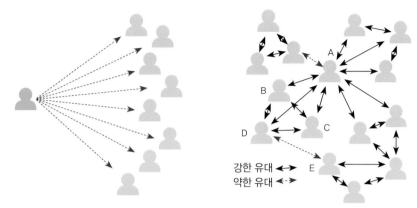

[그림 1-7] 대중매체 vs. 바이럴 네트워크

출처: 오가닉 미디어랩(2015. 9. 3.).

입소문을 통해서 확산하기 때문에 비용이 들지 않고, 비교적 신뢰도가 높으며, 이용자의 구매 결정을 돕는다. 반면 바이럴 효과가 부정적인 방향으로 발생할 경우 기업 스스로 통제가 불가능하며, 기업에 큰 피해를 초래할 수 있다.

[그림 1-7]에서 보이듯이 대중매체는 한 사람의 송신자가 여러 명의 수신자에게 일방향으로 메시지를 전달하지만 바이럴 네트워크는 한 사람 한 사람이 오가닉 미디어(organic media)가 되어 정보를 확산시킨다. 1967년 미국의 사회심리학자인 스탠리 밀그램(Stanley Milgram)이 주장한 여섯 단계의 분리(six degrees of separation) 이론에 의하면 전혀 모르는 사람이라도 평균 6명만 건너면 누구에게나 연결될 수 있다고 한다. 한국인들의 경우 2003년 실험결과 4.6명만 거치면 원하는 누구에게나 연결될 수 있는 것으로 나타났다. 이는 곧 판매자의 메시지를 4.6명만 입소문으로 건너뛰면 원하는 사람 누구에게나 메시지를 전할 수 있다는 것을 의미한다.

5) 전환 효과

전환(conversion)은 웹사이트나 애플리케이션을 방문한 소비자가 광고주나 마케터가 유도하는 행위를 한 것을 말한다. 예를 들어, 앱 설치를 목적으로 하는 캠페인의 경우에는 앱 설치, 구독 서비스의 가입자 수 증대를 목적으로 하는 캠페인의 경우에는 회원가입, 매출 증대를 목적으로 하는 캠페인의 경우에는 구매 결제 등이 전환에 해당된다. 광고캠페인에서 디지털 매체의 역할은 대중매체와 달리 단순히 노출에만 그치지 않는다. 즉, 소비자는 디지털 매체 광고에 노출된 이후에 홈페이지로 유입되고, 유입된 후 전환으로 연결될 수 있다. 따라서 노출에서부터 전환에 이르기까지 소비자 구매 여정에서 발생하는 모든 성과로 매체의 효과를 확장할 수 있다. 디지털 미디어는 소비자와 상호작용할 수 있는 양방향 인터페이스를 통하여 소비자로부터 구체적인 전환을 이끌어 낼 수 있다. 따라서 광고캠페인의 목적이 전환율을 높이는 것이라면 다양한 디지털 미디어를 활용하여 미디어 믹스를 최적화해야 한다.

6) 브랜딩 효과

브랜딩 효과(branding effect)는 광고가 브랜드 자산(brand equity) 구축에 얼마나 기여했는가를 나타낸다. 즉, 데이비드 아커(David Aaker, 1996)에 의하면 브랜딩 효과는 브랜드 인지도를 높이고, 차별화된 연상 혹은 이미지를 구축하고, 지각된 품질을 향상시키고, 브랜드 충성도를 높이는 데에 광고가 얼마나 기여하는가를 나타낸다. 브랜딩 효과는 브랜드 인지도뿐 아니라 차별화된 브랜드 이미지의 구축을 통해 창출되며, 이러한 차별화된 브랜드 이미지는 소비자들의 다양한 브랜드 접촉점, 즉 매체를 통하여 브랜드를 체험하는 순간 형성된다. 디지털 매체는 브랜드를 직간접적으로 체험할 수 있는 가상체험공간을 제공함으로써 단순한 노출 이상의 브랜딩 효과를 창출할 수 있다. 예를 들어, 유튜브와 같은 동영상 매체는 '한 달간 무료 체험'이나 '튜토리얼(tutorial)'[10] 영상의 제작을 통해 사용자에게 제품 정보를 제공하고 제품사용법을 간접적으로 체험케 함으로써 차별화된 이미지를 구축할 수 있다. 따라서 브랜드를 구축하기 위하여 ATL과 BTL, 온라인과 오프라인 미디어들을 통합하고 브랜드를 체험하게 하는 등 커뮤니케이션 시너지 효과를 극대화하는 통합적 마케팅 커뮤니케이션 전략이 요구된다. 브랜드 구축은 전통적인 4대 매체를 통해서뿐만 아니라 온라인, 모바일, 직접우편, 빌보드, 인스토어 매체(in-store media), 스폰서십, 디지털 사이니지(digital signage) 등의 BTL 매체를 활용한 통합적 미디어 믹스 전략을 통하여 창출된다.

---

10) 제품/서비스의 사용법과 같은 교육용 영상을 말한다.

〈표 1-4〉 아커의 브랜드 자산의 네 가지 구성요소

구성요소	정의
브랜드 인지도 (brand awareness)	브랜드를 재인(recognition) 혹은 회상(recall)할 수 있는 능력을 말한다.
브랜드 연상 (brand association)	브랜드와 관련하여 머릿속에 떠오르는 연상들을 말한다.
지각된 품질 (perceived quality)	브랜드와 관련한 직간접적 경험에 의해서 나타난 제품의 품질에 대한 평가를 말한다.
브랜드 충성도 (brand royalty)	어떤 소비자가 특정 상표에 집착하여 이 상표를 타 상표들보다 더 선호하고, 계속 구매, 사용하려는 심리적 성향을 말한다.

출처: Aaker (1991).

6. 매체 의사결정과정

매체 의사결정과정(media decision making process)은 누가(who), 언제(when), 어디에 (where), 어떤 매체에(which media), 얼마나 많은 사람에게(how much), 얼마나 자주, 얼마나 지속적으로(how long) 노출시킬 것인가를 말한다. 누구에게 노출할 것인지의 문제는 표적 수용자의 설정 혹은 정의를 말하며, 얼마나 많은 사람에게 얼마나 자주 노출할 것인지의 문제는 매체 예산(media budget) 및 매체 목표(media objective) 설정과 관련이 있고, 어떤 매체에 노출을 시킬 것인지의 문제는 미디어 믹스 전략과 관련이 있다. 언제, 얼마나 지속적으로 노출시킬 것인지의 문제는 매체 스케줄링(media scheduling) 전략과 관련되어 있다. 어디에 노출할 것인지의 문제는 광고지역의 결정과 관련이 있다.

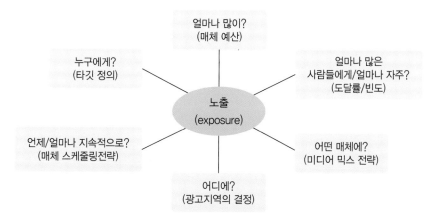

[그림 1-8] 매체 의사결정과정의 범위

소비자 정보처리이론과 미디어

인지적 학습, 행동적 학습, 소비자 행동 모델과 같은 소비자 정보처리이론은 빈도 (frequency) 및 유효빈도(effective frequency)와 같은 매체의 중요한 기본개념의 활용을 이론적으로 뒷받침하고 있다. 구체적으로 매체의 기본개념과 밀접한 관련이 있는 이론들은 인지적 학습이론 중 망각곡선이론(forgetting curve theory), 다중기억 구조 모델 (multi-store memory model) 등이 있으며, 행동적 학습이론(behavioral learning theory) 중 고전적 조건화 이론(classical conditioning theory), 단순노출효과 이론(mere exposure effect theory), 소비자 행동 모델(consumer behavior model) 등이 있다.

1. 인지적 학습이론

인지적 학습(cognitive learning)은 소비자가 여러 대안에 관한 정보를 취득하고 처리하여 이 정보를 소비자가 가지고 있던 기존의 신념과 통합하는 적극적 과정이다. 인지적 학습이론은 1950년대 인지심리학의 영향을 받았다. 인지심리학은 1950년대 컴퓨터 정보처리의 영향을 받아 탄생하였으며 행동주의에 대한 반성에서 출발하였다. 인지심리학은 자극-유기체-반응(S-O-R) 모델에 기반을 두고 정보습득, 저장, 인출, 활용 등 인간의 정보처리를 다룬다. 인지심리학은 학습을 정보처리의 결과 장기기억에 저장된 지식의 변화로 파악하며 광고의 인지 반응을 통한 태도 변화를 설명한다.

1) 망각곡선이론

에빙하우스(Ebbinghaus, 1885)의 망각곡선이론(forgetting curve theory)은 반복 노출이 소비자 정보처리과정에서 매우 중요한 역할을 한다는 것을 설명하는 이론이다. 에빙하우스는 인간의 기억은 시간의 제곱에 반비례한다는 망각곡선이론을 제안하였다. 그는 1885년에 별다른 의미가 없는 철자(nonsense syllables)를 이용한 실험을 통해 학습 후 1시간이 지나면 학습한 내용의 50%를 망각하고, 1일이 지나면 70% 그리고 일주일이 지나면 거의 80%가 망각되며, 1개월이 지나면 80% 이상이 망각되고, 그 이후부터는 망각이 서서히 진행된다는 사실을 발견하였다. 즉, 학습 직후가 망각량이 가장 많으며, 일주일이 지나면 큰 변화가 없다. 따라서 기억을 지속하기 위해서 잊어버렸을 때 다시 반복을 시켜 주면 기억력이 다시 회복되어 이때는 투자한 시간보다 적은 시간으로 훨씬 많은 암기가 가능하다. 학습 후 10분 이내에 복습하면 1일 동안, 1일 이내에 복습하면 일주일 동안, 일주일 이내에 복습하면 한 달 동안, 한 달 이내에 복습하면 6개월 이상 장기기억이 지속된다. 즉, 적절한 반복에 의해 감소하던 기억이 조금씩 줄어 결국 영구히 기억하게 된다. 이것을 인지심리학에서는 주기복습법(분산학습법)이라고 한다. 따라서 광고 메시지를 전달한 후 짧게는 1시간 혹은 1일 이내 그리고 길게는 5일 이내에 적절하게 시간을 두고 반복 노출을 해 주면 망각이 감소하고 기억이 증가한다.

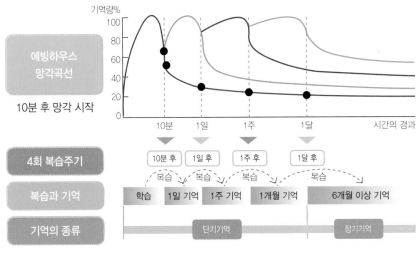

[그림 2-1] 망각곡선과 주기복습법

출처: Ebbinghaus (1885).

에빙하우스가 약 일주일간 실험을 한 결과 노출횟수는 기억유지율에 반비례하는 것으로 나타났다. [그림 2-2]에서 보이듯이 일주일 동안 매일매일 광고 메시지를 반복 노출할수록 광고 메시지에 대한 기억을 일정한 수준으로 유지하기 위해 필요한 노출횟수는 적어지며, 따라서 광고 메시지에 대한 일정한 수준의 기억률을 유지하기 위해 필요한 유효빈도의 수준은 낮아진다. 에빙하우스(1964)의 이러한 반복 학습과 망각곡선은 광고 빈도(반복 노출 수)의 결정에 시사점을 제공한다. 즉, 그의 연구는 매일매일 광고를 집행하는 경우 처음에는 빈도의 수준을 높게 잡고 시간이 지날수록 빈도의 수준을 낮추는 것이 광고비를 효율적으로 절감할 수 있다는 것을 시사한다.

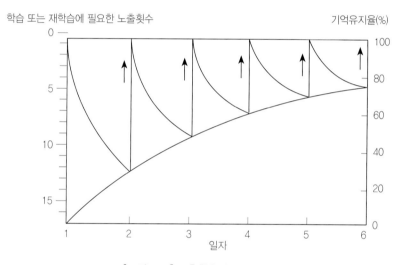

[그림 2-2] **노출횟수와 기억유지율**

출처: Ebninghaus (1964).

2) 다중기억 구조 모델

앳킨슨과 시프린(Atkinson & Shiffrin, 1968)의 다중기억 구조 모델(multi-store memory model)은 광고와 같이 외부로부터 유입된 정보를 장기기억에 영구히 저장하기 위해 리허설(rehearsal)이라는 과정이 필요하며, 이 과정에서 반복 노출이 매우 중요한 역할을 한다는 것을 설명하는 이론이다. [그림 2-3]에서 보이듯이 이 모델에 의하면 인간의 기억구조는 감각기억, 단기기억, 장기기억의 3단계로 이루어져 있다. 감각기억은 외부세계로부터 유입된 정보를 일시적으로 수용하여 단기기억에 전달하는 역할을 하며, 단기

기억은 감각기억을 통해 유입된 정보를 30초 이내의 짧은 시간 동안 분류, 종합, 해석하여 유용한 정보로 재구성하고, 최종적으로 장기기억에 전달한다. 장기기억은 단기기억에서 처리된 정보를 영구히 저장하고, 필요할 때 다시 인출하여 단기기억에 보낸다.

단기기억[1]에서 처리된 정보는 리허설 과정을 거치지 않으면 장기기억으로 저장되지 못한다. 리허설은 처리된 정보를 마음속으로 반복하여 암송하는 것을 말하며 유지리허설과 수식리허설이 있다. 유지리허설(maintenance rehearsal)은 정보 자체의 의미를 되새기기보다 전화번호 암송과 같이 단순반복으로 정보를 저장하는 방식이다. 단순반복을 통하여 습관적 기억을 유도하는 저관여/이성 제품의 광고캠페인(예: '맞다 게보린' 광고캠페인)은 주로 유지리허설을 통하여 정보처리가 이루어지며 이 과정에서 반복 노출이 매우 중요한 역할을 한다. 즉, 광고의 반복 노출은 일종의 강요된 형태의 유지리허설로서 광고 정보에 대한 처리 동기가 낮은 저관여 제품의 광고 메시지를 표적 수용자들의 장기기억 속에 오래 저장하는 데에 효과적이다. 그러나 지나친 광고의 반복 노출은 소비자를 광고에 적응(adaptation)하게 하여 광고에 반응을 보이지 않게 되거나 심할 경우 광고에 부정적인 태도를 갖게 되는 감퇴 효과(wear-out effect)를 초래할 수 있다.

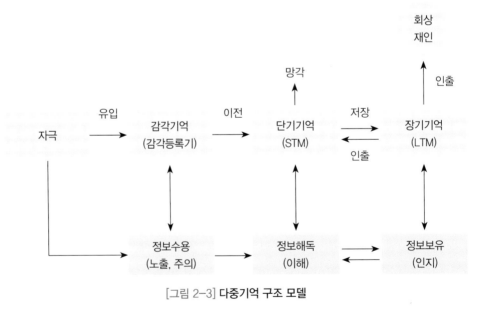

[그림 2-3] **다중기억 구조 모델**

---

1) 정보들이 통합, 운용되는 곳이란 의미에서 운용기억(working memory) 혹은 작업공간(work space)라고도 한다. 단기기억은 처리용량의 한계로 일정 시점에서 일정량의 정보만을 처리한다.

따라서 어느 정도의 광고 실행방법의 변화가 필요하다. 반면에 수식리허설(elaborative rehearsal)은 새로 유입되는 정보를 장기기억 속에 저장된 정보와 연결하여 생각, 처리함으로써 기억하는 방법이다. 수식리허설에는 더 깊은 수준의 정보처리가 이루어진다. 고관여/이성 제품의 광고캠페인(예: '타이레놀' 광고캠페인)은 주로 수식리허설을 통하여 정보처리가 이루어지며, 이 과정에서 광고에서 정보의 수식화 과정을 돕기 위해 반복 노출이 필요하다.

2. 행동적 학습이론

행동적 학습(behavioral learning)은 자극−반응(stimulus-response)이론과 행동주의 (behaviorism) 심리학에 기반을 둔 학습 연구의 접근방법이다. 행동적 학습은 학습을 인지적 노력이 없이 시행착오나 자극−반응(S−R)의 연습에 의한 결과로 파악한다. 즉, 학습을 자극과 반응의 연결로 보며 자극과 반응의 틀 안에서 인간의 의지, 의식, 의도 등 인지적 과정의 역할과 중요성은 논의에서 제외된다. 즉, 행동적 학습의 단점은 개인의 내면세계, 의식의 흐름을 관찰하는 것이 불가능하다는 점을 들 수 있다. 대표적인 학자들은 스키너(Skinner), 손다이크(Thorndike), 파블로프(Pavlov)를 들 수 있다. 행동주의 심리학의 대표적인 이론인 고전적 조건화 이론은 광고의 감정반응을 통한 태도 변화를 설명하는 대표적인 이론이다.

1) 고전적 조건화 이론

행동주의 심리학자인 파블로프(Pavlov, 1902)의 고전적 조건화 이론(classical conditioning theory)은 무조건 자극을 중립자극과 짝지음으로써 조건 자극에 대한 학습 혹은 조건 형성을 통해 무조건 자극이 없어도 조건 자극만으로 조건 반응이 발생한다는 것을 설명하는 이론이다. 이 이론은 학습이 인지적 능력 및 활동(사고과정)과 관계없이 무조건 자극과 중립자극 간의 조건화에 의해 자연스럽게 이루어진다는 것을 설명하며 주로 감성적 소구 광고가 어떻게 작용하는가를 설명한다.

광고 정보처리과정에서 고전적 조건화 이론은 소비자가 중립적 태도를 갖는 어떤 제품(중립자극)과 함께 즐거운 음악과 멋진 배경, 매력적인 모델 등(무조건 자극)을 함께 연출하는 광고에 반복적으로 노출되면 나중에는 그 제품에 대해 저절로 호의적인 태도를 갖게 된다는 것을 설명한다. 이 이론에 따르면 일단 여러 차례의 반복 노출을 통해 상표와 광고 간 조건화 혹은 연관이 강하게 이루어지면 소비자는 구매 시점에서 무엇을 선택할 것인가에 대해 심사숙고할 필요 없이 자동적으로 좋아하는 브랜드를 기억으로부터 활성화하여 행동에 옮기게 된다. 무조건 자극(예: 광고 모델과 배경 음악 등)의 경우 소비자에게 친숙하지 않은 것이 더 효과적이다. 일반적으로 고전적 조건화 이론은 소비자들이 제품 정보에 큰 주의를 기울이지 않는 저관여/감성 제품에 효과적으로 적용할 수 있다. 또한 이 이론에 의하면 자극의 제시 순서에 따라서 중립자극 혹은 조건 자극을 무조건 자극보다 먼저 제시하는 전방 조건화(forward conditioning)가 후방 조건화(backward conditioning)보다 더 효과적이다. 따라서 이 이론은 인쇄 광고보다 광고 순서의 통제가 가능한 TV 광고에 더 효과적으로 적용할 수 있다. 한편 광고를 중단하면 무조건 자극과 조건 자극의 관계가 깨어져 광고효과가 소멸하며 자사 상표와 유사한 경쟁 상표(광고하지 않은 경우)도 고전적 조건화 학습이 발생할 수 있다. 이를 일반화(generalization)의 원리라고 하며, 모방(me-too) 제품(예: 비타 500의 모방제품인 비타 1000)의 효과를 설명하는 이론적 근거가 된다. 따라서 선도기업은 자사 상표를 차별화되게 보이게 노력으로써 일반화를 감소시킬 수 있다.

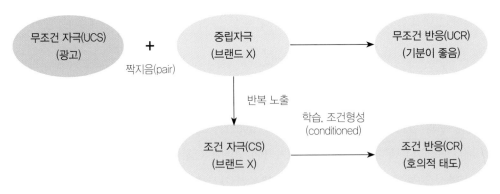

[그림 2-4] 고전적 조건화 이론

2) 단순노출효과 이론

자이언스(Zajonc, 1968)의 단순노출효과 이론(mere exposure effect theory)은 어떤 대상에 대해 인지적 활동(사고과정)이 없이도 그 대상에 대하여 긍정적인 태도가 형성될 수 있게 되는 현상을 설명한다. 즉, 자극에 대한 인지가 없어도 자주 노출한 자극에 대한 선호가 형성된다는 것을 설명한다. 자극에 대한 단순반복 노출이 효과를 갖게 되는 이유는 대상에 대한 친숙성이 증가하기 때문이다. 즉, 사람들은 더 친숙하거나 잘 아는 것을 더 선호한다. 이 이론은 인지가 감정을 결정하는 것이 아니라 감정은 인지와 독립적으로 형성될 수 있음을 설명한다. 즉, 단순노출효과는 인지가 감정의 바탕이 된다는 전통적인 태도 이론에 어긋나는 것이며 경우에 따라서 감정이 인지에 선행하거나 감정이 인지에서 벗어나 독립적으로 행동에 영향을 미칠 수 있다는 것을 보여 준다. 그러나 정말로 의식적 인지작용이 전혀 개입하지 않는가에 대한 의문이 제기되기도 하며, 무의식중에 인지 활동이 발생할 수도 있다는 반박주장도 있다. 이 이론은 반복광고의 효과에 대한 믿음의 근거를 제공한다. 즉, 상표에 대한 인지적 평가와 판단 없이 반복 노출 그 자체로 상표에 대한 친숙성을 높여 더 나은 상표 태도를 형성할 수 있다는 것을 설명한다.

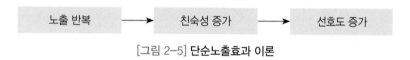

[그림 2-5] 단순노출효과 이론

3. 소비자 행동 모델

1970년대에 접어들어 인지심리학 및 행동주의 심리학의 영향을 받아 소비자의 정보처리과정을 개념화하려는 노력의 일환으로 소비자 행동 모델(consumer behavior model)이 등장하였다. 광고 커뮤니케이션에서는 광고효과가 발생하는 것이 순차적으로 나타난다고 하여 효과 위계 모델(hierarchy of effect model)이라고 불리는 반면, 마케팅에서는 소비자의 능동적인 구매 결정 과정에 초점을 맞추어 소비자 행동 모델로 불린다. 이러한 소비자 행동 모델에는 대표적으로 학습 위계 모델, 저관여 학습 위계 모델, FCB 그리드 모델, AISAS 모델, DSAVI 모델, 필립 코틀러(Philip Kotler)의 5A 모델 등이 있다.

1) 학습 위계 모델

학습 위계 모델(learning hierarchy model)은 소비자의 반응이 광고에 노출된 후 학습, 느낌, 행동의 순으로 일어난다고 하는 유형으로써 학습-느낌-행동(Learn-Feel-Do) 위계라고도 한다. AIDA 모델, 콜리(Colly) 모델, 래비지와 스타이너(Lavidge and Steiner) 모델, FCB 그리드 모델, AISAS 모델 등이 학습 위계 모델에 속한다. 이러한 유형의 학습 위계 모델들은 소비자가 광고에 노출된 후 상표명과 제품의 특징에 대해 알고 난 후 제품에 대한 평가를 거쳐 호감을 갖게 되고 궁극적으로 구매 의사 및 행위로 이어진다는 것을 설명한다. 이러한 소비자 반응을 유발하는 제품은 자동차, 휴대폰, 전자 제품, 금융상품, 고가의 내구재와 같이 소비자에게 중요하고, 의사결정을 잘못 내리면 입게 될 사회적·경제적 위험이 큰 고관여 제품이다. 즉, 고관여 제품의 경우 소비자가 어떤 제품이 자신에게 중요한 영향을 미친다고 지각하면 그것에 대해 더 많은 생각과 추론을 하고 더 많은 제품 정보를 추구하고 탐색한다. 즉, 제품 정보 중심의 깊이 있는 정보처리를 하고 정보의 정교화 수준을 높인다. 따라서 고관여 제품의 경우 광고캠페인을

〈표 2-1〉 **소비자 행동 모델의 발전 과정**

모델		연도	내용
전통 모델	AIDA 모델	1910	주의→흥미→욕망→행동
	콜리(Colly) 모델	1961	미지→인지→이해→확신→행동
	래비지와 스타이너 (Lavidge & Steiner) 모델	1961	인지→지식→호감→선호→확신→구매
	크러그먼(Krugman) 모델	1965	고관여: 인지→감정→행동 저관여: 인지→행동→감정
	맥과이어(McGuire) 모델	1968	주의→이해→태도→의도→구매
	FCB 그리드 모델	1980	구매를 사고와 정서, 고관여와 저관여의 2개 차원에 따라 설명하는 매트릭스 모델
디지털 시대의 모델	AISAS 모델	2004	Attention→Interest→Search→Action→Share
	AAAAA 모델(5A 모델)	2017	인지(Aware)→호감(Appeal)→질문(Ask)→행동(Act)→옹호(Advocate)

통해 제일 먼저 제품에 대한 상세한 설명을 제공하고, 차별화된 장점에 소구할 수 있는 큰 지면의 매체(온라인, 잡지 등)를 활용하는 전략이 효과적이다.

2) 저관여 학습 위계 모델

저관여 학습 위계 모델(low involvement learning hierarchy model)은 소비자가 제품 혹은 매체(TV)에 저관여인 상황에서는 광고효과가 인지적 반응, 행동적 반응, 태도적 반응의 순서로 발생한다는 것을 설명한다. 저관여 학습 위계 모델은 크러그먼(Krugman)이 1965년에 처음으로 연구 발표하였으며 학습—행동—느낌(Learn-Do-Feel) 위계라고도 한다. 이러한 정보처리과정은 소비자의 관여도가 낮은 저관여 제품(low involvement product)[2]에 주로 발생한다. 즉, 저관여 제품의 경우 소비자들은 제품에 대하여 먼저 인지한 후 구매 행동으로 옮기고, 구매 행동을 하고 난 후 제품에 대한 태도를 최종적으로 변화시킨다. 이러한 소비자 반응을 유발하는 제품에는 청량음료, 식료품, 면도기, 담배 등의 기호품들과 종이 휴지, 살충제, 표백제, 가정용 청소용품 등과 같은 저관여 제품들이 있다. 즉, 음료수, 스낵, 패스트푸드와 같은 저관여 제품의 경우 소비자들은 제품을 인지하게 되면 좋아하는 감정이 생기기 전에 바로 구매를 해서 사용해 보고, 나중에 좋아하는 감정이 생긴다. 따라서 저관여 제품의 경우 광고캠페인은 우선적으로 정서를 불러일으키거나 긍정적인 태도 변화를 유발하기보다는 구매 행동을 자극하기 위해 강한 인지도를 지향해야 하며, 이를 위해 임팩트가 강한 매체(TV, 유튜브 등)를 활용하는 전략이 효과적이다.

3) FCB 그리드 모델

1980년대 가장 최근에 개발된 대표적인 효과 위계 모델은 FCB 그리드 모델(Foote, Cone, & Belding grid model)을 들 수 있다. FCB 그리드 모델은 1999년에 Foote, Cone,

---

2) 저관여 제품은 음료수, 스낵, 패스트푸드와 같이 소비자들에게 별로 중요치 않으며, 의사결정을 잘 못 내릴 경우 겪는 사회/경제적 위험이 크지 않은 제품들이며, 관여도가 낮은 제품의 경우에 소비자들은 소극적이거나 최소 비용의 정보처리를 한다.

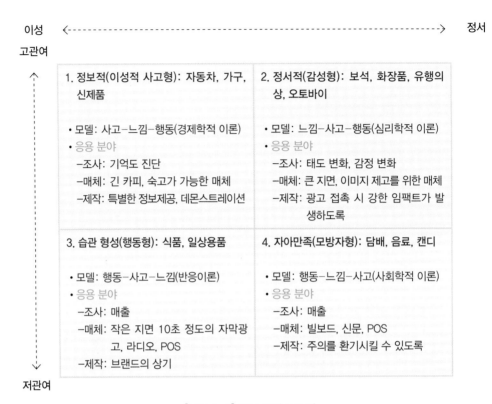

[그림 2-6] FCB 그리드 모델

출처: Ratchford (1987).

& Belding 광고대행사의 자금지원을 받아 본(Vaughn)에 의해 개발되었다. 기존의 전통적인 효과 위계 모델이 소비자를 이성적인 존재로만 가정한다고 비판하며, 소비자의 광고에 대한 반응 위계는 사고(thinking)와 정서(feeling), 그리고 제품 관여도(product involvement)를 기준으로 네 가지로 분류된다고 주장한다. 즉, 제품에 대한 관여도 수준(involvement level)과 구매 결정 시 사고-정서(thinking-feeling)의 지배 정도가 논리(logic)와 사실(facts) 등 사고(thinking)의 지배를 받느냐 아니면 정서(feelings)의 지배를 받느냐에 따라 광고의 효과 순서가 다르게 발생한다는 것을 모델화하였다.

[그림 2-7]에서 보이듯이 FCB 그리드 모델에서 수직축은 소비자 관여 정도에 따라 고관여, 저관여 영역으로 나누고 수평축은 제품구매 결정 과정에서 사고가 지배하느냐 정서가 지배하느냐에 따라 사고, 정서의 영역으로 나눈다. 이러한 2차원 4분원 매트릭스의 네 가지 영역 속에 소비자 제품은 분류된다. FCB 그리드 모델은 광고 목표설정, 크리에이티브 전략, 매체 전략, 광고 효과측정 등의 광고에 관련된 의사결정과정에 대

한 사고의 출발점과 하나의 통합된 사고의 틀을 제시한다. 즉, 제품의 성격(예: 고관여/
이성 제품)과 소비자의 정보처리과정에 따라 매체 전략이 달라져야 한다는 것을 제시한
다. 구체적으로 표적 수용자가 제품을 구매하기 전 어떠한 정보처리과정을 거쳐 의사
결정을 내리는가를 알게 되면 어떠한 매체에 초점을 맞추어야 할 것인가를 알 수 있다.
FCB 그리드 모델은 관여도와 이성/정서를 두 가지 축으로 하여 [그림 2-6]과 같은 4개
의 제품 영역과 정보처리과정을 가진다.

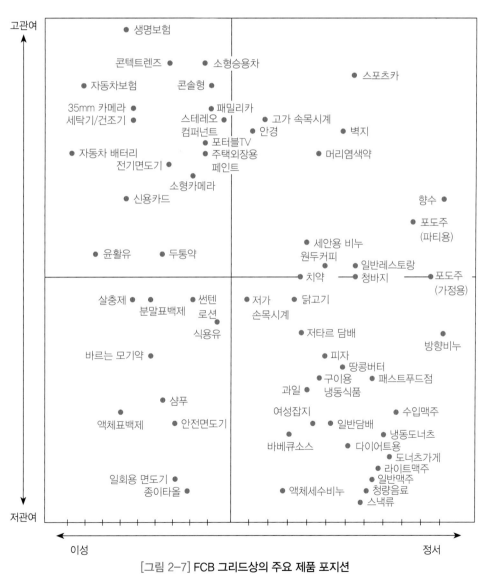

[그림 2-7] FCB 그리드상의 주요 제품 포지션

출처: Ratchford (1987).

(1) 고관여·이성 제품

자동차, 전자 제품, 보험상품 등과 같은 고관여, 이성적인 성격을 가진 제품의 경우 소비자의 정보처리과정은 사고(learn), 느낌(feel), 행동(do)의 순으로 발생하며, 경제이론을 바탕으로 소비자를 최소비용으로 최대효용을 추구하는 합리적인 존재로 파악한다. 소비자의 구매 의사결정은 합리적인 속성과 편익 등의 제품 정보에 기초하기 때문에 광고 메시지의 내용은 정보를 강화하는 전략이 바람직하다. 이러한 제품들의 광고 목표는 제품에 대한 차별화된 편익과 충실한 정보를 제공하여 제품을 알리는 것이다. 따라서 메시지 전략은 특정 정보와 데몬스트레이션(demonstration) 중심으로 전개해야 하며 매체 전략은 긴 카피를 쓸 수 있는 인쇄 매체에 중점을 두어야 한다.

(2) 고관여·정서 제품

화장품, 명품 패션 브랜드, 고급 향수와 같은 고관여, 정서적인 성격을 가진 제품의 경우 소비자의 정보처리과정은 느낌, 사고, 행동 순으로 발생한다. 소비자의 구매 결정은 사용자의 이미지, 상품으로부터 얻는 개인적인 보상에 기초하기 때문에 상품의 이미지를 소비자의 자아 이미지에 연결함으로써 브랜드에 대한 긍정적 감정과 태도를 창출하는 광고 전략이 효과적이다. 따라서 매체 전략은 광고 접촉 시 강한 임팩트를 유발할 수 있고 자아 이미지에 소구할 수 있는 잡지와 같은 매체를 선택하는 것이 바람직하다.

(3) 저관여·이성 제품

이 영역은 소비자를 자극-반응이론(stimulus-response theory)을 바탕으로 자극-반응의 무조건 반사적이고 습관적인 존재로 파악한다. 즉, 소비자들이 정보에는 관심이 없으며 구매 결정은 습관적으로 이루어진다. 소비자의 반응은 행동이 먼저 일어나고 그다음 사고와 느낌 등의 태도 변화가 발생하며 종이 휴지, 살충제, 표백제, 가정용 청소 용품 등이 이러한 유형의 반응 위계를 유발하는 제품들이다. 광고 목표 및 전략은 생각을 필요로 하고 목적 의식적인 정보를 제공하는 것보다 브랜드 상기를 유발할 수 있는 반복광고가 효과적이다. 따라서 종이휴지, 살충제, 표백제, 가정용 청소 용품과 같은 저관여·이성적인 성격을 가진 제품들은 소비자의 습관적인 구매를 유도하기 위해 주로 브랜드에 대한 상기도를 높이는 전략이 중요하며 매체 전략은 반복 노출로 브랜드 상기도를 제고할 수 있는 신문의 작은 지면 광고(돌출광고), 10초 정도의 자막광고, 라디오, 구매 시점(point of purchase) 광고 등 구매 시점의 브랜드 상기도를 높일 수 있는 매체를 선택하는 것이 바람직하다.

(4) 저관여·정서 제품

이 이론은 사회학적 이론을 바탕으로 소비자를 문화와 귀속집단에 순응하는 존재로 파악하며, 소비자의 구매 결정은 준거집단과의 사회적 관계 속에서 습관, 자기충족, 자기만족에 기초하는 경향이 강하다. 소비자의 정보처리과정은 행동, 느낌, 사고의 순으로 발생한다. 소비자들은 타인을 의식하는 모방적인 성향을 가지고 있기 때문에 광고 전략은 유행, 풍속, 규범, 사회적 가치관 등에 호소하는 메시지가 바람직하며 광고 목표는 주의의 환기 및 유지가 중요하다. 매체는 소비자의 주의를 지속적으로 환기할 수 있는 빌보드, 신문, POP 광고 등이 효과적이며 청량음료, 식료품, 면도기, 담배 등의 기호식품이 이 영역에 속하는 제품들이다. 우리나라 청소년들이 선호하는 나이키(Nike)와 아디다스(Adidas)도 이 영역에 속한다.

〈표 2-2〉 FCB 그리드 모델의 제품 유형 및 정보처리과정에 따른 활용 매체

제품의 유형	광고 정보처리과정	활용 매체
고관여 · 이성 제품	learn-feel-do	긴 카피, 숙고가 가능한 매체
고관여 · 정서 제품	feel-learn-do	큰 지면, 이미지 제고를 위한 매체
저관여 · 이성 제품	do-learn-feel	작은 지면, 10초 정도의 자막광고, 라디오, POS
저관여 · 정서 제품	do-feel-learn	빌보드, 신문, POS, 인터넷

4) AISAS 모델과 AIMSCAS 모델

디지털 매체에 익숙한 오늘날의 소비자들은 수동적인 소비자에서 탈피하여 구매 전 관련 정보를 적극적으로 탐색하고 자신의 브랜드 접촉 경험 등을 다른 사람들과 공유하는 능동적인 소비자로 변화하고 있다. 소비자들은 TV 광고에 노출된 후에도 포털 및 소셜 미디어와 같은 디지털 미디어들을 통하여 제품 관련 정보를 검색하거나 브랜드를 직간접적으로 체험하고, 다른 소비자들과 자신들의 브랜드 접촉 경험 등을 공유하는 등 보다 더 능동적으로 정보처리를 하려는 동기를 갖고 있다. 즉, 디지털 미디어는 상

호작용성을 기술적 기반으로 소비자들로 하여금 과거 대중 미디어 시대의 수동적인 수용자에서 탈피하여 적극적으로 정보를 찾아 나서는 능동적인 수용자가 되게 한다. 이러한 소비자를 둘러싼 매체 환경의 변화로 효과 위계 모델도 기존의 전통적 커뮤니케이션 효과 위계 모델인 AIDMA(Attention → Interest → Desire → Memory → Action) 모델에서 AISAS(Attention → Interest → Search → Action → Share) 혹은 AIMSCAS(Attention → Interest → Memory → Search → Compare → Action → Share) 모델로 변화하고 있다.

전통적인 효과 위계 모델인 AIDMA 모델은 소비자들이 광고 메시지에 노출된 후 이에 대한 관심과 욕구가 생기면 기억했다가 행동을 취하는 과정인 데 비하여 AISAS 모델은 소비자들이 광고에 노출 후 관심이 생기면 인터넷 검색을 통하여 정보를 수집하고 행동을 취하게 되는데, 이때 행동을 취한 후 혼자 만족하고 기억하는 것이 아니라 블로그, 게시판, SNS 등을 통해서 자신들의 브랜드 접촉 경험을 다른 사람들과 공유하는 패턴으로 메시지에 반응하는 과정을 거친다. 이 과정을 좀 더 세분화하면 AIMSCAS 모델의 형태인데 가령 소비자들은 TV 광고에 노출된 후 주의와 기억과정을 거쳐 구매 단계에서 검색 광고를 통하여 정보를 수집하고 비교분석을 거쳐 구매 행동을 취하고, 구매 행동 후 블로그, 게시판, SNS 등을 통하여 자신들의 제품 접촉 경험을 다른 소비자들과 공유한다. 즉, AISAS 모델과 AIMSCAS 모델은 기존의 대중매체 중심의 전통적인 효과 위계 모델인 AIDMA의 발전된 형태로서 인터넷 및 SNS와 같은 디지털 미디어 환경에 적합한 검색과 공유 등의 개념을 추가한 모델들이라고 할 수 있다.

이러한 광고 메시지에 대한 소비자 정보처리과정의 변화로 인해 전통적인 대중매체에서는 광고 메시지를 얼마나 많은 사람에게 얼마나 자주 노출시킬 것인가가 중요한 문제였으나, 디지털 미디어에서는 소비자를 광고콘텐츠에 어떻게 참여시키고 체험 및 공유시킬 것인가가 중요하게 되었다. 즉, 소비자들이 원하지 않은 정보에 수동적으로 노출됨으로써 광고효과를 기대하는 대중매체만으로는 광고캠페인을 효과적으로 수행하기에 한계가 있다. 따라서 디지털 매체는 소비자들에게 적극적 정보탐색의 기회뿐만 아니라 이를 통해 브랜드를 체험하고, 이러한 체험을 다른 사람들과 공유하는 등 소비자들이 능동적으로 정보처리할 수 있는 기회를 제공하여야 한다. 소비자 정보처리과정의 각 단계에 적합한 매체를 활용하여 대 고객 접점을 확대하고, 소비자들에게 수동적 정보처리의 기회뿐 아니라 능동적 정보처리의 기회를 제공하여 궁극적으로 수용자들을 잠재고객으로 활성화하는 매체 전략이 필요하다.

5) DSAVI 모델

웹(web)과 앱(app) 등의 디지털 미디어 플랫폼의 등장으로 소비자의 행동이 전통적인 AIDMA 모델에서 AISAS 모델과 AIMSCAS 모델로 변화하였다면, 최근에는 SNS가 활성화하면서 소비자 정보처리과정에 정보 공유와 확산을 추가한 DSAVI(Desire → Search → Action → Viral →Induce) 모델이 등장하였다. DSAVI 모델은 소비자들이 특정 제품이나 서비스에 대한 욕구가 발생하면, 바로 인터넷 검색을 통하여 제품이나 서비스에 관한 정보를 수집하고, 이어서 구매 행동을 취하며, 구매 후에는 제품 혹은 서비스 구매 및 사용과 관련된 경험이나 정보를 다른 사람들과 공유하거나 전파하고, 최종적으로 다른 사람들의 구매를 유도하는 과정을 거친다는 것을 나타낸다.

[그림 2-8] DSAVI 모델

6) 필립 코틀러의 5A 모델

필립 코틀러(Kotler, 2016)는 그의 저서인 『필립 코틀러의 마켓 4.0』에서 디지털 환경에서는 과거 AIDA 모델과는 다른 고객 경로가 필요하다고 말하면서 5A 모델을 제시하였다. [그림 2-9]의 윗부분에서 보이듯이 디지털상의 연결이 활성화되기 전에는, 고객 경로를 인지(Aware) → 태도(Attitude) → 행동(Act) → 반복 행동(Act Again)의 단계로 설명할 수 있었다. 반면 SNS와 같은 네트워크(연결) 시대에서의 고객 경로는 개인들이 가지고 있는 네트워크를 통해 공유되고 확산되기 때문에, 전통적인 정보처리 단계가 잘 맞지 않는다고 하였다. 따라서 새로운 고객 경로를 인지(Aware) → 호감(Appeal) → 질문(Ask) → 행동(Act) → 옹호(Advocate)라는 단계로 수정하여 제시하고, 연결의 시대에서 마케팅의 최종 목적을 '옹호'로 보았다. 그는 과거의 고객 충성도는 재구매 수준에서 거론되었지만, 앞으로의 고객 충성도는 궁극적으로 브랜드에 대한 옹호 의사를 포함해야 한다고 주장한다. 따라서 앞으로의 소비자 정보처리과정은 디지털 시대의 변화된 소비자 구매 의사결정에 맞춰서 좀 더 세분화하여 연구될 필요가 있다.

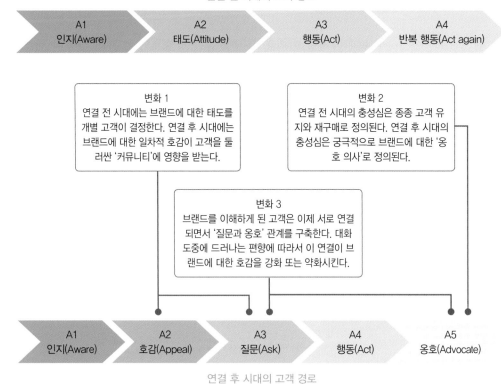

[그림 2-9] 필립 코틀러의 5A 고객 경로

출처: Kotler (2017).

통합적 마케팅 커뮤니케이션과 매체 전략

Advertising
Media in the
Digital Age
제3장

1. 통합적 마케팅 커뮤니케이션이란

통합적 마케팅 커뮤니케이션(Integrated Marketing Communication: IMC)은 광고, PR, 판촉, 이벤트, DM 그리고 일대일 마케팅 등 다양한 마케팅 커뮤니케이션 프로그램의 역할을 통합하고 조정하여 커뮤니케이션 프로그램 상호 간의 시너지 효과를 극대화하는 방향으로 상호 보완적 관계를 설정함으로써 소기의 목적을 달성하려고 하는 시도이다. 미국 광고업협회는 통합적 마케팅 커뮤니케이션을 "광고, DM, SP, PR, 이벤트 등 여러 커뮤니케이션 수법의 전략적 역할을 살려 조합된 포괄적 커뮤니케이션 계획의 부가가치를 인정하고 이러한 것의 수법을 합체함으로써 일관성 있고 최대효과를 낼 수 있는 커뮤니케이션을 창조하는 것이다."라고 정의를 내리고 있다.

오늘날 매체의 수가 증가하고, 제품 간 경쟁이 심화하며, 소비자의 브랜드 접촉점이 다양해지며 대중매체만으로 표적 시장에게 효율적으로 도달할 수 없게 되었다. 특히 시장에서 제품 간 경쟁이 심화하고 소비자의 광고에 대한 무관심의 증가로 광고 따로 구매 따로 현상이 심화하면서 대중매체 광고에 대한 의존에서 벗어나 통합적 마케팅 커뮤니케이션이라는 새로운 형태의 전략을 필요로 하게 되었다. 이러한 새로운 형태의 전략은 오늘날 전통적 촉진 믹스를 대체, 확장하는 개념으로써 발전되었다. 전통적 촉진 믹스는 광고, PR, 판매촉진, 인적판매의 4요소들이 마케팅 목표달성을 위하여 각각 개별적으로 역할을 수행하였다. 하지만 통합적 마케팅 커뮤니케이션하에서는 모든 마케팅 커뮤니케이션 수단들을 통합, 계획, 관리, 실행하여 일관성 있고 최대효과를 낼 수 있는 커뮤니케이션을 창조한다. 통합적 마케팅 커뮤니케이션은 위에서 아래로(top-bottom) 의 수직적인 기획이 아니라 모든 마케팅 커뮤니케이션 기획 및 수단을 통합하여 시너지 효과를 극대화하는 수평적인 기획에 초점을 맞추고 있다. 즉, 통합적 마케팅 커뮤니케 이션 기획은 광고주의 입장이 아닌 소비자 중심의 기획을 하며, '안에서 밖으로(inside-out)'보다 '밖에서 안으로(outside-in)'의 프로세서를 지향하고 있다.

최근에 전 세계적으로 통합적 마케팅 커뮤니케이션 전략이 보편화함으로써 확장된 미디어 믹스 전략에 대한 요구가 증가하고 있다. 특히 많은 다국적 기업은 높은 비용이 필요한 대중매체 광고에만 의존하지 않고 PR, 브랜딩, 세일즈 프로모션, 이벤트, DM, CRM 활동 등을 통합적으로 수행할 수 있는 NMMC(Non-Mass Media Communication) 의 활용을 고려함으로써 과거 전통적 4대 매체인 TV, 라디오, 신문, 잡지를 위주로 한 매체 구성에서 진보된 형태인 전통적 매체와 뉴미디어를 결합한 크로스미디어(cross-media) 전략과 같은 확장된 미디어 믹스를 활용한 전략이 활성화되고 있다.

2. 통합적 마케팅 커뮤니케이션의 접근방법

1) 목표의 통합

통합적 마케팅 커뮤니케이션의 목표는 크게 두 가지로 나뉜다. 첫째는 단기적인 목 표이고, 둘째는 장기적인 목표이다. 단기적인 목표는 마케팅 목표인 판매 목표이고, 장기적인 목표는 브랜드 자산 증대이다. 즉, 통합적 마케팅 커뮤니케이션은 단기적으 로는 매출 증대와 장기적으로는 브랜드 자산(brand equity)과 소비자 자산(consumer equity)의 증대라는 목표하에서 각기 성격과 역할이 다른 마케팅 커뮤니케이션 수단들 을 잘 믹스하여 커뮤니케이션 시너지 효과를 최대한 발휘하는 데 초점을 맞춘다.

통합적 마케팅 커뮤니케이션하에서 커뮤니케이션은 행동을 위한 하나의 과정으로 파악하고 소비자 행동을 수반하지 않은 커뮤니케이션은 의미가 없다. 따라서 광고 목 표 또한 인지도, 호감도 등의 커뮤니케이션 효과보다 구매 의도 및 행동과 같은 효과들 을 중요시하는 특징을 가지고 있다. 이처럼 기존의 광고 목표가 커뮤니케이션 반응을 중시한 데 반하여 통합적 마케팅 커뮤니케이션은 주로 소비자 행동 및 반응과 관련된 측정 가능한 목표를 중시한다. 즉, 고객이 브랜드에 대해 갖는 모든 접촉에는 일종의 피드백이나 반응을 받을 수 있는 장치가 있어야 한다고 주장한다. 즉, 전통적 마케팅 커뮤니케이션은 메시지에 대한 인지, 이해, 태도에 우선순위를 두고, 그 결과로써 발생하는 구매 의도 및 구매 행동을 최종 목표로 한다. 그러나 통합적 마케팅 커뮤니케이션은 어떤 행동적 목표를 달성할 것인지를 먼저 결정한 다음, 이러한 행동적 목표달성을 위해 필요로 하는 커뮤니케이션 효과(인지, 태도 등)를 목표로 정한다. 즉, 커뮤니케이션 효과 위계의 끝 단계인 행동에 초점을 맞추고 행동을 출발점으로 인지, 이해, 태도 등의 목표를 세운다.

2) 타깃의 통합

통합적 마케팅 커뮤니케이션은 광고, 홍보, 판매촉진, 인적판매의 전통적인 촉진의 4요소들뿐만 아니라 한 기업의 모든 광고마케팅 활동을 통합, 계획, 관리, 실행함으로써 하나의 일관된 이미지와 커뮤니케이션 시너지 효과를 창출하고자 하는 커뮤니케이션 전략이다. 따라서 통합적 마케팅 커뮤니케이션은 광고 타깃, 프로모션 타깃, 이벤트 타깃, 인터넷 마케팅 타깃, 모바일 마케팅 타깃, SNS 광고 타깃, 데이터베이스 마케팅 타깃, 일대일 마케팅 타깃, 대량 맞춤형 마케팅 타깃 등 모든 마케팅 활동의 타깃을 통합하여 각 타깃의 특성에 맞게 마케팅 프로그램을 기획한다.

3) 커뮤니케이션 프로그램의 통합

커뮤니케이션 프로그램들의 통합은 각기 다른 성격과 역할을 하는 커뮤니케이션 프로그램들을 통합하여 상호 보완적인 관계를 설정하는 것을 말한다. 통합적 마케팅 커뮤니케이션 캠페인의 성공은 통합적 마케팅 커뮤니케이션 프로그램에 적합한 미디어들이 어떻게 통합되고 믹스되느냐에 좌우된다. 각각의 마케팅 커뮤니케이션 프로그램들을 통합할 때 커뮤니케이션의 시너지 효과를 극대화하기 위하여 상호 보완적인 접근(complementary approaches)이 중요하다. 즉, 각각의 마케팅 커뮤니케이션 프로그램들의 시너지 효과를 극대화하기 위하여 각자의 장·단점을 상호 보완하는 방향으로 서로의 관계가 설정되어야 한다. 예를 들어, 신제품 런칭기에 광고를 통하여 사람들의 주목을 끌고 호기심을 불러일으킬 필요가 있다면 TV, 신문 혹은 교통 매체와 같은 대중매체를 선택하여야 하며, 제품 판매 성수기에 일대일 마케팅이나 맞춤형 판촉을 한다면 이메일, 전화, DM 등을 활용하여야 하며, 입학과 졸업 시즌에 SP 이벤트를 실시한다면 인터넷 및 모바일과 같은 매체를 선택하여야 한다. 이처럼 ATL과 BTL을 포함해 다양한 매체들은 통합적 마케팅 커뮤니케이션 전략을 구현하기 위해 미디어 믹스의 필수적인 부분으로 통합되고 포함된다. 즉, [그림 3-1]에서 보이듯이 통합적 마케팅 커뮤니케이션 전략을 통하여 다양한 고객의 접점에서 우호적인 브랜드 이미지를 형성하기 위하여 지속적이고 일관된 360도 커뮤니케이션의 전개가 필요하다.

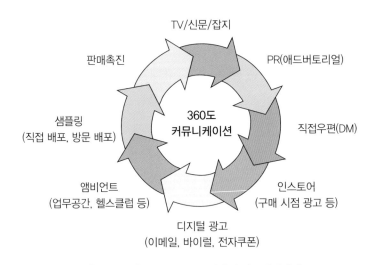

[그림 3-1] IMC의 360도 전방위 커뮤니케이션

출처: NeoNiche의 자료를 바탕으로 재구성함.

4) 메시지의 통합

통합적 마케팅 커뮤니케이션은 일관된 브랜드 이미지 창조를 통한 브랜드 아이덴티티(brand identity)의 확립 및 브랜드 자산 가치의 증대라는 것을 장기적인 목표로 하고 있다. 따라서 각각의 마케팅 커뮤니케이션 프로그램들이 전달하는 메시지가 브랜드에 대하여 일관되고 응집력 있는 이미지를 창출할 수 있게 통합되어야 한다. 즉, 각각의 마케팅 커뮤니케이션 프로그램들이나 매체들의 특성에 따라 브랜드 연상(brand association)이 사람의 기억 속에 이루어지는 방법은 달라도 메시지가 일관되어야 소비자들의 마음속에 공통되고 일관된 브랜드 이미지를 심어 줄 수 있다. 그러기 위해서는 커뮤니케이션 메시지가 공통된 내용과 의미를 공유하고 있어야 한다. 만약 커뮤니케이션 채널마다 다른 메시지를 담거나 다른 전략을 사용한다면 캠페인은 성공은 거둘 수 없다. 예를 들어, TV에서는 프리미엄 이미지를 전달하고 있는데 구전 마케팅을 통해서는 매우 저렴하다는 메시지를 전달한다면 일관된 브랜드 이미지를 소비자의 마음속에 포지셔닝하기가 힘들다. 특히 모든 미디어에 동일한 메시지와 전략을 담은 캠페인은 다른 메시지와 전략을 담은 캠페인보다 더 높은 브랜드 인지도와 차별화된 이미지를 가져온다. 일관된 메시지를 전달하기 위한 방법으로 표준화된 카피와 표준화된 비주얼을 사용한다.

(1) 카피의 통합

통합적 마케팅 커뮤니케이션하에서 메시지 전략은 주제(theme), 헤드라인, 바디 카피, 슬로건, 타이포그라피(typography) 등에 있어서 표준화된 카피를 적용한다. 예를 들어, 가전제품 회사인 필립스의 "작은 차이가 명품을 만듭니다."라는 브랜드 슬로건을 예로 들 수 있다.

(2) 비주얼의 통합

TV 구성형식 혹은 포맷(예: 생활의 단면, 시연, 추천 광고 등), 레이아웃 형식(layout format), 디자인의 5원칙들(통일성, 균형, 비율, 대조, 방향각), 톤과 매너(예: 이성적, 진지한, 첨단적인 등) 등에 있어서 표준화된 비주얼 요소들을 적용한다.

3. 통합적 마케팅 커뮤니케이션과 확장된 미디어 믹스 전략

통합적 마케팅 커뮤니케이션의 장기적인 목표는 일관되고 차별화된 브랜드 이미지를 소비자의 마음속에 구축하는 것이다. 데이비드 아커(David Aaker, 1996)의 브랜드 자산의 중요한 네 가지 구성요소 중의 하나인 차별화된 브랜드 이미지는 개별 매체에 의해 형성된다기보다는 여러 가지 매체를 통한 브랜드 접촉의 통합적 산물이라 할 수 있다. 이러한 이유로 소비자와 브랜드 간 접점이 이루어지는 모든 브랜드 접촉점을 관리하여야 한다. 특히 통합적 마케팅 커뮤니케이션 활동을 극대화하기 위하여 대중매체 광고로 대표되는 ATL 혹은 MMC(Mass Media Communication)와 이벤트, 스폰서십, 직접 판매 등을 포괄하는 판매촉진과 인터넷, 구전 등의 BTL 혹은 NMMC 수단들을 통합하여 커뮤니케이션 시너지 효과를 극대화하는 전략이 필요하다.

데이비스와 던(Davis & Dunn, 2002)은 차별화된 브랜드 이미지 구축을 목표로 하는 통합적 마케팅 커뮤니케이션 활동의 일환으로써 소비자의 브랜드 접촉단계를 구매 전 경험, 구매 시점 경험, 구매 후 경험의 3단계로 구분하고 각 단계에 따라 통합적 마케팅 커뮤니케이션 전략에 적합한 확장된 미디어 믹스 전략을 제시하였다. 즉, 브랜드 구매 전 경험단계에서는 브랜드를 알리고, 친숙하게 하며, 구매고려 대상군(consideration set)에 포함하는 데에 효과적인 매체를 선택해야 한다. 구매 시점 경험단계에서는 POP 와 같이 구매 시점에 소비자의 주의를 환기시키거나, 이벤트와 세일즈 프로모션에 적합한 매체를 선택하고, 구매 후 경험단계에서는 소비자의 만족도와 구매 결정을 강화하고, 소비자들과 지속적 관계 유지와 상표 충성도를 증대시킬 수 있는 매체를 선택할 것을 제안하였다. 대중매체는 소비자들과의 접촉빈도가 높기 때문에 구매 전 경험단계에 제품을 알리고 친숙하게 하며 구매고려 대상군에 진입시키는 것에 효과적이다. 반면 대중매체는 고객과의 상호작용이 불가능하기 때문에 고객 관계 관리가 요구되는 구매 후 경험단계에서는 효과적이지 못하다. 그러나 이메일과 모바일 광고와 같은 뉴미디어들은 구매 후 경험단계에서 제품을 구매한 고객에게 해피콜(happy call) 등을 이용하여 구매 후 인지 부조화 감소를 통한 태도 강화뿐만 아니라 고객의 생일축하 및 결혼기념일 알림 광고 등의 고객 관계 관리(Customer Relationship Management: CRM) 활동을 통하여 고객과의 긍정적인 관계를 지속적으로 유지해 나감으로써 제품에 대한 충성도와 재구매를 유도할 수 있다. 따라서 각 구매 경험단계에서 소비자에게 영향을 미치는 브랜드 접촉점들의 상대적인 영향력을 파악하여 각 구매 경험단계의 커뮤니케이션 목표에 맞는 매체를 선택하여야 하며, 이러한 각 구매 경험단계별 통합적 마케팅 커뮤니케이션 활동을 효율적으로 전개해 나가기 위하여 대중매체의 오디언스 전달력을 중심으로 한 전통적인 미디어 믹스에서 벗어나서 ATL 혹은 MMC와 BTL 혹은 NMMC를 통합한 확장된 미디어 믹스 전략이 필요하다.

〈표 3-1〉 **구매 경험단계별 매체의 역할**

구분	브랜드 접촉점/매체	구매 전 경험단계		구매 시점 경험단계		구매 후 경험단계	
		인지도	구매고려 대상군	잠재고객 장출(lead)	구매 행동	관계 유지	충성도 강화
ATL(MMC)	대중매체 광고(TV/신문 등)	●	●	△	○	○	○
BTL(NMMC)	직접반응 광고 (DM/전화/인포머셜 등)	○	△	●	●	○	○
	세일즈 프로모션	○	○	●	●	○	○
	이벤트	●	●	△	●	○	○
	MPR	●	△	○	○	○	○
	구매 시점(POP) 광고	△	△	△	○	○	○
	옥외, 현장광고	●	△	○	○	○	○
	e-CRM	○	○	○	○	●	●
	e-WOM	●	●	△	○	○	○
	인적판매	○	○	●	●	○	○

주: 효과는 ●(대), △(중), ○(소)로 나타냄.
출처: Davis & Dunn (2002).

디지털 매체와
광고패러다임의 변화

Advertising
Media in the
Digital Age
제4장

1. 디지털 매체란

디지털 매체(digital media)는 디지털과 미디어의 합성어로서 영상, 음성, 문자 등 이질적인 형태의 정보를 디지털 신호라고 하는 단일한 신호처리방식에 따라 통합적으로 처리, 저장, 전송하고 표시하는 미디어를 말한다. 디지털 신호는 기술적으로 전압이나 전류처럼 연속적으로 변화하는 물리량으로 표현되는 아날로그 신호의 상대적 개념으로서 아날로그 신호와는 달리 ON(켜짐), OFF(꺼짐)라는 낮은 전압의 전기 충격의 유무, 혹은 1과 0이라는 불연속적이고 단절적인 두 가지 이진 요소의 조합으로 정보를 표현하는 방식을 의미한다.

디지털 매체는 0과 1의 이진 체계를 기반으로 기존의 미디어가 각각 별개로 수행하던 기능을 복합적으로 수행할 수 있는 멀티미디어 기능을 한다. 디지털 매체는 정보전달수단에 따라 무선, 유선, 패키지 계로 분류되며, 정보전달형태에 따라 문자(텍스트), 음성, 영상 계로 구분된다. 또한 매체 형태에 따라 인쇄, 방송, 옥외, 인터넷 매체로 분류된다. 인쇄 매체의 경우 디지털 매체에는 인터넷 신문, 인터넷 잡지, 전자신문, 전자책(e-Book), DVD 등이 포함되며, 방송 매체에는 디지털 지상파, 디지털 케이블, 위성방송, IPTV(인터넷TV), TV 포털 등이 포함된다. 옥외매체에는 인터랙티브 옥외광고와 디지털 사이니지(digital signage) 등이 포함되며, 인터넷 매체에는 포털, 소셜 미디어, 동영상 미디어 등을 포함한 웹과 앱 기반의 모든 미디어 플랫폼이 포함된다.

〈표 4-1〉**전통매체와 디지털 매체**

매체 유형	전통매체	디지털 매체
인쇄 매체	신문, 잡지, 출판	인터넷 신문, 인터넷 잡지, 전자책(e-book), CD-ROM, DVD 등
방송 매체	지상파, 케이블(아날로그)	디지털 지상파, 디지털 케이블, 위성방송(스카이라이프), IPTV, 스마트TV, TV포털 등
옥외매체	옥외매체(빌보드, 야립, 전광판), 교통광고, 스포츠 광고, 엔터테인먼트광고극장(멀티플렉스극장, 경기장, 복합쇼핑몰), 앰비언트(ambient) 미디어,[1] 특수광고	인터랙티브 옥외광고, 디지털 사이니지
모바일 매체	개인휴대통신(아날로그 휴대폰 등)	스마트폰, 태블릿 PC 기반의 매체들 등

전통적인 대중매체는 불특정 다수에게 광고 메시지를 노출시키고, 타깃 커버리지와 타깃 OTS(Opportunity To See)를 제공하는 것에 초점을 맞추고 있으나, 디지털 매체는 일방향 커뮤니케이션에서 벗어나서 소비자들에게 제품 정보탐색, 이벤트 참여, 상품 주문과 같은 능동적 정보처리의 기회를 제공하고, 소비자들과 상호작용적 커뮤니케이션이 가능한 매체 환경을 조성한다. 디지털 매체의 등장으로 광고에 대해 소비자들의 능동적인 정보처리가 가능해지므로 매체 효과도 커버리지와 타깃 OTS와 같은 노출 효과를 넘어 인게이지먼트, 전환, 바이럴 효과와 같은 구체적인 성과 중심으로 변화하고 있다.

〈표 4-2〉**대중매체와 디지털 매체의 역할 차이**

역할	대중매체	디지털 매체
노출 유형	수동적 노출	능동적 노출
커뮤니케이션 패러다임	일방향(one-way)	양방향(two-way)
정보처리과정 (효과 위계 모형)	수동적 정보처리과정 (예: AIDA 모델 등)	능동적 정보처리과정 (예: AISAS, AIMSCAS 모델 등)
매체 효과	커버리지, 타깃 OTS	인게이지먼트,[2] 전환,[3] 바이럴 효과[4]
효과측정 방법	기억에 의존하는 설문조사	로그 데이터 분석, 추적조사

---

1) '주위를 둘러싸고 있다'는 의미로 앰비언트 미디어는 소비자의 생활환경을 깊이 파고드는 모든 광고 미디어를 말한다. 예를 들어, 지하철 역사의 랩핑광고, 스크린도어광고, 와이드컬러광고 그리고 복합 쇼핑몰광고(예: 코엑스몰의 와이드컬러광고 등)처럼 우리 생활 접점에서의 매체를 뜻한다.

2. 커뮤니케이션 패러다임의 변화

디지털 매체들은 문자, 영상, 음성, 데이터 등 모든 신호를 디지털 코드로 통합, 처리, 전송하기 때문에 양방향성 혹은 상호작용성, 탈대중성, 비동시성, 실시간성, 이동성 등의 차별화된 특성들을 갖고 있다. 양방향성 혹은 상호작용성은 소비자로부터 직접적인 피드백을 받을 수 있는 것을 말하며, 탈대중성은 소비자들과의 일대다(one to many) 소통에서 벗어나서 일대일(one to one) 소통이 가능한 것을 말한다. 비동시성은 소비자들과 정해진 시간과 장소가 아니어도 언제 어디서든 메시지를 주고받을 수 있는 것을 말하며, 실시간성은 시공간의 제약을 벗어나서 언제 어디서든 실시간(real time)으로 커뮤니케이션을 할 수 있는 것을 말한다. 또한 이동성은 소비자들이 버스, 지하철, 도보 등으로 이동 중에도 메시지를 주고받을 수 있는 것을 말한다. 이러한 디지털 매체의 특성들로 인해 커뮤니케이션 패러다임은 양방향 커뮤니케이션, 실시간 커뮤니케이션, 비동시적 커뮤니케이션, 통합적 커뮤니케이션으로 발전한다.

1) 일대일 커뮤니케이션

디지털 매체는 시청자의 개인 정보를 저장할 수 있는 데이터베이스 기술을 활용하여 일대다 커뮤니케이션뿐만 아니라 일대일 커뮤니케이션을 가능하게 한다. 또한 디지털 매체의 이러한 특성은 광고 전략에도 새로운 변화를 요구하고 있다. 예를 들어, 디지털 매체는 고객 데이터베이스에 저장된 고객들의 프로파일을 분석하여 타깃을 선별한 후 이들을 대상으로 개개인의 특성에 맞는 맞춤형 광고 메시지를 전달할 수 있다.

2) 양방향 커뮤니케이션

디지털 매체는 기존의 대중매체를 중심으로 한 송신자에서 수신자로 이어지는 단선

---

2) 인게이지먼트란 소셜 미디어에서 사용자가 소셜 활동에 얼마나 참여하는가를 말한다.
3) 회원가입이나 제품구매 등 광고주가 원하는 행동을 하는 것을 말한다.
4) 입소문이나 구전효과를 말한다.

적인 형태의 패러다임에서 벗어나서 상호작용성에 기반을 두는 새로운 패러다임으로의 변화를 요구하고 있다. 커뮤니케이션 패러다임의 변화는 광고의 개념이 일방향이 아니라 양방향으로 전환됨을 의미하며 이 과정에서 기존의 광고 전략이 근본적으로 변화한다. 예를 들어, 전통매체를 기반으로 하는 매체 전략의 경우 매체가 소유한 광고 지면과 시간을 구매하고, 구매한 매체에 타깃이 노출되기를 기다렸다면 디지털 매체를 기반으로 하는 매체 전략의 경우 웹로그 데이터 등을 분석하여 타깃을 식별하고, 식별된 타깃에게 직접 광고 메시지를 전달할 수 있다. 즉, 디지털 매체는 광고캠페인의 구체적인 성과를 극대화할 수 있도록 소비자와 상호작용할 수 있는 양방향 인터페이스의 구축에 초점을 맞추게 된다. 이러한 디지털 매체의 장점으로 인해 기업의 마케팅 활동에서 대중매체 광고보다 디지털 매체 광고가 차지하는 비중이 커지고 있다.

3) 실시간 커뮤니케이션

실시간 커뮤니케이션은 송수신자가 시공간의 제약을 벗어나서 언제 어디서든 실시간으로 커뮤니케이션을 할 수 있는 것을 말한다. 예를 들어, 방송 매체는 가정이나 직장에서 TV가 켜져 있을 때만 소비자에게 광고 메시지를 전달할 수 있는 반면에 디지털 매체는 시간과 장소의 구애를 받지 않고 언제, 어디서든 소비자에게 실시간으로 광고 메시지를 전달할 수 있다. 특히 GPS(Global Positioning System)와 이동통신망을 이용한 위치기반(LBS) 기술을 이용한 모바일 매체는 이용자의 현재 위치 정보를 파악하여 지역 특성에 맞는 다양한 형태의 정보를 제공해 준다. 예를 들어, SNS(단문 메시지 서비스) 기반의 모바일 매체의 경우 특정 상점 근처를 이용자가 지나가는 경우 휴대폰으로 상점에서 사용할 수 있는 할인 쿠폰을 이용자에게 제공하고, 이를 바로 사용하게 할 수 있다. 즉, 디지털 매체의 실시간성은 고객의 생활 접점에서의 니즈(needs)와 동선을 파악하여 광고 메시지를 전달하는 위치기반 광고(location based advertising)를 가능하게 한다. 일반적으로 위치기반 서비스의 제공 방식에는 통신기지국을 이용한 서비스와 GPS를 이용한 서비스 등 두 가지 형태가 있다. 통신기지국을 이용한 위치기반 서비스는 기지국 단위로만 위치 파악이 가능해 오차범위가 500m에서 많게는 1km 이상 발생할 수 있다. 그러나 GPS를 활용할 경우 오차범위가 10m 이내로 축소되어 매우 정확한 타기팅이 가능하다.

4) 비동시적 커뮤니케이션

디지털 매체는 비동시적(non-simultaneous)이다. 비동시적 커뮤니케이션이란 송신자와 수신자가 같은 시간에 커뮤니케이션 행위에 참여하지 않아도 된다는 것을 의미한다. 기존의 방송 매체는 송신자가 미리 정해 놓은 시간과 계획에 따라 프로그램이 제공되고 수신자는 그 시간에 맞추어 수용해야만 한다. 그러나 디지털 매체는 정해진 시간에 메시지를 주고받거나 혹은 원하는 프로그램을 보는 기존의 아날로그 방식의 방송 매체와 달리 시공간적인 제약을 받지 않고 언제든지 원하는 프로그램을 원하는 시간에 시청할 수 있다. 예를 들어, OTT 서비스 플랫폼의 VOD 상품은 시청자들이 원하는 시간에 원하는 프로그램을 시청할 수 있게 해 준다.

5) 통합적 마케팅 커뮤니케이션

디지털 매체는 기존의 전통적인 대중매체처럼 수동적인 노출로 끝나지 않는다. 디지털 매체는 단순히 수동적인 노출을 넘어서 소비자를 메시지에 적극적으로 참여(engagement)시키고, 수동적 정보처리의 기회뿐 아니라 능동적 정보처리의 기회를 제

[그림 4-1] 브랜드 경험단계별 IMC 전략

공한다. 예를 들어, 디지털 매체는 구매 전 경험단계에서 TV 광고 등을 통하여 브랜드를 알리고, 제품 정보를 적극적으로 탐색하게 하며, 구매 경험단계에서 POP 등으로 주의를 환기시키고 이벤트와 프로모션을 통하여 참여와 체험을 이끌어 내어, 궁극적으로 구매로까지 이어지게 한다. 또한 구매 후 경험단계에서는 해피콜(happy call)과 같은 CRM(Customer Relationship Management) 활동을 통하여 구매 후 발생하는 인지 부조화 감소 및 태도 강화 그리고 재구매 유도 및 충성도 제고를 가능하게 한다. 따라서 디지털 매체는 단순한 이미지와 정보전달 중심의 역할에서 벗어나서 소비자의 브랜드 구매 전, 구매 시점, 구매 후 경험단계별로 광고, PR, 프로모션, 이벤트, CRM 등의 다양한 커뮤니케이션 활동들을 통합적으로 실행하는 통합적 마케팅 커뮤니케이션(Integrated Marketing Communication: IMC) 채널로 확장된다.

3. 광고패러다임의 변화

1) 광고 목표의 변화

전통적인 대중매체 광고는 소비자들의 주목을 끌고, 소비자들이 합리적인 선택을 할 수 있도록 우리 제품을 알리며, 기억하게 하고, 호감을 높이며, 구매의향을 불러일으키는 커뮤니케이션 효과의 획득에 초점을 맞추고 전개된다. 그러나 디지털 매체는 소비자와 상호작용할 수 있는 양방향 인터페이스를 통하여 소비자로부터 구체적인 피드백을 이끌어 낼 수 있다. 예를 들어, 웹사이트에 방문한 소비자들을 적극 콘텐츠에 참여시켜 전환을 이끌어 낼 수 있다. 따라서 디지털 매체 기반의 광고캠페인에서 광고 목표는 단순히 노출 효과와 커뮤니케이션 효과를 넘어서, 전환(conversion), ROAS(Return On Ads Spending, 광고수익률), ROI(Return Of Investment)와 같은 성과 위주의 목표로 확장된다.

2) 타기팅의 변화

대중매체 기반의 전통적인 캠페인에서는 직접 및 간접조사에 기반한 시장세분화 과정을 통해 광고 메시지가 도달되어야 할 대상이 누구인지를 먼저 파악한 후 이들이 자주 이용하는 매체를 구매하여 광고에 노출되기를 기다린다. 반면 디지털 매체 기반의 광고캠페인에서는 로그 데이터 분석을 통해 타깃 개개인을 식별하고, 식별된 타깃에게 맞춤형 광고 메시지를 전달할 수 있다. 이처럼 사용자가 누구인가를 식별하여 표적화(targeting)하는 것을 오디언스 타기팅이라고 한다. 로그 데이터 분석을 통해 웹사이트 방문자의 성별, 나이 등 기본적인 인구통계학적 정보뿐 아니라 취미 및 관심사, 거주지역, 구매 이력 등과 같은 라이프스타일 자료의 분석이 가능하다. 디지털 매체 기반의 타기팅 기법에는 성별과 나이 등에 기반한 데모 타기팅(demographic targeting), 관심사에 기반한 관심사 타기팅(interest targeting), 구매 이력 등의 행태 데이터에 기반한 행동 타기팅(behavioral targeting), 그리고 홈페이지를 한 번이라도 방문했던 소비자가 웹 서핑을 하는 중에 광고를 반복적으로 노출하는 리타기팅(re-targeting) 등의 다양한 옵션이 있다.

3) 매체 전략의 변화

전통적인 대중매체 기반의 매체 기획은 얼마의 예산으로(how much), 누구에서(who), 언제(when), 얼마나 지속적으로(how long), 어디에(where), 어떤 매체에(which media), 얼마나 효율적으로 광고 메시지를 노출할 것인가를 결정하는 과정을 포함한다. 예를 들어, 전체 광고비 중에 방송 매체에 투입할 매체 예산의 비중을 결정하고, 정해진 매체 예산의 범위 내에서 광고가 방영될 프로그램과 시간대를 선택하고, 광고가 방영될 시점과 집행 기간 등의 매체 스케줄을 완성하는 것을 포함한다.

반면 디지털 매체 기반의 매체 기획의 경우 소비자가 여러 웹과 앱을 방문하여 남긴 로그 데이터 등을 분석하여 타깃에게 효율적으로 도달할 수 있는 광고 채널 및 광고 위치를 선택하고 구매할 수 있다. 예를 들어, 디지털 매체의 경우 웹이나 앱의 카테고리, 게재 위치, 동영상 콘텐츠 등에 따른 조회 수 및 반응률을 분석할 수 있기 때문에 이러한 데이터를 수집, 분석하여 소비자들로부터 가장 높은 조회 수와 반응률을 획득할 수 있는 채널을 선택할 수 있다. 따라서 디지털 매체 기반의 매체 기획의 경우 도달률, 빈도, GPRs 등의 노출 효과에 초점을 맞추기보다 전환율 증대와 같은 구체적인 성과에 초점을 둔 매체 기획이 요구된다.

또한 디지털 매체 기반의 광고캠페인에서는 웹로그나 앱로그 데이터를 분석하여 소비자들이 브랜드를 인지하는 첫 단계에서부터 구매 전환(purchase conversion)이 이루어지는 마지막 단계까지의 소비자의 구매로 가는 여정(buyer's journey)에서 발생하는 소비자 행동을 추적하고, 구매 여정의 각 단계에 유입된 고객들에게 적합한 콘텐츠를 제공할 수 있다. 따라서 디지털 매체 기반의 매체 기획은 임프레션, 페이지 뷰, 방문과 같은 트래픽 효과(traffic effect)뿐 아니라 앱 설치, 회원가입, 구독, 제품구매 등의 다양한 전환 성과를 바탕으로 광고단가가 책정되고 매체 구매가 이루어지게 된다. 이는 매체 기획의 중심이 도달률, 빈도, GRPs에서 벗어나서 성과 중심으로 변화한다는 것을 의미한다.

광고 매체로서 디지털 매체의 영향력이 확대되면서 온·오프라인 매체를 결합하여 소비자의 브랜드 접촉점을 극대화하고, 소비자에게 수동적 노출뿐 아니라 정보탐색과 같은 능동적 정보처리의 기회를 제공하는 크로스미디어 전략이 활성화되고 있다. 크로스미디어 전략은 단순한 미디어 믹스가 아니라 전통매체와 디지털 매체 간의 매체 특

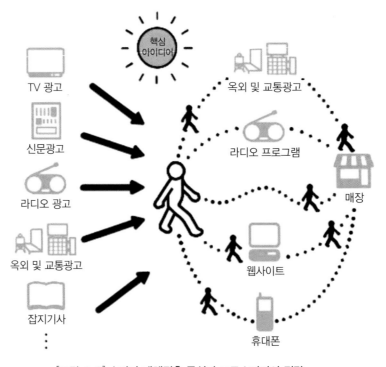

[그림 4-2] 소비자 매체접촉 동선과 크로스미디어 전략

출처: Dentz-cross media life cycle.

성을 조합해서 미디어 믹스를 최적화하는 것을 말한다. 예를 들어, [그림 4-2]는 대중매체를 통해 제품에 관한 정보를 접한 소비자가 블로그와 SNS 등을 통해서 제품에 관한 추가 정보를 얻고 최종적으로 매장을 방문하여 제품을 구매하는 과정을 보여 주고 있다. 이러한 소비자의 매체접촉 동선의 사례는 전통적인 대중매체와 디지털 매체를 결합한 크로스미디어 전략이 왜 필요한지를 보여 주고 있다.

4) 크리에이티브의 변화

전통적인 대중매체는 방송이건 인쇄 매체이건 간에 광고 길이와 지면의 제약 때문에 크리에이티브가 차지하는 비중이 크다. 하지만 유튜브, 페이스북, 인스타그램과 같은 소셜 미디어에서는 광고 길이, 위치, 형식의 제약에서 비교적 자유롭기 때문에 하나의 번뜩이는 아이디어 중심의 광고보다는 스토리텔링 형식의 콘텐츠가 다수를 차지하고 있다. 예를 들어, 튜토리얼 영상의 경우 제품사용법을 자세히 알려 주거나 UGC(User Generated Content)의 경우 스토리텔링에 브랜드 로고 등을 삽입하여 PPL 효과도 획득할 수 있다.

특히 디지털 매체는 광고에 노출된 후 랜딩 페이지(landing page)[5]에 유입된 고객들을 대상으로 쿠폰, 프로모션, 이벤트 등 다양한 직접마케팅 수단들을 활용하여 고객들로부터 직접적인 반응을 촉구할 수 있다. 따라서 전통적인 커뮤니케이션 효과의 획득에 초점을 맞춘 대중매체와 달리 디지털 매체는 광고주가 제공하는 다양한 형태의 오퍼(offer)에 대한 소비자의 적극적인 참여와 관심을 촉구할 수 있다.

---

5) 검색 엔진, 광고 등을 경유하여 접속하는 이용자가 최초로 보게 되는 웹페이지이다. 링크를 클릭하고 해당 웹페이지에 접속하면 마케터가 의도한 행위를 하도록 하는 페이지를 의미한다.

4. 수용자 환경의 변화

1) 수동적 수용자에서 능동적 이용자로

디지털 매체는 유무선 인터넷과 같은 상향채널(return path)을 이용하여 정보유통의 양방향성 및 상호작용성을 기술적으로 보장해 준다. 이러한 양방향성 및 상호작용성으로 인하여 디지털 매체의 수용자는 과거 대중 미디어 시대의 수동적인 수용자에서 탈피하여 적극적으로 정보를 찾아 나서는 능동적인 수용자가 된다. 예를 들어, 디지털 매체에 익숙한 오늘날의 수용자들은 수동적인 소비자에서 탈피하여 구매 전 관련 정보를 적극적으로 탐색하고 자신의 브랜드 접촉 경험 등을 다른 사람들과 공유하는 등 보다 더 능동적으로 정보를 처리하려는 동기를 갖고 있다. 또한 수용자는 자신이 싫어하는 정보는 회피하고, 좋아하는 정보에만 선택적으로 접근할 수 있으며, 광고주에게 즉각적인 피드백을 할 수 있다. 이런 소비자의 능동적인 매체 활용이 중요해지면서 '사용자'라는 표현이 '수용자'를 대체해 가고 있으며, 이제 미디어 이용은 수용자가 언제 어디서든 어떤 미디어를 어떤 목적과 활동을 위해 이용하는가를 의미하게 되었다.

2) 다중 미디어 이용자 및 다중매체 소비 행동의 증가

소비자들이 일상생활에서 이용하는 미디어 레퍼토리(media repertoire)가 증가함으로서 일상생활에서 두 가지 이상의 매체를 동시에 사용하는 다중 미디어 이용자가 증가하고 있다. 지상파 방송, 케이블방송, 위성방송, 라디오, 신문, 휴대폰, DMB, 인터넷의 8개 매체 가운데 20대 이상 성인들이 일상적으로 이용하는 매체 수는 평균 5.4개나 되며, 대중매체에서 특정 상품, 서비스와 같은 기업의 광고를 접한 후 온라인에서 다시 확인한 경험은 79.2%로 매우 높은 것으로 나타났다. 다중 미디어 이용자는 일상생활에서 2개 이상의 매체를 동시적 혹은 비동시적으로 소비하는 다중매체 소비 행동을 촉진한다. 예를 들어, 다중매체 소비 행동은 TV를 틀어 놓고 SNS로 대화를 나누거나, 라디오를 들으면서 인터넷을 검색하거나, 음악을 들으면서 잡지를 뒤적거리는 것과 같은 것을 말한다. 최근의 한 조사에 의하면 20대 이상의 성인 80% 이상이 이와 같은 다중매체 소비 행동을 경험한 것으로 확인되었다. 따라서 타깃에게 효율적으로 도달하기 위하여 소비자들의 다중매체 소비 행동을 고려한 매체 전략이 요구된다.

　매체 수용자들의 다중매체 소비 행동은 한 대의 컴퓨터로 여러 가지 일을 한번에 처리하는 멀티태스킹(multitasking)이 가능해진 것과 관련이 있다. 즉, 과거에는 컴퓨터로 음악을 들으면서 인터넷 검색을 하는 것이 불가능했지만, 지금은 컴퓨터 정보처리 속도 및 처리용량의 증가로 이 두 가지 일을 동시에 처리하는 것이 가능해졌다. 이러한 멀티태스킹에 대한 수용자 욕구의 증가로 TV를 보거나 음악을 들으면서 단순히 콘텐츠만 소비하는 것이 아닌 SNS를 이용하여 음악감상, 정보 검색, 메시징(messaging) 등의 다양한 활동을 하는 소셜 시청이라는 새로운 콘텐츠 소비행태가 늘어나고 있다. 다중매체 소비 행동 및 멀티태스킹은 1990년대 중반 이후 태어난 디지털 네이티브(digiral native) 세대들에게 익숙하다. 우리나라 총 인구의 48%를 차지하고 있는 디지털 네이티브 세대는 태어날 때부터 디지털 기기에 둘러싸여 성장한 세대로서 디지털 언어와 장비를 마치 특정 언어의 원어민처럼 자연스럽게 사용하며, 매일매일 쏟아지는 엄청난 양의 정보의 홍수 속에서도 멀티태스킹 및 병렬 처리(parallel processing)[6]와 같이 여러 개의 일을 동시에 처리할 수가 있다. 또한 메신저 등을 통해 언제나 자신이 원하는 때에 상대방과 의사소통을 주고받아 왔기 때문에 신속한 반응을 추구하여 즉각적인 피드백에도 능숙함을 보인다.

3) 비선형적 미디어 소비행태 및 제로 가구의 증가

　비선형적(non-linear)이란 결과를 알 수 없는 상태를 일컫는 말로, 수학에서 1차 함수는 직선의 형태로 나타나지만, 2차 함수부터는 X값을 알아도, Y값을 알 수 없는 불확실한 상황을 의미한다. 전통적인 대중매체의 경우 방송편성 스케줄에 따라서 정해진 시간에 방송프로그램을 시청하는 수동적인 시청이 콘텐츠 소비의 주된 방식이었다. 반면 디지털 매체의 경우 양방향성/상호작용성, 이동성, 실시간성, 비동시성의 특성으로 인하여 시공간, 단말기기 종류의 제약을 받지 않고 언제, 어디서든 24시간 방송프로그램을 시청할 수 있는 비선형적 콘텐츠 소비행태로 변화되고 있다. 특히 스마트폰과 온라

---

6) 컴퓨터 시스템 용어로 크고 복잡한 문제를 작게 나누어 한번에 병렬적으로 해결하는 것을 말한다.

인 네트워크를 이용한 동영상 콘텐츠의 소비가 증가하면서 젊은 세대를 중심으로 TV 기기를 전혀 보유하지 않는 제로 가구(zero household)가 증가하고 있다. 이들 가구는 TV 수상기가 없거나 있더라도 전통적인 유료 방송 서비스에 가입하지 않고, 직접 수신을 통해 지상파 방송도 이용하지 않는 가구들이다. 2012년 기준으로 우리나라에서 제로 가구는 4.4%로 20가구 중 한 가구는 TV가 없거나 있어도 보지 않는 것으로 나타났다. 이들은 주로 1인 가구, 20대, 도시 거주, 학생, 독신 남성이라는 인구사회학적 특성을 가진다.

4) 신유형 소비자의 등장

2000년~2000년대에 출생한 MZ 세대가 디지털 매체의 주 소비계층으로 떠오르고 있다. MZ 세대란 밀레니얼 세대와 Z 세대의 합성어로 1980년대부터 2000년대 초반에 출생한 인터넷 방송과 모바일 기기에 익숙한 세대를 말한다. 밀레니얼 세대라는 말이 처음 등장했을 때는 1980~2000년대 초반 출생한 세대를 가리켰으나, 이후 Z 세대를 따로 떼어 구분하기 시작하며 밀레니얼 세대는 대체로 1980~1995년 사이, Z 세대는 1996~2010년대 초반 또는 후반 출생한 세대를 뜻하기 시작했다. 통계청에 따르면 2019년 기준 국내 MZ 세대(1980~2005년생)는 전체 인구의 33.7%를 차지한다. 밀레니얼 세대(millennial generation)는 Y 세대라고도 하며, 1984년 이전에 태어난 X 세대의 뒤를 잇는 인구 집단이다. 밀레니얼 세대는 주로 젊은 직장인들로, 욜로(You Only Live Once: YOLO)족, 가심비(가격 대비 마음의 만족을 추구하는 소비 형태), 소확행(소소하지만 확실한 행복), 워라밸(Work and Life Balance)을 중시 여긴다. 또한 아날로그와 디지털을 모두 경험한 과도기 세대이며 전통적 마케팅이나 광고보다는 개인적 정보(블로그 등)를 더 신뢰한다. Z 세대(generation Z)는 Y 세대(밀레니얼 세대)의 뒤를 잇는 인구 집단으로 'Z'는 알파벳의 마지막 글자로 '20세기에 태어난 마지막 세대'를 뜻한다. '디지털 네이티브(디지털 원주민)' 세대라고 불리기도 한다. Z 세대는 IT 기술에 익숙함을 느끼고, 사교 생활에 있어서 스마트폰, SNS를 자유롭게 사용한다. 이들은 컴퓨터보다는 스마트폰, 텍스트보다는 영상 콘텐츠를 선호하기 때문에 Z 세대의 디지털 의존도는 상당히 높다. 『한경 비즈니스』가 조사한 Z 세대의 여가 시간은 유튜브 감상 82.2%, 친구와 어울리기 69.8%, TV 시청과 영화 감상 65.8%, 페이스북/인스타그램 59%, 가족과 함께 보내기

54%로 나타났다.

디지털 매체의 발달로 프로슈머, 트라이슈머, 트랜슈머라는 신유형의 소비자가 등장하고 있다. 프로슈머(prosumer)는 '생산자'를 뜻하는 영어 'producer'와 '소비자'를 뜻하는 영어 'consumer'의 합성어로, 생산에 참여하는 소비자를 의미한다. 이들은 정보의 소비만을 하는 것이 아니라 직접 콘텐츠의 생산에도 참여하는 소비적 생산자이다. 또한 제품 생산과 판매에도 직접 관여하여 해당 제품의 생산 단계부터 유통에 이르기까지 소비자의 권리를 행사한다. 이들은 시장에 나온 물건을 소비하는 수동적인 소비자가 아니라 자신의 취향에 맞는 물건을 스스로 창조해 나가는 능동적 소비자의 개념에 가깝다. 블로그에서 제품 리뷰를 하거나 인터넷 카페 등에서 기업과 관계없는 사람들이 공동구매를 진행한다면 프로슈머라고 할 수 있다. 최근 기업에서는 프로슈머를 마케팅에 활용하여 전반적인 제품 생산에 소비자의 의견을 적극적으로 반영하고 있다.

트라이슈머(trysumer)는 시도하다(try)와 소비자(consumer)의 합성어로 간접정보에 의존하기보다는 새로운 서비스나 제품을 직접 경험하기를 원하는 체험적 소비자를 지칭한다. 이들은 광고와 정보만으로 움직이지 않고 경험을 통해 구매하는 새로운 소비세력이다. 이러한 트라이슈머가 증가함에 따라 상품 혹은 서비스를 체험할 수 있는 체험매장이 증가하고 있다. 예를 들어, 삼성전자의 글로벌 홍보관 '삼성 딜라이트(Samsung d'light)'는 'Live Your Tomorrow'를 주제로 삼성전자의 현재와 미래의 디지털 기술과 서비스를 체험할 수 있는 공간을 제공하고 있다. 이 매장에서 소비자들은 스마트폰, 스마트TV, 웨어러블 기기, 삼성 페이 결제 서비스, 헬스케어 솔루션 등 스마트한 소비 생활 그리고 태블릿과 연동된 가상현실을 통해 느껴지는 미래의 스마트한 가정생활을 간접 체험할 수 있으며, 나만의 체험내용을 모두 저장, 다운로드할 수 있고 SNS에 공유할 수도 있다

트랜슈머(transumer)는 trans(움직이다, 이동하다, 옮기다)와 consumer(소비자)의 합성어로 움직이는 소비자를 의미한다. 즉, 교통과 소비자의 합성어로 이동하면서 소비를 하는 세대를 말한다. 트랜슈머는 인터넷과 모바일 기기를 통해 여행 등 이동 중에 재화와 용역을 구매(예: KTX 열차 내에서 스마트폰으로 전국의 특산물을 주문, 결제하는 등 자유롭게 쇼핑)하는 소비자의 욕구를 반영하고 있다. 트랜슈머는 일자리를 찾아 전 세계로 이동하는 인구가 많아질 것으로 예상이 되는 미래사회가 고정된 자산을 소유하기보다는 사용을 중시하는 사회가 됨을 의미한다. 따라서 트랜슈머는 소유에서 오는 구속 및

재정의 부담에서 자유롭고자 하는 경향을 가진다.

온라인 쇼핑 행태에 따라서 소비자를 쇼루밍족, 모루밍족, 역쇼루밍족 등으로 분류할 수 있다. 쇼루밍족(Showrooming)은 오프라인 매장(쇼룸, showroom)에서 제품을 살펴보고, 온라인에서 최저가에 구매하는 사람들을 말한다. 즉, 백화점, 마트 등 상품을 직접 보고 만져 볼 수 있는 오프라인 매장에서는 체험만 하고, 정작 상품을 살 때는 가격이 더 싼 온라인 사이트 혹은 쇼핑몰에서 같은 상품을 저렴하게 구매하는 소비자를 말한다. 쇼루밍족의 한 유형으로, 모루밍족이 있다. 모루밍(morooming)은 모바일(mobile)과 매장에서 제품을 살펴본 뒤 실제 구매는 온라인 등 다른 유통 경로로 하는 것을 뜻하는 '쇼루밍(showrooming)'과 '족(族)'을 합쳐 만든 신조어이다. 이들은 백화점과 같은 오프라인 매장에서 제품을 자세히 살펴보고 모바일로 가격 비교를 한 후 실제 구매는 가장 저렴한 곳에서 스마트폰으로 구매한다. 모바일을 통해 물건을 구입하면 다른 유통 경로를 이용할 때보다 더 저렴하기 때문에 모루밍족이 증가하고 있는 추세이며, 이에 따라 오프라인 매장은 온라인 쇼핑몰의 전시장으로 변하고 있다. 또한 모루밍족이 늘어나면서 온라인을 이용해 오프라인으로 고객을 유도하는 O2O(Online to Offline) 마케팅이 중요하게 되었다. 대표적인 예로는 카카오택시 앱, 배달 앱, 숙박업소 앱 등이 있다. 반면 역쇼루밍족(reverse-showrooming)은 온라인에서 미리 제품을 검색하고 확인 후 오프라인 매장에서 최종 구매하는 소비자를 말한다. 이들은 온라인에서 제품 정보와 사용 후기를 꼼꼼히 비교하여 마음에 드는 제품을 결정한 후, 오프라인 매장에서 직원들의 도움을 받아 최종 구매를 결정한다. 특히 안전에 민감한 화장품과 유아용품, 해외 고가 브랜드, 온라인 전용 길거리 패션 브랜드, 가전제품 등에서 두드러지게 나타나는 현상이다. 역쇼루밍족은 온라인에서 제품을 미리 검색해 보고 가기 때문에 쇼핑시간을 절약할 수 있으며, 매장에서 제품을 직접 확인하고 살 수 있는 장점이 있다.

5. 매체 환경의 변화

1) 미디어 구매에서 오디언스 구매로

대중매체 시대에는 추정된 오디언스의 소유자로서 미디어가 소유한 광고지면, 시간 혹은 위치를 구매하고, 구매한 미디어에 타깃이 노출되기를 기다렸다면, 디지털 매체 시대에는 소비자 빅데이터 분석에 기반을 둔 정교한 타기팅으로, 원하는 타깃에게 메시지를 노출시킬 수 있다. 특히 요즘에는 광고주가 스스로 구축하거나 제3자(3rd-party)가 구축한 고객 데이터베이스에 저장된 고객 정보(예: 고객의 인구통계학적 특성, 관심사, 구매 행태 등)를 이용하여 확인된 타깃에게 직접 광고 메시지를 전달하는 것이 가능하다. 예를 들어, 온라인이나 모바일 광고 플랫폼들이 사용자가 웹이나 앱에 접속하는 순간 사용자의 특징을 인공지능 알고리즘으로 분석하여 타깃임이 확인되면, 0.1초 이내에 광고를 노출하는 프로그래매틱 바잉(programatic buying)이라고 불리는 광고 자동 구매가 가능해졌다. 이처럼 소비자 빅데이터 분석에 기반을 둔 정교한 타기팅이나 프로그래매틱 바잉 시스템을 통하여 확인된 고객에게 메시지를 노출시킨다는 것은 결국 미디어 바잉(media buying)이 아니라 오디언스 바잉(audience buying)이라고 할 수 있다. 따라서 광고도 이에 대응하여 과거 타깃 오디언스가 있을 것 같은 미디어에 광고를 게재하는 방식에서 벗어나서, 적극적으로 고객의 빅데이터 분석을 중심으로 한 오디언스 바잉 중심의 매체 전략을 수립하여야 할 것으로 보인다.

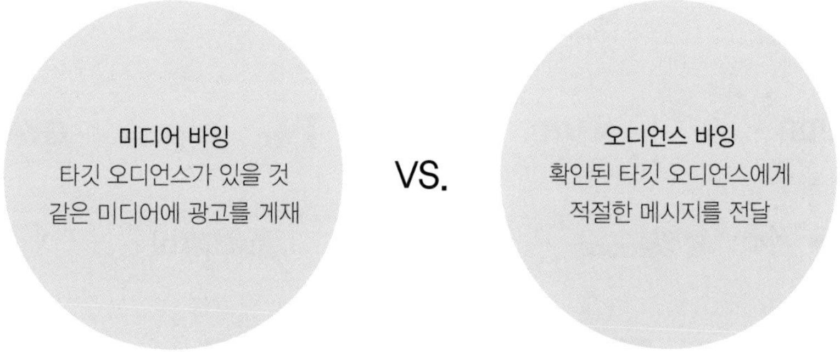

미디어 바잉
타깃 오디언스가 있을 것
같은 미디어에 광고를 게재

VS.

오디언스 바잉
확인된 타깃 오디언스에게
적절한 메시지를 전달

[그림 4-3] 미디어 바잉과 오디언스 바잉

2) OTT 서비스와 N스크린 서비스의 활성화

OTT 서비스는 별도의 TV 셋톱박스 없이 유무선 인터넷망을 통해 방송프로그램, 영화, 교육 등 각종 미디어 콘텐츠를 제공하는 유료 동영상 스트리밍(streaming) 서비스를 말한다. 2000년대 중반에 접어들어 기존의 통신 및 방송사업자가 아닌 구글(Google), 아마존(Amazon), 넷플릭스(Netflix), 유튜브(Youtube), 웨이브(Wavve)와 같은 인터넷 사업자들이 유무선 인터넷망으로 드라마나 영화 등 다양한 미디어 콘텐츠를 제공하는 서비스를 OTT(Over The Top)라고 한다. OTT 서비스는 정해진 방송 전용망으로 콘텐츠를 전송하던 기존의 방송 서비스와 달리 불특정 다수의 접근이 용이한 범용 인터넷으로 콘텐츠를 전송하기 때문에 이용 시간이 자유롭고 언제 어디서든 데스크톱 PC, 스마트폰, 태블릿 PC, 스마트TV 등 다양한 기기를 통해 원하는 콘텐츠를 이용할 수 있는 N스크린(nScreen) 서비스를 제공한다.

N스크린 서비스는 하나의 멀티미디어 콘텐츠를 N개의 기기를 통해 연속적으로 볼 수 있는 기술을 말한다. N스크린 서비스는 하나의 콘텐츠를 스마트폰, PC, 스마트TV,

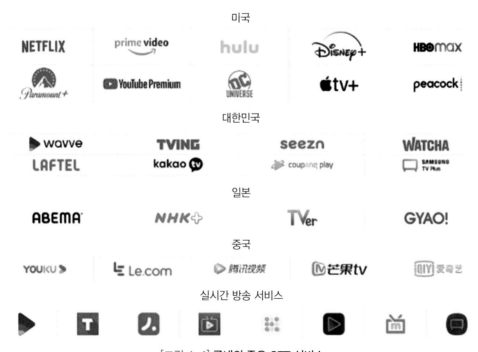

[그림 4-4] **국내외 주요 OTT 서비스**

태블릿 PC, 자동차 네비게이션 등 다양한 디지털 정보기기에서 공유할 수 있는 차세대 컴퓨팅·네트워크 서비스이다. 이는 시간, 장소, 디지털 기기에 구애받지 않고 언제 어디서나 하나의 콘텐츠를 이어서 볼 수 있는 서비스로, 컴퓨터로 다운로드를 받은 영화를 집에서 TV로 보다가 지하철에서 스마트폰으로 보거나, 학교에서 태블릿 PC로 이어서 볼 수 있다. N스크린 서비스가 가능해진 것은 스마트폰, 태블릿 PC 등 OS를 탑재한 모바일 단말기의 보급 확대, 4G LTE, 5G, 와이파이 등 광대역 무선 네트워크 기술의 발전, 클라우드 서비스의 등장으로 무선 인터넷이 가능한 어디서건 원하는 콘텐츠 이용 환경이 구비되었기 때문이다. 즉, N스크린 서비스는 사용자가 정식 구매한 멀티미디어 콘텐츠를 자신의 IT 기기가 아닌 이동통신사의 클라우드 저장 공간에 올려놓고 필요에 따라 PC든 스마트폰이든 인터넷에 연결될 수 있다면 언제 어디서든 스트리밍으로 콘텐츠를 감상할 수 있게 해 준다. OTT와 N스크린 서비스의 활성화로 소비자의 콘텐츠 소비행태가 변화하고 있다. 즉, 소비자들의 실시간 TV 방송 시청이 감소하고, IPTV, 스마트폰, 태블릿 PC 등의 기기를 이용하여 시공간의 제약 없이 콘텐츠 다시 보기를 통한 VOD 서비스가 활성화되고 있다.

[그림 4-5] **N스크린 서비스 개념도**

출처: 해시넷 위키.

VOD 서비스는 'Video On Demand'의 약자로 사용자가 언제 어디서든 요청만 하면 동영상 콘텐츠를 마음대로 시청할 수 있는 주문형 비디오 서비스를 말한다. OTT 서비스 사업자뿐만 아니라 디지털 케이블방송 및 IPTV(인터넷TV)와 같은 방송사업자도 인터넷을 통해 유료 VOD 서비스를 제공한다. OTT 서비스에는 이용방식에 따라 SVOD, TVOD, AVOD의 세 가지 유형이 있다. SVOD(Subscription Video On Demand)란 월 단위로 정기 결제를 하고 해당 기간 플랫폼 내의 모든 영상 콘텐츠를 무제한으로 시청할 수 있는 구독형 서비스를 말한다. 넷플릭스, 웨이브, 티빙을 예로 들 수 있다. TVOD(Transactional Video On Demand)는 콘텐츠 건당 요금을 지불하고 시청하는 방식의 VOD 서비스로 카카오페이지가 대표적이다. AVOD(Advertising VOD)는 인터넷 사이트에서 영상에 삽입된 광고를 보면 무료로 시청할 수 있는 콘텐츠로, 유튜브가 대표적이다.

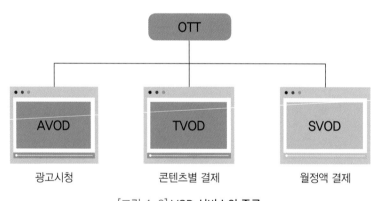

[그림 4-6] **VOD 서비스의 종류**

VOD 서비스가 활성화되면서 실시간 방송 광고와 별도로 VOD 광고와 같은 새로운 광고상품들도 판매되고 있으며, 영화, 드라마, 예능, 스포츠 등 인기 콘텐츠와 밀착된 형태의 간접광고와 가상광고의 판매도 활성화되고 있다. 특히 PPL과 같은 간접광고는 소비자의 광고 회피 행동으로부터 벗어날 수 있기 때문에 광고주들의 인기를 끌고 있다. 이러한 OTT 서비스, N스크린 서비스, VOD 서비스의 등장으로 동영상 콘텐츠의 유통경로가 다양화되면서 실시간 시청률이 VOD 시청률을 포함한 전체 방송프로그램의 시청률을 제대로 반영하지 못해, 다 플랫폼 혹은 크로스 플랫폼 간 통합 시청률 측정의 필요성이 제기되고 있다.

최근에 글로벌 OTT 서비스 1위 사업자인 넷플릭스와 토종 국내 OTT 서비스 사업자 간 VOD 시장의 선점을 위한 경쟁이 치열해지고 있다. 2016년 국내 시장에 진출한 넷플릭스는 막대한 자금력을 바탕으로 자체적으로 영화, 웹드라마, 예능, 스포츠 프로그램들을 제작하여, 자사의 플랫폼으로 직접 유통하기도 한다. 현재 국내 시장에 진출한 글로벌 OTT 서비스 사업자들은 넷플릭스(2016), 디즈니 플러스(2021), 유튜브 프리미엄(2018), 애플 TV 플러스(2021)가 있다. 이에 대항하는 국내 토종 OTT 서비스 사업자들은 웨이브(2019), 시즌(2019), 티빙(2010), 왓챠(2016), IPTV 방송 3사가 대표적이다.

3) 1인 미디어 방송의 성장

최근에 스마트 기기의 보급 확대, 인터넷 속도 향상, 낮아진 동영상 제작의 진입 장벽 등으로 1인 미디어가 급성장하고 있다. 1인 미디어는 개인이 다양한 콘텐츠를 직접 생산하고 공유할 수 있는 새로운 커뮤니케이션 플랫폼 혹은 채널을 말한다. 1인 미디어 방송은 다양한 분야의 사람들이 자신만의 콘텐츠를 가지고, 직접 PD 겸 연기자가 되어 인터넷 생방송을 진행한다. 1인 미디어 방송은 1인 콘텐츠 창작자인 크리에이터(creator) 혹은 BJ(Broadcast Jockey)라고 불리는 개인 운영자가 틀에 얽매이지 않는 소재로 콘텐츠를 구성하고 채팅을 통하여 시청자들을 직접 방송프로그램에 참여하게 함으로써, 그동안 정형화되고 짜인 틀 속에서 움직이는 지상파 방송에 식상함을 느낀 시청자들로부터 큰 인기를 끌고 있다.

유튜브에서 시작된 1인 미디어 방송은 지상파TV에까지 확대되어 2015년 1인 방송 테마로 구성된 〈마이 리틀 텔레비전〉이라는 프로그램이 만들어지기도 하였다. 1인 미디어 방송의 장점은 방송 포맷의 다양성, 일상성, 현장성, 친근성, 양방향성을 들 수 있다. 즉, 1인 미디어 방송은 개인 운영자가 자신이 일상생활에서 게임을 하는 모습을 리얼 형식으로 보여 주는 '겜방', 다양한 음식을 먹는 모습을 보여 주는 '먹방', 직접 요리해 먹는 모습을 보여 주는 '쿡방', 시청자와 대화를 하며 방송하는 '톡방' 등 이제껏 지상파에서 볼 수 없는 다양하고 친근한 포맷으로 인기를 끌고 있다. 또한 개인 운영자가 시청자들과 실시간 채팅을 통하여 시청자의 목소리를 듣고 그에 대한 피드백을 즉각 제시한다는 점에서 기존의 지상파 및 케이블TV 방송과 차이점이 있다. 1인 미디어 방송은 1인 창작자들이 구독자 수를 늘리거나, 금전적 수익이 발생하는 사이버 머니

(cyber money) 등을 받기 위해서 지나치게 선정적이거나 폭력적인 콘텐츠를 생산하고, 저작권 침해와 왜곡된 정보를 전달하는 문제점도 발생하고 있다.

1인 미디어 시장 규모가 커지면서 1인 창작자인 크리에이터를 전문적으로 지원 및 관리해 주는 기획사 역할을 하는 MCN(Multi Channel Network, 다중채널 네트워크)이라고 불리는 사업자가 등장하였다. MCN은 1인 창작자와 계약하여 촬영, 스튜디오, 방송장비, 교육, 저작권 관리, 마케팅, 광고 유치 및 광고비 정산, 수익 창출, 파트너 관리, 잠재고객 발굴 등을 지원해 주고 채널에서 얻는 수익을 나눠 갖는 사업자 유형이다. 현재 CJ ENM의 다이아TV, 트레저헌터, 아프리카TV, 판도라TV 등이 우리나라의 대표적인 MCN 사업자들이다. CJ ENM의 다이아TV는 약 1,400여 팀의 1인 창작자와 파트너십을 맺고 있으며, 총구독자 수는 1억 6,000만 명에 이른다. CJ ENM의 다이아TV와 파트너십을 맺고 있는 유명 1인 창작자에는 대도서관, 밴쯔, 씬님, 감스트 등이 있다. 2015년에는 네이버(Naver)가 한류 열풍을 이끌고 있는 인기 아이돌들을 BJ로 내세워 글로벌 팬들을 대상으로 'V LIVE'라는 실시간 개인방송 서비스를 출시하였다.

1인 미디어 방송의 주 수익모델은 광고와 현금후원제도로 구성되며 여기서 나오는 수익은 MCN 사업자와 1인 창작자가 일정 비율로 나누어 가진다. 다만, 유튜브를 통해 방송되는 1인 미디어 콘텐츠의 경우 광고 판매를 통해서만 수익이 창출된다. 아프리카TV의 경우 광고 판매 이외에 방송을 보는 시청자들이 사이버 머니와 비슷한 '별풍선'을 구입하여 자신이 즐겨 보는 방송프로그램의 BJ에게 선물을 하고, '별풍선'을 받은 BJ는 '별풍선'을 다시 현금화하여 그 수익으로 운영한다.

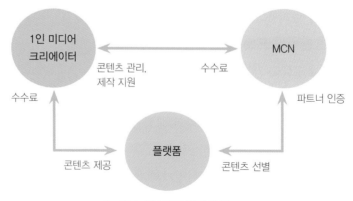

[그림 4-7] MCN 생태계 구조

출처: 위키백과.

1인 미디어가 성장하면서 1인 미디어를 활용한 광고 및 마케팅 사례도 증가하고 있다. 예를 들어, 1인 미디어 방송콘텐츠에 게재되는 동영상 광고가 활성화되고 있으며, 유명 크리에이터들과 협업하여 튜토리얼이나 상품 홍보 영상을 제작하는 등의 캠페인을 진행하기도 한다. 동영상 광고의 경우 보통 방송 시작 전과 중간에 1~2개의 15~60초 길이의 동영상 광고만 노출되기 때문에 클러터 현상이 적고 주목 효과가 지상파 방송 광고에 비해 크다. 또한 대부분의 광고는 5초 후에 스킵(skip) 버튼을 제공하고 있어, 시청자들이 원하는 경우 광고 건너뛰기가 가능하므로 강제 노출인 TV 광고와 비교하여 광고에 대한 거부감이 상대적으로 적은 것도 장점이다. 현재 1인 창작자의 주 활동 무대인 유튜브의 전체 콘텐츠에서 1인 창작자가 제작, 업로드한 동영상 콘텐츠가 차지하는 비중이 30%를 넘고 있으며, 향후 5세대 이동통신(5G)의 등장, 데이터 무제한 요금제, 와이파이 존(wifi zone)의 확대 등으로 1인 미디어의 이용자 수가 지속적으로 증가할 것으로 예상된다.

4) 디지털 사이니지의 활성화

디지털 기술이 옥외광고에 적용됨으로써 OOH(Out Of Home) 채널 및 크리에이티브가 다양화되어 가고 있다. 디지털 사이니지는 디지털 디스플레이를 통해 각종 콘텐츠와 메시지를 제공하는 옥·내외의 디지털 매체를 뜻한다. 디지털 사이니지는 고객 생활 접점에서의 인게이지먼트를 높여 주는 앰비언트 미디어로서 활용가치가 높다. 예를 들어, 지하철광고, 복합쇼핑몰 광고 등 우리의 생활환경을 깊숙이 파고듦으로써 소비자가 구매할 준비가 되어 있을 때 광고가 우리 곁에 있어 주는 리슨시 효과(recency effect)를 극대화할 수 있다. 디지털 사이니지는 동영상이나 이미지 등의 콘텐츠를 유무선 네트워크를 통해 셋톱박스로 전송해 TV, 전광판, 필름, 소형 모니터 등 다양한 형태의 스크린으로 보여 주는 원리로 작동한다.

디지털 사이니지의 등장으로, 첫째, 새로운 크리에이티브(예: 용산역 계단 래핑 광고, 던킨도너츠 flavor 버스 음성 광고, 홈플러스 가상 스토어 광고 등)가 시도되고 있으며, 둘째, 소비자의 이동 동선에 맞춘 교통 매체가 발달하고, 셋째, 소비자의 라이프스타일 혹은 생활 접점형 매체(예: 마트, 커피전문점, 병원, 스포츠 경기장 광고 등)가 확대되고 있다. 디지털 사이니지는 크게 설치장소와 크기에 따라 구분하고 있다. 옥외광고의 경우 풀컬

[그림 4-8] 디지털 사이니지 사례

출처: Samsung.

러 LED, 교통수단이나 옥내에 설치할 경우 액정이나 LCD 모니터를 사용한다. 패널 크기는 소형(15인치 미만의 POP 단말기), 중형(15~150인치의 액정/PDP), 대형(빌딩 외벽 등에 설치된 150인치 이상의 LED)으로 구분된다. 최근 네트워크 기술과 디스플레이의 발전으로, 한 장소에 다양한 크기의 디지털 사이니지를 설치하는 추세이다. 디지털 사이니지는 과거보다 훨씬 생활 곳곳에 깊숙이 침투하고 있다. 과거 밋밋했던 버스정류장과 내부에도 LED 사이니지가 자리해 광고로 사람들의 시선을 잡고 있다. 단순히 결제만 했던 카드 결제기에서도, 커피 및 음료 자판기에서도 광고를 보여 주는 디지털 사이니지가 있다. 이러한 이유로 디지털 사이니지 시장은 향후 크게 성장할 것으로 예상이 되고 있다.

5) 광고 길이 및 스킵 옵션의 다양화

오늘날 다매체, 다채널 시대의 도래로 소비자가 분극화되면서 분산된 소비자의 주의와 관심을 끌기 위하여 다양한 광고 길이와 스킵(skip) 옵션이 등장하고 있다. TV 광고의 경우 매체 클러터(media clutter) 현상의 심화와 15~30초라는 짧은 광고 방영시간으로 인해 광고효과가 갈수록 감소하는 상황에서 소비자들에게 충분히 광고 정보를 처리할 시간을 제공하기 위하여 장초수 광고와 더블 스폿팅(double spotting) 전략이 활성화되고 있다. 예를 들어, 삼성전자와 애플 등 주요 광고주들은 30초 이상 장초수 위주로 매체 집행을 하고 있다. 특히 유튜브와 같은 글로벌 미디어 플랫폼에서 판매되는 동영상 광고는 국내 방송법의 규제를 받지 않기 때문에 광고 길이의 제한이 없다.

스킵은 동영상 광고를 시청하는 도중에 광고를 끝까지 시청하지 않고 건너뛰는 것을 말한다. 일반적으로 유튜버의 동영상 광고상품은 5초 후에 스킵이 가능하며, 네이버 광고상품은 15초 이후에 스킵이 가능하다. 하지만 최근에 유튜브는 자사의 동영상 콘텐츠 시장에서의 지배력을 등에 업고 스킵 옵션을 15초로 늘리거나 스킵이 아예 불가능한 옵션을 1인 크리에이터로 하여금 선택할 수 있게 하였다. 2016년에 유튜브에서 처음 선보인 범퍼 광고(bumper ad)는 6초 미만의 광고 소재를 사용해 짧은 시간에 강렬한 인상을 남기는 광고상품으로서 동영상을 시청하는 도중에 스킵이 불가능하다. 따라서 사용자들의 광고이탈이나 회피 행동을 최소화할 수 있다. 특히 범퍼 광고는 스마트폰과 스낵컬쳐(snack culture)에 익숙한 밀레니엄 세대(1980년대 초~2000년대 초에 태어난 세대)가 소비 주도층으로 부상하면서 이들이 선호하는 간단명료하고 압축된 메시지로 짧은 초수 내에서 강렬한 임팩트를 전달하거나, 브랜드를 각인시키는 데에 효과적이다.

6) 크로스미디어 광고상품의 판매 활성화

오늘날 국내 미디어 시장을 둘러싼 국내외 기업 간의 경쟁이 치열해지면서 미디어 기업 혹은 채널 간의 인수합병(M&A)이 가속화되고, 다매체 및 다채널을 소유한 복합 미디어 기업의 수가 증가하면서 다양한 채널을 연동한 크로스미디어 패키지상품이 활성화되고 있다. 예를 들어, SBS 계열 미디어렙인 크리에이터는 지상파TV 집행이 어려운 저예산 광고주를 대상으로 지상파TV와 케이블TV 광고를 결합한 크로스미디어 광고상품을 판매하여 수익을 증대시키고 있다. 또한 케이블 채널인 CJ E&M은 자사가 보유한 모든 미디어 역량을 동원하여 광고주 브랜드 콘셉트와 커뮤니케이션 니즈에 적합한 360도 크로스미디어 광고상품을 판매함으로써 광고 판매의 시너지 효과를 거두고 있다. 크로스미디어 패키지상품은 광고주에게는 자사의 상품에 적합한 미디어들을 각각 개별적으로 구입하지 않고, 묶음(bundle)으로 비교적 쉽고 저렴한 가격에 구입할 수 있게 해 주기 때문에 저비용, 고효율의 광고 집행 구조를 가져다준다. 또한 판매자 입장에서는 광고주의 미디어 믹스에 대한 욕구를 최대한 충족시키고, 광고의 패키지 판매를 활성화시켜 판매의 효율성을 높일 수 있는 장점이 있다. 특히 판매자는 비인기 매체 및 광고시간까지도 패키지 형태로 판매함으로써 전체 수익을 증대시킬 수 있다.

6. 메시지 환경의 변화: 미디어 크리에이티브의 활성화

과거 대중매체만 있던 시대에는 각 매체 유형마다 광고 길이, 규격, 위치 포맷이 정형화되고 획일적이었기 때문에 수많은 광고 중에서 소비자의 시선을 사로잡기 위해서는 잘 짜인 전략을 바탕으로 광고표현물을 얼마나 크리에이티브하게 잘 만드는가 하는 것이 매우 중요하였다. 그러나 2000년 중반에 접어들어 디지털 기반의 뉴미디어의 종류가 다양해지면서 광고표현물의 내용 그 자체와 상관없이 미디어를 크리에이티브하게 활용하는 것만으로도 소비자의 시선을 사로잡을 수 있게 되었다. 예를 들어, 2006년 칸 국제광고제에서 금사자상을 수상한 파파존스 광고는 가정집의 현관문 구멍에 작은 전단 광고를 붙여 집주인이 현관문 렌즈를 통해 방문자를 확인할 때마다 파파존스의 배달원 모습과 함께 배달번호를 기억할 수 있도록 하였다. 화장실의 핸드 드라이어를 활용한 울프 핫소스(Wolf hot sauce) 광고는 손을 대면 뜨거운 바람이 나오는데 마치 사람이 뜨거운 입김을 부는 것 같은 느낌을 제공함으로써 소비자 경험의 폭을 확장하였다. 또한 일본의 지하철에서 집행된 신라면 광고는 지하철 손잡이에 신라면 컵을 집어넣음으로써 사람들이 무의식적으로 신라면을 쳐다보면서 기억하게 만들었다. 이처럼 미디어 크리에이티브(media creative)는 미디어를 창의적으로 활용하는 방법 전반을 두루 이르는 용어라고 정의 내릴 수 있다.

[그림 4-9] 파파존스 광고

[그림 4-10] 울프 핫소스 광고

[그림 4-11] 신라면 광고

[그림 4-12] 페덱스(FeDex) 광고

[그림 4-13] 요가학원 광고

미디어 크리에이티브는 광고 길이, 위치, 형식의 제약을 적게 받고 크리에이티브를 자유롭게 구사할 수 있는 유튜브 동영상 플랫폼, 소셜 미디어, 디지털 사이니지, 앰비언트 미디어 등에서 크게 활용되고 있다. 예를 들어, 2016년에 브라질의 제이 월터 톰

슨 대행사는 1인 창작자들이 스마트폰으로 제작한 세로 형태의 유튜브 동영상의 양옆 남은 공간(검은바, black bar)을 비영리단체(NGO)에 기부하는 'Donate The Bars' 자선 캠페인을 진행하여 1인 창작자로부터 큰 호응과 함께 수많은 자발적인 참여를 이끌어 내었다. 유튜브 이용자는 영상이 재생되는 동안 스크린 양 옆 남은 공간의 광고에 자연스럽게 눈길을 주게 되고, 이 덕분에 50여 개 NGO는 새로운 방식으로 4,000만의 노출을 돈 한 푼 들이지 않고 획득하였다. 이 광고가 유튜브 이용자들의 주목을 받게 된 것은 콘텐츠 자체에 있지 않고 평소에 눈여겨보지 않던 공간에 광고가 들어섰기 때문이다.

[그림 4-14] 'Donate The Bars' 캠페인

출처: Tubefilter.

또한 코카콜라는 2015년에 TV, 라디오, 옥외광고와 스마트폰을 연동한 캠페인은 광고가 노출되는 TV 등에 스마트폰을 갖다 대면 화면에 잔이 표시되고 콜라가 따라지기 시작한다. 한 잔 가득 담긴 후에는 코카콜라 제로를 마실 수 있는 무료 쿠폰을 제공한다. 이 캠페인은 스마트폰과의 연동으로 소비자 경험의 폭을 더욱 확장하고 신선한 느낌을 제공한 시도이다. 이처럼 채널이 주는 의외의 경험만으로도 소비자에게 기업, 브랜드, 캠페인을 효율적으로 각인시킬 수 있으며, 이것은 광고의 내용보다 광고를 담는 그릇인 미디어에서 의외성을 끌어내어 소비자들에게 브랜드나 캠페인을 각인시킬 수 있다는 것을 말해 준다.

최근에 디지털 기반의 미디어들은 증강현실(AR) 및 가상현실(VR)과 같은 새로운 테크놀로지를 광고에 접목함으로써 미디어 크리에이티브를 더욱 풍성하게 만들고 있다. 예를 들어, 2014년 펩시의 증강현실을 적용한 광고는 버스 셸터(bus shelter)의 측면 유리창에 비친 주변 길거리 풍경을 배경으로 외계인이 침공하거나 호랑이가 돌진하는 등의 돌발상황을 실감이 나게 연출해 화제가 되었다.

미디어 크리에이티브의 가장 큰 장점은 소비자들의 광고에 대한 경험의 폭을 넓힐 수 있을 뿐만 아니라 광고에 대한 소비자들의 거부감을 최소화하여 광고이탈이나 광고 회피 행동을 감소시킬 수 있다는 것이다. 또한 브랜드에 대한 호의적 태도 형성과 함께 브랜드를 소비자의 마음속에 효과적으로 포지셔닝할 수 있다. 미디어 크리에이티브의 등장으로 광고기획의 중심이 점차 크리에이티브에서 미디어로 전환하고 있으며, 이제 는 크리에이티브를 먼저 개발한 후 미디어를 기획하는 것이 아니라 소비자와의 대고객 접점인 미디어(채널)를 먼저 기획하고 그다음 미디어(채널)의 특성에 맞게 크리에이티 브를 개발하는 시대로 패러다임의 전환이 이루어지고 있음을 나타낸다.

1) 메시지 환경의 변화: 브랜디드 콘텐츠의 활성화

최근에 기업들의 노골적인 유료 미디어 광고에 대한 소비자들의 거부감을 줄이기 위해 규격, 길이, 위치, 형식, 소재 등에서 비교적 자유로운 브랜디드 콘텐츠(branded content)가 활성화되고 있다. 브랜디드 콘텐츠는 하나의 콘텐츠 속에 브랜드를 녹여 내 는 것으로, 이는 짧은 기사(article), 영상, 웹툰, 게임 등 다양한 콘텐츠 안으로 브랜드 메시지를 담는 것을 의미한다. 브랜디드 콘텐츠는 광고가 마치 하나의 콘텐츠처럼 보 이게 하는 것으로서, 소비자로 하여금 직접적인 광고 메시지를 담는 대신에 보는 사람 들에게 필요하고 흥미를 끄는 정보의 형태로 메시지를 구성한다. 즉, 브랜드 자체가 하 나의 콘텐츠가 되어 그 자체만으로 즐길 수 있고, 더 나아가 소비자들 사이에서 공유되 게 하는 것이다. 따라서 제품은 브랜드화된 콘텐츠에 나타날 수 있지만, 주요 초점이 아니며 직접적으로 언급되지도 않고, 콘텐츠 내용은 더 추상적인 가치와 브랜드 스토 리에 초점을 맞춘다.

브랜디드 콘텐츠는 PPL(product placement, 제품 배치)과 달리 일반 광고처럼 광고주 가 제작과 배포의 후원자(sponsor) 역할을 한다는 특징이 있다. 이러한 브랜디드 콘텐 츠들에는 몇 가지 장점이 있다. 첫째, 광고가 마치 하나의 콘텐츠처럼 보이게 함으로써 광고에 대한 거부감을 최소화하여 사용자로 하여금 자발적으로 콘텐츠에 다가가게 하 고, 소비하게 한다. 둘째, 브랜디드 콘텐츠는 소비자로 하여금 공감을 불러일으키고,

브랜드와 정서적인 관계를 맺게 하며 오랫동안 그것을 기억하게 만든다. 셋째, 브랜디드 콘텐츠는 사용자들에게 공유할 수 있는 포맷으로 제공됨으로써 종종 소셜 네트워크를 통해 콘텐츠가 많은 사람에게 공유, 확산될 수 있는 '눈덩이(snowball)' 효과를 빠르게 생성할 수 있다. 넷째, 브랜디드 콘텐츠는 브랜드가 스토리텔링의 한 부분으로서 자연스럽게 콘텐츠에 녹아들기 때문에 강력한 브랜드 연상을 소비자의 마음속에 포지셔닝 할 수 있다. 즉, 브랜디드 콘텐츠는 기존의 배너광고처럼 단순히 광고 슬로건을 반복하는 대신, 우리가 브랜드와 연관시키고자 하는 가치를 이야기함으로써 우리의 마음속에 훨씬 더 깊은 수준으로 브랜드에 관여하게 하고, 브랜드 연상이나 특성을 깊숙이 자리매김하게 한다. 여섯째, 브랜디드 콘텐츠는 웹사이트나 앱에 많은 트래픽을 발생시키고, 사용자를 전환 유입 경로(conversion funnel)로 유도할 수 있기 때문에 트래픽(traffic) 및 리드(lead)를 촉진하는 데 도움이 될 수 있다.

반면 소비자는 다양한 콘텐츠 속에서도 세일즈에 목표를 두고 있는 브랜디드 콘텐츠를 더욱 잘 분별하고 있어 브랜디드 콘텐츠의 이점이 상당히 제한될 가능성이 높아지고 있으며, 특히 브랜디드 콘텐츠의 일종인 네이티브 광고(native ad)[7]의 경우 광고임을 알리는 문구의 크기와 위치가 눈에 잘 띄지 않아 소비자를 기만하는 것이 아니냐는 비판을 받기도 한다. 예를 들어, 제목에 끌려 들어갔더니 스폰서드 콘텐츠라는 표식이 자그맣게 떠 있고, 일상생활에 도움이 되는 콘텐츠(예: 리스티클)인 줄 알았는데 마지막에 특정 브랜드 이름과 링크가 나온다는 것이다. 브랜디드 콘텐츠는 TV, 유튜브, 소셜 미디어, 블로그, 홈페이지, 이메일 등 다양한 채널로 배포되기 때문에 콘텐츠 최적화(content optimization) 기술이 필요하다. 그리고 배포 후의 분석도 필수로 콘텐츠 ROI를 높이는 것이 중요하다. 이러한 새로운 형식의 브랜디드 콘텐츠들에는 네이티브 광고, UGC(User Generated Content), 튜토리얼(tutorial), 리스티클(listicle), 카드뉴스(card news) 등이 포함된다. 브랜디드 콘텐츠를 활용한 광고캠페인의 가장 일반적인 형태는 기업이 브랜드와 관련된 콘텐츠(예: 영화, 게임 등)를 만들어 배포하거나, UGC 등의 콘텐츠를 PPL 형식으로 만들어 배포하는 경우 등이 있다.

---

7) 광고 영역이 아닌 피드 영역 등에 콘텐츠인 것처럼 자연스럽게 배치되는 광고를 말한다.

7. 광고와 기술의 만남: 애드테크

1) 애드테크란

애드테크(ad tech)란 광고와 기술의 합성어로서 광고에 기술을 접목시킨 것으로 디지털 기술을 이용해 광고하는 것을 의미한다. 4차 산업에서 주목을 받고 있는 빅데이터(big data), 클라우드(cloud), 인공지능(Artificial Intelligence: AI), 머신러닝(machine learning), 증강현실(Augmented Reality: AR), 가상현실(Virtual Reality: VR), 실감기술(tangible technologies), 드론(drone), 사물인터넷(Internet of Things: IoT), 블록체인(blockchain) 등의 ICT(Information & Communication Technology) 기술을 말 그대로 광고에 활용하는 것을 말한다.

애드테크가 광고에 접목되어 광고가 단순히 전략과 크리에이티브의 조합만이 아닌 광고주의 문제를 해결해 주는 솔루션(solution)으로 발전하고 있다. 예를 들어, 전통적인 광고캠페인의 기획, 제작, 집행, 효과 분석 과정이 주로 광고실무자의 경험과 소비자 조사에 의존하였다면, 애드테크 기반의 광고캠페인은 이 모든 과정을 빅데이터 분석에서 시작하여 빅데이터 분석으로 끝난다. 예를 들어, 프로그래매틱 바잉(programmatic buying)이라고 불리는 광고 자동 구매 시스템은 사용자가 웹이나 앱에 접속하는 순간 불과 1초 이내에 소비자 빅데이터 분석을 통해 소위 광고 플랫폼이라 불리는 소프트웨어 프로그램이 자동으로 사용자를 분석 및 타기팅하고, 실시간 온라인 경매를 통해 가장 싼 가격에 원하는 고객에게 원하는 광고를 노출할 수 있다. 또한 광고 집행 후 트래픽 효과의 분석까지 광고주에게 리포팅을 해 준다. 특히 소비자 빅데이터에는 웹사이트나 앱에 접속한 고객들의 행위와 흔적이 모두 남기 때문에, 이러한 빅데이터 분석 기반으로 소비자 인사이트(consumer insight)를 추출하여 캠페인의 효과나 성공확률을 높일 수 있는 새로운 광고 및 마케팅 전략을 펼칠 수 있고, 비교적 적은 예산으로도 광고 메시지를 확산시키고 기대하는 효과를 얻을 수 있다. 이러한 애드테크 산업의 발전으로 2017년도에 미국에서 탄생한 애드테크 기업들만 해도 950개에 달하며. 그동안 시장에 없던 빅데이터 수집 및 분석 기술, 분석기법, 실시간 데이터 처리 등 광고기획, 집행, 효과평가에 획기적인 변화를 이끌고 있다.

〈표 4-3〉 애드테크의 주요 ICT 기술

ICT 기술	내용
빅데이터	기존 데이터보다 규모가 너무 방대하여 기존의 방법이나 도구로 수집, 저장, 분석 등이 어려운 정형 및 비정형 데이터
클라우드	데이터를 인터넷과 연결된 중앙컴퓨터(서버)에 저장해서 인터넷에 접속하기만 하면 언제 어디서든 데이터를 이용할 수 있는 컴퓨팅 개념
인공지능/ 머신러닝	인공지능은 인간의 학습능력과 추론능력, 지각능력, 자연언어의 이해능력 등을 컴퓨터 프로그램으로 실현한 기술이며 머신러닝(기계학습)은 인공지능의 연구 분야 중 하나로, 인간의 학습능력과 같은 기능을 컴퓨터에서 실현하고자 하는 기술
증강현실	사용자의 현실 세계에 컴퓨터로 만든 가상 물체 및 정보가 겹쳐서 보임으로써 실감 나는 경험을 제공(예: 펩시의 'Unbelievable Bus Shelter' 캠페인)
가상현실	컴퓨터와 같은 특정 기기를 이용해 만들어 놓은 가상의 세계에서 사람이 실제와 같은 체험을 할 수 있도록 하는 기술(예: 듀오의 360도 가상현실광고)
실감기술	인간의 오감 인식을 기반으로 하는 기술. 시각(안면)인식, 동작인식, 생체인식, 후각·미각·촉각 인식 기술
블록체인	해킹을 막기 위해 누구나 열람할 수 있는 장부에 거래 내역을 투명하게 기록하고, 여러 대의 컴퓨터에 이를 복제해 저장하는 분산형 데이터 저장기술. 블록체인을 기반으로 한 광고 플랫폼들 개발

디지털 광고시스템 및
생태계

Advertising
Media in the
Digital Age
제5장

1. 디지털 광고시스템

디지털 광고의 매체 기획을 효과적으로 수행하기 위해서는 디지털 광고시스템의 하드웨어와 소프트웨어 환경을 이해해야 한다. 디지털 광고시스템은 운영 체제, 하드웨어, 웹브라우저, 채널, 플랫폼, 네트워크(network)의 직간접적인 영향을 받는다. 디지털 광고시스템의 첫 번째 구성요소는 운영 체제(Operating System: OS)이다. 운영 체제는 하드웨어를 관리하고 응용 소프트웨어를 실행하는 시스템 소프트웨어이다. PC 기반의 월드 와이드 웹(WWW)[1] 환경에서는 마이크로소프트의 윈도우(Window), 애플의 Mac OS, 리눅스(Linux), 유닉스 등이 있으며, 모바일 앱 환경에서는 크게 구글의 안드로이드(Android)와 애플의 iOS로 구분된다. 운영 체제는 광고 인벤토리(ad inventory)[2]를 제공하는 웹과 앱을 실행할 수 있는 환경을 제공함으로써 디지털 광고의 생태계를 유지하고 지원한다. 구글과 애플은 자신들의 OS를 기반으로 OS 플랫폼 사업자, 개발자, 사용자들이 참여하는 앱 생태계를 구축하고, 이를 기반으로 독자적으로 디지털 광고생태계를 발전시켜 왔다. 예를 들어, 애플은 iOS에 의해서만 실행되는 앱을 사고파는 앱마켓인 앱스토어에 앱 개발자들이 등록한 수많은 앱 내에 광고 영역(인벤토리)을 제공함으

---

1) 1989년에 팀 버너스−리(Tim Berners-Lee)에 의해 개발되었으며 HTTP(Hyper Text Transfer Protocol)를 사용하는 인터넷 서비스이다. 웹서버, 웹문서, 웹브라우저(모자이크, 넷스케이프, 익스플로러, 크롬, 사파리, 모질라의 파이어폭스 등)로 구성되어 있다.
2) 웹이나 앱에서의 광고 위치 혹은 영역을 말한다.

운영 체제(OS)	하드웨어	웹브라우저	채널	플랫폼
iOS	휴대폰	Explorer	이메일	앱
Android	태블릿	Chrome	웹사이트	웹
Amazon	데스크톱	Safari	소셜	
watchOS Apple	Watch	Firefox		
VR	TV			

[그림 5-1] 디지털 광고시스템의 구성요소

로써 앱 광고생태계(광고주, 개발자, 대행사, 미디어렙, 트래킹 회사 등)를 유지, 발전하는 것을 지원한다.

디지털 광고시스템의 두 번째 구성요소는 하드웨어(hardware)이다. 디지털 광고시스템의 하드웨어는 데스크톱 PC, 휴대폰, 태블릿, 디지털 TV 등이 포함되나, 크게는 PC와 모바일로 구분된다. PC는 웹사이트 중심의 광고환경을 제공하며, 모바일은 모바일 웹(web)과 앱(app) 중심의 광고환경을 제공한다. 모바일은 기본적으로 작은 화면, 이동성, 개인화 매체라는 점에서 PC와 차이가 있다. 또한 푸시 알림/카메라/GPS/간편 결제 등 다양한 부가 기능을 제공한다. 이러한 차별화된 특성들로 인하여 모바일은 기본적인 검색 광고, 배너광고, 동영상 광고, 소셜 광고뿐만 아니라 전화 응답 광고, 위치기반 광고, 앱 설치 광고와 같이 더 많은 사용자 액션을 유발하는 새로운 광고 형식도 제공한다. 또한 모바일에서 사용자의 기본적인 인구통계학적 정보뿐만 아니라 위치 정보와 디바이스 식별 정보 등을 수집할 수 있기 때문에 PC 웹 기반의 광고보다 더 정밀한 타기팅이 가능하다. 하지만 모바일의 경우 OS별로 디바이스를 식별하는 방법이 다르다. 또한 자사의 OS를 기반으로 이용자들이 원하는 다양한 앱을 설치하고, 필요시마다 간편하게 해당 앱들을 실행해서 사용하는 분산 환경 형태로 발전했기 때문에 사용자 데이터가 분산되어 있어 사용자 추적이 힘들다.

디지털 광고시스템의 세 번째 구성요소는 웹브라우저(web browser)이다. 웹브라우저는 월드 와이드 웹의 세 가지 구성요소 중 하나로 웹서버에게 자료를 요청하여 사용자에게 전달하는 기능을 한다. 웹브라우저는 웹서버와 서로 커뮤니케이션하면서 웹 사용자의 웹 사용 이력이 담긴 쿠키 정보를 주고받는다. 마케터 혹은 데이터 분석가는 이 쿠키 정보를 수집, 분석하여 고객의 행동을 추적, 식별하고 타기팅 등에 활용한다. 인터넷 익스플로러, 파이어폭스, 크롬, 오페라 등 대다수의 웹브라우저는 웹사이트 속도 향상, 사용자 추적으로 인한 사생활 침해 방지, 웹사이트 이용 경험 개선을 위해 팝업창과 같은 원하지 않은 콘텐츠를 필터링하는 기능을 갖추고 있거나, 사용자에게 지나치게 불편함을 주는 광고를 차단하는 애드블록커(Ad Blocker)[3]와 같은 소프트웨어를 확장 프로그램으로 제공한다. 예를 들어, 구글의 크롬은 웹에서 애드블록(Ad block)과 애드블록 플러스(Adblock Plus) 확장 프로그램을 사용해서 광고를 차단할 수 있다. 단, 모바일 크롬에 나타난 광고는 차단할 수 없다. 구글 크롬 등이 온라인 광고를 제한하는 이유는 웹사이트 속도 향상, 사생활 보호, 브라우저의 사용 경험 개선도 있지만 온라인 광고를 적정 수준에서 규제함으로써 브라우저 사용자 경험을 지나치게 해치지 않는 선에서 광고와 공존하기 위함이다. 하지만 애드블로킹은 대부분 웹브라우저를 통해서만 허용되기 때문에 웹사이트에 있는 광고에만 적용되며, 모바일의 인앱 광고들(in-app ads)에는 적용이 안 되고, 앱 제공자가 직접 심은 'sponsored' 콘텐츠 또한 영향을 받지 않는다.

또한 구글, 사파리, 파이어폭스는 광고주들이 사용자들을 추적하는 제3자 쿠키(Cookie)[4] 추적기를 자동으로 차단하는 기능을 갖추고 있다. 예를 들어, 애플의 브라우저는 제3자 트래커(3rd-party tracker)가 사용자의 동의 없이 사용자를 추적하고 리타기팅[5]하는 것을 방지하기 위해 머신러닝을 사용해서 사용자가 웹사이트 쿠키 중 사

---

3) 애드블록은 광고 차단을 의미하며, 애드블록커는 구글 크롬과 사파리 웹브라우저의 광고 필터링을 할 수 있는 확장 프로그램을 말한다. 즉, 광고 차단 기술을 활용한 소프트웨어를 말한다. 이를 설치하게 되면 어떤 웹페이지를 로딩할 때 블랙리스트로 지정된 도메인 네임 혹은 URL 등을 자동으로 체크하고 불필요한 광고를 막아 준다. 흔히 'sponsored'라고 말하는 광고 박스 안의 텍스트와 이미지 등이 그것이다.

4) 쿠키는 인터넷 사용자의 사용 기록을 담은 텍스트 형태로 된 작은 정보 파일 조각이다. 웹사이트 로그인이나 쇼핑 사이트 장바구니의 상품 보관 등을 기억하는 작업에 유용하게 사용되었으나 광고주나 퍼블리셔들이 온라인에서 사용자를 추적하는 데에도 사용된다.

5) 광고주의 사이트에 이미 방문했던 사용자들을 대상으로 광고를 송출하는 타기팅 방식으로, 무분별한 광고로 인한 피로감을 낮추고, 광고비의 효율성과 구매 확률 혹은 전환율을 높일 수 있다.

용자가 유지를 원하는 것과 아닌 것을 구별해 알려 준다. 원치 않은 쿠키는 하루 후에 한 달 후에는 삭제함으로써 제3자 트래커가 사용하는 것을 차단한다. 구글은 2019년 5월에 개인 정보 보호라는 명분을 내세워 크롬 브라우저에서 제3자 트래커의 쿠키를 이용한 광고 추적을 제한하는 기능을 발표했다. 이 기능은 디지털 광고생태계의 일부분인 제3자 트래커의 사용자 추적을 제한함으로써 웹브라우저 사용률의 절반 이상을 차지하고 있는 구글의 디지털 광고시장 지배력을 더 강화할 것으로 예상된다.

디지털 광고시스템의 네 번째 구성요소는 채널(channel)이다. 채널은 광고 메시지를 타깃에게 전달하는 매개체, 즉 매체를 말한다. 디지털 광고 채널의 경우 포털, 뉴스 사이트, 블로그, 카페 등의 웹사이트와 모바일 앱 하나하나가 모두 광고를 사용자에게 전달하는 채널이라고 할 수 있으나, 크게는 서비스 유형, 플랫폼 유형, 스크린 유형, 광고형식, 광고 목적, 과금 체계 등에 따라 다양하게 분류할 수 있다. 예를 들어, 서비스 유형에 따라서 포털, SNS, 개별 인터넷 사업자로 구분할 수 있다. 포털에는 네이버, 카카오, 네이트 등이 포함되며, SNS에는 유튜브, 페이스북, 트위터, 인스타그램 등이 포함된다. 개별 인터넷 사업자에는 독립적인 뉴스 사이트 등이 포함된다. 채널마다 자신들의 플랫폼에 적합한 광고상품을 개발, 판매하고 있으며, 광고 정책 또한 다르다. 예를 들어, 네이버는 자신들의 검색 엔진을 기반으로 다양한 검색 광고상품(예: 네이버의 파워 링크 등)을 개발, 판매하고 있으며, 무료 동영상 플랫폼인 유튜브는 다양한 포맷, 길이, 스킵 옵션을 갖춘 광고상품들을 판매하고 있으며, 창작자와 광고수익을 일정한 비율로 나누는 수익 배분 정책을 시행하고 있다. 전 세계 1위의 인터넷 포털 및 검색사이트인 구글은 검색 서비스를 이용한 비즈니스 모델로 이용자 수가 늘어날수록 광고수익이 증가하는 구조이다. 따라서 동영상, 사진, 지도, 서적, 구글 앱 등의 다양한 콘텐츠와 서비스로 인터넷 사용자의 이용 시간 및 정보량 확대를 통해 인터넷 활용도를 높이려고 노력하고 있다.

디지털 광고시스템의 다섯 번째 구성요소는 웹과 앱 플랫폼(platform)을 들 수 있다. 웹 플랫폼은 웹서버, 웹문서, 웹브라우저(넷스케이프, 익스플로러 등)로 구성된 월드 와이드 웹 중심의 환경이며, 앱 플랫폼은 구글 안드로이드의 플레이스토어(playstore)나 애플 iOS의 앱스토어 중심의 환경이라고 할 수 있다.

웹사이트 광고의 경우 광고가 게재되는 위치가 다양하기 때문에 광고가 위치하는 웹사이트 구조에 대한 이해가 필요하다. 웹사이트 구조는 사이트 규모에 따라 홈페이지,

카테고리 페이지, 서브 페이지 등이 있을 수 있다. 단순히 서브 페이지만 있을 수 있으며, 혹은 구조가 복잡하고 페이지 수가 많은 대형 웹사이트일 수 있다. 광고캠페인 시 광고게재 위치를 결정하거나 사이트 내에서 발생하는 CTA(Call To Action)[6] 전환을 분석할 경우 분석의 대상이 되는 사이트의 구조를 파악하고 있는 것이 중요하다.

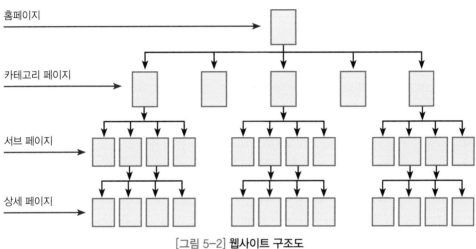

[그림 5-2] **웹사이트 구조도**

반면 모바일 앱(mobile app)이란 모바일 애플리케이션(mobile application)의 줄임말로서 모바일 단말기(스마트폰, 모바일 기기)를 통해 이용할 수 있는 각각의 응용 프로그램 혹은 콘텐츠를 의미한다. 컴퓨터의 하드웨어를 운용하는 소프트웨어[운용체제(OS), 드라이버 프로그램]를 뺀 워드 프로세서, 게임 등 모든 소프트웨어를 응용 프로그램, 앱이라고 부른다. 모바일 앱은 광고 인벤토리, 즉 광고 영역이 설정되는 공간을 제공한다. 웹과 앱의 플랫폼마다 고유의 광고제작 포맷이 있기 때문에 이에 맞게 광고 소재를 제작하게 된다. 예를 들어, 다음카카오 광고는 카카오 메신저의 광고 포맷 가이드에 따라 광고 화면을 구성해야 한다.

구글과 애플은 자신들이 운영하는 앱 마켓인 앱스토어를 중심으로 개발자, 광고주, 대행사, 미디어렙, 제3자 데이터 제공업체 등이 참여하는 디지털 광고생태계(광고 플랫폼[7])

---

6) CTA는 웹이나 앱 마케팅에서 사용자의 반응을 유도하는 웹이나 앱 내의 버튼 형식의 요소를 말한다.
7) 광고 플랫폼은 여러 매체와의 제휴를 통하여 확보된 광고 인벤토리에 유치한 광고를 집행하고, 관리해 주는 서비스 플랫폼을 말한다. 광고 플랫폼은 타기팅, 광고 송출, 성과 분석 등의 서비스를 제공한다.

사업자, 광고주, 개발자, 대행사, 콘텐츠 공급업체, 미디어렙, 트래킹 회사 등)를 형성하고, 유지, 발전하는 것을 지원한다. 많은 앱 개발자가 앱을 무료로 배포하고 해당 앱 내에 광고를 게재하는 수익모델을 선택하고 있다.

2. 디지털 광고생태계

디지털 매체를 활용하여 디지털 광고를 집행하기 위해 광고생태계를 먼저 이해해야 한다. 디지털 광고생태계는 디지털 광고를 제작, 구매, 판매, 유통하는 플레이어(player)와 이들 간의 거래를 도와주는 광고 플랫폼 사업자들로 구성되어 있다. 디지털 광고생태계는 광고주(advertiser), 광고대행사(ad agency), 퍼블리셔(publisher) 혹은 매체사, 미디어렙(media rep), 광고 플랫폼(ad platform) 사업자, 콘텐츠 제공업체(Content Provider: CP)를 참여자로 포함한다. 디지털 광고의 생태계는 생태계 내 유기체들처럼 서로 긴밀하게 연결되어 상호의존하고 상호작용하면서 공존하는 환경이라고 할 수 있다.

[그림 5-3]는 모바일 광고생태계를 보여 주고 있다. 이 그림에서 보이듯이 광고주(브랜드)가 대행사에 광고를 의뢰하면 대행사는 광고주를 대신하여 모바일 광고 플랫폼 사

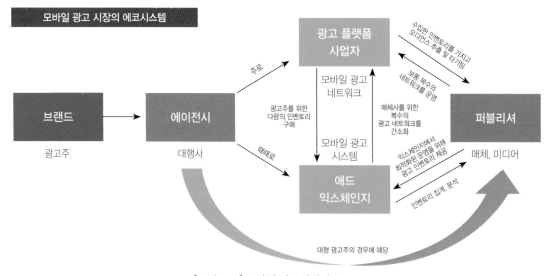

[그림 5-3] **모바일 광고생태계 구조도**

출처: DMC Report (2014). 모바일 앱 광고 시장의 전망.

업자를 통해 광고 인벤토리 거래 시장인 애드 익스체인지(ad exchange)[8]에서 광고주의 타깃에 적합한 광고 인벤토리를 구매하게 된다. 이어서 광고 플랫폼 사업자는 구매한 광고 인벤토리를 퍼블리셔(매체)를 통해 타깃에게 노출한다.

[그림 5-4]에서 보이듯이 모바일 광고가 등장하기 전 구글 및 네이버와 같은 포털 중심의 온라인(PC) 광고생태계에서는 포털이 광고 플랫폼 사업자를 겸하였으나, 모바일 앱 광고시장이 성장하면서 점차 포털이 광고 플랫폼 사업자가 분리되기 시작했다. 즉, 모바일 광고시장이 활성화되기 이전에는 광고 인벤토리를 자체적으로 보유한 구글 및 네이버와 같은 퍼블리셔가 자체 솔루션(예: 구글 애즈, 카카오모먼트)을 갖춰 놓고 광고를 집행하면서 광고 플랫폼 사업자의 역할도 동시에 수행하였다. 하지만 모바일 광고시장이 급속도로 성장한 이후에 탄생한 광고생태계의 경우 포털과 같은 퍼블리셔와 광고 플랫폼 사업자가 분리되어 별도의 새로운 시장을 형성하였다.

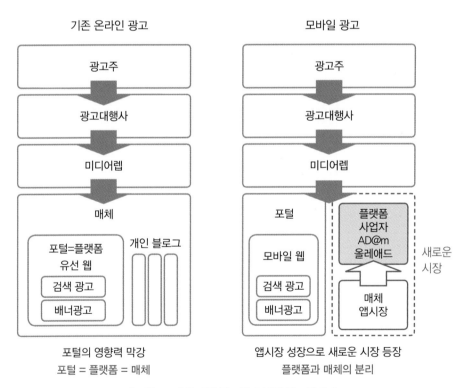

[그림 5-4] 온라인 광고와 모바일 광고생태계

출처: 김재필, 허정욱, 성민현(2011).

---

8) 여러 개의 애드 네트워크로 구성된 광고 인벤토리 거래 시장을 말한다. 애드 네트워크의 집합체이다.

1) 광고 플랫폼 사업자

디지털 광고생태계에서 디지털 매체의 구매 및 판매, 집행, 성과 분석은 광고 플랫폼을 통해 이루어진다. 광고 플랫폼(advertising platform)이란 매체 및 광고 인벤토리 구매, 집행, 성과 분석까지 하나의 시스템에서 처리할 수 있는 온라인 광고 솔루션을 말한다. 광고 플랫폼 사업자들은 자체적으로 애드 네트워크[9]를 구축하여 타기팅, 광고 송출, 성과측정 등을 광고 업무를 대행해 준다. [그림 5-5]에서 보이듯이 다음카카오는 모바일 광고 플랫폼에 다음카카오 웹과 앱들로 애드 네트워크를 구성하여 광고 인벤토리를 확보한 다음, 카카오모먼트라는 자체 광고 플랫폼을 통해 광고를 대행해 준다. 즉, 카카오모먼트라는 광고 플랫폼을 통해 광고주를 유치한 후 타기팅, 광고 송출, 성과 분석 등의 캠페인 전반을 관리하는 서비스를 제공해 준다. 광고 플랫폼 사업자에 따라 전문적으로 취급하는 기기 혹은 스크린, 광고 형식, 미디어 커버리지가 다르다. 즉, 디스플레이광고를 전문으로 취급하는 광고 플랫폼 사업자와 동영상 광고를 전문으로 취급하는 동영상 광고 플랫폼 사업자 등을 포함하여 광고 플랫폼 사업자의 종류는 다양하다.

예를 들어, 글로벌 광고 플랫폼 사업자인 구글은 자신들이 자체적으로 보유한 매체(유튜브, Gmail, 플레이스토어, 블로그 등)를 중심으로 인터넷 언론사, 블로그 등의 파트너 사이트와 제휴하여 GDN(Google Display Network)[10]이라 불리는 애드 네트워크를 구축하고, 구글 애즈(Google Ads)[11]라고 불리는 광고 플랫폼을 통하여 배너와 동영상 등을 포함하여 다양한 유형의 디스플레이광고 서비스를 전 세계 광고주들에게 제공하고 있다. 구글 애즈의 광고상품 종류로는 검색 광고, 디스플레이광고, 동영상 광고, 쇼핑 광고, 앱 광고가 있으며, 수백만 웹사이트, 뉴스 페이지, 블로그, Gmail이나 유튜브 등의 제휴 사이트들을 통해 전 세계 90%의 인터넷 사용자에게 도달할 수 있다. 구글의 디지

---

9) 광고 인벤토리가 적은 중소 매체를 묶어 활용 가능한 매체로 구성한 매체들의 집합체를 말한다. 애드 네트워크 플랫폼 사업자는 애드 네트워크를 구성해서 광고주에게 대량으로 판매한다. 애드 네트워크 플랫폼 사업자로는 구글의 GDN과 네이버 광고 등이 있다.

10) 구글의 대표적인 디스플레이광고상품이자 네트워크인 GDN은 전 세계 인터넷 사용자 중 90%에 도달하고, weather.com과 같은 200만 개 이상의 파트너 사이트를 포함한다.

11) 구글 애즈(구 Google 애드워즈)는 Google 검색, 유튜브, 그 외 웹사이트에서 비즈니스를 홍보하기 위해 사용하는 온라인 광고 솔루션이다.

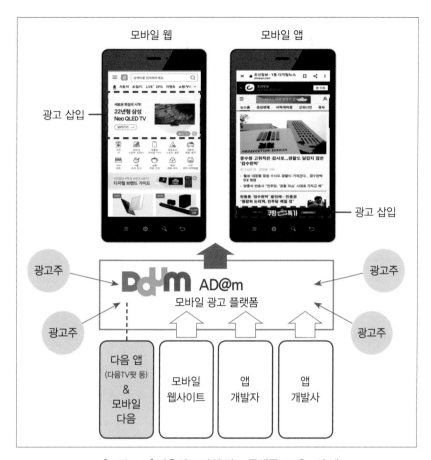

[그림 5-5] **다음의 모바일 광고 플랫폼 AD@m의 예**

출처: 김재필, 허정욱, 성민현(2011).

털 광고개발 및 운영에 참여하는 모든 협력업체를 구글 파트너(Google partner)라고 하며, 이들 협력업체는 대행사, 미디어렙, 매체사 등을 포함한다. 광고대행사의 경우 구글 파트너사로 인증받은 업체만 유튜브 광고 등 구글의 광고를 대행할 자격이 주어지고, 매체사의 경우 인증받은 파트너사들만 자신의 웹이나 앱에 광고를 게재할 수 있다.

반면 국내 토종 광고 플랫폼인 네이버 광고는 사업 목적과 마케팅 방식에 최적화된 광고상품, 쉽고 편리한 플랫폼을 통해 교육과 체계적인 가이드 등을 포함한 광고주의 비즈니스 성장을 도와주는 광고 솔루션이다. 네이버 광고상품의 유형은 크게 검색 광고와 디스플레이광고로 구분된다. 이 외에도 국내 미디어렙인 인크로스(Incross)의 다원은 동영상 매체의 구매와 집행을 전문적으로 취급하는 동영상 광고 네트워크 플랫폼이고, 미디어렙인 코비(COVI)의 동영상 광고 플랫폼은 네이티브 광고의 구매와 집행을 전문적으로 다루는 광고 플랫폼이다. 따라서 이러한 다양한 유형의 광고 플랫폼을 이해해야 자사 브랜드의 타깃에 효과적으로 도달할 수 있는 매체를 구매할 수 있다. 즉, 어떤 광고 플랫폼이 자사가 원하는 광고 인벤토리를 보유하고 있는지 혹은 어떤 매체가 타깃 유입을 극대화하고, 리드(lead), 이벤트, 전환을 발생시키는 데 효과가 있는지를 분석해야 한다.

2) 광고주

광고주(advertiser)는 영업 전략을 수립하고, 필요한 예산을 설정하여 광고대행사에 광고를 의뢰한다. 현재 디지털 광고시장은 현재 소수의 대형 광고주 이외에도 135,000개의 롱테일(long tail)[12] 중소형 광고주를 갖고 있으며, 그 숫자는 점차 증가하고 있다. 구글은 전통적으로 소외되어 오던 작은 규모의 중소형 광고주들을 구글 파트너에 가입한 소규모 매체들인 웹사이트를 연결해 주는 시스템을 개발해서 현재 매출의 50%를 창출하고 있다. 또한 구글의 대표적인 수익모델이자 광고상품인 검색 광고는 대기업 광고주에게만 집중하는 것이 아니라 꽃 배달이나 작은 온라인 쇼핑몰 등의 소규모 광고주들을 대상으로 하는 전략과 영업을 펼쳐 수익이 많은 부분을 올린다.

3) 광고대행사

광고대행사(ad agency)는 광고주들의 캠페인을 대행해 주는 회사를 말한다. 광고대행사는 광고주를 대상으로 영업을 하고, 광고주를 위해 광고 및 마케팅 전략을 수립하고, 광고주에게 필요한 예산과 적절한 디지털 광고상품 등을 제안한다. 예를 들어, 캠페인의 목표를 설정하며, 매체 전략과 크리에이티브 전략을 수립하고, 광고, 프로모션, 이벤트를 포함한 콘텐츠를 개발하며 캠페인 종료 후 성과를 분석하는 일을 한다. 제일기획, 이노션, 대홍기획 등을 예로 들 수 있다.

---

12) '롱테일'은 판매 곡선에서 불룩 솟아오른 머리 부분에 이어 길게 늘어지는 꼬리 부분을 가리키며, 많이 팔리는 히트 상품이 아닌 온라인에서 소량으로 팔리는 틈새 상품들을 일컫는 용어이다.

4) 퍼블리셔

퍼블리셔(publisher)는 소비자들이 직접 접촉하는 웹이나 앱 등의 매체 플랫폼을 의미한다. 즉, 퍼블리셔는 광고 인벤토리를 보유한 매체사를 말하며, 여기에는 웹사이트와 모바일 앱 개발자들을 포함한다. 퍼블리셔는 게임, 음악, 소셜 등 다양한 카테고리에서 재미있고 유익한 콘텐츠를 개발, 배포하여 가능한 한 많은 사용자를 유입시켜야 더 많은 광고주를 유치할 수 있다. 퍼블리셔는 광고주로부터 받은 광고비를 가장 많이 배분받는다. 예를 들어, 기존 온라인 광고의 경우 매체사는 전체 광고비의 70% 정도를 배분받는 반면에 모바일 앱 광고의 경우 앱 개발자가 전체 광고비의 50~60% 정도만을 배분받는다. 방문자 수가 적어 방문자 수가 적어 매체력이 약한 중소 매체사는 광고 인벤토리의 수도 상대적으로 적기 때문에 애드 네트워크에 참여해야 광고를 판매할 수 있다. 구글, 페이스북, 네이버, 다음카카오 등을 예로 들 수 있다.

5) 미디어렙

미디어렙(media rep)은 media와 representative의 합성어로 매체사가 보유한 광고를 위탁받아 광고주와 대행사에 판매하는 회사이다. 즉, 매체사를 대신해서 광고 판매를 대행해 주고 매체사로부터 일정 비율의 수수료를 보상으로 받는다. 온라인 광고 미디어렙은 광고주와 대행사가 확보하지 못하는 광고 인벤토리(ad inventory, 광고 위치 혹은 영역)을 확보하여 이를 광고주나 대행사에게 판매하는 것뿐만 아니라 광고비를 효율적으로 집행할 수 있는 매체 전략도 제안해 준다. 온라인 광고 미디어렙은 대부분 애드 네트워크 플랫폼을 구축한 후 광고주에게 타기팅, 채널 믹스, 광고 송출, 성과 분석 등의 서비스를 제공한다. 광고주는 미디어렙을 통해 자신의 광고캠페인에 적합한 광고 채널, 그리고 광고시간과 지면에 광고를 노출함으로써 기대하는 성과(예: 전환)를 얻을 수 있다. 국내의 대표적인 온라인 광고 미디어렙은 KT 계열사인 나스미디어(Nasmedia), CJ E&M의 계열사인 메조미디어(Mezzomedia) 등을 들 수 있다.

6) 매체 전문대행사

매체 전문대행사는 매체사를 대행하는 미디어렙과 달리 광고주의 매체 업무만을 전문적으로 대행해 주는 전문대행사로서 AOR(Agency Of Recode)이라고도 한다. 매체 전문대행사는 다매체 다채널 시대의 도래로 매체의 중요성이 커지고, 광고주의 차별화된 매체 서비스에 대한 요구가 증가함으로써 등장했다. 매체 전문대행사는 광고주에게 매체 기획, 구매, 조사 등의 전문적인 매체 서비스를 제공한다. 광고주는 기획 및 제작은 브랜드별로 관련 전문대행사에 맡기고, 매체 부문은 단일 매체 전문대행사에 맡김으로써 전체 광고비를 효율적으로 관리할 수 있다. 대다수 다국적 광고대행사는 매체 부서를 분리 독립시켜 매체 전문대행사를 운영하고 있다. 세계 최대의 다국적 광고대행사인 유니버셜 맥캔(Universal McCann)은 유니버셜 맥캔 코리아(Universal McCann Korea)를 국내에 설립·운영하고 있으며, 유럽계 다국적 광고대행사인 캐럿(Carrot)은 캐럿 코리아(Carrot Korea)를 설립 운영하고 있다.

7) 데이터 제공자

데이터 제공자(data provider)는 웹이나 앱 사용자 데이터를 제공하는 독립적인 제3자를 말한다. 기업, 광고대행사, 미디어렙 등이 제3자 데이터 제공자의 사용자 데이터를 구매하는 주된 이유는 자사가 수집한 제1자 데이터(1st-party data)는 타깃의 모수가 적고 로그인한 이용자의 행동만 파악할 수 있지만, 외부 데이터를 활용하면 로그인을 하지 않아도 성향의 파악이 가능하기 때문이다. 또한 제3자는 웹이나 앱 트래킹을 통해서 매체 내 혹은 매체 간 중복 클릭한 중복 광고 참여자들을 걸러 낼 수 있는 장점이 있다.

따라서 오디언스 프로파일링의 정확도를 높이기 위해 양질의 데이터와 타기팅 범위를 확대할 수 있는 다양한 외부 데이터의 수집이 필요하다. 현재 국내 데이터 시장에서는 오라클(Oracle)과 어도비(Adobe)를 포함하여 다수의 제3자 데이터 제공자들이 사용자 데이터를 제공하고 있으며, 글로벌 데이터 시장에서는 Forbes(기사 카테고리 방문 이력), AddThis(구매의도), LOTAME*(프로필, 관심사), Datalogic(프로필, 관심사), ComScore(방송 시청률) 등을 포함하여 30여 개의 제3자 데이터(3rd-party data) 제공업자가 30억 명의 사용자 데이터를 제공하고 있다.

8) 콘텐츠 제공자

콘텐츠 제공자(Content Provider: CP)는 온라인(PC) 및 모바일상에서 구현되는 콘텐츠를 제작하는 업체를 말한다. 예를 들어, 배너 및 동영상 제작과 랜딩 페이지의 화면을 구성하고 음원을 확보하거나 새로운 음원을 만든다.

〈표 5-1〉 국내외 대표적 모바일 광고 플랫폼

광고 플랫폼 사업자		주요 특징
포털	구글(Google)	글로벌 광고 플랫폼인 구글 애즈(Google Ads) 운용. 검색 광고와 디스플레이광고상품(배너와 동영상 등) 운용
	네이버(Naver)	사업 목적과 마케팅 방식에 최적화된 검색 광고와 디스플레이광고상품과 모바일 광고 플랫폼 애드포스트 운용
	다음(Daum)	포털 중 최초로 모바일 광고 플랫폼 아담(AD@m) 출시
이동통신사	SK플래닛	SK텔레콤 사용자의 빅데이터를 활용, 타깃 모바일 광고 출시
글로벌 모바일 광고 플랫폼 사업자	구글(Google)	글로벌 모바일 광고 플랫폼인 애드몹(Admob)으로 전 세계 약 31만 개, 국내 5만 개의 네트워크 보유·운영
	애플(Apple)	모바일 광고 플랫폼 아이애드(iAd) 운영. 단 미국 등 특정 국가에서만 노출됨
	인모비(InMobi)	전 세계에서 가장 큰 독립 광고 네트워크 기업. 3D 모바일 광고 포함 다양한 유형의 광고 플랫폼 보유
국내 모바일 광고 플랫폼 사업자	카카오모먼트(KakaoMoment)	국내 모바일 메신저 시장 95% 이상 장악. 소셜 네트워크의 파급력을 활용한 광고상품 운영
	모비온(Mobon)	빅데이터를 바탕으로 한 정확한 알고리즘을 토대로 유저의 소비 패턴을 정확도 높게 분석, 유저가 관심을 가질 만한 디스플레이 상품을 노출, 효율을 극대화하는 리타기팅 플랫폼 운영
	캐시슬라이드(Cashslide)	모바일 리워드 광고 플랫폼 운영. 배경 화면에 광고가 노출되고, 잠금 해제 시 책정된 금액을 보상
	와이더플래닛(Wideplanet)	와이더플래닛의 타기팅게이츠(Targeting Gates)는 PC, 모바일 등 사용자 행태를 종합적으로 분석하여 광고주 캠페인에 맞는 핵심 타깃에게 광고를 노출함
	카울리(Cauly)	국내 최초 스마트폰 기반 모바일 광고 플랫폼 출시
	코비(COVI)	네이티브 동영상 광고 플랫폼 운영

출처: 조창환, 이희준(2018)을 바탕으로 재구성함.

제2부

광고 매체의 기본개념들

매체 효과측정의 기본단위

광고 매체의 역할은 광고 메시지를 표적 수용자에게 전달하는 것이다. 광고 메시지를 표적 수용자에게 얼마나 잘 전달했는가를 나타내는 지표로서 방송 매체의 경우 시청률, 청취율, 인쇄 매체의 경우 발행 부수, 열독률 등이 사용된다. 이들 매체 효과측정의 기본개념은 매체의 도달 능력과 광고 매체로서 상대적인 가치를 평가하는 양적 평가 기준이다. 즉, 개념마다 약간의 차이는 있지만 매체 비히클에 삽입될 광고에 노출될 가능성이 있는 수용자의 크기의 잠재적 최대치를 나타낸다. 최근에 텍스트, 이미지, 동영상, 네이티브 등의 다양한 포맷을 가진 디지털 매체가 등장하면서 매체 효과의 범위는 단순한 노출 효과를 넘어서 전환(예: 회원가입 및 제품구매)과 같은 구체적인 성과(performance) 영역까지 확장하고 있다. 이러한 매체 효과의 기본개념은 매체 목표설정에서부터 캠페인 종료 후 효과평가에 이르기까지의 모든 매체 의사결정과정에 지표로써 사용된다. 매체 기획을 시작하기 전에 이러한 기본개념을 정확히 이해해야 효과적인 전략을 수립할 수 있다.

1. 방송 매체의 측정단위

1) 시청률

광고 매체로서의 TV의 가치를 나타내는 가장 기본적인 개념이 시청률(rating)이다.

시청률은 전체 TV 보유 가구(개인) 중에서 특정 매체 비히클(예: TV 프로그램)에 노출된 가구(개인)의 비율이다. 보통 시청률은 특정 가구 혹은 개인의 채널 움직임을 분 단위로 측정하여 평균값을 계산한 측정치이다. 이를 분 단위 평균 시청률(average audience rating)이라고 한다. 분 단위 평균 시청률은 피플미터(peoplemeter)[1]와 같은 전자식 측정 도구를 이용하여 측정한다. 일간지에서 TV 프로그램 방영 이후 그다음 날 즉각적으로 보도되는 대부분의 TV 프로그램 시청률 순위는 피플미터를 이용하여 측정한 분 단위 평균 시청률 측정치이다.

시청률은 채널, 시급, 요일, 시간대, 프로그램, 광고, 위치, 초수, 인구통계학적 특성별로 분석할 수 있다. TV 매체를 선택할 때 채널, 시급, 요일, 시간대, 프로그램, 광고, CM 및 위치, 초수, 인구통계학적 특성별로 시청률이 다르기 때문에 시청률을 이러한 분석단위별로 세밀하게 분석하여야 가장 비용 효율적인 매체 비히클을 선택할 수 있다. 예를 들어, 채널 및 프로그램별로 시청률을 분석함으로써 표적 수용자들이 가장 많이 보는 채널과 프로그램을 선별할 수 있으며, 시급별로 분석함으로써 어떤 시급 위주로 TV 광고를 집행할 것인지를 결정할 수 있다. 또한 요일, 시간대, 위치, 초수별로 분석함으로써 어떤 요일, 시간대, 위치, 초수에 광고를 집행할 것인지를 파악할 수 있으며 성별, 나이, 학력, 직업, 소득 등 인구통계학적 특성별로 시청률을 분석함으로써 우리 표적 수용자들이 많이 시청하는 프로그램을 선별할 수 있다.

〈표 6-1〉 **시청률 분석단위와 분석내용**

분석단위	분석내용들
채널	KBS2, MBC, SBS, EBS, 종편 및 케이블TV 채널들
시급	SA, A, B, C
광고 및 프로그램	개별 광고 및 프로그램
요일	월, 화, 수, 목, 금, 토, 일
시간대	오전, 오후, 저녁, 심야, 매 시간별 등
초수(길이)	10, 15, 20, 30, 60초
위치	전CM, 중CM, 후CM
인구통계학적 특성	성별, 나이, 학력, 직업, 소득, 거주 지역 등

---

1) 각 방송사의 채널 움직임을 분 단위 혹은 초 단위로 측정하는 셋톱박스이다.

2) 시청률의 유형

시청률은 개인, 가구, 지리적 시장, 인구통계학적 특성, 제품사용량, 소유권과 같은 다양한 기준으로 구분된다. 일반적으로 가장 많이 사용되는 시청률의 유형은 가구 시청률, 개인 시청률, 타깃 시청률이다.

(1) 가구 시청률

가구 시청률(household rating)은 가구를 단위로 집계된 시청률을 말한다. 즉, 전체 TV 보유 가구 중에서 TV를 켜 놓은 가구의 비율을 나타낸다. 예를 들어, 서울지역에서 〈TV조선 뉴스9〉의 가구 시청률이 20%라면 이것은 서울에 거주하는 TV 보유 총 가구의 20%가 그 프로그램을 보았다는 것을 의미한다. 가구 시청률은 한 가구에서 몇 명이 시청하든 간에 TV만 켜 있으면 시청률로 집계되는 방식이어서 보통 개인 시청률에 비해 높게 나타난다. 이는 한 가구 내의 구성원 중에서 TV를 시청하지 않는 구성원들이 있기 때문이다.

$$\text{가구 시청률} = \frac{\text{특정 프로그램 혹은 방송국을 보는 가구 수}}{\text{TV 보유 총 가구 수}} \times 100$$

(2) 개인 시청률

개인 시청률(individual rating)은 가구가 아닌 개인을 기본단위로 하여 측정한 시청률을 말한다. 즉, TV를 보유한 가구의 총 인구 수에서 실제 TV를 시청하는 모든 개인의 비율을 나타낸다. 일반적으로 개인 시청률은 방송 매체 비히클의 개별 수용자의 크기를 나타낸 값으로 가구 시청률보다 특정 TV 프로그램의 가치를 더 객관적으로 나타내는 지표라고 할 수 있다.

$$\text{개인 시청률} = \frac{\text{특정 프로그램 혹은 방송국을 보는 시청자 수}}{\text{TV 보유 가구 내 총 인구 수}} \times 100$$

(3) 타깃 시청률

타깃 시청률(target rating)은 특정 표적 수용자들을 기본단위로 하여 측정한 시청률을 말한다. 즉, TV 보유 가구 내 전체 타깃 중에서 특정 프로그램을 시청한 타깃의 비율을 말한다. 타깃 시청률은 특정 표적 수용자들을 겨냥하여 광고캠페인을 런칭할 때 필요하다. 즉, 우리 제품의 타깃이 18~24세의 여성이라면 TV 프로그램의 타깃 시청률을 알아야 우리 타깃이 많이 보는 매체를 선택할 수 있다. 예를 들어, 노트북 컴퓨터의 타깃이 컴퓨터를 소유한 사람들이고 〈KBS 뉴스 9〉 프로그램의 타깃 시청률이 17%라면 〈KBS 뉴스 9〉 프로그램은 컴퓨터를 소유한 남자들 가운데 17%의 시청률을 가지고 있다고 정의할 수 있다. 케이블TV 채널의 경우 채널의 특성에 따라서 타깃이 세분화되어 있기 때문에 비록 채널 전체의 가구 시청률이 낮더라도 타깃 시청률이 높으면 매체의 가치를 제대로 평가받을 수 있다.

$$타깃\ 시청률 = \frac{특정\ 프로그램을\ 보는\ 타깃\ 수}{TV\ 보유\ 가구\ 내\ 타깃\ 수} \times 100$$

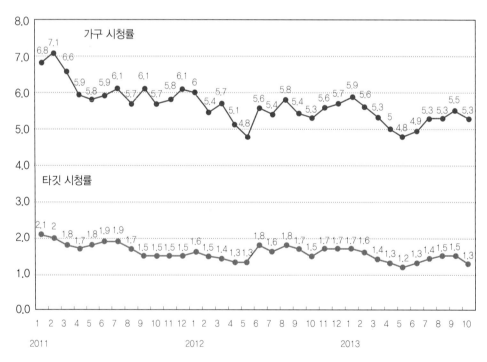

[그림 6-1] ○○ 복사용지 브랜드의 가구 시청률과 타깃 시청률 추이 분석

출처: AGB 닐슨 미디어 리서치.

[그림 6-1]은 2011년 1월부터 2013년 8월까지의 TV 광고의 가구 시청률과 ○○ 복사용지 브랜드의 타깃 시청률 추이를 보여 주고 있다. 전체적으로 TV 시청률이 2011년에 비해 2% 정도 감소하는 추세를 보여 주고 있으며 특히 가구 시청률이 타깃 시청률보다 더 큰 폭으로 감소하고 있다. 이러한 가구 시청률과 타깃 시청률의 추이를 살펴봄으로써 ○○ 복사용지 브랜드가 광고를 삽입하기 위하여 선택한 프로그램들의 타깃 시청률이 낮은 이유가 프로그램들을 잘못 선택한 것이 아니라 전체 가구 시청률이 점차 감소하였기 때문이라는 사실을 알 수 있다.

(4) 프로그램 시청률과 광고 시청률

프로그램 시청률은 특정 TV 프로그램을 시청한 수용자의 크기를 말하며, 광고 시청률은 특정 TV 프로그램에 스폰서로 참여한 특정 광고주의 광고 메시지에 노출된 수용자의 크기를 나타낸다. 즉, 프로그램 시청률은 수용자들이 특정 매체 비히클에 얼마나 많이 노출되었는가를 알려 주는 개념인 반면, 광고 시청률은 특정 프로그램에 삽입된 특정 광고 메시지에 얼마나 많이 노출되었는가를 알려 준다. 이와 같은 이유로 광고주들이 광고를 삽입할 TV 프로그램을 선택할 때 프로그램 시청률보다 광고 시청률을 비교기준으로 더 선호한다.

일반적으로 프로그램 시청률이 광고 시청률보다 더 크다. 이는 특정 프로그램을 시청한 수용자 중에 광고 메시지를 보지 않은 사람들이 있기 때문이다. 따라서 광고 시청률이 TV 프로그램의 광고 매체로서의 가치를 더 객관적으로 나타내는 지표라고 할 수 있다. 프로그램 시청률과 광고 시청률이 차이가 나는 이유는 시청자들의 광고 회피 행위 때문이다. 시청자들은 프로그램 시청 도중 광고가 나오면 리모컨으로 채널을 변경하거나(기계적 회피), 옆 사람과 대화를 하거나, 혹은 자리를 뜨는(행동적 회피) 등 다양한 방식으로 광고를 회피한다. 시청자가 가장 많이 사용하는 TV 광고 회피 방법은 재핑(zapping)이다.

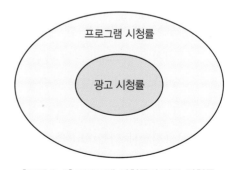

[그림 6-2] **프로그램 시청률과 광고 시청률**

(5) 시청률의 의미와 문제점

광고 매체의 역할은 광고 메시지를 표적 수용자들에게 전달하는 것이다. 시청률은 매체 수용자의 크기를 나타내기 때문에 시청률이 높다는 것은 광고 메시지에 노출될 기회가 많다는 것을 뜻한다. 따라서 시청률은 광고 메시지를 표적 수용자들에 얼마나 잘 전달했는가를 나타내는 지표로서 매체의 효과를 평가하는 양적 분석단위라고 할 수 있다. 또한 시청률은 광고단가를 결정하는 기준으로도 사용된다. 일반적으로 시청률이 높은 프로그램일수록 광고단가가 높게 책정된다. 그러나 현재 시청률은 실시간 방송되는 프로그램을 대상으로만 측정되기 때문에 PC와 모바일 등 다른 유통채널로 방영되는 방송콘텐츠의 시청 여부까지 나타내지 못하는 한계를 지니고 있다. 또한 시청률은 주목도와 같은 질적인 광고 매체의 가치를 설명하지는 못한다.

(6) HUT와 PUT

HUT(Household Using Television)는 특정 지역에서 특정 기간에 TV를 사용하는 모든 가구의 비율을 말하며, PUT(Persons Using TV)는 특정 지역에서 특정 기간에 TV를 사용하는 모든 개인의 비율을 말한다. 예를 들어, 올림픽 개막식이 열리는 저녁 시간에 TV를 켜 놓은 가구 수가 1,000만 가구이고 우리나라의 TV 보유 총 가구 수가 2,000만 가구이면 HUT는 50%가 된다. 따라서 사용률은 TV 시청 세대 수를 TV 보유 총 가구 수로 나눈 값에 100을 곱한 값이라고 할 수 있다. HUT/PUT는 특정 시간대의 TV 시청자의 크기를 나타내기 때문에 계절별(봄, 여름, 가을, 겨울), 요일별(평일, 주말 등), 혹은 시간대별(아침, 낮, 저녁 등)로 변하는 총 TV 시청량의 추이를 파악하는 데 사용된다. 예를 들어, 계절별로는 밤 시간이 긴 겨울보다 낮 시간이 긴 여름 휴가철에 HUT/PUT가 떨어지며 시간대별로는 아침과 낮 시간대가 저녁 시간대보다 HUT/PUT가 떨어진다. 우리나라 방송 광고의 요금은 시급이라는 시간대에 따라 다르게 책정되어 있는데 이는 HUT/PUT가 시간대별로 차이가 있기 때문이다. 또한 HUT/PUT가 낮으면 시청률도 낮아지는데 이는 시청률이 HUT/PUT의 영향을 받음을 말해 준다. 이처럼 HUT/PUT는 시청률과 비례적 관계이기 때문에 시청률 예측에도 사용된다.

$$\text{HUT(PUT)} = \frac{\text{TV 시청 가구 수(혹은 개인)}}{\text{TV 보유 총 가구 수}}$$

(7) 점유율

점유율(share)은 TV를 켜 놓은 가정 중에서 특정 채널 혹은 프로그램을 본 가구 수를 말한다. 시청률이 TV 보유 가정 중에서 특정 채널 혹은 프로그램을 보는 퍼센트를 말하는 반면, 점유율은 TV를 켜 놓은 가구 중에서 특정 채널 혹은 프로그램을 본 가구 수를 말한다. 즉, 점유율은 특정 시간대에 실제 TV를 시청하고 있는 가구, 개인 혹은 표적수용자에 대한 각 채널별 혹은 프로그램별 점유비율을 뜻한다.

$$점유율 = \frac{시청률(rating)}{HUT \text{ 혹은 } PUT} \times 100$$

점유율은 특정 채널 혹은 프로그램이 다른 시간대에도 타 경쟁 채널 혹은 프로그램에 비해 잘하고 있는지를 객관적으로 파악할 수 있게 해 준다. 예를 들어, 〈표 6-2〉에서 보이듯이 A 프로그램의 2월 시청률은 12.5%로 1월 시청률 15.2%보다 낮아도 점유율은 더 높다. 이것은 A 프로그램이 2월에 타 경쟁 프로그램에 비해 잘 하고 있다는 것을 나타낸다. 따라서 점유율은 시청률이 간과하고 있는 특정 채널 혹은 프로그램의 상대적 가치를 알 수 있게 해 준다. 점유율은 HUT/PUT와 반비례적 관계이다. 즉, 점유율이 높으면 HUT/PUT와 시청률이 상대적으로 낮다. 예를 들어, HUT가 50%이고 특정 채널의 시청률이 25%이면 이 채널의 점유율은 50%가 된다. 이는 TV를 보고 있는 가구의 절반이 특정 채널을 시청하고 있다는 것을 나타낸다. 즉, 점유율은 시청률을 HUT 혹은 PUT로 나눈 값이다.

〈표 6-2〉 **시청률과 점유율의 차이**

월별	평균 시청률	HUT	점유율
1월	15.2%	66.5%	22.9%
2월	12.5%	49.8%	25.1%

(8) 청취율

라디오 청취율은 15분을 기본단위로 측정된다. 이를 15분 평균 청취율(average quarter hours rating)이라고 한다. 15분 평균 청취율은 한 시간을 15분 단위로 쪼개어 15분 가운데 5분만 특정 프로그램을 청취하여도 그 프로그램을 청취한 것으로 간주한다. 15분 평균 청취율은 피플미터와 같은 기계식 방법이 아닌 주로 조사패널들을 대상으로 한 일기식(diary) 조사를 통하여 조사한다. 이 방법은 미국의 Arbitron 조사회사가 일기식 조사를 통하여 라디오 청취율을 조사할 때 시작되었다.

2. 인쇄 매체의 측정단위

1) 발행 부수

발행 부수(circulation)는 신문이나 잡지가 배포된 수를 나타낸다. 발행 부수는 도시, 도 단위, 군 단위 등 지역별 자료가 수집되므로 특정 지역에 대한 매체의 선택에 도움을 준다. 발행 부수는 객관적인 개념이지만 특정 인쇄 매체를 읽는 사람의 인구통계학적 특성과 읽은 독자 수(구독자와 회람 독자 포함)를 구별하지 못하기 때문에 인쇄 매체의 가치를 제대로 평가하지는 못한다. 신문 발행 부수는 발행부수공사(Audit Bureau of Circulation: ABC)에 의해서 매년 조사되어 그 결과를 공표한다.

2) 열독자 수

열독자 수(readership)는 신문이나 잡지와 같은 인쇄 매체를 읽은 독자의 총수를 말한다. 보통 신문 매체의 수용자(audience)와 같은 개념이다. 열독자 수는 돈을 지불하고 구독하는 일차 독자(primary readers)와 회람하여 보는 이차 독자(secondary readers) 혹은 회람 독자(pass-along readers)로 구분된다. 특정 신문 혹은 잡지의 열독자 수는 발행부수에 1부당 평균 독자 수(readers per copy)의 곱으로 표현될 수 있다.

$$열독자\ 수 = 발행부수 \times 1부당\ 평균\ 독자\ 수$$

3) 열독률의 분석단위

열독률은 신문 및 잡지의 유형, 신문의 면과 단수, 잡지의 광고게재 위치, 신문의 발행 요일, 개별 광고물, 인구통계학적 특성별로 분석할 수 있다. 신문 및 잡지 유형별 열독률 분석은 신문 및 잡지의 종류별로 열독률을 비교분석하는 것을 말하며, 신문의 면과 단수별 열독률 분석은 신문의 1면, 2면 등 각 면과 4단, 5단, 7단, 8단, 15단 등의 광고 크기별로 열독률을 분석하는 것을 말한다. 잡지의 광고게재 위치는 표 2면, 표 2대면, 표 4면 등 잡지광고의 게재 위치별로 열독률을 분석하는 것을 말하며, 인구통계학적 특성별 열독률 분석은 성별, 나이, 학력, 직업, 소득 등 인구통계학적 특성을 기준으로 인쇄 매체 비히클의 열독률을 분석하는 것을 말한다. 매체 기획과정에서 인쇄 매체를 선택할 때 이러한 분석단위별로 열독률을 더 세밀하게 분석하여야 가장 적은 비용으로 가장 많은 표적 수용자에게 도달할 수 있는 비용 효율적인 매체를 선택할 수 있다.

ABC 제도

ABC는 신문, 잡지, 웹사이트 등 매체량 공사기구인 'Audit Bureau of Circulations'의 약자로 신문, 잡지, 온라인 등 매체사에서 스스로 보고한 부수 및 수용자 크기를 표준화된 기준에서 객관적인 방법으로 실사, 확인하여 매년 이를 공개하는 제도이다. 신문, 잡지, 웹사이트 등의 매체량은 매체사의 재원인 판매 및 광고 수입과 깊은 관계가 있으며, 매체 광고비의 집행근거가 된다. 따라서 매체량 정보는 매체사, 광고주, 광고회사의 경영과 광고의 과학화를 위한 기본 자료로서 필수적이다. 매체사는 ABC의 발행 부수, 유료 부수, 수용자 크기 등의 조사자료에 따라 밝혀지는 경영정보자료를 통해 적절한 경영진단과 효율적인 경영관리를 할 수 있다. 반면 광고주는 발행 부수, 유료 부수, 수용자 크기 등의 조사자료들을 기초로 광고의 도달률 및 도달횟수 등을 고려한 매체 목표를 효과적으로 설정할 수 있고, 매체의 객관적인 광고요금을 기준으로 효율적인 매체계획을 수립할 수 있다. 즉, ABC 제도는 매체사에게는 정당한 광고요금을 요구할 수 있는 기준과 광고주에게는 매체사의 광고면을 선별하여 구입할 수 있는 기준을 제공한다. 이처럼 광고주의 효율적인 매체계획은 광고주와 광고회사의 관계를, 객관적인 광고요금 책정은 매체사, 광고주, 광고회사 간의 관계를 공정하게 확립함으로써 합리적인 광고거래 질서를 구축할 수 있게 해 준다. 2021년 기준 일간신문 179개사, 주간 신문 733개사, 잡지 205개사, 생활정보신문 1개사 등 총 1,118개사가 한국ABC협회의 회원으로 가입되어 있다

4) 발행 부수, 열독자 수, 구독자 수의 차이

열독자 수는 일차 독자와 이차 독자를 합한 것이다. 반면에 구독자 수는 일차 독자의 크기만을 나타낸다. 따라서 열독자 수는 구독자 수보다 많다. 발행 부수는 열독자 수

보다 적다. 예를 들어, 특정 신문의 발행 부수가 100만 부이고 1부당 평균 열독자 수가 2명이면 그 신문의 총 독자 수는 200만 명이다. 〈표 6-3〉은 특정 신문의 발행 부수는 적어도 열독자 수는 더 많다는 것을 보여 준다. 즉, 신문 A는 신문 B보다 50만 부의 발행 부수를 더 가지고 있다. 그러나 열독자 수로 볼 때 신문 B가 신문 A보다 더 많다. 이것은 열독자 수를 기준으로 한다면 신문 B가 더 좋은 조건을 가지고 있다는 것을 나타낸다. 따라서 열독자 수는 발행 부수와 구독자 수보다 광고주에게 더 유용한 개념이다. 열독자 수는 열독률이라는 개념으로 변환되어 사용된다. 열독률은 10세 이상에서 65세 이상까지의 가독 연령대의 사람들 가운데 특정 신문 혹은 잡지를 읽거나 본 사람의 비율을 말한다.

〈표 6-3〉 **판매 부수, 독자 수, 1부당 평균 열독자 수**

신문 종류	발행 부수	1부당 평균 독자 수	전체 열독자 수
A 신문	2,000,000	2	4,000,000
B 신문	1,500,000	3	4,500,000

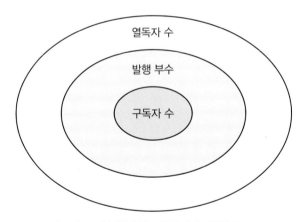

[그림 6-3] **발행 부수, 열독자 수, 구독자 수**

5) 열독률의 의미와 문제점

열독률은 인쇄 매체의 노출 효과, 즉 인쇄 매체의 공간적 가치를 평가할 때 사용된다. 그러나 신문이나 잡지 등의 인쇄 매체의 열독률은 특정 매체 비히클을 보았거나 읽은 비히클 수용자의 크기를 측정한 것이지 실제 매체 비히클에 포함된 특정 광고 메시지를 보거나 읽은 광고 수용자의 크기를 측정한 것이 아니다. 즉, 열독률은 광고 메시지를 볼 기회(Opportunity To See: OTS)만을 말한다. 따라서 열독률은 독자가 매체에 게재된 광고 메시지를 보았는지 안 보았는지뿐만 아니라 보았다면 몇 번 보았는지를 실제로 구별하지 못한다. 일반적으로 인쇄 매체의 열독률은 독자들의 광고 회피 행동 때문에 실제 광고페이지 노출의 크기를 과대평가하는 경향이 있다. 또한 잡지 매체와 같은 인쇄 매체는 재독이 가능한 매체이기 때문에 실제 광고페이지 노출의 횟수를 과소평가할 수도 있다. 예를 들어, 〈표 6-4〉에서 보이듯이 비히클 수용자는 특정 잡지 매체를 읽은 사람의 수, 비히클 노출은 특정 잡지 매체를 읽은 횟수, 광고 수용자는 특정 잡지에 게재된 광고페이지를 읽은 사람들, 광고 노출은 특정 잡지에 게재된 광고페이지를 읽은 횟수를 나타낸다. 이러한 잡지 매체의 효과를 나타내는 네 가지 측정 지표 중 비히클 수용자는 독자들이 기사만 읽고 광고페이지는 보지 않거나 읽지 않을 수 있기 때문에 광고 수용자보다 크며 비히클 노출이나 광고 노출은 독자들의 재독으로 인한 반복 노출 때문에 비히클 수용자나 광고 수용자보다 클 수 있다. 이러한 이유로 열독률을 사용하여 매체 스케줄을 구성할 경우 실제 광고 메시지에 대한 도달 효과를 과대평가하거나 반복 효과를 과소평가할 수 있다.

〈표 6-4〉 비히클 수용자, 비히클 노출, 광고 수용자, 광고 노출의 차이

수용자	비히클 수용자 (잡지 열독 여부)	비히클 노출 (잡지 읽은 횟수)	광고 수용자 (광고페이지 읽은 여부)	광고 노출 (광고페이지 읽은 횟수)
A	예	1	예	1
B	예	3	아니요	0
C	예	2	예	2
D	아니요	0	아니요	0
E	아니요	0	아니요	0
계	3	6	2	3

많은 조사회사가 제공하는 열독률 자료는 비히클 수용자의 크기만을 측정한 것이며, 따라서 실제 광고페이지에 대한 광고 수용자의 크기 및 노출횟수를 정확히 반영하지 못하고 있다. 열독률의 이러한 문제점은 인쇄 매체의 노출 효과를 왜곡할 수 있다. 예를 들어, 〈표 6-5〉에서 보이듯이 『라이프』 잡지를 읽은 독자의 수는 많아도 광고페

이지에 노출된 독자의 수는 『이브닝 포스트』가 더 많다. 따라서 광고페이지의 노출을 기준으로 하는 경우 『라이프』보다 『이브닝 포스트』가 더 효과적이다. 결과적으로 광고주들의 관심사는 비히클 수용자나 비히클 노출이 아니라 광고 수용자나 광고 노출의 크기라고 할 수 있다.

〈표 6-5〉 비히클 수용자 크기와 광고페이지 노출 수

잡지 종류	광고횟수	비히클 수용자 크기	광고페이지 노출 수	독자당 빈도
『이브닝 포스트』	1	23,547,000	30,861,000	1.3
『루크』	1	27,495,000	30,702,000	1.1
『라이프』	1	31,519,000	30,110,000	1.0

6) 커버리지

커버리지(coverage)는 특정 표적 수용자의 도달 백분율로 표현된다. 즉, 특정 표적 수용자에 대한 메시지 전달 정도를 전체 인구통계집단으로 나눈 값이다. 예를 들어, 특정 지역에서 어떤 잡지가 여성 100만 명에게 읽히고 있는데 그 지역 여성 전체 인구가 1,000만 명이면 그 잡지의 커버리지는 10%가 된다. 따라서 주어진 표적 수용자에 대한 메시지 전달 정도를 나타낸다.

3. 디지털 매체의 측정단위

1) 트래픽 측정단위

트래픽(traffic)의 원래 의미는 인터넷 네트워크를 통과하는 데이터의 양이다. 예를 들면, 10KB의 페이지를 10명의 사람이 요청했을 때의 트래픽은 단순하게 계산하여 100KB의 트래픽이 발생한다. 따라서 디지털 마케팅에서 트래픽을 증가시킨다는 말은 웹사이트 요청이나 페이지 뷰(page view) 등의 사이트로 유입되는 고객의 수를 의미한다. 트래픽은 교통량을 나타내는 개념이다. 웹사이트 방문자는 특정 기기(device)를 통해 사이트를 방문한 후, 첫 번째 웹페이지를 만나며(페이지 뷰), 첫 페이지에서 특정 링

크를 클릭하고(이벤트 발생), 다음 페이지를 조회하다가(페이지 뷰), 결국 사이트를 빠져나간다(이탈률 발생). 이 과정에서 발생하는 페이지 뷰, 클릭, 이벤트, 이탈률(bounce rate) 등이 트래픽 효과이다.

(1) 히트

히트(hit)는 서버가 웹사이트 방문자에게 얼마나 많은 텍스트와 그래픽을 제공했는지 기록한 수치이다. 웹페이지는 텍스트(text)와 그래픽(graphic)으로 구성되어 있는데 각각의 텍스트와 그래픽은 하나의 물체(object)로 계산된다. 따라서 10개의 물체로 구성된 웹페이지에 10명이 방문하게 되면 100히트가 기록된다. 히트는 사용자의 증가보다 물체의 증가에 영향을 많이 받으므로 광고를 집행하는 측에서는 큰 의미가 없다.

(2) 임프레션

임프레션(impression)은 웹이나 앱 페이지에 접속한 방문자에게 광고가 보이는 것, 즉 광고에 대한 노출을 의미한다. 노출이 발생한 만큼의 횟수를 '노출 수(임프레션 수)'라고 말한다. 광고가 한 번 노출되면 '1임프레션'이라고 말한다.

(3) 페이지 뷰

페이지 뷰(Page View: PV)는 웹사이트 한 페이지에 사용자가 접속한 수를 세는 단위이다. 다시 말하면, 특정 배너가 있는 페이지에 대해 이용자가 요구한 횟수로 서버가 에러 없이 특정 페이지를 전달한 횟수를 말한다. 웹사이트 내에서 가장 높은 PV를 기록한 페이지가 사이트 내 가장 인기 있는 곳으로, 이를 기준으로 집행하는 광고 위치를 정하는 등 마케팅 전략을 세울 수 있다. 하지만 같은 사람이 페이지를 새로 고치거나 다른 페이지를 탐색할 때도 PV로 기록되기 때문에, PV로는 해당 웹사이트에 얼마나 많은 이용자가 방문하는지 파악하기 어렵다. 페이지 뷰를 특정 페이지에 포함된 광고 배너의 임프레션과 동일하게 간주하기도 한다. 그러나 만약 사용자가 자신의 웹브라우저에서 이미지 받기 기능을 껐을 경우 광고 배너는 전송이 되지 않기 때문에 페이지 뷰가 광고 배너의 임프레션보다 수치가 더 클 수 있다.

(4) 세션

세션(session)은 사용자가 웹서버에 웹사이트를 요청하여 처음 접속하면 JSP[2]나 ASP[3] 엔진은 요청한 사용자에 대해 유일한 ID를 부여하게 되는데, 이 ID를 세션이라고 한다. 즉, 일정 시간 동안의 웹사이트 접속을 말하며 화면이 이동해도 로그인이 풀리지 않고 로그아웃하기 전까지 유지되는 것이 세션의 예이다. 여기서 '일정 시간'은 방문자가 웹브라우저를 통해 웹서버에 접속한 시점으로부터 웹브라우저를 종료해 연결을 끝내는 시점을 말한다. 즉, 방문자가 웹서버에 접속해 있는 상태를 하나의 단위로 보고 그것을 세션이라고 한다. 따라서 세션은 '방문(visit)'과 거의 동일한 개념으로 사용된다. 만약 1명의 방문자가 어떤 웹사이트를 하루에 세 번 방문한다면 세션은 3회이다.

구글 애널리틱스(Google Analytics)[4]에서 세션은 지정된 기간 내에 웹사이트에서 발생한 사용자 상호작용의 집합으로 정의한다. 하나의 단일 세션에는 다수의 히트와 페이지 조회, 소셜 활동 등의 사용자 상호작용 행동이 포함된다. [그림 6-4]는 1명의 사용

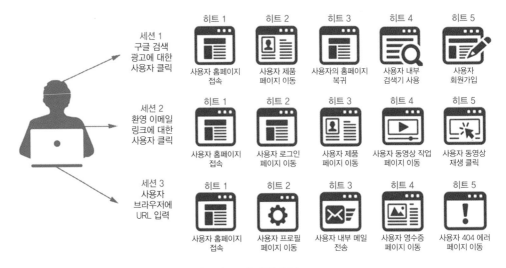

[그림 6-4] **세션과 히트**

출처: Google 'session definition google analytics'.

---

2) Java Server Pages의 약어로, Java를 이용한 서버 측 템플릿 엔진이다. 즉, HTMS 코드에 Java 코드를 넣어 동적인 웹페이지를 생성하는 웹 애플리케이션 도구이다.
3) Active Server Pages의 약어로, 마이크로소프트사에서 동적으로 웹페이지를 생성하기 위해 개발한 서버 측 스크립트 엔진이다.
4) 구글의 웹 및 앱로그 데이터 분석 도구이다. 사용자의 웹이나 앱 활동 내역을 분석할 수 있다.

자가 여러 개의 웹사이트를 서핑(surfing)하면서 발생한 3회의 세션 동안 각각의 세션에서 발생한 히트 수를 보여 준다. 구글 애널리틱스에서는 만약 사용자가 웹사이트 방문 시점부터 방문 시간을 계산해서 웹사이트에서 특별한 활동을 하지 않은 채 30분이 지나면 세션이 종료된 것으로 간주한다.

(5) 방문 및 순방문자

방문(visit)은 세션, 즉 일정 시간에 1명의 이용자에 의해 이루어지는 일련의 요구를 의미한다. 한 세션 동안에 이루어진 순차적인 요구(request)는 1회 방문(1visit)으로 계산된다. 다시 말하면, 한 사용자가 특정 웹사이트에 접속해서 일련의 웹페이지를 연속적으로 이용할 때 이를 하나의 방문으로 기록한다. 사용자가 한 세션이 지난 후 다시 해당 웹사이트에 방문하면 이는 또 다른 방문으로 추가된다. 따라서 방문은 세션과 같은 의미로 사용된다. 방문 대신에 세션을 주로 사용하는 이유는 세션이 접속 기간을 나타내는 의미가 더 강하기 때문이다. 방문은 히트와 같이 실제 사용자 수와 관계없이 접속 숫자가 과대 계상되는 폐단을 막을 수 있는 장점이 있다. 순방문자(Unique Viewer: UV)는 특정 웹사이트에 방문한 고유 방문자를 나타내며 중복 방문자는 제외한다. 순방문자 개념은 실제 방문한 전체 사용자 수를 파악하기 어렵고 고의로 숫자를 늘릴 수 있는 페이지 뷰의 단점을 보완하기 위해 사용한다.

(6) 체류 시간

체류 시간(Duration Time: DT)은 사용자가 사이트에서 머물다 떠날 때까지의 시간을 의미한다. 체류 시간이 길면 길수록 사용자 활동이 많아지고 원하는 목적이 달성될 확률이 높으므로, PV와 함께 고객 충성도를 살펴볼 수 있는 지표가 되기도 한다. 체류 시간이 짧다면 페이지 내에 어떤 점이 사용자를 충분히 이끌지 못하는지 확인해 볼 필요가 있다.

(7) CTR

CTR(Click Through Rate)은 클릭완성률로 번역이 되며, 광고를 본 사람 중 클릭한 수가 얼마나 많은지를 보여 주는 비율이다. 웹이나 앱 광고의 경우 평균적으로 최저 0.1%, 최대 2% 안팎의 수치를 보인다. CTR이 높을수록 광고가 잘 만들어지거나 올바른 대상에게 노출됐다고 판단할 수 있다. CTR은 (클릭 수/임프레션)×100으로 계산된다.

(8) VTR

VTR(View Through Rate)은 동영상 광고의 시청 완료율을 말한다. 광고를 스킵하지 않고 끝까지 시청한 사람의 비율을 말한다. '동영상 재상'을 캠페인의 목표로 설정한 경우 매우 중요한 성과지표가 된다. 보통 동영상 스킵 정책의 경우 유튜브는 5초 후 스킵, 네이버는 15초 후 스킵 정책을 채택하고 있다.

(9) MAU

MAU(Monthly Active Users)는 월간 활성 이용자로서, 한 달 동안 해당 서비스를 이용한 순수한 이용자의 수를 말한다. 보통 소셜 게임(social game) 등 인터넷 기반 서비스에서 해당 서비스를 얼마나 많은 사용자가 실제로 이용하고 있는지를 나타내는 지표 중 하나로 활용된다. MAU라는 월 단위의 서비스 집계를 통해 서비스의 성공과 인기가 변화하는 과정을 장기적으로 파악할 수 있다. MAU를 집계하는 시점은 제각각이나 페이스북 등에서는 사용자가 게임 시작 화면을 볼 때 집계하거나, 모바일 게임은 애플리케이션 실행 시 집계하는 식으로 서비스를 실행하는 단계에서 집계하는 것이 일반적이다.

(10) DAU

DAU(Daily Active Users)는 일간 활성 이용자로서, 하루 동안 해당 서비스를 이용한 순수한 이용자 수를 말한다. 보통 소셜 게임에서 해당 서비스를 얼마나 많은 사용자가 실제로 이용하고 있는지를 나타내는 지표 중 하나로 활용된다. DAU는 MAU보다 더 정확하게 서비스의 인기와 성공을 나타내며, 단기적인 이벤트 등에 대한 사용자의 호응을 확인할 수 있어 효과적이다. DAU와 MAU는 특히 앱 분석을 할 때 앱 사용 현황을 파악하기 위해 사용된다. 각각은 기간별 앱을 사용한 사용자 수로 해석할 수 있다.

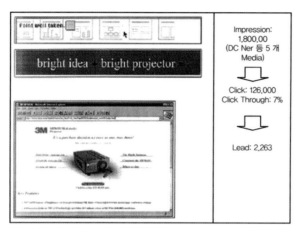

[그림 6-5] 3M 브랜드의 트래픽 효과측정의 예

2) 인게이지먼트 측정단위

인게이지먼트(engagement)는 참여라는 의미가 있으며, 소셜 미디어에서는 좋아요, 댓글 달기, 공유하기, 팔로우, 조회, 구독과 같은 소셜 활동에 적극적으로 참여하는 행위를 말한다. 이러한 소셜 활동을 통해 생성되는 데이터를 소셜 데이터라고 한다. 소셜 데이터에는 좋아요 수, 공유 수, 댓글 수, 팔로워 수, 독자 수 등과 같은 인게이지먼트 효과를 나타내는 지표들이 포함된다.

(1) 좋아요 수

좋아요(like)는 SNS의 게시물에 댓글을 달지 않아도 호감이나 관심을 표현할 수 있는 척도이다. SNS 하단이나 우측에 있는 좋아요 버튼을 누르면 좋아요 수에 포함된다. 어떤 브랜드 페이지에 대해 '좋아요'를 누른다고 해서 반드시 그 브랜드의 구매로 연결되지는 않는다. 하지만 '좋아요'는 인플루언서나 콘텐츠 마케팅에서 매우 중요한 인게이지먼트 효과를 나타내는 지표이다.

(2) 댓글 수

댓글은 인터넷 게시물 밑에 남길 수 있는 짧은 글로서 코멘트(comment) 혹은 리플(reply)라고도 한다. 보통 웹사이트의 게시물 밑에는 댓글란이 있어 그 게시물과 관련하여 독자는 의견을 표할 수 있다. 댓글을 통해 다양한 대화와 논리적인 토론이 이루어지기도 하고, 감정적인 반대 의사 표현이나 지극히 단순한 맞장구 표현과 같은 일도 이루어지기도 한다. SNS의 경우 게시글이나 영상 하단이나 우측의 댓글 달기 버튼을 누르면 댓글을 달 수 있다. 바이럴 마케팅에서는 댓글 수가 매우 중요한 인게이지먼트 효과 지표가 된다.

(3) 공유 수

공유(share)란 사전적 의미로 무언가를 함께 사용하는 것을 의미하며, SNS 혹은 블로그 게시글이나 영상, 상품 상세페이지, 게시판 글 등을 다른 사람에게 전달하는 것이다. SNS 게시글이나 영상 하단이나 우측의 공유하기 버튼을 누르면 자신이 다른 사람과 공유하고자 하는 콘텐츠 URL을 다른 사람에게 보낼 수 있다. SNS에 공유된 콘텐츠는 자연스럽게 비슷한 관심을 두고 있는 다른 사람에게 노출되고 마케팅 효과를 발생시킨다. 공유 수는 오가닉 사용자(organic user)의 유입을 목표로 하는 콘텐츠 마케팅, 온드 미디어 마케팅, 인바운드 마케팅에서 매우 중요한 인게이지먼트 효과 지표이다.

(4) 팔로워 수

팔로워(follower)는 사전적 의미로 추종자 혹은 신봉자를 의미하며 어떤 사람의 글을 지속적으로 받아 보는 사람을 가리키는 말이다. 인스타그램, 페이스북, 트위터, 틱톡 등의 SNS에는 팔로우 버튼이 있으며, 이것을 누르면 해당 계정을 팔로우하게 되고, 글을 올린 사람의 계정에는 한 명의 팔로워로 등록된다. 또한 이렇게 누군가를 팔로우하는 행위를 팔로잉이라고 하며 자신의 계정에 팔로잉으로 표시된다. 팔로워는 SNS 이용자의 인기 척도를 나타내며 팔로워 수가 많을수록 인기가 높은 사람이라고 할 수 있다. 인플루언서 마케팅에서는 팔로워 수가 매우 중요한 인게이지먼트 효과 지표가 된다.

(5) 조회 수

조회 수(views)는 유튜브에서 주로 사용하는 인게이지먼트 효과 지표로서 시청자가 영상을 30초 이상 시청하게 되면 조회 수로 인정된다. 시청자가 영상을 2회 이상 시청하는 경우에도 각각 조회 수로 인정되며 다른 웹사이트에서 링크로 포함된 유튜브 영상이나 페이스북에 공유된 영상도 조회 수에 포함된다. 유튜브에서 조회 수를 높이기 위하여 유튜브 검색 엔진 최적화 작업이 필요하다. 보통 유튜브를 활용한 브랜딩 캠페인의 경우 조회 수는 중요한 인게이지먼트 효과 지표가 된다.

(6) 구독자 수

구독은 신문 및 잡지와 같은 전통매체에서 주로 사용되어 온 개념이나, 유튜브에서도 특정 채널에 업로드되는 영상을 정기적으로 받아 본다는 의미로 사용된다. 유튜브 영상 아래의 채널 페이지에서 구독 버튼을 누르면 구독자로 인정되며, 채널을 구독하면 새로 게시되는 영상이 구독 피드에 표시된다. 구독한 채널에서 새 영상을 게시할 때 자동으로 알람을 받을 수도 있다. 구독자 수(number of subscribers)는 유튜브에서 특정 채널의 인기와 이 채널에 업로드된 동영상 광고의 효과를 나타내는 중요한 인게이지먼트 효과 지표이다.

3) 성과측정단위

인지도 확보를 최우선으로 하는 대중매체 광고와 달리 디지털 미디어 기반의 광고캠페인은 사용자 데이터를 활용한 정교한 타기팅과 사용자 추적으로 캠페인의 구체적인 성과(performance)를 측정할 수 있다. 즉, 광고캠페인에 얼마나 많은 사용자가 광고에 노출되었는가뿐 아니라 캠페인 종료 후 각 매체를 통해 얼마나 많은 사용자가 잠재고객으로 유입되었으며, 유입된 후 얼마나 많은 고객이 실구매 고객으로 전환되었는가를 측정할 수 있다. 따라서 광고 노출에서부터 전환에 이르기까지 소비자의 여정에서 발생하는 캠페인의 모든 성과를 매체의 효과로 볼 수 있다.

디지털 매체를 활용한 캠페인의 성과지표로는 전환(율), 이탈률, 반송률, 잔존율, ROI(Return On Investment, 투자 대비 수익률), ROAS(Return On Ad Spend, 광고비 대비 수익률), LTV(Life Time Value, 고객 생애 가치) 등을 포함한다. 캠페인 효율성 지표는 투입한 비용 대비 효과나 성과를 나타낸다. 여기에는 CPM(Cost Per Mille), CPV(Cost Per View), CPC(Cost Per Click), CPVC(Cost Per View or Click), CPI(Cost Per Impression), CPI(Cost Per Install), CPA(Cost Per Action), CPS(Cost Per Share) 등이 있다.

(1) 전환: 간접전환/직접전환

전환(conversion)은 광고 및 마케팅 캠페인의 성과를 파악하는 주요 지표이다. 전환은 광고를 통해 사이트로 유입된 방문객이 광고주 혹은 마케터가 원하는 특정 행동을 취하는 것을 말한다. 특정 행위로는 뉴스레터 가입, 소프트웨어 다운로드, 회원가입, 장바구니 담기, 제품구매, 결제하기 등이 될 수 있다. 광고나 메시지를 클릭하고 30분 이내에 전환이 일어나면 '직접전환', 광고나 메시지를 클릭한 동일 사용자에게서 15일 이내에 전환이 일어나면 '간접전환'이라고 말한다.

(2) 전환율

전환율(Conversion Rate: CVR)은 광고를 클릭해 사이트로 유입된 방문자들이 특정 행위(전환)를 하는 비율을 말한다. 즉, 전환율(%)은 [전환 수/유입 수(방문 수)]×100으로 계산된다. 만약 특정 웹사이트의 100명 방문에 5명의 전환이 발생한 경우 전환율은 5%(=5/100)이다.

(3) 이탈률 혹은 반송률

소비자가 홈페이지를 방문해 한 페이지만 보고 다른 페이지로의 유입 없이 바로 나가는 것을 이탈 혹은 반송(bounce)이라고 하며 웹사이트 유입 대비 반송의 비율을 이탈률(exit rate) 혹은 반송률(bounce rate)이라고 한다. 즉, 이탈률 혹은 반송률은 [반송 수/유입 수(방문 수)]×100으로 계산된다. 이탈률 혹은 반송률은 사용자들이 웹페이지 내에서 어떤 상호작용도 없이 바로 나갔을 때의 비율을 나타낸다. 예를 들어, 사용자가 원피스 광고를 통해 한 쇼핑몰에 들어왔으나 다른 상품을 보거나, 회원가입을 하거나, 제품을 구매하는 등의 다른 행동 없이 페이지에서 나가는 것이 이에 해당한다. 만약 유입량은 많은데 전환 수가 적은 경우 검색 광고의 문제가 아니라 랜딩 페이지의 문제일 수 있다. 랜딩 페이지가 방문자의 목적에 잘 맞게 돼 있느냐 그렇지 않느냐에 따라 이탈률이 달라질 수 있다. 이러한 랜딩 페이지의 효율을 판단할 수 있는 중요한 데이터가 바로 이탈률이다. 검색 광고를 통한 유입도 물론 중요하지만, 유입된 방문자를 잡아 두는 것 또한 못지않게 중요하다. 따라서 랜딩 페이지에서 이탈률을 최소화하기 위해 랜딩 페이지 최적화 작업이 필요하다.

(4) 잔존율 혹은 재방문율

잔존율(retention rate)은 특정한 서비스를 경험한 소비자가 그 서비스를 다시 찾는 경

3. 디지털 매체의 측정단위

우가 얼마나 생기는지를 비율로 나타낸 지표로서 재방문율을 말한다. 원래 보통 게임을 경험한 사용자가 게임을 다시 찾는 경우가 얼마나 생기는지 비율로 나타내는 지표이다. 즉, 온라인 게임에서 주로 이야기되는 '특정 게임을 한 번 플레이했던 사용자가 다시 그 게임을 플레이하는 비율', 직역하면 '유지 비율' 또는 '사용자 잔존율'이라고 한다. 게임업계에서는 현재 게임을 이용하는 플레이어 수를 이전 시점에서 게임을 이용한 플레이어 수로 나누는 방법으로 잔존율을 계산한다. 즉, 잔존율은 (현재 접속자 수/비교 대상 시기의 접속자 수)×100으로 계산된다. 처음 게임을 출시할 때는 다운로드를 받은 플레이어 수의 몇 퍼센트가 다시 게임을 했는지를 산출해 발표한다. 그 이후에는 주간, 월간 혹은 특정 기간을 기준으로 산출한다.

잔존율은 게임 업체에서 중요한 지표 중 하나이다. 잔존율 혹은 재방문율이 높을수록 휴면 사용자가 적어지고 접속자 수가 늘어나며, 게임이 활성화되는 데에 큰 도움이 되기 때문이다. 잔존율이 떨어지는 게임은 아무리 사용자를 모아 와도, 게임에 남아 있는 사용자가 없다는 뜻이므로, 최소한의 잔존율을 유지하지 못하면 그 게임은 망했다고 보면 된다. 특히 플레이어들이 서로 친구를 맺어 협동하는 재미를 내세우는 게임은 잔존율을 중시한다. 잔존율이 떨어진다는 뜻은 곧 이탈자가 생긴다는 뜻이며, 이탈자가 생긴다는 뜻은 곧 플레이어와 협동할 친구가 줄어든다는 뜻이다. 최악의 경우 플레이어가 협동할 친구가 없어서 이탈을 해 버리는 연쇄 반응이 일어나기에, 친구와의 협동을 중시하는 게임은 재방문율을 올리려는 노력을 기울인다. 잔존율은 매출에도 긍정적인 영향을 끼친다는 점에서 중요하다. 특히 접속하려면 일정 기간마다 결제해야 하는 정액제 게임의 경우, 잔존율은 매출과 직결된다. 잔존율이 높다는 것은 곧 많은 플레이어가 정액제 서비스를 결제한다는 뜻이기 때문이다.

접속은 무료로 허용하고 유료 서비스를 따로 판매하는 부분 유료 게임도 잔존율에 신경을 쓴다. 재방문율이 높아야 게임이 활성화되며, 높은 재방문율은 매출에 도움이 되기 때문이다. 비록 재방문한 플레이어가 반드시 결제한다는 보장은 없지만, 그래도 플레이어가 자주 방문할수록 그 사람이 결제할 여지가 늘어나기 때문이다. 이와 같은 이유로 상당수의 게임은 재방문율을 관리하는 데에 신경 쓴다. 매일 꾸준히 접속하는 플레이어에게 접속 날짜만큼 게임 아이템을 증정하는 직접적인 방법을 쓰기도 하며, 플레이어들끼리 친구가 되도록 유도한 뒤 플레이어들 사이에서 꾸준한 접속을 독려하는 분위기가 형성되도록 커뮤니티를 조성하는 간접적인 방법을 쓰기도 한다. 최근에 잔존율은 웹페이지를 다시 방문하거나 처음 가입한 게임을 다시 찾는 행위 등에도 적용되는 등 그 적용 범위가 무척 다양해지고 있다.

(5) ROAS

ROAS(Return On Ad Spending) 혹은 광고수익률은 광고나 마케팅 비용의 효율성을 측정하기 위한 지표이다. 캠페인에 투입한 광고비 대비 캠페인을 통해 얻은 수익률을 나타낸다. ROAS=(매출/비용)×100으로 계산된다. ROAS는 집행하고 있는 캠페인이 어떤 상황인지 점검해 볼 수 있는 지표가 된다. 이를 바탕으로 마케팅을 어떻게 집행할 것인지 통찰을 얻을 수도 있다.

(6) ROI

ROI(Return On Investment)는 투자 대비 수익률 혹은 투자수익률로, 투자한 것에 대비해 합당한 이윤 창출을 만들어 내고 있는지를 보여 주는 지표이다. 기업의 순이익 비율을 파악하고자 할 때 사용된다. ROI가 클수록 수익성이 크다는 것을 의미한다. 다양한 분야에서 널리 사용되는 용어이긴 하지만 상품을 홍보하고 판매를 촉진해야 하는 마케팅 분야에서도 많이 쓰인다. ROI를 측정하기 위해서는 투자 비용과 성과 및 수익 분석이 함께 필요하다. ROI는 (영업 이익/총비용)×100으로 계산된다.

(7) LTV

LTV(Life Time Value) 혹은 고객 생애 가치는 사용자 1명이 웹사이트나 앱에 들어와서 이탈하기까지 그 전체 기간 내에 창출하는 가치 지표를 말한다. 쉽게 말해, 한 사용자가 해당 서비스를 이용하는 동안 얼마나 이익을 가져다주는가를 수치화해 계산한 것이다.

4. 매체 효율성 측정단위

1) CPM

　CPM(Cost Per Mille)에서 'Mille'은 라틴어로 '천'을 의미하며, 표적 수용자 1,000명에게 도달하거나 1,000회 광고 노출당 광고비를 나타낸다. 즉, CPM은 (광고비/임프레션)×100으로 계산된다. CPM은 매체 비히클과 광고캠페인(혹은 매체 스케줄) 전체의 비용 효율성을 나타내는 개념으로서 광고비가 얼마나 경제적으로 사용되는가를 나타낸다. 즉, CPM은 비용의 개념이기 때문에 낮을수록 더 바람직하다.

　CPM은 1,000명당 광고단가를 나타내는 대중매체 광고와 달리 웹과 앱 기반의 캠페인에서는 1,000회 노출당 광고단가[(광고비/광고 노출횟수)×100]를 나타낸다. 네이버TV의 15초 강제상영 광고상품의 경우 보통 CPM으로 가격 산정이 되며, 최소비용도 1,000만 원 이상이기 때문에 TV CF를 집행하는 고액 광고주의 대형 브랜드들이 많다.

　CPM의 계산공식은 매체 스케줄, 인쇄 매체, 방송 매체, 디지털 매체에 따라 4개로 나뉜다. 즉, CPM은 크게 매체 비히클의 CPM과 매체 스케줄의 CPM으로 나뉘며, 이 2개 유형의 CPM 계산공식은 인쇄 매체와 방송 매체에 따라 계산에 사용하는 방법이 조금 다르다. 매체 비히클의 CPM은 광고단가를 열독률(혹은 방송 매체의 경우 시청률)과 표적 수용자를 곱한 값으로 나눈 후 1,000을 곱한 값이 된다. 반면에 매체 스케줄의 CPM은 광고단가와 열독률(혹은 시청률) 대신 총 광고비와 GRPs를 사용하여 계산한다. 즉, 매체 스케줄의 총 광고비를 GRPs와 표적 수용자의 수를 곱한 값으로 나눈 후 1,000을 곱한 값이 된다. CPM의 계산은 반드시 표적 수용자 1,000명당 광고 비용만을 의미하지는 않는다. 즉, 신문의 경우 발행 부수 1,000부, 인터넷의 경우 클릭 수 1,000회 등이 표적 수용자의 수 1,000명 대신 사용되기도 한다. 예를 들어, 특정 신문의 CPM을 계산할 때 발행 부수를 기준으로 하여 발행 부수 1,000매당 광고비로 나타낼 수 있다. 만약 특정 신문의 1단×1cm의 광고단가가 2,000원이고 발행 부수가 100만 부라면 그 신문광고면의 1단×1cm의 CPM은 발행 부수를 기준으로 2원이 된다. 이것은 신문 1,000부를 독자에게 배달하는 데 드는 비용이 1단×1cm를 기준으로 2원이라는 것을 나타낸다. 따라서 CPM은 TV, 라디오, 신문, 잡지 등 4대 매체뿐만 아니라 인터넷과 모바일을 포함한 뉴미디어에도 사용된다.

만약 특정 브랜드의 표적 수용자의 크기가 주부 1,000만 명이고, 『조선일보』와 『동아일보』의 주부 타깃 열독률이 각각 20%와 10%이고, 『조선일보』와 『동아일보』의 1면 5단 1cm 크기의 광고 지면에 컬러광고를 게재하는 데 드는 비용이 2,000만 원으로 동일하다고 가정했을 때, 조선일보와 동아일보의 매체 비히클 CPM은 다음과 같다.

① 『조선일보』의 CPM: (2,000만 원/0.2×1,000만 명)×1,000=10,000원
② 『동아일보』의 CPM: (2,000만 원/0.1×1,000만 명)×1,000=20,000원

이 예에서 『조선일보』의 CPM 1,000원이 의미하는 것은 『조선일보』 1면에 5단 1cm 크기의 지면에 컬러광고를 게재하였을 때 표적 수용자 1,000명에게 도달하는 데 드는 평균비용이 10,000원이 소요된다는 것을 나타낸다. 반면에 『동아일보』의 경우 CPM이 20,000원으로 나타나, 표적 수용자 1,000명에게 도달하는 데 드는 광고 비용이 『조선일보』보다 2배나 많이 소요되는 것을 알 수 있다. 따라서 『조선일보』가 『동아일보』보다 비용 면에서 더 효율적이라는 사실을 알 수 있으며, CPM은 매체 비히클들 간의 비용 효율성을 상호 비교하여 효과적인 매체 비히클을 선정할 수 있는 기준이 된다.

반면 매체 스케줄의 CPM은 특정 기간 내에 집행하였거나 집행할 예정으로 있는 매체 스케줄의 CPM을 말한다. 보통 매체 스케줄은 하나 이상의 매체와 비히클로 구성되며 따라서 매체 스케줄 전체가 얼마나 비용 효율적인지를 알기 위해 매체 스케줄 전체의 CPM을 평가하게 된다. 매체 스케줄의 CPM은 광고캠페인 시작 전에 구성된 최종 매체 스케줄이 얼마나 효율적으로 매체 목표를 달성할 수 있을 것인가를 사전예측하기 위한 목적으로 사용할 뿐만 아니라 광고캠페인 종료 후 사후분석(post-buy analysis)을 통하여 집행된 매체 스케줄이 얼마나 효율적으로 매체 목표를 달성하였는가를 평가하기 위해서도 사용한다. 〈표 6-7〉은 2014년 3월 한 달 동안 집행한 TV 광고캠페인의 매체 스케줄이다. 이 광고캠페인의 매체 스케줄의 CPM은 총 광고비 4,800만 원을 GRPs 값 0.95와 표적 수용자의 수 1,000만 명을 곱한 값인 950만으로 나눈 후 곱하기 1,000원을 한 값, 즉 5,053원이 된다. 이 광고캠페인 매체 스케줄의 CPM 5,053원이 의미하는 것은 이 TV 광고캠페인의 매체 스케줄을 통하여 방영된 광고 메시지가 1,000명의 표적 수용자에게 도달하는 데 드는 비용이 평균 5,053원이 소요된다는 것을 나타낸다.

① 총 광고비: 1,000만 원+800만 원+3,000만 원=4,800만 원

② GRPs: (10×2)+(15×1)+(20×3)=95%

③ CPM: (4,800만 원/0.95×1,000만 명)×1,000=5,053원

〈표 6-6〉 CPM 계산공식

구분	매체 비히클의 CPM	매체 스케줄의 CPM
인쇄 매체	$\dfrac{광고단가}{열독률 \times 표적\ 수용자의\ 수} \times 1000$	$\dfrac{총\ 광고비}{GRPs \times 표적\ 수용자의\ 수} \times 1000$
방송 매체	$\dfrac{광고단가}{시청률 \times 표적\ 수용자의\ 수} \times 1000$	$\dfrac{총\ 광고비}{GRPs \times 표적\ 수용자의\ 수} \times 1000$

〈표 6-7〉 ○○ 브랜드의 매체 스케줄의 예

구분	프로그램	시청률	집행 횟수	광고단가	광고비 소계
표적 사용자 수 1,000만 명	A	10%	2	500만 원	1,000만 원
	B	15%	1	800만 원	800만 원
	C	20%	3	1,000만 원	3,000만 원
	계	45%	6	2,300만 원	4,800만 원

2) CPRP 혹은 CPP

　CPRP(Cost Per Rating Point) 혹은 CPP(Cost Per Point)는 표적 수용자 1%에 도달하는 데 드는 비용을 말한다. CPRP도 CPM과 마찬가지로, 비용 효율성을 평가하는 기준이다. CPRP가 CPM과 다른 점은 CPRP가 열독률이나 시청률 혹은 GRPs의 백분율을 숫자로 전환하지 않고 그대로 사용하는 반면, CPM은 1,000명이라는 절댓값을 모수로 사용한다는 점이다. CPRP 역시 낮을수록 비용 효율성이 좋다는 것을 의미한다. CPRP의 계산공식은 CPM의 계산공식보다 간단하다. 즉, 〈표 6-8〉에서 보이듯이 매체 비히클의 CPRP를 계산할 때 단순히 광고단가에 열독률 혹은 시청률 값을 나누면 된다. 그리고 매체 스케줄의 CPRP를 계산할 때는 총 광고비를 GRPs로 나누면 된다. 따라서 표적 수용자의 크기를 나타내는 자료가 없어도 계산이 가능하다. CPRP의 용도는 CPM과 동일하다. 즉, 매체 기획과정에서 특정 매체 비히클과 매체 스케줄의 효율성을 평가하기 위한 목적으로 사용된다.

〈표 6-8〉 CPRP 계산공식

구분	매체 비히클의 CPRP	광고캠페인(매체 스케줄)의 CPRP
인쇄 매체	$\dfrac{\text{광고단가}}{\text{열독률}}$	$\dfrac{\text{총 광고비}}{\text{GRPs}}$
방송 매체	$\dfrac{\text{광고단가}}{\text{시청률}}$	$\dfrac{\text{총 광고비}}{\text{GRPs}}$

3) CPRP 계산의 예

〈표 6-9〉는 특정 브랜드 A의 3개의 주요 일간지의 뒷면 15단 컬러광고로 구성된 신문광고 매체 스케줄이다. 이 매체 스케줄에 포함된 각 신문 매체 비히클의 CPRP와 전체 매체 스케줄의 CPRP는 간단하게 계산할 수 있다. 즉, 이 매체 스케줄에 포함된 각각의 매체 비히클의 CPRP는 광고단가를 열독률로 나눈 값이 된다. 그리고 이 매체 스케줄 전체의 CPRP는 총 광고비를 GRPs로 나눈 값이 된다. 이 신문광고 매체 스케줄에 속한 3개의 매체 비히클 중에 『조선일보』의 CPRP는 400만 원, 『중앙일보』의 CPRP는 533만 원, 그리고 『동아일보』의 CPRP는 800만 원으로 나타났다. 따라서 이 3개의 매체 비히클 중에서 『조선일보』의 CPRP가 가장 낮은 것으로 나타나, 가장 비용 효율적임을 알 수 있다. 매체 스케줄 전체의 CPRP는 총 광고비 48,000만 원을 GRPs값인 100으로 나눈 값인 480만 원으로 나타났다. 이 매체 스케줄의 CPRP 480만 원이 의미하는 것은 이 신문광고캠페인을 통하여 게재된 광고 메시지가 1%의 표적 수용자에게 도달하는 데 드는 비용이 평균 480만 원이 소요된다는 것을 나타낸다. 이처럼 CPRP는 CPM과 마찬가지로 매체 비히클 혹은 매체 스케줄의 비용 효율성을 평가하는 기준으로써 동일하게 사용된다. 〈표 6-10〉은 특정 TV 채널의 요일별 및 시간대별 시청률과 CPRP(CPP) 분석의 예이다. 〈표 6-10〉에서 보이듯이 시청률이 높고 CPRP(CPP)가 낮은 둥근 원안의 요일과 시간대에 광고를 집행하는 것이 가장 바람직하다.

〈표 6-9〉 신문광고 매체 스케줄의 예

신문	게재면	열독률	집행 횟수	광고단가	광고비 계	CPRP
조선일보	뒷면 15단 컬러광고	20%	3	8,000만 원	24,000만 원	400만 원
중앙일보	뒷면 15단 컬러광고	15%	2	8,000만 원	16,000만 원	533만 원
동아일보	뒷면 15단 컬러광고	10%	1	8,000만 원	8,000만 원	800만 원
합계/평균		45%	6	24,000만 원	48,000만 원	480만 원

① 『조선일보』 CPRP: 8,000/20=400만 원

② 『중앙일보』 CPRP: 8,000/15=533만 원

③ 『동아일보』 CPRP: 8,000/10=800만 원

④ 전체 광고캠페인의 매체 스케줄 CPRP: 48,000/100=480만 원

〈표 6-10〉 **요일별 및 시간대별 시청률과 CPP 분석의 예**

Date\Time	MON Rating	CPP	TUE Rating	CPP	WED Rating	CPP	THU Rating	CPP	FRI Rating	CPP	SAT Rating	CPP	SUN Rating	CPP	AVG Rating	CPP
5:00	0.0	14,769	0.1	5,969	0.0	52,052	0.1	4,642	0.2	2,669	0.1	6,878	0.2	3,633	0.1	5,931
6:00	0.1	7,752	0.1	7,074	0.2	4,278	0.2	3,926	0.2	4,798	0.2	6,096	0.2	3,239	0.2	5,050
7:00	0.5	2,194	0.7	1,641	0.6	1,704	0.7	1,407	1.1	1,095	0.7	1,844	0.4	3,091	0.7	1,741
8:00	0.8	2,847	0.9	2,830	0.8	3,049	0.9	2,715	1.0	2,445	1.0	2,886	0.8	3,316	0.9	2,895
9:00	1.1	1,778	1.0	1,694	1.1	1,699	1.1	1,717	1.5	1,329	1.3	1,795	1.7	2,759	1.2	1,838
10:00	1.0	1,343	0.8	1,669	1.0	1,309	1.0	1,345	1.1	1,224		1,442	2.6	1,764	1.5	1,554
11:00	1.4	731	0.8	1,267	0.8	1,174	1.0	1,029	1.3	790	1.3	1,354	3.0	1,222	1.3	1,080
12:00											1.7	1,097	2.8	1,232	2.2	1,181
13:00											2.1	954	2.9	1,058	2.5	1,013
14:00											2.2	1,004	3.2	1,042	2.6	1,025
15:00											2.3	984	2.6	1,409	2.5	1,242
16:00											2.2	1,672	2.5	1,638	2.3	1,839
17:00	1.4	1,056	1.0	1,555	1.0	1,449	1.0	1,535	1.2	1,188	2.3	2,818	2.5	2,490	1.8	1,987
18:00	1.8	1,594	1.5	2,231	1.6	1,916	1.7	1,821	1.8	1,712	3.2	2,337	2.4	3,236	2.0	2,275
19:00	2.1	2,698	1.9	3,056	1.5	3,435	2.3	2,346	2.0	2,656	4.4	2,051	3.7	2,415	2.5	2,544
20:00	2.4	3,070	2.0	3,777	2.1	3,593	2.2	3,444	2.3	3,208	3.5	2,246	3.8	2,055	2.7	2,841
21:00	3.3	2,523	3.0	2,716	3.0	2,742	3.0	2,717	2.9	2,647	2.3	3,344	3.0	2,689		
22:00	3.8	1,666	2.3	2,770	2.6	2,261	2.6	2,633	3.2	1,873	1.9	2,997	2.5	2,389	2.6	2,297
23:00	3.1	1,744	2.6	2,006	2.5	2,383	3.2	1,666	3.2	1,558	1.9	1,952	2.0	2,122	2.6	1,888
24:00	1.3	1,203	1.3	1,185	1.6	1,074	1.9	794	1.3	1,478	1.7	2,717	1.8	916	1.6	1,222
25:00	2.2	633					0.8	1,466	1.2	961	1.4	849	0.8	212	1.4	888
AVG	1.7	2,052	1.4	2,443	1.4	2,355	1.6	2,103	1.7	1,998	1.9	1,946	2.2	2,006	1.6	2,083

4) CPV, CPC, CPI, CPA, CPS

매체의 비용 효율성을 나타내는 기준으로서 대중매체에서는 CPM과 CPRP가 주로 사용되는 반면, 웹과 앱 기반의 디지털 광고의 경우에는 CPM과 CPRP 이외에 CPV, CPC, CPI, CPA, CPS 등 다양한 매체 효율성 지표들이 사용된다. 이들 매체 효율성 지표들은 온라인(PC) 및 모바일 기반의 광고캠페인의 광고단가 책정 기준으로 사용된다.

(1) CPV

CPV(Cost Per View)는 광고 시청 혹은 재생 건당 광고비를 말하며, 동영상 광고의 요금체계로 사용되는 경우가 많다. 보통 유튜브의 5초 스킵 상품은 30초 이상 영상을 보았을 때만 과금되는 CPV 방식이다. 반면에 네이버 광고처럼 15초 강제상영 광고상품

의 경우 보통 CPM으로 가격 산정이 되며, 최소 비용도 1,000만 원 이상이다. 15초 강제 상영 광고상품은 TV CF를 하는 고액 광고주의 대형 브랜드들이 많다.

(2) CPC

CPC(Cost Per Click)는 클릭당 광고비를 말한다. 즉, CPC는 '광고비/총 클릭 수'로 계산된다. CPC는 광고비 책정 방법의 하나로서, 광고 노출(impression)과 관계없이 클릭이 한 번 발생할 때마다 요금이 부과되는 방식이다. 따라서 광고를 보는 소비자가 광고를 클릭할 때마다 콘텐츠를 올린 게시자가 이익을 얻는다. 광고비는 매체 종류, 광고상품 종류, 광고주 입찰가격에 따라 다르다. CPC 단가 책정방식은 웹 검색 광고에서 흔히 쓰이며, 이를 적용하는 광고상품으로는 구글 애드센스, 네이버 파워링크, 네이버 클릭초이스 등이 있다. CPC는 웹 광고에서 흔히 쓰이며, 이를 적용하는 광고상품은 구글 애드센스(Google AdSense), 구글 애드워즈(Google AdWords), 네이버 클릭초이스(Naver ClickChoice) 등이 있다.

(3) CPVC

CPVC(Cost Per View or Click)는 View+Click당 광고 비용을 의미한다. 뷰와 클릭을 합쳐서 단가를 산정한다. CPVC는 CPV와 CPC를 합친 개념이다.

(4) CPI

CPI는 두 가지 의미로 사용되는데 첫 번째는 광고비를 노출량으로 나눈 값(Cost Per Impression)으로 노출당 광고단가를 나타내며, 두 번째는 광고 노출과 관계없이 앱 설치 건당 광고단가(Cost Per Install)를 나타낸다. CPI는 앱 마케팅에서 생겨난 용어로서, 주로 모바일 게임과 관련해서 많이 적용된다. 해외에서는 CPI를 따로 사용하기보다는 CPA(Cost Per Action)의 하위 개념의 하나로 묶어서 같이 사용하는 경우가 많다.

(5) CPA

CPA(Cost Per Action 혹은 Cost Per Acquisition)는 행동(action) 혹은 획득(acquisition)당 비용을 나타내며, 사용자가 온라인상에 노출된 광고를 클릭하고 랜딩 페이지에 진입해서 광고주가 원하는 특정 행동을 수행했을 때 과금하는 방식이다. CPA에서 행동은 주로 구매를 기준으로 삼지만, 상담 신청, 이벤트 참가, 다운로드, 회원가입, 앱 설치 등을 기준으로 삼기도 한다. 따라서 CPA는 CPI(Cost Per Install), CPS(Cost Per Sale), CPS(Cost Per Share) 등과 함께 전환을 획득하는 데에 드는 비용 효율성을 측정하는 지표로 많이 사용된다.

(6) CPS

CPS 또한 2개의 다른 의미로 사용된다. 첫 번째는 매출 건당 광고단가를 나타내는 CPS(Cost Per Sale)이며, 두 번째는 공유하기당 광고단가를 나타내는 CPS(Cost Per Share)이다. CPS(Cost Per Sale)는 CPA와 거의 동일한 의미이며, CPS(Cost Per Share)는 주로 페이스북, 인스타그램 그리고 트위터와 같은 SNS 마케팅에서 사용하는 용어이다.

5. 매체 수용자 조사방법

1) TV 시청률 조사방법

(1) 피플미터를 이용한 방법

TV 시청률 조사에 가장 많이 사용되는 방법은 피플미터(peoplemeter)를 이용한 방법이다. 피플미터는 미리 선정된 패널 세대들을 대상으로 그 세대의 구성원들이 언제, 어느 채널을 시청하였는가를 피플미터(각 방송사의 채널 움직임을 분 단위 혹은 초 단위로 측정하는 기구)를 이용하여 조사하는 방법으로서 전 세계적으로 가장 널리 사용되고 있는 조사방법이다. 이 방법은 표본가구의 TV에 전자감응 장치를 부착하여 TV를 켜거나 채널을 돌릴 때마다 언제, 무엇을 시청하는가에 관한 시청행태가 자동적으로 측정되는 방법이다.

[그림 6-6]에서 보이듯이 피플미터는 Display,[5] TU,[6] BU,[7] 패널 구성원들의 정보를

---

[5] 평소 시간 및 날짜와 함께 TV를 켜면 입력된 핸드셋 번호를 표시한다.
[6] 전화와 연결되어 시청 정보를 본사로 전송한다.
[7] TV와 연결되어 시청 정보를 일시 저장한다.

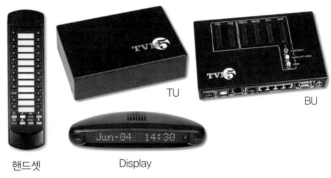

TU

BU

핸드셋

Display

[그림 6-6] 피플미터 기기의 예

출처: 네이버 블로그(2010. 9. 17.).

입력하는 장치인 핸드셋(hand set)[8]으로 구성되어 있어 '누가, 언제, 무엇을 시청하였는가'가 자동으로 측정된다. 이 방법은 매분 단위 혹은 매초 단위의 신속한 조사와 24시간 지속적인 시청행태의 조사가 가능하며, 또한 시청자의 기억에 의존하는 인간적 오차가 발생하지 않는다는 장점이 있다. 또한 방영된 광고 하나에 대한 도달률과 빈도의 분석이 가능하며, 광고에 대한 시청 효과 분석이 가능하다. 피플미터 방식의 단점으로는 시청자들이 협조하지 않으면 정확한 측정이 불가(버튼 작업)하며, 시청자들이 실제로 광고나 프로그램에 주목하는지 측정할 수 없으며 기구 설치비, 컴퓨터 운용비 등 비용이 많이 든다는 점을 들 수 있다. 국내에서는 AGB 닐슨 미디어리서치와 TNmS의 두 조사회사에서 이 방법을 이용하여 TV 시청률을 일 단위로 조사하여 공표한다.

(2) 패시브 미터에 의한 방법

패시브 미터(passive meter)는 리모컨 버튼을 눌러야 하는 기존의 피플미터의 단점을 보완하기 위하여 개발된 방법으로 사용자의 버튼 작업이 필요 없이 전 자동으로 누가, 어떤 프로를 보았는지 측정할 수 있다. 즉, 피플미터가 가지고 있는 단점인 시청자의 협조가 없이도 적외선을 이용한 전자감응에 의해 자동으로 조사되는 방법이다. AGB 닐슨의 이미지 인식 방식(image recognition system) 등이 개발되어 있다. 패시브 미터의 장점으로는 시청행태 조사 시 인간적 오차를 완전히 배제함으로써 정확한 광고 시청

---

8) TV를 시청할 때 시청하는 패널 구성원 개개인이 각자에게 부여된 핸드셋 번호를 누른다.

률의 측정이 가능하다는 점을 들 수 있다. 그러나 단점으로는 비용이 엄청나게 많이 들고, 방송 매체들의 반발이 우려되며, 개인의 프라이버시 침해문제가 생길 수 있다.

(3) 전화 조사

전화 조사는 방송하고 있는 시점에 전화를 걸어 지금 어떤 프로그램을 시청하고 있는가를 조사하는 방식이다. 이 방식의 장점은 조사가 간편하고 방송 시간과 조사시간의 시차가 거의 없기 때문에 매체 수용자가 무엇을 시청하고 있는지를 정확하게 조사할 수 있다. 그러나 단점으로는 한꺼번에 많은 수용자를 조사할 수 없다는 점을 들 수 있다. 그리고 면접조사와 마찬가지로 단순 시청률은 구할 수 있어도 패널에 의한 조사가 아니기 때문에 특정 프로그램에 대한 일정 기간의 누적 정보는 알 수 없다.

2) 신문 열독률 조사방법

신문 독자의 수를 조사하기 위하여 가장 많이 사용하는 방법은 면접조사의 일종인 전일 구독 조사법(yesterday reading technique)이다. 전일 구독 조사법은 조사대상자를 대상으로 어제 하루 동안 어떤 신문을 읽었는가를 물어서 독자의 수를 측정하는 방법이다.

3) 잡지 열독률 조사방법

잡지 매체의 수용자 측정은 정독 조사법과 최근호 조사법을 가장 많이 사용한다. 정독 조사법(through-the-book-technique)은 재인 테스트의 일종으로서 미국의 SMRB(Simmons Market Research Bureau) 조사회사에서 개발하여 사용하는 기법이다. 정독 조사법은 2단계의 조사절차를 거쳐 수행되는데, 1단계에서 조사자가 컬러로 된 잡지의 로고(logo)가 새겨진 카드를 응답자에게 건네 주고 이 로고를 지난 6개월간 본 적이 있는지 여부에 따라 분류하게 한다. 2단계에서 제시된 잡지를 본 적이 있다고 응답한 대상자에게 겉표지와 간략하게 추려진 기사들을 다시 보여 주고 읽은 적이 있는가를 질문한다. 마지막으로 조사대상자 중에 제시된 잡지의 기사들을 확실히 읽은 적이 있다고 응답한 사람만 그 잡지의 독자로서 계산한다.

최근호 조사법(recent-reading technique)은 최근에 읽은 잡지를 조사하는 기법으로 미국의 조사회사인 GfK MRI(Mediamark Research & Intelligence)에서 개발, 사용하였다. 최근호 조사법은 조사대상자들에게 잡지의 로고가 새겨진 카드 한 벌을 건네 주고 각각의 잡지의 발행 기간 이내에 확실히 읽은 적이 있는 잡지의 로고를 가려내게 한다. 그런 다음, 특정 잡지를 확실히 읽었다고 응답한 조사대상자만 그 잡지의 독자로서 계산한다. 우리나라에서는 제일기획의 ACR(Annual Consumer Report) 조사 등이 최근호 조사법을 사용한다.

스타치(Starch)는 잡지 매체의 가치를 더 객관적으로 측정하기 위하여 스타치 재인 테스트(Starch recognition test)를 개발하였다. 스타치 재인 테스트는 응답자의 기억 속에 특정 광고 정보가 존재하고 있는지를 확인하는 방법으로 주목한 독자(noted reader), 통독 혹은 대부분 읽은 독자(read most reader), 연상한 독자(associated reader)의 세 가지 지표를 측정한다. 주목한 독자는 광고를 기억한 사람의 비율을 말하며, 통독 혹은 대부분 읽은 독자는 광고 내용의 최소 50% 이상을 읽은 사람의 비율을 말한다. 연상한 독자는 광고의 상표명 혹은 광고주가 분명하게 지적한 부분을 보았거나 읽은 사람의 비율을 말한다. 스타치 재인 테스트의 조사절차는 이 광고의 어느 부분이라도 읽거나 본 적이 있는가를 질문한 후 그렇다고 응답한 독자에 대해 광고의 어떤 부분을 보았는지를 계속 질문한다. 그 결과로 주목한 독자, 대부분 읽은 독자, 연상한 독자로 구분하여 그 비율을 보고한다. 또한 광고의 헤드라인, 그림, 사진, 카피, 상표, 로고, 패키지, 회사명 등 각각의 광고 내용에 대해서도 읽거나 보았는지를 조사한 후 그 결과를 보고한다.

일반적으로 잡지 열독률은 특정 잡지를 보거나 읽은 사람들을 측정한 것이지 잡지에 부분적으로 포함된 광고 메시지를 보거나 읽은 사람들을 측정한 것은 아니다. 따라서 잡지 열독률은 인쇄 매체의 광고 매체로서 객관적인 가치를 나타내 주지 못한다. 스타치 재인 테스트는 이러한 문제를 해결하고 인쇄 매체의 가치를 더 객관적으로 측정하게 해 준다.

미국의 광고대행사는 스타치 재인 점수(Starch's recognition score)를 가중치(weight)로 사용하여 과대평가된 열독률을 실제 광고 메시지에 대한 열독률에 가깝게 조정하기도 한다. 예를 들어, 『리더스 다이제스트』의 열독률이 26.6%이고 스타치 재인 점수가 50%라면, 이 『리더스 다이제스트』의 실제 광고 메시지에 대한 열독률은 TV 가이드의 열독률(25.4%)×스타치 재인 점수(50%)는 12.7%가 된다. 미국에서 94개 광고대행사의 매체 담당자를 대상으로 설문조사를 실시한 결과, 스타치 재인 점수 이외에도 회상(59.5%), 광고 노출(57.1%), 인지(47.9%), 주목(43.6%), 구매(31.9%), 재인(24.5%)을 가중치로 많이 사용하는 것으로 나타났다.

[그림 6-7] 스타치 재인 테스트 결과의 예

출처: Mediamark research.

4) 라디오 청취율 조사방법

라디오 청취율은 일기식 조사방법을 많이 사용한다. 일기식 조사방법은 매번 동일한 조사패널을 선정하여 이를 대상으로 1개월 내의 특정 기간(보통 일주일) 동안 매일 청취한 방송 프로그램을 패널로 선정된 수용자가 직접 조사일기에 기록하게 하는 방법을 말한다. 일기식 조사방법은 피플미터와 같은 미터식 조사방법이 활성화되면서 TV의 시청률 조사에는 더 이상 사용되지 않으며, 미터식 조사가 아직 불가능한 라디오 매체의 청취율 조사에 가장 많이 사용되고 있다.

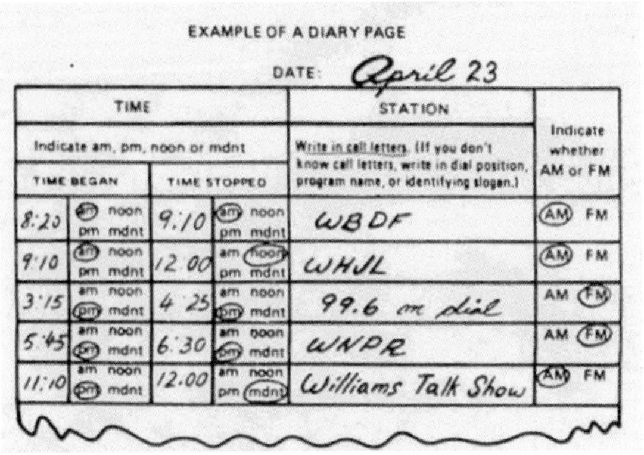

[그림 6-8] Abitron의 일기식 조사의 예

출처: Abitron.

〈표 6-11〉 매체 수용자 조사방법의 차이

매체	조사방법	특징	주요 조사회사
TV	피플미터	전자감응식 패널조사	AGB닐슨, TNS Global, TNmS
신문	전일 구독 조사법	면접 혹은 자기기입식 설문조사	SMRB, GfK MRI
잡지	정독 조사법, 최근호 조사법	면접 혹은 자기기입식 설문조사	SMRB, GfK MRI
라디오	일기식 조사법	자기기입식 패널조사	Arbitron
인터넷	로그파일 분석	패널조사	AGB닐슨, TNmS
모바일(SMB), IPTV, KT 스카이라이프	Return Path Data 분석법	패널조사	TNmS

도달률, 빈도, GRPs

1. 도달률

광고주의 일차적인 관심사는 광고캠페인을 통하여 광고 메시지가 얼마나 많은 표적 수용자에게 도달하는가 하는 것이며, 이러한 표적 수용자에 대한 광고 메시지의 도달 범위를 도달률(reach)이라고 한다. 도달률은 특정 매체 스케줄에 최소한 한 번 이상 노출된 표적 수용자의 크기를 말한다. 즉, 도달률은 특정 광고캠페인 기간 내에 광고캠페인이 표적으로 하는 전체 표적 수용자 중에서 광고 메시지에 최소한 한 번 또는 그 이상 노출된 표적 수용자의 수를 백분율로 나타낸 것을 말한다. 예를 들어, 특정 브랜드의 한 달 동안의 광고캠페인의 표적 수용자가 100만 명의 대학생들이고 이 100만 명의 대학생 표적 수용자 중에서 한 달 동안 이 광고캠페인의 매체 스케줄에 노출된 대학생들의 수가 30만 명이면 이 광고캠페인의 한 달 동안의 도달률은 30%가 된다. 이 도달률 30%가 의미하는 것은 전체 대학생 표적 수용자의 30%가 한 달 동안 이 광고캠페인의 매체 스케줄에 노출되었다는 것을 의미한다.

도달률은 여러 개의 매체와 비히클로 구성된 매체 스케줄에 최소한 한 번이라도 노출된 표적 수용자를 모두 더한 값이다. 예를 들어, 〈표 7-1〉에서 보이듯이 4개의 매체 비히클로 구성된 ○○ 광고캠페인의 TV 매체 스케줄에 4주 동안 한 번 노출된 사람은 2명(A, J), 두 번 노출된 사람은 3명(E, F, G), 세 번 노출된 사람은 2명(C, I)으로서 4주 동안 광고 메시지에 한 번이라도 노출된 사람의 수는 총 표적 수용자 10명 중 7명으로써 비율(%)로 환산하면 70%가 된다. 즉, 도달률은 (한 번 이상 노출된 표적 수용자의 수/총 표적 수용자의 수)×100이므로 (7명/10명)×100=70%가 된다. 이는 4개의 매체 비히 클로 구성된 ○○ 광고캠페인의 TV 매체 스케줄에 최소한 한 번 이상 노출된 표적 수용 자의 수를 전체 표적 수용자의 수로 나눈 후 백분율로 환산한 값이다. 도달률은 최댓값 이 100%이며 도달률 100%는 모든 표적 수용자가 매체 스케줄을 통하여 광고 메시지에 노출되었다는 것을 의미한다.

〈표 7-1〉 ○○ 광고캠페인의 TV 매체 스케줄의 노출분포

표적 수용자	〈1박 2일〉(1주)	〈런닝맨〉(2주)	〈뮤직뱅크〉(3주)	〈1박 2일〉(4주)	총 노출 수
A	∨(1회)	–	–	–	∨(1회)
B	–	–	–	–	–
C	∨(1회)	∨(1회)	–	∨(1회)	∨(3회)
D	–	–	–	–	–
E	∨(1회)	–	∨(1회)	–	∨(2회)
F	–	–	∨(1회)	∨(1회)	∨(2회)
G	–	∨(1회)	∨(1회)	–	∨(2회)
H	–	–	–	–	–
I	∨(1회)	∨(1회)	–	∨(1회)	∨(3회)
J	–	–	–	∨(1회)	∨(1회)
총 노출 수	4회	3회	3회	4회	14회
시청률	40%	30%	30%	40%	–
GRPs	40	70	100	140	140
누적 도달률	40	50	60	70	70
평균빈도	1.0	1.4	1.7	2.0	2.0

주: –는 광고 미시청, ∨는 광고 시청을 의미함.

1) 수용자 중복과 도달률의 추정

도달률은 매체 스케줄에 노출된 횟수가 아닌 노출된 사람의 수를 백분율로 환산한 값이다. 예를 들어, [그림 7-1]에서 보이듯이 만약 'KBS2 월화드라마'와 'KBS2 수목드 라마' 등 2개의 TV 프로그램에 광고를 게재한다면 둘 중 하나의 프로그램만 시청하였 거나 2개의 프로그램들을 모두 시청한 사람들이 존재한다. 도달률은 이 2개의 프로그 램 중 하나의 프로그램을 시청한 사람뿐만이 아니라 2개의 프로그램들을 모두 시청한

사람도 한 사람이 시청한 것으로 간주한다. 다시 말하면, 2개의 프로그램들을 모두 시청한 어떤 사람이 월요일에 방영되는 'KBS2 월화드라마'에 게재된 광고를 본 후 수요일에 방영되는 'KBS2 수목드라마'에 게재된 광고를 연속해서 보았을지라도 노출횟수로는 2회이지만, 도달률의 계산에는 1명이 본 것으로 간주한다. 이때 이 2개의 TV 프로그램들에 게재된 광고에 모두 노출된 사람들을 중복수용자(duplicated audience)라고 부르며, 매체 스케줄에 포함된 매체 비히클 간에 발생하는 중복수용자의 크기를 알면 도달률을 쉽게 추정할 수 있다.

　[그림 7-1]은 매체 비히클 간에 발생하는 중복수용자의 크기를 알면 도달률을 쉽게 추정할 수 있다는 것을 보여 준다. 예를 들어, 만약 광고주가 시청률이 30%인 'KBS2 월화드라마'와 20%인 'KBS2 수목드라마'에 각각 1회씩 광고를 게재한다면 이 2개의 매체 비히클로 구성된 매체 스케줄에서 획득할 수 있는 노출 총량은 50GRPs(=30+20)이다. 그러나 이 50%의 GRPs에서 이 2개의 프로그램들을 모두 시청한 사람들의 비율이 전체

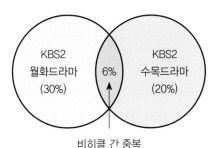

[그림 7-1] 비히클 간 중복

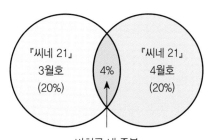

[그림 7-2] 비히클 내 중복

표적 수용자의 6%라면, 도달률은 'KBS2 월화드라마'와 'KBS2 수목드라마'의 시청률을 모두 더한 노출 총량 값인 50GRPs에 이 2개의 프로그램들을 모두 시청한 중복수용자의 비율인 6%를 빼면 된다. 따라서 광고주가 만약 이 2개의 매체 비히클에 광고를 게재할 경우 도달률은 44%(=30+20−6)이다. 이처럼 매체 스케줄에 포함된 매체 비히클 간에 발생하는 표적 수용자의 크기를 알면 도달률을 쉽게 계산할 수 있다.

표적 수용자의 중복은 표적 수용자의 매체 비히클에 대한 접촉행태에 따라 두 가지 형태로 나타난다. 첫 번째는 표적 수용자가 동일한 매체 비히클에 반복적으로 노출되는 경우이고, 두 번째는 표적 수용자가 각기 다른 종류의 매체 비히클에 중복적으로 노출된 경우이다. 전자를 비히클 내 중복(within vehicle duplication) 혹은 동 매체 간 중복, 후자를 비히클 간 중복(between vehicle duplication) 혹은 타 매체 간 중복이라고 한다. 예를 들어, [그림 7−2]에서 보이듯이 『씨네 21』의 3월호와 4월호에 광고를 게재하였을 경우 표적 수용자가 이 2개의 잡지 비히클에 동시에 노출된 경우를 비히클 내 중복이라고 하는 반면에 'KBS2 월화드라마'와 'KBS2 수목드라마'와 같이 표적 수용자가 각기 다른 2개의 매체 비히클에 동시에 노출된 경우를 비히클 간 중복이라고 한다. 하나의 매체 스케줄의 중복수용자의 크기는 이 2개 유형의 중복수용자 크기를 모두 합산하여 계산한다. 도달률의 상대적인 크기를 결정하는 요소가 이 두 가지 유형의 중복수용자의 크기라고 할 수 있다. 만약 매체 비히클 간에 발생하는 중복수용자의 크기가 크면 도달률은 작아지며, 반대로 중복수용자의 크기가 작으면 도달률이 커진다.

매체 비히클 간에 발생하는 중복수용자의 크기는 매체 비히클을 어떻게 선택하느냐에 따라 달라진다. 가령 매체 수용자층이 이질적인 다양한 유형의 매체 비히클(예: 10~20대가 주로 시청하는 〈뮤직뱅크〉와 30대 이상이 주로 시청하는 〈TV조선 뉴스9〉)을 선택하면 중복수용자의 크기가 작아지며 도달률이 커진다. 반대로 매체 수용자층이 동질적인 매체 비히클들(예: 광고캠페인의 표적 수용자가 10~20대인 경우 10~20대들이 많이 보는 〈뮤직뱅크〉)을 선택하여 매체 스케줄을 구성하는 경우 중복수용자의 크기가 커지며 도달률은 작아지고 빈도는 커진다.

일반적으로 동종매체 비히클 혹은 이종매체 비히클 간에 발생하는 중복수용자의 크기는 무작위조합법(random combination method)을 통하여 계산할 수 있다. 무작위조합법은 매체 비히클 간에 발생하는 반복 혹은 중복 노출이 무작위로 발생한다는 것을 가정하고 2개의 매체 비히클의 시청률 혹은 열독률을 곱한 값으로 계산한다. 예를 들어,

『여성동아』와『라벨르』의 열독률이 각각 30%, 20%이면 무작위조합법을 이용한 두 매체 비히클의 중복수용자의 크기는 6%[=(0.3×0.2)×100]이다. 즉, 도달률은『여성동아』와『라벨르』의 표적 수용자의 크기를 모두 더한 값에서 무작위조합법으로 계산한 중복 노출된 표적 수용자의 크기인 6%를 뺀 44%가 된다. 이 도달률 수치 44%가 의미하는 것은 44%의 표적 수용자가『여성동아』혹은『라벨르』2개의 잡지에 적어도 한 번 이상 노출되었다는 것을 의미한다. 반면에 빈도는 GRPs를 도달률로 나눈 값인 1.11회(=55/45)가 된다. 이러한 무작위 조합방법을 이용하여 매체 비히클의 수가 3개 이상일 때도 같은 방법으로 중복수용자의 크기를 계산할 수 있다. 무작위조합법으로 계산한 중복수용자의 계산 원리는 집합으로 보면 교집합의 원리와 같다. 무작위조합법을 이용한 중복수용자의 계산과 이를 활용한 도달률 계산공식은 다음과 같다.

도달률 R(A or B)=R(A)+R(B)−R(A)×R(B)

예: 도달률 R(A or B)=(30+20)−6=44%

- R(A or B): A 또는 B의 매체 비히클로 구성된 매체 스케줄의 도달률
- R(A): A 매체 비히클의 시청률 혹은 열독률(예:『여성동아』의 열독률=30%)
- R(B): B 매체 비히클의 시청률 혹은 열독률(예:『라벨르』의 열독률=20%)
- R(A)+R(B): 매체 비히클 A와 B의 열독률 합계치(30+20=50%)
- R(A)×R(B): 매체 비히클 A와 B의 무작위 중복[(0.3×0.2)×100=6%)]

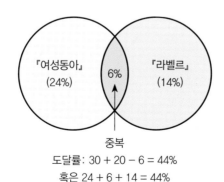

[그림 7-3] **무작위조합법을 이용한 도달률 계산의 예**

2) 매체 유형별 도달률의 누적형태

[그림 7-4]에서 보이듯이 도달률은 광고비 혹은 GRPs의 증가에 비례하여 증가하지 않고 점차 수확 체감(diminishing return)적으로 누적되는 특성을 가진다. 예를 들어, [그림 7-4]에 나타난 GRPs와 도달률의 함수관계는 볼록형(convex) 곡선의 형태로 나타나고 있다. 이 그래프에 의하면 GRPs가 증가할수록 도달률은 처음에는 기하급수적으로 증가하다가 어느 수준에서 수확 체감하여 일정 수준에 이르면 더 이상 증가하지 않고 포화점인 100%에 접근하는 형태를 나타낸다. 도달률이 광고비의 투입에 비례하여 지속적으로 증가하지 않고 점차 수확 체감하는 이유는 전체 표적 수용자의 수와 광고 매체와 비히클의 수가 제한되어 있기 때문에 광고비 혹은 GRPs를 지속적으로 투입하여도 매체 스케줄에 새로 추가되는 표적 수용자의 수보다 반복 혹은 중복 노출되는 표적 수용자의 수가 상대적으로 많아지기 때문이다. 따라서 도달률이 포화점인 100%에 가까워지면 더 이상 증가하지 않고 빈도만 증가하게 된다. 즉, 도달률은 광고비 혹은 GRPs가 계속 증가하여도 포화점인 100%를 넘지는 않는다.

도달률은 매체 유형과 타깃에 따라서 누적되는 패턴이 다르게 나타난다. 전통적인 4대 매체 중 TV의 경우 도달률이 가장 빠르게 누적되는 반면에 라디오의 경우 도달률의 누적 속도가 가장 느리다. 왜냐하면 TV의 경우 매체 수용자들이 모든 연령층에 광

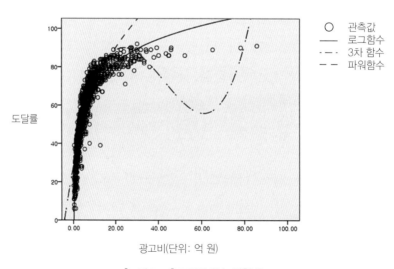

[그림 7-4] **도달률의 누적형태**

출처: 이경렬(2010).

범위하게 분포되어 있는 반면에 라디오의 경우 매체 수용자의 범위가 일부 고정 청취
자층에 국한되어 있기 때문이다. 즉, TV의 경우 대부분의 사람이 시청하지만, 라디오
의 경우 TV에 비해 상대적으로 고정 청취자들을 중심으로 적은 수의 사람들만이 청취
하기 때문이다. 따라서 라디오의 경우 광고비를 지속적으로 투입하여도 도달률은 비례
적으로 증가하지 않고 수확 체감하다가 포화점에 다다르면 더 이상 증가하지 않고 빈
도만 지속적으로 증가하게 된다. 예를 들어, [그림 7-5]에서 보이듯이 TV의 경우 광고
비를 지속적으로 투입하면 90% 이상의 도달률을 얻을 수 있으나, 라디오의 경우 광고
비를 지속적으로 투입하여도 도달률 50% 이상을 얻기가 어렵다. 즉, 라디오의 경우 광
고비를 아무리 많이 투입하여도 도달률의 증가에 한계가 있기 때문에 광고캠페인의 일
차적인 매체 목표가 높은 도달률을 확보하는 것이라면 TV와 같은 광범위한 수용자층
을 가진 매체에 광고비를 많이 투입하여야 하며, 라디오 및 잡지와 같은 매체에 광고비
를 많이 투입하는 것은 바람직하지 않다. 따라서 이러한 매체 유형별 도달률의 누적형
태를 파악하면 미디어 믹스 전략의 수립에 도움이 된다.

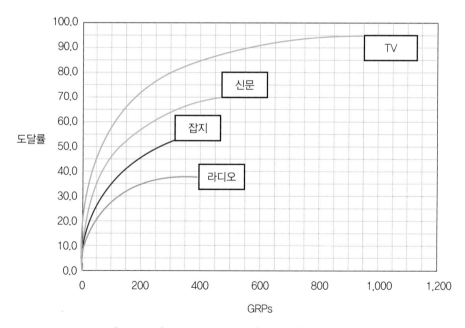

[그림 7-5] 매체 유형별 도달률(reach n+) 누적형태

출처: 박원기 외(2006).

도달률은 타깃 유형에 따라서도 누적되는 패턴이 다르게 나타난다. 예를 들어, TV의 실시간 시청률이 10~20대에 비해서 상대적으로 높은 30대 이상을 대상으로 캠페인을 진행할 경우 GRPs의 증가에 비례하여 도달률이 비교적 빠르게 누적되는 반면, TV의 실시간 시청률이 갈수록 감소하는 10~20대를 대상으로 캠페인을 진행할 경우 GRPs의 증가에 다른 도달률의 누적 속도가 상대적으로 느리다. 이는 기본적으로 1020세대의 경우 TV를 시청하지 않는 사람들이 많아 GRPs를 지속적으로 증가시켜도 도달률 곡선의 포화점에 다다르면 빈도만 증가할 뿐 도달률은 더 이상 증가하지 않기 때문이다.

도달률의 누적형태를 파악하면 도달률 대비 광고 예산이나 GRPs를 최적화하는 데에 도움이 된다. 가령 [그림 7-4]에서 보이듯이 도달률은 광고 예산이 20억 원을 넘어서면서 급격히 감소하고 있다. 따라서 이 곡선을 통하여 GRPs를 지속적으로 투입하여도 도달률 값이 더 이상 증가하지 않는 수준의 광고 예산은 약 20억 원으로 추정할 수 있다. GRPs 1%당 광고비가 200만 원 소요된다면, 이를 GRPs로 환산하면 약 1,000GRPs가 된다. 따라서 도달률을 극대화할 수 있는 최적 수준의 광고 노출량은 1,000GRPs라고 할 수 있다. 즉, 광고캠페인에서 TV 광고의 도달률 확보를 일차적 매체 목표로 하는 경우 400GRPs 값에 해당하는 광고 예산을 투입하는 것이 가장 바람직하다.

3) 도달률의 전략적 의미 및 활용

(1) 매체계획의 목표

도달률은 하나 혹은 그 이상의 매체로 구성된 매체 스케줄의 표적 수용자에 대한 도달 범위를 나타내는 수치로서 매체 스케줄이 달성해야 할 매체 목표를 나타낸다. 예를 들어, '광고캠페인 기간에 도달률 70%를 달성한다.' '혹은 표적 수용자의 70%에게 광고 메시지를 도달시킨다.'라는 매체 목표를 세울 수 있다. 도달률은 광고캠페인의 일차적 목표인 인지도와 가장 밀접한 개념이다. 광고 메시지가 표적 수용자에게 인지되기 위하여 표적 수용자에게 먼저 도달되어야 한다. 예를 들어, 광고캠페인의 목표가 광고인지도 70%를 달성하는 것이라면 매체 목표는 최소한 도달률 70% 이상이 되어야 한다. 이는 전체 표적 수용자의 70%에게 광고 메시지를 인지시키기 위하여 최소한 70% 이상의 표적 수용자에게 광고 메시지가 먼저 도달되어야 한다는 것을 말해 준다. 따라서 도달률은 광고캠페인의 일차적 목표인 광고인지도의 필수조건이며 매체 목표로써 사용되는 매우 중요한 개념이라고 할 수 있다.

매체 목표로서 도달률은 광고캠페인의 목표인 인지도보다 항상 더 크게 설정되어야 한다. 그러나 충분한 광고비를 투입하여 많은 매체 비히클의 수용자들에게 광고 메시지가 노출되었다고 해서 반드시 광고 메시지에 대한 인지를 보장하는 것은 아니다. 이는 광고 메시지의 도달이 광고 메시지가 표적 수용자에게 노출될 기회를 제공할 뿐 수용자들이 광고 메시지에 주의를 기울이고, 그 메시지를 해독하며, 최종적으로 기억하였다는 것을 의미하지는 않기 때문이다. 그럼에도 불구하고 도달률은 인지도 창출의 전제조건으로서 매우 중요한 역할을 한다.

광고캠페인 시 도달률이 강조되는 경우는, 첫째, 신제품 출시 때에 인지도 창출이 우선인 경우, 둘째, 구매가 항상 발생하는 저관여 제품의 광고캠페인처럼 광고의 단기효과와 구매 시점 커버리지를 극대화하는 것을 목표로 할 경우, 셋째, 세일즈 프로모션과 이벤트 캠페인처럼 광고에 대한 반응이 즉각적으로 나타나는 경우이다. 즉, 세일즈 프로모션과 이벤트 캠페인의 경우 이월 효과(carryover effect)[1]와 빈도의 누적 효과가 필요 없고 가급적 많은 사람에게 메시지를 도달시키는 것이 더 중요한 경우에 도달률을

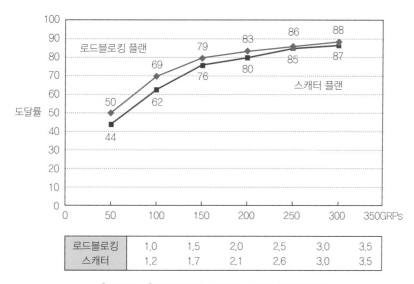

[그림 7-6] 로드블로킹 플랜과 스캐터 플랜의 비교

출처: Nielsen Media Resrarch (1987).

---

1) 광고캠페인이 종료된 후에도 광고효과가 즉시 소멸되지 않고 일정 기간 동안 일부 남아 있는 현상을 말한다.

강조하여야 한다.

일반적으로 특정 시점 측면에서의 도달률 확대방법으로는 로드블로킹 플랜과 스캐터 플랜이 있다. 로드블로킹 플랜(roadblocking plan)은 TV의 경우 소구 대상층이 주로 보는 모든 채널의 특정 시간대 프로그램에 동시에 융단폭격하듯이 광고를 노출시키는 방법이며, 신문의 경우 특정한 날, 잡지의 경우 특정한 주나 달에 모든 비히클에 동시에 노출시키는 방법이다. 반면에 스캐터 플랜(scatter plan)은 여러 방송국의 여러 시간대에 다양하게 분산시켜 광고를 노출하는 방법을 말한다. [그림 7-6]에서 보이듯이 초기에는 로드블로킹 플랜이 도달률이 높게 나타나지만, GRPs가 증가하면서 결국 두 가지 방법의 결과가 비슷해진다고 할 수 있다.

(2) 매체 비히클 선택의 가이드라인

도달률은 매체선택 혹은 미디어 믹스 전략에 직접적인 영향을 미친다. 도달률을 높이기 위해 새로운 수용자에게 광고 접촉의 기회를 늘려야 한다. 높은 도달률을 매체 목표로 한다면 가급적 많은 표적 수용자에게 광고 메시지를 전달해야 하므로 반복 혹은 중복적으로 노출된 수용자를 적게 발생시키는 방향으로 매체를 선택하여야 한다. 즉, 매체 비히클의 수용자층이 각기 다른 이질적인 매체를 선택하면, 더 다양한 계층의 사람들에게 광고 메시지를 전달할 수 있는 기회가 커지기 때문에 도달률이 증가하게 된다. 예를 들어, 20대가 많이 보는 시트콤과 30대가 많이 보는 일일 드라마에 각기 1회씩 광고를 삽입하면 시트콤 혹은 일일 드라마 둘 중의 하나의 프로그램에 광고를 반복적으로 2회 연속 삽입하는 것보다 더 많은 사람에게 광고 메시지를 도달시킬 수 있다. 이는 10~20대가 주로 보는 시트콤과 30~40대가 주로 보는 드라마가 매체 수용자층이 중복되지 않기 때문이다. 따라서 도달률을 높이기 위하여 매체 수용자층이 동질적인 매체를 선택하는 것보다 이질적인 매체를 골고루 선택하여야 한다.

(3) 매체 스케줄의 평가 기준

도달률은 매체 스케줄의 사전 · 사후평가 기준으로 사용된다. 즉, 도달률은 매체 스케줄이 계획된 후 이 매체 스케줄이 얼마나 많은 표적 수용자에게 도달할 수 있을 것인가를 사전평가하고 예측하기 위한 목적으로 사용된다. 사전평가 결과 설정된 매체 스케줄이 기대하는 도달률 목표에 미치지 못할 경우 매체 스케줄을 재구성하여야 한다.

도달률은 또한 매체 스케줄이 집행된 후 얼마나 많은 사람에게 도달하였는가를 평가하는 사후평가의 목적으로도 사용된다. 이러한 사후평가를 통하여 나타난 결과를 차기 광고캠페인에서 반영한다.

2. 빈도 혹은 평균빈도

빈도(frequency) 혹은 평균빈도(average frequency)란 광고캠페인 기간에 하나 혹은 그 이상의 매체 비히클로 구성된 매체 스케줄을 통하여 개별 표적 수용자가 광고 메시지에 반복적으로 노출된 횟수의 산술적 평균치를 말한다. 예를 들어, 특정 매체 비히클에 노출된 2명의 표적 수용자 중 1명은 광고 메시지를 한 번 본 반면에 다른 1명의 표적 수용자는 세 번을 보았다면 이들 2명의 표적 수용자의 빈도 혹은 평균빈도는 2회이다.

광고주의 관점에서는 광고 메시지가 얼마나 많은 표적 수용자에게 도달하였는가도 중요하지만, 일정 기간 내에 투입된 광고 노출량에 대해 표적 수용자가 평균적으로 몇 번 노출되었는지를 알아보는 것 역시 중요하다. 이는 광고캠페인이 목표로 하는 광고 메시지에 대한 표적 수용자의 인지적 학습 혹은 행동적 학습 등에 빈도의 누적이 필요하기 때문이다. 예를 들어, 인지적 학습을 위해 3회의 노출이 필요하다는 크러그먼(Krugman, 1972)의 '3-hit' 이론, 반복 노출을 조건 형성의 중요한 전제조건으로 제시한 파블로프(Pavlov, 1902)의 고전적 조건화 이론(classical conditioning theory), 자이언스(Zajonc, 1968)의 단순노출효과 이론(mere exposure effect theory), 단기기억에서 처리된 정보를 장기기억에 저장하기 위해 리허설(rehearsal)이 필요하다는 앳킨슨과 시프린(Atkinson & Shiffrin, 1968)의 다중기억 구조 모델(multi-store model) 등도 빈도의 중요성을 이론적으로 뒷받침하고 있다.

1) 수용자 중복과 빈도의 추정

빈도는 새로운 표적 수용자가 아닌 매체 비히클에 중복 노출된 수용자의 누적이 모여서 이루어진다. 예를 들어, 〈표 7-1〉에서 보이듯이 총 10명의 표적 수용자 중에서 1회 노출된 사람은 2명, 2회 노출된 사람 3명, 3회 노출된 사람 2명이다. 이들 7명의 총 노출현수는 14회로서 7명의 표적 수용자가 특정 TV 매체 스케줄에 평균적으로 2회 노출 되었다는 것을 알 수 있다. 따라서 평균빈도는 총 노출횟수인 14회를 7명으로 나눈 2회 (=14/7)가 된다. 이는 이 매체 스케줄의 GRPs 값인 140%를 도달률 값인 70%로 나눈 값 과 같으며, 따라서 빈도 5GRPs/도달률이라는 함수관계가 형성된다. [그림 7-1]을 예를 들어 설명하면, 광고주가 열독률이 30%인 'KBS2 월화드라마'과 20%인 'KBS2 수목 드라마'에 각각 1회씩 광고를 게재한 경우 이 2개의 매체 비히클로 구성된 매체 스케줄 로부터 획득할 수 있는 평균빈도는 'KBS2 월화드라마'와 'KBS2 수목드라마'의 시청률 을 모두 더한 값인 50GRPs에 이 2개의 프로그램들의 도달률인 44%를 나눈 값인 1.2회 (=50/44)가 된다. 이처럼 매체 스케줄에 포함된 매체 비히클 간에 발생하는 중복수용자 의 크기를 알면 도달률뿐만 아니라 빈도도 쉽게 계산할 수 있다. 하지만 중복수용자의 크기와 빈도의 관계는 중복수용자의 크기와 도달률의 관계와 반대라고 할 수 있다. 즉, 도달률과 달리 매체 비히클 간에 발생하는 중복수용자의 크기가 크면 클수록 빈도는 커지며, 반대로 중복수용자의 크기가 작으면 작을수록 빈도 또한 작아진다. 이처럼 도 달률뿐만 아니라 빈도의 크기를 결정하는 요소도 중복수용자의 크기라고 할 수 있다. 일반적으로 매체 수용자층이 동질적인 매체 비히클을 선택하면 수용자 중복과 빈도가 커지고 도달률은 작아지며, 반면에 매체 수용자층이 이질적인 매체 비히클을 선택하면 수용자 중복과 빈도가 작아지고 도달률은 커진다.

2) 매체 유형별 빈도의 누적형태

광고 예산 혹은 GRPs를 지속적으로 투입하면 수확 체감하는 도달률과 달리, 빈도는 비례적으로 증가한다. 이는 광고 예산 혹은 GRPs의 투입량에 비례하여 매체 비히클 간 및 매체 비히클 내에 발생하는 중복수용자들의 수가 지속적으로 증가하기 때문이다. [그림 7-7]의 그래프는 광고비 대비 TV 매체 스케줄의 빈도의 누적형태를 나타낸다. [그림 7-7]에 의하면 빈도는 광고비 투입량에 비례하여 지속적으로 증가하는 선형에 가까운 형태를 나타낸다.

빈도는 광고 예산 혹은 GRPs가 증가할수록 비례적으로 누적되며, 빈도의 누적 속도 는 매체 유형과 타깃에 따라서 다르다. [그림 7-8]에서 보이듯이 전통적인 4대 매체 가 운데 TV의 경우 빈도의 누적 속도가 가장 느린 반면에 라디오의 경우 빈도의 누적 속도

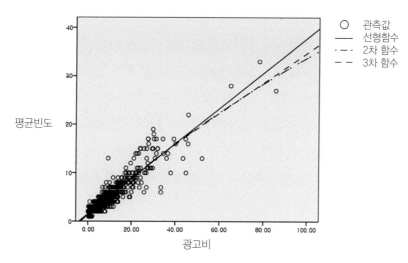

[그림 7-7] **빈도의 누적형태**

출처: 이경렬(2010).

가 가장 빠르다. 이는 TV의 경우 매체 수용자층이 비교적 다양한 채널과 프로그램들에 골고루 분산되어 있는 반면에 라디오의 경우 특정 프로그램을 매일 반복 청취하는 고정청취자들이 많기 때문이다. 따라서 광고캠페인이 빈도의 누적을 매체 목표로 할 경우 빈도의 누적에 효과적인 고정청취자층이 두터운 라디오 매체를 선택하는 것이 빈도

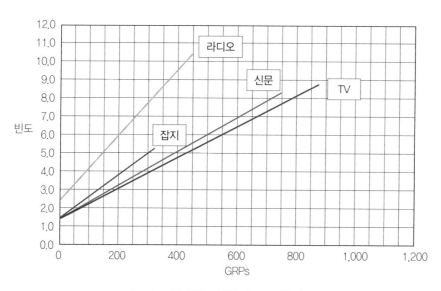

[그림 7-8] **매체 유형별 빈도 누적형태**

출처: 박원기 외(2006).

목표의 달성에 효과적이다.

빈도는 타깃 유형에 따라서도 누적되는 패턴이 다르게 나타난다. 예를 들어, 라디오의 주 청취자인 30~50대를 대상으로 캠페인을 진행할 경우 라디오의 이용률이 상대적으로 낮은 10~20대에 비해 GRPs가 증가할수록 빈도가 더 빠르게 누적된다. 이는 라디오의 경우 자가운전을 하는 출퇴근 시간대의 30~50대 고정청취자가 많아서 광고비를 지속적으로 투입하여도 광고 메시지에 새롭게 노출되는 청취자가 늘어나기보다는 이미 광고 메시지에 한 번 이상 노출된 청취자에게 반복 노출될 가능성이 크기 때문이다.

3) 빈도의 전략적 의미 및 활용

(1) 매체 목표

빈도는 일반적으로 도달률과 함께 사용되며, 광고캠페인이 달성해야 할 매체 목표를 나타낸다. 예를 들어, '광고캠페인 기간 내에 전체 표적 수용자의 70%에게 월평균 3회 광고 메시지를 도달시킨다.'라는 매체 목표를 세울 수 있다. 비록 많은 표적 수용자에게 광고 메시지를 도달시키기 위해서 도달률이 중요하지만 적절한 빈도의 누적이 수반되지 않으면 광고효과를 기대하기 어렵다. 특히 TV를 비롯한 대부분의 대중매체 광고는 산만한 상태에서 수용되는 경우가 대부분이기 때문에 현실적으로 광고 메시지에 한 번 노출된 것만으로 표적 수용자로부터 기대하는 반응을 얻기가 어렵다. 가령 TV 광고는 매체 클러터가 심하여 대부분 수용자가 광고에 주의집중을 크게 기울이지 않는 저관여 상황에서 수용되는 경우가 많기 때문에 한 번의 노출만으로 얻고자 하는 커뮤니케이션 효과가 잘 발생하지 않는다. 특히 TV 광고는 대부분 15~30초라는 짧은 시간 동안에 수용되기 때문에 광고 메시지에 대한 기억의 흔적만 남길 뿐 표적 수용자에게 충분히 정보처리를 할 시간이 주어지지 않으므로 기대하는 광고효과가 발생하기 어렵다. 따라서 표적 수용자로부터 반복 노출을 통해 최소한의 광고효과를 기대할 수 있는 빈도의 누적이 필요하다. 그러나 빈도의 지나친 누적은 감퇴 효과(wear-out effect)를 초래할 수 있다. [그림 7-9]에서 보이듯이 광고효과는 빈도의 누적에 비례하여 지속적으로 증가하는 누적 효과(wear-in effect)를 보이다가 표적 수용자가 광고 메시지에 적응(adaptation)하게 되는 포화점(saturation point)에 다다르게 되면 광고 메시지에 더 이상 주의집중을 하지 않거나 심지어 광고에 싫증을 내게 되는 감퇴 효과가 발생하게 된

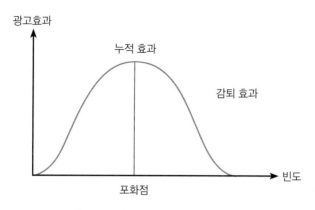

[그림 7-9] **누적 효과 및 감퇴 효과**

다. 따라서 빈도의 과도한 누적으로 인한 과잉노출은 감퇴 효과를 초래한다고 할 수 있다. 따라서 빈도의 지나친 누적으로 인한 감퇴 효과가 발생하지 않도록 적정 수준의 빈도를 매체 목표로 설정하는 것이 중요하다. 매체 목표로서 빈도가 강조되는 경우는 신제품에 대한 인지적 학습이 필요한 경우, 감성적 소구를 이용한 조건적 학습이 필요한 경우, 메시지의 복잡성과 모호성이 큰 경우, 새로운 광고캠페인을 런칭할 때 광고 메시지에 대한 인식의 문턱을 넘어설 수 있는 역치 수준(threshold level) 이상의 반복 노출이 필요한 경우, 매체 클러터가 심하여 경쟁광고의 방해 현상이 심할 경우이다.

(2) 매체 비히클 선택의 가이드라인

빈도는 도달률처럼 매체선택의 중요한 가이드라인을 제시해 준다. 매체 목표가 빈도를 높이는 것이라면 매체 비히클의 수용자층이 동질적인 매체와 비히클을 선택하면 된다. 예를 들어, 10~20대가 주로 보는 〈뮤직뱅크〉와 〈쇼! 음악중심〉에 광고를 각각 게재하면 매체 수용자층이 동질적이고 중복 노출될 확률이 커지기 때문에 빈도를 높일 수 있다. 즉, 매체 수용자층이 동질적인 매체 비히클을 반복 선택하게 되면 도달률은 더 이상 증가하지 않고 빈도만 지속적으로 증가하게 된다.

(3) 매체 스케줄의 평가 기준

빈도는 매체 스케줄의 사전·사후평가 기준으로 사용된다. 매체 기획을 통하여 매체 스케줄을 구성한 후 이 매체 스케줄이 목표로 하는 빈도 수준을 달성할 수 있을 것인가를 사전평가하고 예측한다. 매체 스케줄의 사전평가 결과 설정된 매체 스케줄이 예상되는 빈도목표에 미치지 못할 경우 매체 스케줄을 재구성해야 한다. 또한 빈도는 광고 집행 후 매체 스케줄이 목표로 하는 빈도 수준을 달성하였는가를 사후평가하기 위하여 사용된다.

(4) 도달률과 빈도의 균형

일반적으로 도달률 혹은 빈도 한 가지만으로 표적 수용자로부터 원하는 반응을 얻을 수 없으며 도달률과 빈도의 적절한 균형(balance)이 이루어져야 표적 수용자로부터 최소한의 기대하는 반응을 얻을 수 있다. 예를 들어, 빈도가 너무 낮아서 광고 메시지가 표적 수용자에게 역치 수준 이하로 노출된다면 표적 수용자에게 적절한 자극을 줄 수 없으며, 따라서 표적 수용자로부터 어떠한 반응도 불러일으킬 수 없다. 이는 도달률이 메시지의 도달 범위를 나타내는 반면에 빈도는 인지적 학습 및 행동적 학습과 같은 광고 정보처리과정과 더 큰 관련이 있기 때문이다. 또한 도달률 목표가 너무 낮게 설정되어서 광고캠페인이 목표로 하는 수준의 도달 효과를 얻지 못하면 광고캠페인을 통하여 기대하는 수준의 인지도를 얻을 수 없게 된다. 따라서 도달률과 빈도 어느 한쪽에 치우쳐서 매체 목표를 설정해서는 안 되며, 적절한 수준의 도달률과 빈도의 균형을 찾는 것이 중요하다.

(5) 도달률과 빈도 적용의 한계 및 문제점

도달률과 빈도는 노출의 편중 현상을 파악할 수 없다는 단점을 가지고 있다. 예를 들어, [그림 7-10]과 [그림 7-11]은 2개의 광고캠페인에 동일한 GRPs를 투입하여도 표적 수용자의 노출분포가 다름을 보여 준다. 즉, [그림 7-10]의 노출분포에 보이듯이 매체 스케줄 A의 평균빈도가 3회일지라도 최빈치(mode)가 2회이기 때문에 대부분 사람은 실제로 2회 이하의 낮은 빈도에 노출되었다는 것을 알 수 있다. 평균빈도가 3회라는 것은 표적 수용자가 평균적으로 3회 광고에 노출되었다는 것을 의미하지만 실제로는 대부분 사람이 평균적으로 3회 광고를 보았다는 것을 의미하지는 않는다. 반면에 [그림 7-11]의 매체 스케줄 B의 평균빈도는 3회이고, 최빈치가 3으로서 많은 표적 수용자가 광고 메시지에 3회 노출되었다는 것을 알 수 있다. 이 두 개의 매체 스케줄들의 평균빈도가 3회로 동일해도, 매체 스케줄 A의 최빈치가 낮게 나타난 이유는 매체 스케줄 A에 노출된 표적 수용자가 1회와 2회의 낮은 빈도에 많이 분포된 반면에 매체 스케줄 B에

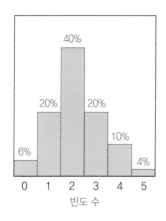

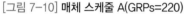

[그림 7-10] 매체 스케줄 A(GRPs=220)

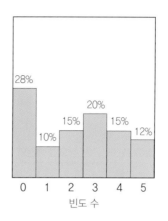

[그림 7-11] 매체 스케줄 B(GRPs=220)

노출된 표적 수용자는 모든 빈도에 골고루 분포되어 있기 때문이다. 이와 같은 노출의 편중 현상은 광고캠페인이 목표로 하는 커뮤니케이션 효과(예: 인지도, 호감도, 구매의향 등)를 획득할 수 없게 만든다. 이처럼 평균빈도로는 노출의 편중 현상을 제대로 파악할 수 없으며, 이러한 평균빈도의 단점을 보완하기 위하여 등장한 개념이 유효빈도와 유효도달률 개념들이다. 유효빈도와 유효도달률 개념들은 다음 장에서 소개한다.

3. GRPs

일반적으로 매체 스케줄은 여러 개의 매체 및 비히클과 각 매체 비히클별 집행 횟수로 구성되어 있다. GRPs(gross rating points)는 이 매체 스케줄이 광고캠페인 기간 내에 획득할 수 있는 총 노출률을 나타내는 개념으로, 매체 스케줄에 포함된 모든 매체 비히클의 시청률 혹은 열독률의 산술적 합계치(gross)라고 할 수 있다. GRPs는 매체 스케줄에 포함된 매체 비히클의 시청률 혹은 열독률에 각 매체 비히클별 집행 횟수를 먼저 곱한 후 이를 모두 합산하여 계산한다. 예를 들어, 〈표 7-2〉에서 5개의 매체 비히클과 각 매체 비히클별 집행 횟수로 구성된 매체 스케줄의 경우 GRPs는 첫 번째 매체 비히클인 〈KBS 9시 뉴스〉에서 다섯 번째 매체 비히클인 〈아는 형님〉까지의 5개의 매체 비히클 각각의 시청률에 집행 횟수를 곱하여 각 매체 비히클의 GRPs를 먼저 구한 후 이를 모두 합산한 값인 330%(=30+30+100+150+20)가 된다. GRPs는 특정 매체 스케줄에 대한 표적 수용자의 노출 총량을 나타내기 때문에 100%라는 포화점이 없다. 예를 들어, 시청률이 30%인 TV 프로그램에 한 달 동안 4회의 광고를 집행하였다면 GRPs는 30×4=120%가 된다. 많은 광고캠페인은 특정 표적 수용자를 대상으로 하기 때문에 GRPs라는 용어 대신에 TRPs(Target Rating Points)라는 용어를 사용하기도 한다.

〈표 7-2〉 2022년도 ○○ 광고캠페인의 GPRs 계산의 예

비히클	시청률	집행 횟수	GRPs
〈KBS 9시 뉴스〉	15%	2	30%
〈뮤직뱅크〉	10%	3	30%
〈미운 우리 새끼〉	25%	4	100%
〈미스터트롯2〉	30%	5	150%
〈아는 형님〉	20%	1	20%
합계	−	−	330%

1) GRPs, 도달률, 빈도의 관계

GRPs는 도달률 및 빈도와 함수의 관계이다. GRPs는 도달률과 빈도를 곱한 값이 된다. 앞의 〈표 7-1〉에서 보이듯이 특정 매체 스케줄의 도달률은 70%(=7/10×100)이고, 빈도는 2회(=14/7)이다. GRPs는 도달률에서 빈도를 곱한 값인 140%(=70×2)가 된다. 즉, GRPs 140%가 의미하는 것은 표적 수용자 7명이 4주간 총 14회 특정 매체 스케줄을 통하여 방영된 광고 메시지에 노출된 것을 의미한다. 이러한 GRPs 140%는 도달률에 빈도를 곱한 결과와 같으며, 이는 'GRPs=도달률×빈도'라는 공식이 성립된다는 것을 말해 준다. 역으로, 도달률은 GRPs 값을 빈도로 나눈 값이 되며, 빈도는 GRPs를 도달률로 나눈 값이 된다. 예를 들어, 도달률은 GRPs 값에서 빈도를 나눈 값인 70%(=140/2)가 되며, 빈도는 GRPs 값인 140%에서 도달률을 나눈 값인 2회(=140/70)가 된다. 따라서 도달률=GRPs/빈도, 빈도=GRPs/도달률이라는 공식이 성립된다. 이러한 GRPs, 도달률, 빈도의 함수관계를 수식으로 표현하면 'GRPs=도달률×빈도'의 관계이다.

GRPs가 일정하다면 도달률과 빈도는 서로 맞교환(trade-off)의 관계에 있다. 즉, GRPs가 일정할 경우 도달률이 크면 빈도는 작아지고 반대로 빈도가 크면 도달률이 작아진다. 즉, GRPs의 값은 같아도 도달률과 빈도의 값은 다를 수 있다. 이는 도달률과 빈

도는 서로 반비례 관계이기 때문이다. 대다수 기업은 광고 예산이 제한되어 있기 때문에 도달률과 빈도를 동시에 극대화하는 것은 현실적으로 불가능하다. 따라서 광고 예산이 한정된 범위 내에서 도달률과 빈도를 모두 증가시킬 수는 없기 때문에 한정된 광고예산 범위 내에서 도달률을 높이려면 빈도를 희생해야 하고, 빈도를 높이려면 도달률을 희생해야 한다. 따라서 제한된 광고 예산으로 도달률과 빈도목표를 결정할 때 도달률과 빈도의 관계를 잘 알아야 도달률과 빈도의 적절한 균형을 맞출 수 있다.

$$GRPs(400)=도달률(50)×빈도(8)$$
$$GRPs(400)=도달률(80)×빈도(5)$$

2) GRPs의 전략적 의미 및 활용

(1) 매체 목표

GRPs는 광고캠페인의 객관적인 노출 총량을 나타낸다. 일반적으로 광고 목표를 먼저 수립하고 이를 달성하기 위해 필요한 노출량을 매체 목표로 결정하게 되는데 이때 GRPs가 매체 목표로써 사용된다. 매체 목표로서 GRPs는 광고단가의 변동과 관계없이 동일한 가치의 광고 노출량을 나타낸다. 따라서 GRPs는 광고캠페인의 노출 총량을 나타내는 매체 목표의 일차적인 지표로서 광고 예산보다 더 적합한 개념이라고 할 수 있다. 반면에 광고 예산은 광고주가 구입해야 하는 매체 비히클의 광고단가가 매년 혹은 매월 인상 또는 인하되면서 변동이 있을 수 있기 때문에 객관적인 광고 노출량의 기준으로써 부적합하다. 예를 들어, 이번 달에 10억 원의 광고 예산으로 100GRPs를 획득할 수 있는 TV 프로그램을 구입할 수 있다면 다음 달에는 광고단가의 인상으로 이보다 더적은 GRPs밖에 구입할 수 없다. 따라서 광고 예산은 광고단가의 변동에 영향을 받기 때문에 객관적인 광고 노출량을 나타내는 지표로써는 부적합하다고 할 수 있다. 그러나 GRPs는 특정 광고캠페인의 총 노출 총량만을 나타낼 뿐 도달률 및 빈도와 같이 광고 커뮤니케이션 효과(예: 인지도, 호감도, 구매의향 등)와 관련된 정교한 측정치는 아니다. 이와 같은 이유로 GRPs는 도달률 및 빈도와 같은 전략적인 개념으로 더 구체화되어야 한다.

(2) 광고 예산의 산출

GRPs가 유용한 또 하나의 이유는 광고캠페인에서 투입해야 할 광고 예산을 쉽게 산출할 수 있는 편리함이 있기 때문이다. 일반적으로 GRPs 1%당 평균 광고단가를 알면 광고캠페인 시 투입해야 할 광고 비용을 쉽게 계산할 수 있다. 예를 들어, 2015년 2월에 집행된 TV 광고캠페인들의 경우 1%의 GRPs를 획득하는 데 드는 비용이 평균 200만 원이고 2015년 3월 한 달 동안 광고캠페인의 목표달성에 필요한 GRPs가 500%라면 이 500%의 GRPs를 획득하기 위해 소요되는 광고 예산은 10억 원(=500×200만 원)으로 예측할 수 있다. 이때 GRPs 1%를 획득하는데 소요되는 평균 광고단가인 200만 원을 CPRP(Cost Per Rating Point)라고 한다. 이처럼 광고캠페인의 목표달성에 필요한 GRPs 값에 GRPs 1% 획득에 필요한 평균 광고비를 나타내는 CPRP를 곱하면 바로 그 시장에 투입해야 할 광고비를 산출할 수 있다. 또한 일정량의 GRPs를 획득하는 데 소요되는 광고 비용은 GRPs와 광고비 간의 상관관계를 나타내는 회귀식을 통해서도 추정할 수 있다. [그림 7-12]는 2015년도에 TV를 통하여 집행된 약 7,800여 개의 매체 스케줄을 구입하는 데 소요된 광고 예산과 이 매체 스케줄을 통해 획득한 GRPs 값들을 함수관계로 나타낸 것이다. 도표상에 점으로 표시된 각각의 데이터들은 1년 동안 집행된 월 단위 매체 스케줄의 광고 예산과 이에 상응하는 GRPs 값들을 나타낸다. 이들 광고 예산

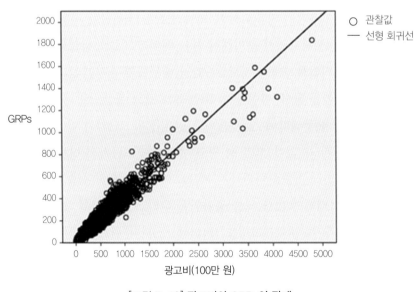

[그림 7-12] **광고비와 GRPs의 관계**

출처: 이경렬(2010).

과 GRPs 값의 관계를 함수로 나타내면 'GRPs=6.202+0.412(광고비)'와 같은 회귀식으로 표현된다. 이 회귀식에 의하면 GRPs 1%를 획득하는 데 약 1,200만 원의 광고 예산이 필요한 것을 알 수 있다. 이처럼 광고 예산과 GRPs의 함수관계를 추정하여 광고캠페인에 투입해야 할 광고 예산을 산출할 수 있다.

4. GI

GI(Gross Impressions)는 매체 스케줄이 획득할 수 있는 총 노출 수를 말한다. GI는 GRPs를 노출횟수로 표현한 개념으로서 GRPs와 표적 수용자의 크기를 알면 쉽게 계산할 수 있다. 예를 들어, 50만 명의 표적 수용자를 대상으로 광고를 집행하여 200%의 GRPs를 얻었다면 GI는 총 100만(=2×50만)이 된다. 역으로, 사용자 수가 10만 명인 사이트 A에 광고를 15만 회 집행하였다면 GRPs는 150%(=15만/10만×100)이 된다. 〈표 7-3〉에서 GPRs는 각 매체 비히클의 시청률과 집행 횟수를 곱하여 모두 더한 값이 되고 이 매체 스케줄의 GI는 총 GRPs인 130%에 표적 수용자의 수를 곱한 값이 된다.

〈표 7-3〉 2010년도 3월 ○○ 광고캠페인 GI 계산의 예

매체 비히클	시청률	표적 수용자 수	집행 횟수	GI
KBS2 아침드라마	20%	100만 명	2	100만 × 0.2 × 2 = 40만
KBS2 주말드라마	30%	100만 명	3	100만 × 0.3 × 3 = 90만
계				130만

130만 GI가 의미하는 것은 이 매체 스케줄에 중복 노출된 표적 수용자를 포함하여 연간 인원 130만 명이 광고 메시지에 노출되었다는 것을 의미하며, 반드시 100만 명의 표적 수용자가 모두 광고 메시지에 노출되었다는 것을 의미하는 것은 아니다. 즉, 매체 스케줄의 최대 집행 횟수를 고려할 때 100만 명의 표적 수용자 가운데 1, 2 그리고 최대 5회까지 노출된 사람들을 모두 계산에 넣어 130만이라는 수치가 산출되었으며, 100만 명의 표적 수용자 가운데 광고 메시지에 한 번도 노출되지 않은 사람들도 존재할 수 있다는 사실을 알 수 있다. 즉, 100만 명의 표적 수용자 가운데 광고 메시지에 실제 한 번도 노출되지 않은 사람들을 빼면 광고 메시지에 노출된 순수한 표적 수용자의

수는 100만 명 이하일 수 있다. 따라서 연인원 130만 명이라는 숫자는 총 노출횟수와 같은 개념이라고 할 수 있다.

도달률과 빈도를 넘어서:
유효빈도, 유효도달률, 노출분포

1. 유효빈도

유효빈도(effective frequency)는 빈도의 확장된 개념이다. 유효빈도는 특정 캠페인 기간 내에 어떤 커뮤니케이션 효과(예: 인지도, 호감도, 구매의향 등)를 발생시키기 위해 필요한 노출횟수(혹은 빈도)를 말한다. 유효빈도 개념은 1958년에 브라운(Brown) 등에 의해 처음 아이디어가 제시된 이래 1990대 중후반까지 역치(threshold)의 존재 유무를 중심으로 많은 학자와 광고실무자들 사이에 이견이 있었다. 유효빈도 개념을 바라보는 관점들은 지금까지의 관련 문헌들을 종합하면 네이플즈(Naples, 1979)의 전통적 유효빈도 관점, 볼록형 반응곡선 관점, 리슨시 플래닝 관점, 아헨바움(Achenbaum, 1977)의 유효빈도를 범위로 보는 관점, 로시터와 다나허(Rossiter & Danaher, 1998)의 구매성향 관점의 5개로 구분된다.

1) 네이플즈의 전통적 유효빈도 관점

네이플즈는 1979년에 광고의 반복 노출의 효과에 관한 기존의 관련 연구결과들을 집대성한 「Effective Frequency: The Relationship Between Frequency and Advertising Effectiveness」라는 연구논문(monograph)을 통해 유효빈도 개념을 체계적으로 정립하였다. 네이플즈(1979)에 의하면 제품구매주기(product purchase cycle) 기간 내에 광고 메시지에 대한 1회 노출은 제품의 판매와 관련하여 효과를 기대하기 어려우며, 2회 노출부터 효과가 발생하기 시작하여, 3회 노출부터 소비자로부터 원하는 반응을 얻어 낼 수 있다고 주장한다. 가령 네이플즈(1979)의 3(+) 이론의 이론적 배경이 된 크러그먼(Krugman, 1972)의 '3-hit' 이론에 의하면 사람들이 광고를 처음 보았을 때는 '저게 뭐지?(what is it?)'라는 단순한 호기심을 보이고, 두 번째 보았을 때는 '저 광고가 무엇에 대하여 이야기하는가?(what of it?)'라는 생각을 하게 되고, 세 번째 보았을 때는 '무엇에 대하여 말하고 있다(to remind).'라는 반응을 나타내게 된다고 한다. 즉, 사람들이 광고 메시지에 대하여 흥미를 갖고 취득한 정보를 강화하는 등 본격적으로 정보를 처리하는 것은 3회 노출 이후부터라고 한다. 네이플즈(1979)는 이러한 여러 학자의 견해를 바탕으로 표적 수용자의 2/3에 대해 매달 적어도 2회 이상, 많아도 4회 이하로 노출하는 것을 매체 목표로 설정하는 것이 현실적으로 적절하다는 제안을 하였다.

네이플즈(1979)의 유효빈도에 관한 관점은 광고에 노출된 후 일정 수준 이하의 빈도에서는 반응이 없고 일정 수준 이상의 빈도부터 반응이 일어나는 역치, 즉 인식의 문턱이 존재한다는 것을 가정한다. 역치(threshold)란 자극이 증가함에 따라서 초기 일정 수준 이하의 자극 수준에서는 반응이 없고 일정 수준 이상의 자극부터 반응이 일어난다는 것을 말한다. 네이플즈(1979)의 주장에 따르면 광고에 반응을 보이기 시작하는 역치가 되는 유효빈도는 3회에 해당된다. 따라서 1회와 2회까지의 빈도는 광고 메시지에 대한 반응이 나타나지 않는 역치 이하에 해당된다. 예를 들어, [그림 8-1]의 S자 형태의 반응곡선에서 보이듯이 역치가 되는 세 번째 노출부터 광고의 효과가 발생하며, 3회 이하에서는 광고에 대한 소비자 반응이 나타나지 않는다는 것을 의미한다. 즉, 3회 노출부터 광고효과가 나타나는 역치가 존재한다는 것은 노출빈도를 X축으로 하고 광고 반

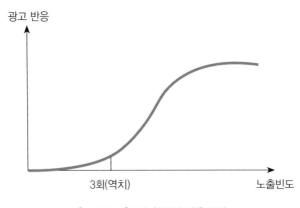

[그림 8-1] S자 형태의 반응곡선

응을 Y축으로 한 반응함수로 나타내었을 때 S자 형태의 반응곡선의 형태를 나타낸다.

2) 볼록형 반응곡선 관점

S자 형태의 반응곡선과 대립하는 관점으로 볼록형 반응곡선(convex response curve) 이론이 있다. 볼록형 반응곡선 이론은 광고효과는 1회 노출부터 발생한다는 것을 가정하기 때문에 역치의 존재를 부정한다. 즉, 광고에 대한 소비자의 반응은 역치를 넘어서야 발생하는 것이 아니라 처음부터 발생하며 빈도가 누적될수록 점차 수확 체감(diminishing return)한다는 것을 주장한다. 즉, 실제 시장에서 관찰된 많은 광고캠페인은 단 한 번의 노출만으로도 광고효과가 발생한다고 보고하고 있다. 특히 세일즈 프로모션과 같은 직접반응(direct response)을 목적으로 하는 캠페인의 경우에는 단 한 번의 노출만으로도 효과가 발생한다고 주장하고 있다. 단지 1회 노출만으로도 광고효과가 발생한다는 것은 [그림 8-2]에서 보이듯이 광고효과는 1회 노출부터 발생하며, 빈도가 증가할수록 그 효과는 점차 수확 체감하는 볼록형 반응함수의 형태를 나타낸다. 따라서 볼록형 반응곡선 이론에 의하면 광고 메시지에 대한 첫 번째 노출이 가장 효과가 크며, 추가적인 노출들은 첫 번째 노출과 비교하여 점차 효과와 효율성이 감소한다.

리슨시 플래닝의 주창자인 존스(Jones, 1995), 맥도널드(McDonald, 1996), 에프런(Ephron, 1997)은 직접반응을 목적으로 하는 광고캠페인 이외에도 친숙한 브랜드에 대한 광고캠페인의 경우 볼록형 반응함수이론이 적용되는 경우로 제시하였다. 즉, 대부분 광고캠페인의 경우 소비자가 이미 브랜드에 대해 친숙한 경우가 많으며, 광고 목표

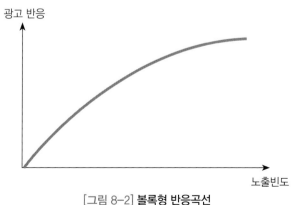

[그림 8-2] **볼록형 반응곡선**

또한 브랜드에 대한 새로운 지식의 습득이나 학습을 목표로 하기보다는 구매 시점에서 브랜드에 대한 회상(remind)을 불러일으켜 구매할 준비가 되어 있는 소비자를 실제로 구매하도록 부추기는 역할만을 하는 경우가 많기 때문에 1회 노출만으로도 소비자 반응을 불러일으키기 충분하다고 주장한다.

3) 리슨시 플래닝 관점

리슨시 플래닝(recency planning, 구매 시점 중심기획)은 역치의 존재가 중요한 것이 아니라 노출 시점이 중요하다고 보는 관점이다. 리슨시 플래닝은 광고가 소비자의 구매 시점에 가까울수록 1회 노출만으로 충분히 구매 행동을 유발할 수 있다는 광고의 단기 효과(short-term advertising effect)를 설명하는 관점으로, 구매 전 최소한 3회 이상의 노출이 필요하다는 네이플즈(1979)의 관점과 상반된 입장을 취하고 있다. 리슨시 플래닝은 광고의 판매 탄력성이 크고, 소비자에게 친숙하며, 제품구매주기가 짧은 청량음료와 같은 저관여 제품에 효과적인 매체 기획 접근법이라고 할 수 있다.

리슨시 플래닝의 개념은 1990년대 초에 A-to-S Link사에 근무하는 레이첼과 우드(Reichel & Wood, 1997)의 연구에 의해 최초로 언급되었으나, 본격적으로 학계 및 업계에서 공론화한 것은 존스(1995)의 연구보고서가 발표된 이후부터이다. 존스(1995)는 닐슨(Nielsen)의 싱글 소스 데이터의 분석을 통하여 구매 시점을 앞두고 첫 번째 노출이 매출에 미치는 영향이 가장 크며, 추가적인 노출이 매출에 미치는 영향은 급속히 수확 체감한다는 사실을 발견하였다. 구체적으로 그는 구매 시점 전의 일주일 동안 12개 제품 카테고리에 속한 78개 상표에 대한 광고 노출횟수와 상표 점유율과의 상관관계를 분석한 결과, 평균 매출의 73%가 광고 메시지에 한 번 노출된 가구(household)로부터 발생하며, 1회 이상의 추가적인 노출이 매출에 미치는 영향은 27%에 불과하다는 연구결과를 발표하였다. 이것은 제품의 구매를 앞두고 구매 시점에 가장 가까운 첫 번째 노출이 매출에 미치는 영향이 가장 크며, 추가적인 노출이 매출에 미치는 영향은 상대적으로 미미하다는 것을 말해 준다. 존스(1995)는 이러한 연구결과를 바탕으로 노출의 리슨시 효과(recency effect of exposure)를 극대화하기 위해 성수기를 중심으로 광고를 집중하는 전통적 매체 기획보다 가급적 많은 표적 수용자에게 한 번씩 광고 메시지가 도달되도록 광고 메시지를 가급적 많은 주에 걸쳐 분산시키는 매체 전략이 효과적이라고 주장하였다.

싱글 소스 데이터

리슨시 플래닝 개념은 마케팅 조사 기술의 발달로 광고의 노출횟수와 매출 간 상관관계를 밝혀 주는 싱글 소스 데이터(single source data)의 생성이 가능해지면서 등장하였다. 싱글 소스 데이터는 패널조사를 통하여 특정 기간 내에 조사에 참여한 패널들의 광고 노출횟수와 광고제품의 구매 여부 및 구매량을 조사한 다음, 수집된 자료를 이용하여 둘 간의 상관관계를 분석한 데이터이다. 싱글 소스 데이터는 1980년대 이후에 IRI(Information Resources Incorporated)와 A. C. 닐슨과 같은 조사회사에 의해 특정 제품의 광고에 노출된 사람이 그 제품을 구매하였는지를 추적할 수 있는 패널조사 기법이 개발되면서 가능해졌다. 조사에 참여한 패널들의 광고 노출 여부는 피플미터(peoplemeter)에 의해 측정되며, 광고제품의 구매 여부는 UPC 스캐너(UPC product scanner)라고 불리는 일종의 휴대용 전자장치에 의하여 기록된다. 조사에 참여한 패널들이 특정 매장에서 제품을 구매하면서 이 스캐너를 제시하면 구매기록이 자동으로 메인 컴퓨터에 전송되어 기록된다.

존스(1995)의 연구 이후 최소 3회 이상의 노출이 필요하다는 전통적인 유효빈도 관점은 모든 마케팅 상황에 적용되는 것은 아니며 경우에 따라서 1회 노출로도 충분히 구매반응과 같은 광고효과를 불러일으킨다는 맥도널드(1996) 등의 후속 연구결과들이 속속 발표되었다. 맥도널드(1996)는 1996년 닐슨 싱글 소스 데이터 분석을 통해 시장에서 성숙기에 접어든 확립된 브랜드의 경우 구매 시점에 가까울수록 1회 OTS(Opportunity To See)만으로도 구매반응이 발생한다는 사실을 발표하면서 1960년의 1차 연구와 상반된 입장을 피력하였다. 그는 제품구매 전 일주일 동안 관찰을 통하여 구매 시점을 일주일 앞둔 일련의 노출들 가운데서 구매 시점에 가장 가까운 노출이 그렇지 않은 경우보다 더 매출 효과가 크다는 노출의 리슨시 효과를 다시 한번 확인하였다. 그는 구매 시점을 앞두고 3회 이상의 노출이 필요하다는 유효빈도이론은 단지 소비자에게 친숙하지 않은 브랜드에만 제한적으로 적용된다고 반박하면서 "광고에 있어 중요한 것은 소비자가 구매할 준비가 되어 있을 때 그 곁에 있어 주는 것이다."라고 주장하였다.

존스(1995)와 맥도널드(1996)에 이어 에프런(1997)은 이러한 싱글 소스 데이터의 분석에 기반을 둔 일련의 연구들을 종합하여 리슨시 플래닝을 새로운 매체 기획 패러다임의 하나로 체계적으로 정리하였다. 그는 구매 시점에 가까울수록 1회의 노출(혹은 OTS)로써 충분하며, 광고의 단기효과를 지속적으로 유지하기 위하여 빈도의 누적보다 항상 발생하는 새로운 구매의향자에게 광고가 도달될 수 있도록 광고가 꾸준하게 집행되어야 한다는 지속형 스케줄링을 강조하였다. 특히 그는 구매주기가 짧은 제품뿐 아니라 제품구매주기가 긴 자동차와 같은 제품의 경우에도 제품구매가 항상 발생한다면 구매 시점을 최대한 커버하기 위하여 광고를 지속적으로 유지해야 한다고 주장한다. 또한 그는 "광고에 있어서 중요한 것은 소비자가 구매할 준비가 되어 있을 때 메시지를 노출시키는 것이기 때문에 반드시 1회 노출로 충분하다는 것을 주장하는 것은 아니다."라고 주장하면서 유효빈도에 대하여 존스(1995)보다 더 유연한 입장을 취하고 있다. 즉, 존스(1995)가 주장하는 1회 노출은 "구매 시점에 가까운 노출이라는 뜻이지 그것이 반드시 광고 메시지에 대한 첫 번째 노출을 의미하는 것은 아니다."라고 주장하면서 실제로 매주 광고를 집행하게 되면 한 달간 누적빈도는 전통적 매체 기획에서처럼 적어도 4회가 될 수 있다는 점을 지적한다.

이러한 노출의 리슨시 효과를 주장하는 일련의 연구들은 빈도보다 도달률의 중요성을 강조함으로써 매체 기획 패러다임을 빈도와 플라이트(flight) 중심에서 점차 도달률(reach)과 지속성(continuity) 중심으로 옮겨 놓고 있다. 또한 리슨시 플래닝 철학의 실행이 점차 확산함으로써 매체 기획의 사이클 또한 과거 월 단위에서 최소 주 단위로 짧아지고 있다. 그러나 리슨시 플래닝은 개별 표적 수용자마다 구매 시점이 각각 달라서 실무에 적용하기 어려운 단점을 지니고 있다. 에프런(1995)은 이러한 현실을 감안하여 항

〈표 8-1〉 유효빈도 이론에 관한 실증연구들

연구	표본 수	분석방법	측정 변인	연구결과 및 내용
Colin McDonald (1966)	225개 브랜드	패널 데이터	브랜드 전환 (brand witching)	S-반응함수(역치 있음), 2회 노출부터 효과가 발생
Colin McDonald (1996)	4개 제품군, 52개 브랜드	일기식 기반의 싱글 소스 데이터	시장점유율 (market share)	볼록형 반응함수(역치 없음), 노출의 리슨시 효과, 친숙한 브랜드는 1회 노출이 가장 효과적
John P. Jones (1995)	12개 제품군, 78개 브랜드	닐슨 패널 데이터	브랜드 점유율 (brand share)	볼록형 반응함수(역치 없음), 노출의 리슨시 효과, 1회 노출이 가장 효과적
Walter Reichel & Leslie Wood (1992)	9개 제품군, 167개 브랜드	싱글소스 데이터	브랜드 점유율 (brand share)	노출의 리슨시 효과, 구매 시점에 가장 가까운 1회 노출이 매출 효과가 가장 큼
Kenneth Longman (1997)	11개 제품군, 176개 브랜드	닐슨 패널 데이터 (1990~1992)	시장점유율 변화	볼록형 반응함수로서 역치는 없음, 1회 노출로 23~40% 시장점유율 증가, 후속 노출은 효과가 미미함

상 발생하는 표적 수용자의 구매 시점을 최대한 커버하기 위하여 매주 광고를 지속적으로 유지하는 주 단위 도달률 극대화 전략을 제안하였다. 리슨시 플래닝은 제품의 구매주기가 짧은 제품(예: 청량음료, 스낵류 등) 그리고 소비자에게 친숙하거나 성숙기에 접어든 유형의 제품에 유용한 미디어 플래닝 철학으로 자리 잡고 있다. 아직 우리나라에서는 이러한 리슨시 플래닝 개념이 매체 기획 실무에 확산하지 않고 있으나 아직도 월평균 3회 혹은 4회의 유효빈도 위주의 매체 기획 패러다임에서 크게 벗어나지 못하고 있는 우리나라의 매체 기획 현실에 시사하는 바가 적지 않다고 할 수 있다.

(1) 리슨시 플래닝과 전통적 매체 기획의 비교

대중매체 중심의 전통적 매체 기획은 광고에 대한 소비자 반응에 역치가 존재한다는 것을 가정하고 제품의 성수기를 중심으로 4주 동안 최소 3회의 빈도를 누적하는 것을 목표로 한다. 따라서 전통적 매체 기획은 제품의 성수기를 중심으로 4주 동안 최소 3회 이상의 빈도로 특정 기간(주로 제품 성수기) 내에 광고를 집중한다. 반면에 리슨시 플래닝은 빈도의 누적에 대해 고민할 필요 없이 구매의향자의 구매 시점에 가깝게 광고를 노출하는 것이 제품구매를 촉진하는 데 효과적이다는 것을 강조한다. 즉, 리슨시 플래닝은 개별 소비자마다 구매 시점이 다르고, 구매가 언제 발생할지 모르기 때문에 구매 시점 커버리지(coverage of purchase occasions)를 극대화하기 위하여 특정 시점에 광고를 집중하기보다는 항상 발생하는 표적 수용자에게 광고가 노출될 수 있도록 매주 지속적으로 광고가 집행되어야 한다는 점을 강조한다. 특히 리슨시 플래닝은 대부분 소비자가 이미 브랜드 혹은 광고캠페인에 대해 잘 알고 있는 경우가 많고, 광고는 이미 구매할 준비가 되어 있는 소비자를 실제로 구매하도록 상기시키거나 부추기는 역할을 하기 때문에 구매 시점에 가까운 1회 노출만으로도 구매반응을 불러일으킬 수 있다고 주장한다. 즉, 리슨시 플래닝 개념은 기존의 3(+) 이론이 최소한 3회 이상의 노출이 필요하다는 S자 형태의 반응곡선 이론을 정면으로 반박하고 있으며, 신제품이 아닌 소비자에게 친숙하거나 성숙기에 접어든 유형의 제품에 대해 1회의 노출만으로도 효과가 있다는 것을 주장하고 있다.

리슨시 플래닝은 높은 빈도 수를 얻기 위하여 광고 예산 혹은 GRPs을 블록(bloc) 형태로 집중하는 것이 아니라 광고 예산 혹은 GRPs를 가급적 많은 주(weeks)에 걸쳐 분산시킴으로써 도달률의 효율성을 극대화한다. 따라서 리슨시 플래닝은 매체 기획에 있어서 빈도보다 도달률을, 플라이트형보다 지속형 스케줄링을 강조하며 짧은 시간 높은 도달률을 달성하는 것을 목표로 하기 때문에 전체적인 도달률 대비 비용 효율성 개념인 CPRP(Cost Per Reach Point)를 최소화하는 전략을 사용한다. 에프런(1997)은 광고 예산이 허용하는 범위 내에서 광고 메시지를 가급적 많은 주에 걸쳐 분산함으로써 광고 메시지가 더 많은 표적 수용자에게 도달하도록 주 단위 도달률을 극대화하는 매체 전략을 제안하였다. 구체적으로 주 단위 도달률을 극대화하기 위하여 지상파TV에 광고 예산을 집중하는 것 대신에 중복 노출을 최소화하고 매체 수용자층을 분산시킬 수 있는 지역 TV 방송과 월간잡지, 비용 효율적이고 낮 시간대에 광고 메시지를 분산시킬 수 있는 케이블TV와 라디오를 사용하는 미디어 믹스 전략이 효과적이라고 강조한다. 또한 제한된 예산으로 30초 길이의 광고 대신에 비용 효율적인 15초 길이의 광고를 많이 집행함으로써 주 단위 도달률을 높일 수 있다고 주장한다.

〈표 8-2〉 **전통적 매체 기획과 리슨시 플래닝의 비교**

	전통적 매체 기획	리슨시 플래닝
매체 목표	빈도(3+) 강조	도달률 강조
시간 구성(time frame)	월 단위(4주 기준)	주 단위(1주 기준)
매체 스케줄링전략	웨이트(weight)와 플라이트	지속성
미디어 믹스 전략	집중형믹스	분산형믹스
효율성 평가 기준	CPM	CPRP

4) 아헨바움의 유효빈도를 범위로 보는 관점

아헨바움(1977)은 유효빈도를 역치로 보는 관점들과 달리 가장 적정한 수준의 유효빈도를 3회에서 10회의 범위(range)로 제시하였다. 즉, [그림 8-3]에서 보이듯이 노출 횟수가 3회 미만일 경우에는 비효과적 노출, 10회 이상은 과잉노출, 18회 이상은 부정적 노출에 해당된다. 아헨바움(1977)에 의하면 빈도가 10회를 넘어서면 더 이상 추가적인 학습이 이루어지지 않기 때문에 과잉노출로 인해 설득 효과가 감소한다. 아헨바움(1977)의 관점은 자극이 증가하면 점차 학습과 반응은 증가하지만 포화점에 달하면 학습과 반응이 점차 감소한다는 학습이론(learning theory)에 기반을 두고 있다. 즉, 야코보비츠(Jacobovits, 1966)와 에이펠(Appel, 1966)의 연구에 의하면 언어적 및 시각적 자극에 대한 소비자 학습과 반응은 노출의 반복이 어느 수준을 넘어서면 포화점에 이르게 되고 이후에는 점차 수확 체감하는 역 U자형 곡선(inverted U curve)의 형태로 나타난다. 따라서 이 이론에 의하면 광고효과는 광고 노출의 반복과 함께 증가하다가 포화점인 정점을 지나면서 점차 감소한다고 할 수 있다.

아헨바움(1977)의 관점은 광고 메시지에 대한 노출이 부족할 경우도 문제가 되지만 과잉노출 또한 문제가 된다는 것이다. 예를 들어, 소비자의 광고에 대한 노출이 부족하여 역치를 넘지 못하게 되면 광고 메시지의 정보를 효율적으로 처리하지 못하게 되어, 광고 메시지의 핵심내용을 인지 혹은 회상하지 못하게 되는 반면에 과잉노출은 소비자로 하여금 광고 메시지에 쉽게 적응(adaptation)하게 하여 주의집중을 감소시키거나, 광고 메시지에 싫증을 내거나, 광고 메시지를 회피하거나, 심지어 광고 및 제품에 대한 부정적인 태도나 감정을 불러일으킬 수도 있다. 따라서 비효과적 노출과 과잉노출을 최소화하고 유효빈도의 범위 내에 매체 노출량이 집중될 수 있도록 매체 스케줄을 구성하여야 광고비의 낭비를 최소화할 수 있다.

[그림 8-3]의 노출분포곡선의 예를 들면, 유효빈도의 범위는 3회에서 10회까지이며, 이 범위 내에서의 도달률의 합계치를 구하면 221%가 되며, 이를 ERPs(Effective Rating Points), 즉 유효 총 노출률이라고 한다. ERPs 221%는 총 노출률인 400 GRPs의 55% 수

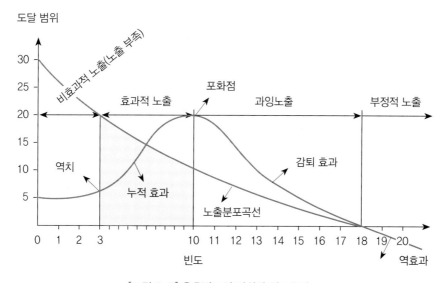

[그림 8-3] **유효빈도의 범위와 광고효과**
출처: Achenbaum (1977)의 논문 내용을 바탕으로 재구성함.

준이며, 따라서 유효빈도 범위 내에서 전체 광고투입량의 55%만이 효과적으로 사용되었다고 할 수 있다. 유효빈도의 범위를 좁게 잡을 경우 ERPs는 줄어들며, 반대로 유효빈도의 범위를 넓히면 ERPs는 GRPs에 접근하게 된다. 그러나 유효빈도의 범위는 반드시 3회에서 10회라고 단정 지을 수 없으며, 광고 목표와 경쟁상황 등 여러 가지 요인에 따라 2~7회, 5~15회 등 가변적이다. 따라서 광고 목표에 맞는 적절한 유효빈도의 범위를 설정하고, 유효빈도 범위 내에서 ERPs가 극대화될 수 있도록 적절한 매체 예산의 투입과 함께 매체 스케줄이 구성되어야 한다.

5) 로시터와 다나허의 구매성향 관점

로시터와 다나허(1998)는 크러그먼(1973) 등의 인지학습이론(cognitive learning theory)에 바탕을 둔 네이플즈(1979)의 관점과 달리 개별 소비자의 구매성향(disposition to purchase)이라는 역치의 개념을 구체적으로 제시하였다. 로시터와 다나허(1998)에 의하면 소비자의 브랜드에 대한 구매성향은 개별 소비자의 브랜드 구매확률(brand purchase probability)을 말하며, 이것은 구매 행동으로 이어진다. [그림 8-4]에서 보이듯이 브랜드에 대한 구매성향은 광고에 노출된 후부터 점차 증가하기 시작하여, 어느 수준에 이르게 되면 구매 행동으로 바뀌게 된다. 이 구매성향이 구매 행동으로 바뀌는 시점이 바로 구매 행동 역치(purchase action threshold)가 된다. 즉, 구매 행동 역치는 광

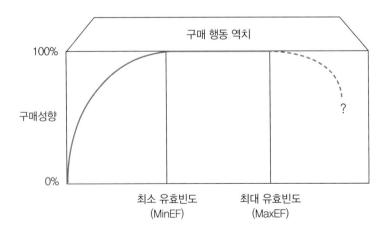

[그림 8-4] **구매 행동 역치와 노출빈도의 관계**

출처: Rossiter & Danaher (1998).

고에 노출된 후 구매성향을 거쳐 브랜드 선택과 같은 구매 행동이 발생하기 시작하는 최소 유효빈도 수준이라고 할 수 있다.

로시터와 다나허(1998)에 의하면 구매성향은 브랜드 인지도(brand awareness), 브랜드 태도(brand attitude), 브랜드 구매의향(brand purchase intention)의 3개 커뮤니케이션 효과의 결합에 의해 측정되며, 이 세 가지 커뮤니케이션 효과들은 제품의 유형에 따라 다르게 적용된다. 예를 들어, 저관여/감성(low risk/transformational) 제품의 경우 브랜드 인지도와 함께 브랜드 태도가 구매성향의 결정에 작용하며, 고관여/이성(high risk/informational), 저관여/이성(low risk/informational), 고관여/감성 제품(high risk/transformational)의 경우 브랜드 인지도와 구매의향이 구매성향의 결정에 중요하게 작용한다. 즉, 브랜드 구매성향은 소비자의 브랜드 선택 시 브랜드 인지도와 함께 제품의 유형에 따라서 브랜드 태도 혹은 브랜드 구매의향이 개별적으로 추가된 것이라고 할 수 있다.

로시터와 다나허(1998)에 의하면 구매성향이 구매 행동으로 바뀌는 역치가 되는 최소 유효빈도(MinEF)는 '1'에서 시작하여 광고캠페인이 처한 상황에 따라서 2회도 될 수 있고 3회 혹은 그 이상도 될 수 있다. 가령 쿠폰 제공을 통한 매출 증대 혹은 세일즈 프로모션을 목적으로 하는 직접반응 광고캠페인의 경우 개별 소비자는 1회 노출만으로 제품에 대한 구매성향과 동시에 구매 행동이 발생하기 때문에 최소 유효빈도는 1회가 될 수 있다. 반면에 특정 제품에 대한 브랜드 충성도가 낮거나 특정 제품을 처음 사용하는 신규고객의 경우 구매 행동 역치에 도달하기 전에 구매성향이라는 준비과정이 어느 정도 필요하기 때문에 최소 유효빈도의 수준은 2회, 3회 혹은 그 이상이 될 수 있다. 또한 광고캠페인이 브랜드에 대한 재인(recognition)보다 회상(recall)을 목표로 할 경우 혹은 경쟁자의 광고활동이 강화될 경우에도 최소 유효빈도의 수준은 높아질 수 있다.

〈표 8-3〉 **직접반응 광고와 프로모션 캠페인의 적정 유효빈도 수준**

매체/광고의 유형	한 광고 사이클 내 최소 유효빈도	한 광고 사이클 내 최대 유효빈도
케이블TV 혹은 라디오 인포머셜(30~120초 길이), 신문, 잡지, 옥외, 포스트, DM, 웹사이트	2	4
라디오(30초, 12초 길이)	3	5
POP(구매 시점) 프로모션	1	1

출처: Rossiter & Danaher (1998).

로시터와 다나허(1998)에 의하면 광고에 대한 개별 소비자의 구매성향은 역치를 넘어서면서 평형상태(horizontal line)를 유지하다가 노출이 반복되면 어느 수준에서 감소할 가능성이 있다. 로시터와 다나허(1998)는 이러한 과잉노출로 인한 감퇴 효과가 광고비의 낭비를 초래할 수 있다고 주장하면서 이를 최소화하기 위하여 감퇴 효과가 발생하기 시작하는 빈도 수준을 최대 유효빈도(MaxEF)로 설정할 것을 제안하였다. 특히 광고가 단기간에 집중되는 경우 소비자들은 광고에 싫증을 내거나 광고에 반응을 보이지 않게 되는 등 감퇴 효과가 발생한다. 가령 위협 소구 혹은 유머광고와 같이 감성적 소구를 목적으로 하는 TV 광고의 경우 광고 메시지를 단기간에 과잉노출하게 되면 소비자들이 쉽게 광고에 싫증을 내게 되어 소비자들의 구매성향이 감소할 가능성이 있다. 반면에 인쇄 광고, 옥외광고, 직접우편 광고, 인터넷 배너광고의 경우에는 구매성향의 감소보다 광고 메시지에 대한 주의(attention)가 감소하는 현상이 발생한다. 브라운(Brown, 1994)의 연구에 의하면 인쇄 광고의 경우 3회의 노출이 감퇴 효과가 발생하는 수준으로 3회의 노출을 넘어서면 광고 메시지에 대해 주목하지 않게 된다고 한다. 이런 경우 소비자가 광고에 적응하기 전에 광고의 소재를 빨리 교체해 주거나 광고의 추가적인 집행을 유보하여야 광고비의 낭비를 막을 수 있다.

로시터와 다나허(1998)는 최소 유효빈도를 최대 유효빈도와 구분하면서 유효빈도의 범위를 구체적인 수치로 제시한 아헨바움(1977)과 달리, 최소 및 최대 유효빈도를 다양한 상황에 따라 가변적으로 적용할 것을 제안하였다. 예를 들어, 광고캠페인이 세일즈 프로모션과 같은 광고의 이월 효과가 필요 없는 단기 캠페인의 경우 일회성 거래를 목적으로 하기 때문에 개별 소비자의 광고캠페인에 대한 참여를 부추길 수 있는 최소 수준의 자극만으로 충분하다. 이런 경우 역치를 넘어서는 추가적인 노출은 크게 의미가 없으며, 광고비의 낭비를 초래하기 쉽다. 따라서 이 경우 최대 유효빈도는 곧 최소 유효빈도와 동일하게 적용된다. 반면에 장기적인 브랜드 구축을 목적으로 하는 브랜딩 캠페인의 경우 소비자의 마음속에 브랜드의 이미지를 지속적으로 유지, 강화하기 위하여 광고의 이월 효과(carryover effect)가 필요하며, 따라서 최대 유효빈도의 수준은 최소 유효빈도보다 더 높아질 수 있다.

6) 유효빈도 결정의 영향요인

　네이플즈(1979)의 전통적 유효빈도 관점, 볼록형 반응곡선 관점, 존스(1995)의 리슨시 플래닝 관점을 비롯하여 적정 수준의 유효빈도에 관한 여러 연구자의 관점들을 종합하면 모든 제품과 광고캠페인에 일률적으로 적용할 수 있는 유효빈도의 수준은 없다고 할 수 있다. 이는 적정 유효빈도 수준이 광고캠페인의 목표, 제품이 처한 시장 및 경쟁 상황, 매체의 성격과 환경, 크리에이티브의 질(quality), 소비자의 광고 수용태도 등과 같은 다양한 요인의 영향을 받기 때문이다. 유효빈도의 결정에 영향을 미치는 요인들은 크게 마케팅 요인, 광고 요인, 매체 요인, 소비자 요인으로 구분할 수 있다.

(1) 마케팅 요인

　오스트로(Ostrow, 1982)에 의하면 시장점유율(MS), 브랜드 친숙성(brand familiarity), 제품수명주기(Product Life Cycle: PLC)와 같은 마케팅 요인들은 유효빈도 수준의 결정에 큰 영향을 미친다. 예를 들어, 특정 제품의 시장점유율이 낮은 경우 시장점유율이 높을 경우보다 더 높은 수준의 유효빈도가 필요하며 소비자에게 친숙한 브랜드는 친숙하지 않은 브랜드보다 낮은 수준의 유효빈도로도 동일한 효과를 얻을 수 있다. 이는 친숙한 브랜드의 경우에는 인지적 학습이 필요 없고, 브랜드를 선택적으로 지각하고, 브랜드를 배경(background)이 아닌 형상(figure)으로 처리하며, 브랜드에 대해서 인지적 일관성을 느끼기 때문에 유효빈도 수준을 낮추어도 동일한 효과를 얻을 수 있기 때문이다.

　또한 제품수명주기상에서 도입기의 신제품일 경우 표적 수용자에게 제품을 알게 하기 위해 기존 제품일 경우보다 더 높은 유효빈도를 필요로 하며, 성장기에 접어든 제품의 경우 경쟁자들과 차별화하기 위하여 다소 높은 수준의 유효빈도를 필요로 한다. 성숙기에 접어든 제품의 경우 자사 제품사용자의 시장 이탈을 막고 브랜드 충성도를 유지하고 강화하기 위한 적정 수준의 유효빈도가 요구된다. 쇠퇴기에 접어든 제품의 경우 최소한의 마케팅 및 판촉 활동 비용으로 재고를 처리하고 시장에서 철수하기 위하여 최소한의 낮은 수준의 유효빈도가 요구된다. 최근에는 브랜드가 쇠퇴기에 접어들지 않도록 브랜드 자산 가치를 지속적으로 강화하는 방향으로 마케팅 활동을 전개해 나가며, 만약 브랜드가 쇠퇴기에 접어들기 시작하면 브랜드를 리뉴얼(renewal)하거나 재활성화(revitalization)함으로써 브랜드의 수명을 늘려 나가는 마케팅 활동이 보편화하고 있다. 이 외에도 경쟁사의 광고 및 마케팅 활동이 강화되면 이에 제압당하지 않기 위하여 유효빈도의 수준을 높여야 한다. 이런 경우 유효빈도의 수준은 경쟁사와 대비하여 자사 제품에 대한 표적 수용자의 마음 점유율(mind share)을 유지하거나 강화하는 수준에서 결정되어야 한다. 반면에 경쟁사의 광고 및 마케팅 활동이 미미하면 유효빈도의 수준은 낮추어도 된다.

(2) 광고 요인

광고 목표는 유효빈도 수준의 결정에 가장 큰 영향을 미치는 요인이다. 예를 들어, 신제품 도입기에 신제품에 대한 인지적 학습이 필요한 경우에 유효빈도는 역치를 넘어서야 최소한의 광고효과를 기대할 수 있다. 고전적 조건화 학습과 같은 행동적 학습을 광고캠페인의 목적으로 하는 경우 무조건 자극과 중립자극 간의 조건이 형성되기 위하여 반복 노출이 필요하므로 유효빈도의 수준은 높아진다. 따라서 소비자 정보처리과정에 대한 이해가 필요하다.

일반적으로 인지적 학습보다 행동적 학습이 필요한 경우에 더 높은 수준의 유효빈도가 요구된다. 또한 브랜드 이미지의 제고를 목적으로 하는 브랜딩 캠페인의 경우 반복 노출을 통한 광고의 누적 효과를 높이기 위해 높은 수준의 빈도가 요구된다. 반면에 세일즈 프로모션이나 이벤트성 캠페인과 같은 직접반응을 불러일으키는 일회성 광고캠페인의 경우 단 한 번의 노출만으로도 소비자 반응 여부가 결정되기 때문에 낮은 수준의 유효빈도만으로도 충분하다. 예를 들어, 인포머셜(informercial) 광고처럼 정보처리가 비교적 잘 이루어지는 케이블TV를 이용하여 일회성 직접반응 광고캠페인을 실시한 결과, 광고물에 노출된 사람의 32%가 1회의 광고물 삽입(혹은 노출)에 반응을 보인 것으로 나타났으며, 85%는 3회 이후의 삽입에 반응을 보인 것으로 나타났다. 이와 같은 조사결과는 제품군에 대한 니즈(needs)가 매우 큰 사람들의 경우 1회의 OTS만으로도 일회성 직접반응 광고캠페인에 즉각적인 반응을 보인다는 것을 나타낸다. 일회성 직접반응 광고캠페인의 경우 광고에 대한 표적 수용자의 반응이 모두 소진된 후에는 추가적인 노출은 의미가 없으므로 최대 유효빈도의 결정이 매우 중요하다고 할 수 있다.

광고 목표에 이어 광고카피의 복잡성(complexity)도 유효빈도 수준의 결정에 영향을 미친다. 텔리스(Tellis, 1997)에 의하면 광고카피가 양면적 메시지(two-sided message), 소프트셀 광고(soft-sell ads),[1] 모호한 메시지일 경우 복잡성이 높으며, 더 높은 수준의 유효빈도가 요구된다고 한다. 예를 들어, 감성적 소구를 많이 사용하는 소프트셀 광고의 경우 고전적 조건화 학습이 이루어지기 위하여 더 높은 수준의 빈도가 요구된다. 또한 양면적 메시지처럼 광고의 구성이 복잡하거나 모호하고, 여러 가지 메시지를 주장하여 소비자가 내용을 쉽게 이해하지 못하는 경우 높은 수준의 유효빈도가 요구된다. 텔리스(1997)는 이러한 복잡성이 높은 메시지의 경우 소비자로 하여금 광고에 대한 흥미를 유지시키며, 지겨움을 지연시킬 수 있다고 하였다.

(3) 매체 요인

광고의 길이, 매체 클러터, 비히클 주목도, 프로그램 및 기사와 광고 메시지의 부합성과 같은 매체의 특성들도 유효빈도 수준의 결정에 영향을 미친다. 예를 들어, 로시터와 다나허(1998)에 의하면 인포머셜 광고(방영시간이 길어 판매 소구점을 반복 가능), 인쇄 매체, 웹사이트, DM, 전광판과 같은 동영상을 제외한 옥외광고 혹은 포스터들은 광고 메시지에 대해 정보처리를 할 충분한 시간이 주어지기 때문에 1회의 OTS만으로 충분하다고 한다. 반면에 인포머셜의 형태가 아닌 TV와 라디오와 같은 방송 매체는 15초에서 30초 길이가 많기 때문에 정보처리가 이루어지기 위한 역치 수준에 도달하기 위하여 적어도 2~3회의 OTS가 요구된다. 다나허와 그린(Danaher & Green, 1997)은 인포머셜이 아닌 30초에서 90초 사이의 12개의 직접반응 광고캠페인을 조사한 결과, 대부분 광고캠페인이 평균 3회의 OTS를 집행한 것을 발견하였다. 이것은 TV를 이용한 직접반응 광고에 대한 반응의 대부분이 2~4회의 OTS에서 발생한다는 것을 나타낸다. 라디오의 경우 정확한 조사결과는 없으나 주목도가 TV에 비해 낮은 점을 감안할 때 3~5회의 OTS가 필요한 것으로 보인다.

매체 클러터, 매체 주목도, 기사와 메시지의 부합성도 유효빈도의 결정에 영향을 미친다. 매체 클러터 현상이 심할 경우 낮은 경우보다 더 높은 유효빈도를 필요로 하며, 매체 주목도가 낮은 경우 매체 주목도가 높은 경우보다 더 높은 유효빈도를 필요로 한다. 즉, 시장에서의 경쟁이 치열하여 매체 클러터가 높은 경우에는 경쟁자 광고에 제압당하지 않기 위하여 높은 수준의 유효빈도가 요구된다. 또한 프로그램 혹은 기사와 광

---

1) 상품이 가진 특장점이나 혜택 등을 직접 전달하기보다는 분위기나 감성을 자극해 상품에 대한 욕구가 자연스럽게 생기도록 하는 광고를 말한다.

고 메시지의 내용이 부합될 경우 유효빈도 수준을 낮출 수 있다.

(4) 소비자 요인

표적 수용자의 브랜드 충성도, 광고에 대한 수용 태도, 구전(Word Of Mouth: WOM)과 같은 개인적 영향도 유효빈도 수준의 결정에 영향을 미친다. 표적 수용자의 브랜드에 대한 충성도가 낮으면 유효빈도 수준을 높여야 하는 반면, 브랜드에 대한 충성도가 높으면 유효빈도 수준을 낮추어도 된다. 표적 수용자의 광고에 대한 태도가 부정적이면 이들의 지각적 방어막(perceptual filter)을 돌파하기 위하여 유효빈도의 수준을 높여야 하며, 광고에 대한 태도가 부정적이지 않다면 유효빈도의 수준을 낮추어도 된다. 또한 표적 수용자의 구전 활동이 활발하다면 유효빈도의 수준을 낮추어도 되는 반면에 표적 수용자의 구전 활동이 활발하지 않다면 애초 설정된 유효빈도 수준을 유지하거나 높여야 한다.

7) 유효빈도의 결정에 관한 접근방법

(1) 항목별 유효빈도 평가표를 이용한 단순 접근방법

적정 유효빈도 수준을 결정하는 가장 기본적인 방법은 항목별 유효빈도 평가표 (estimator)를 이용하는 방법이다. 이 방법은 〈표 8-4〉의 예에서 보이듯이 유효빈도의 결정에 영향을 미치는 요인들을 중심으로 유효빈도 평가항목들을 설정한 후 각 평가항목별로 1~5점의 범위 내에서 우리 광고캠페인에 적합한 적정 유효빈도 수준을 체크하게 한 다음, 이를 합산하여 평균한 값을 최종 유효빈도로 결정하는 방법이다. 가령 우리 제품이 시장에서 안정적인 매출을 유지하는 성숙기에 접어든 제품일 경우 비교적 낮은 수준의 유효빈도를 적용한다. 또한 메시지가 단순할 경우 낮은 수준의 유효빈도를 적용하고, 복잡할 경우 높은 수준의 유효빈도를 적용한다. 이렇게 하여 13개의 모든 평가항목에 우리 제품에 적합한 빈도 수를 체크한 후 최종적으로 평균값을 산출하여 이를 우리 광고캠페인의 유효빈도 수준으로 결정한다. 이 방법은 일부 광고대행사에서 사용하고 있는 가장 간단하면서도 쉬운 방법이라고 할 수 있다.

〈표 8-4〉 **항목별 유효빈도 평가표**

저 ←——————— 유효빈도 수준 ———————→ 고					
	1	2	3	4	5	

1. 마케팅 요인

	1	2	3	4	5	
• 성숙기 제품/안정적인 매출	☐	☐	☐	☐	☐	신제품/신규 매출
• 기존 확립된 캠페인	☐	☐	☐	☐	☐	새로운 캠페인
• 높은 경쟁사 광고활동	☐	☐	☐	☐	☐	낮은 경쟁사 광고활동
• 높은 수준의 광고지원	☐	☐	☐	☐	☐	낮은 수준의 광고지원

2. 광고 요인

	1	2	3	4	5	
• 인지적 학습	☐	☐	☐	☐	☐	행동적 학습
• 일회성 캠페인	☐	☐	☐	☐	☐	브랜드 이미지 제고
• 단순한 메시지	☐	☐	☐	☐	☐	복잡한 메시지
• 참신한 메시지	☐	☐	☐	☐	☐	진부한 메시지

3. 매체 요인

	1	2	3	4	5	
• 높은 비히클 주목도	☐	☐	☐	☐	☐	낮은 비히클 주목도
• 낮은 매체 클러터	☐	☐	☐	☐	☐	높은 매체 클러터

4. 소비자 요인

	1	2	3	4	5	
• 높은 충성도	☐	☐	☐	☐	☐	낮은 충성도
• 높은 광고 수용태도	☐	☐	☐	☐	☐	낮은 광고 수용태도
• 높은 구전 활동	☐	☐	☐	☐	☐	낮은 구전 활동

출처: Scissors & Bumba (1996).

(2) 오스트로의 접근방법

미국의 다국적 광고대행사인 FCB의 오스트로(1982)는 유효빈도의 결정에 영향을 미치는 요인들을 크게 마케팅 요인, 광고카피 요인, 매체 요인의 3개로 분류한 후 적절한 유효빈도의 수준을 이들 요인에 따라 가변적으로 적용할 것을 제안하였다. 오스트로(1982)는 유효빈도의 결정에 영향을 미치는 요인들을 중심으로 평가항목을 설정하고, 각각의 평가항목별로 61점의 범위 이내에서 최대 1점에서 최소 21점까지 가산점수를 부여한 후 최종적으로 평균치를 산출하여 이를 최종적인 최소 유효빈도의 결정 시 가산점수로 활용하는 방법을 제시하였다. 즉, 〈표 8-5〉에서 보이듯이 신제품일 경우 높은 유효빈도를 필요로 하며, 따라서 유효빈도 결정 시 가산점수를 10.2점을 추가한다. 또한 광고카피의 내용이 복잡할 경우에도 가산점수 10.2점을 부여한다. 반면에 제품

〈표 8-5〉 **오스트로(1982)의 항목별 평가방법 사례**

저 ←		유효빈도 수준		→ 고	
A. 마케팅 요인들					
1. 기존 제품	−.2	−.1	+.1	+.2	신제품
2. 높은 시장점유율	−.2	−.1	+.1	+.2	낮은 시장점유율
3. 시장 지배적 상표	−.2	−.1	+.1	+.2	잘 알려지지 않은 상표
4. 높은 상표 충성도	−.2	−.1	+.1	+.2	낮은 상표 충성도
5. 장기 구매주기	−.2	−.1	+.1	+.2	단기 구매주기
6. 일용품	−.2	−.1	+.1	+.2	비 일용품
B. 광고카피 요인들					
7. 단순한 카피	−.2	−.1	+.1	+.2	복잡한 카피
8. 독특한 카피	−.2	−.1	+.1	+.2	평범한 카피
9. 기존 캠페인 카피	−.2	−.1	+.1	+.2	새로운 캠페인 카피
10. 직접 판매 위주의 카피	−.2	−.1	+.1	+.2	이미지광고 위주의 카피
11. 단일 유형의 메시지	−.2	−.1	+.1	+.2	여러 유형의 메시지
12. 새로운 메시지	−.2	−.1	+.1	+.2	오래된 메시지
13. 큰 광고유닛	−.2	−.1	+.1	+.2	작은 광고유닛
C. 매체 요인들					
14. 낮은 매체 클러터	−.2	−.1	+.1	+.2	높은 매체 클러터
15. 높은 기사와 부합도	−.2	−.1	+.1	+.2	낮은 기사와 부합도
16. 높은 매체주목도	−.2	−.1	+.1	+.2	낮은 매체주목도
17. 지속형 광고	−.2	−.1	+.1	+.2	펄싱 혹은 플라이트형 광고
18. 소수의 매체만 사용	−.2	−.1	+.1	+.2	다수의 매체 사용
19. 높은 반복 노출 기회	−.2	−.1	+.1	+.2	낮은 반복 노출 기회

출처: Scissors & Bumba (1996)를 바탕으로 재구성함.

이 일용품일 경우에는 낮은 수준의 유효빈도만으로도 충분하므로 가산점수를 오히려 −0.1점을 적용하고 광고카피가 비교적 단순할 경우에도 −0.2의 가산점수를 부여한다. 〈표 8-6〉은 FCB 그리드 모델의 4개의 제품 유형별 광고 목표 차원들을 유효빈도 설정의 기본 베이스로 한 다음, 오스트로(1982)의 방법을 이용하여 특정 브랜드 광고캠페인에서 유효빈도 수준을 결정하는 사례를 보여 주고 있다. 이 방법은 제품 유형별 광고 목표에 따른 기본 유효빈도의 결정, 평가항목별 가산점수의 부여, 가산점수의 적용과 최종 유효빈도 산출이라는 4단계 과정을 거친다.

〈표 8-6〉 **오스트로(1982)의 방법을 이용한 유효빈도목표 결정의 예**

제품 유형들	광고 목표의 차원들	한 광고 사이클 내 기본 유효빈도	추가 고려사항 (오스트로의 평가항목들)	수정된 유효빈도
저관여/이성	재인/이성적 태도	3+(=베이스)	신규브랜드(+0.2)	3+1=최소 4
저관여/감성	재인/감성적 태도	5+(=3+2)	낮은 상표 충성도(+0.2)	5+1=최소 5
고관여/이성	회상/이성적 태도	5+(=3+2)	평범한 카피(+0.2)	5+1=최소 6
고관여/감성	회상/감성적 태도	7+(=3+4)	높은 매체 클러터(+0.2)	7+1=최소 7
			짧은 구매주기(+0.2)	
			(추가항목 평가합계=+1.0)	

출처: Scissors & Bumba (1996).

먼저, 첫 번째 단계는 광고 목표에 상응하는 기본적인 유효빈도목표를 결정한다. 예를 들어, 〈표 8-6〉에서 보이듯이 저관여/이성 제품의 광고캠페인 목표가 표적 수용자를 대상으로 폭넓은 브랜드 인지도를 창출하는 것을 일차적인 목표로 한다면 기본적인 유효빈도 수준을 3회로 결정할 수 있다. 두 번째 단계는 오스트로(1984)의 평가항목을 이용하여 제품 및 광고캠페인을 평가한 후 각각의 평가항목별로 가산점수를 부여한다. 즉, 광고카피가 복잡하면 10.2의 가산점수를 부여하고 클러터 현상이 심하면 10.2, 경쟁자 광고활동이 심하면 10.3, 광고 메시지가 독특하면 20.1의 점수를 각각 부여한다. 이러한 방식으로 저관여/이성 제품의 광고캠페인에 관련되는 모든 평가항목에 가산점수를 부여한 후 합산하면 가산점수의 합계는 11.0이다. 세 번째 단계에서는 기본 유효빈도에 합산한 가산점수를 적용하여 최종 유효빈도를 산출한다. 예를 들어, 저관여/이성 제품의 광고캠페인 목표가 브랜드 인지도를 확보하는 것이라면 기본 유효빈도 3회에 합산된 가산점수 1회를 더하여 최종적으로 수정된 유효빈도 4회를 산출하게 된다. 이와 같은 방식으로 각각의 제품 유형별로 광고캠페인의 최종 유효빈도를 산출하면 최종적으로 산출된 유효빈도는 4회에서 7회까지에 달한다고 할 수 있다.

(3) 로시터와 다나허의 접근방법

로시터와 다나허(1998)는 크러그먼(1972)의 '3-hit' 이론 및 에프론(1995)의 '한 주에 1회 노출(single-exposure per one week)' 이론을 포함한 기존의 유효빈도에 관한 이론들을 기반으로 비히클 주목도, 표적 수용자의 충성도, 커뮤니케이션 목표, 구전(WOM)과 같은 개인적 영향의 정도에 따라서 유효빈도 수준을 조절할 것을 제안하였다. 로시

〈표 8-7〉 로시터와 다나허의 최소 유효빈도 추정 공식

$$MEF/c=\{1+VA\times(TA+BA+BATT+PI)\}/c$$

출처: Rossiter & Danaher (1998).

〈표 8-8〉 최소 유효빈도 추정 방법

요인	−1부터 LC+1*까지				
	−1	0	+1	+2	LC+1*
1. 비히클 주목도	−	−	높은 주목	낮은 주목	−
2. 표적 수용자의 충성도	−	충성자	상표 전환자	타 상표 충성자 타 상표 전환자	새로운 사용자
3. 커뮤니케이션 목표	−	브랜드 인지 정보적 브랜드 태도	−	−	브랜드 회상 감성적 브랜드 태도
4. 개인적 영향의 정도	높음 (평균접촉＞0.25)	낮음 (평균접촉＜0.25)	−	−	−

출처: Rossiter & Danaher (1998).

터와 다나허(1998)는 이들 4개의 요인을 독립 변인으로 하는 최소 유효빈도 추정 공식을 개발하였다. 이 공식은 '한 주에 1회 노출' 이론을 바탕으로 한 광고 사이클 내에서 '1회'의 노출을 시작점(building block)으로 하여, 비히클 주목도, 표적 수용자의 충성도, 커뮤니케이션 목표, 개인적 영향의 정도에 따라서 유효빈도의 수준을 조절한다. 로시터와 다나허(1998)의 최소 유효빈도 추정 공식은 〈표 8-7〉과 같은 수식으로 표현된다. 여기에서 MEF/c는 한 광고 사이클 내의 최소 유효빈도, VA는 비히클 주목도(vehicle attention), TA는 표적 수용자(target audience), BA는 브랜드 인지도(brand awareness), BATT는 브랜드 태도(brand attitude), PI는 개인적 영향(personal influence), C는 사이클(cycle)을 나타낸다.

① 비히클 주목도

로시터와 다나허(1998)는 매체 비히클의 주목도를 높은 주목도와 낮은 주목도로 구분하고, 높은 주목도일 경우 1회의 노출을 추가하고 낮은 주목도일 경우에는 상대적으로 높은 수준의 빈도를 필요로 하기 때문에 2회의 노출을 추가할 것을 제안하였다. 주목도가 낮은 매체 비히클에 광고를 게재하는 경우 2회의 노출을 추가하는 이유는 매체

수용자들이 주목하는 확률이 높은 주목도를 가진 매체 비히클에 비해 1/2 수준밖에 안되기 때문이다. 높은 주목도를 가진 매체 비히클은 TV SA와 A시간대, 라디오의 A시간대(주로 출퇴근 시간대), 일차 구독자들이 주로 읽는 신문과 잡지, 빌보드와 같이 특정 위치에 고정 설치되어 있는 옥외광고, 직접우편, 인터넷 웹사이트를 포함한다. 반면에 주목도가 상대적으로 낮은 매체 비히클은 TV와 라디오의 C, D시간대, 회람 독자가 많이 보는 신문과 잡지, 카트와 같이 고정된 위치에 설치된 것이 아닌 움직이는 옥외광고 등이 포함된다.

② 표적 수용자의 충성도

유효빈도는 표적 수용자의 충성도의 영향을 받는다. 우리 브랜드에 대한 충성고객은 브랜드를 잘 알고 브랜드에 대한 학습이 필요하지 않기 때문에 추가적인 노출이 필요하지 않다. 그러나 우리 브랜드를 지속적으로 사용하지 않고 다른 브랜드로 자주 바꾸는 고객에게는 한 광고 사이클 내에서 브랜드 전환(brand switching)이 일어나기 전에 고객 이탈을 방지하기 위하여 1회의 기본노출에 1회의 추가적인 노출이 더 필요하다. 또한 우리 제품에 부정적인 태도를 가진 타사제품 충성고객들에게 효과적인 것으로 알려진 반박광고 혹은 비교광고를 통하여 새로운 학습을 유도하는 캠페인을 전개할 경우 2회의 추가적인 노출을 더하여 총 3회의 노출이 필요할 수 있다. 또한 신제품을 처음으로 시장에 출시할 경우 신규 고객(new category users)들을 대상으로 단순히 매출보다 시장점유율의 증대가 일차적인 목표가 되는 경우가 많기 때문에 경쟁자보다 더 많이 광고를 집행하여야 한다. 즉, 경쟁자와 크리에이티브 수준이 비슷할 경우 시장점유율을 높이기 위하여 시장에서 가장 강력한 경쟁자의 광고캠페인보다 더 많은 잠재고객에게 더 자주 도달하여야 할 뿐만 아니라 신규 고객으로 하여금 신제품에 대한 새로운 학습을 유도하기 위하여 경쟁자보다 더 높은 수준의 노출빈도가 요구된다. 특히 청량음료 혹은 맥주 브랜드와 같이 시장에서 경쟁이 치열한 제품군의 경우 신제품을 시장에 출시할 때 이 같은 경우가 발생할 가능성이 크다.

만약 우리 브랜드가 시장에서 따라잡을 경쟁자가 없는 선두기업이거나 독점기업일 경우에는 경쟁자에 신경을 쓸 필요가 없기 때문에 신규 고객들을 대상으로 신제품에 대한 새로운 지식을 학습시키는 것만이 필요하다. 따라서 이 경우에는 표적 수용자의 인지적 학습에 필요한 기본노출에 2회의 추가적 노출이 필요하다. 비록 우리 브랜드가 시장에서 선두의 위치를 차지하고 있더라도 시장에서 경쟁자가 막대한 광고비를 투입하여 빠르게 시장을 잠식해 나간다면 시장을 적극적으로 방어하기 위하여 가장 강력한 경쟁자를 대상으로 하는 캠페인의 경우에서와 마찬가지로 한 광고 사이클 내에서 가장 강력한 경쟁자의 유효빈도에 1회의 노출을 추가(LC+1/c)하는 것이 필요하다.

③ 커뮤니케이션 목표

유효빈도는 광고캠페인의 커뮤니케이션 목표에 따라서도 다르게 적용된다. 유효빈도의 결정에 가장 큰 영향을 미치는 커뮤니케이션 효과는 브랜드 인지도(BA)와 브랜드 태도(BATT)이다. 브랜드 인지도의 경우 재인과 회상으로 구분되는데 만약 광고캠페인이 브랜드 재인을 목적으로 할 경우 추가적인 노출은 필요가 없으나 브랜드 회상을 목적으로 할 경우 상대적으로 높은 빈도가 요구된다. 브랜드 회상을 광고캠페인의 목표로 하는 경우 최대 유효빈도는 표적 수용자에 포함된 모든 사람으로 하여금 그 브랜드를 첫 번째로 회상할 수 있도록 하는 것이다. 그러나 대부분 광고캠페인의 경우 광고 예산의 현실적 제약으로 인하여 최대 유효빈도 수준으로 광고비를 투입할 수 없으므로 로시터와 다나허(1998)는 가장 강력한 경쟁자의 유효빈도에 1회의 노출을 추가(LC 1+1)하거나 자사의 브랜드가 시장에서 선두브랜드일 경우 2회의 노출을 추가할 것을 제안하였다. 또한 광고캠페인이 이성적 브랜드 태도(informational brand attitude)를 목표로 하는 경우 광고제품이 나와 관련이 있거나(혹은 나의 문제를 해결해 주거나) 혹은 관련이 없는 것으로 즉각적으로 인식되기 때문에 1회 혹은 2회의 노출만으로도 충분하며, 추가적인 노출에 대한 어떠한 조정도 필요치 않다. 반면에 광고캠페인이 감성적 브랜드 태도(transformational brand attitude)를 목표로 하는 경우 브랜드 이미지 혹은 브랜드 태도를 구축하거나 강화하는 것이 필요해서 가장 강력한 경쟁자의 유효빈도에 1회의 노출을 추가(즉, LC 1+1)하는 것이 필요하다.

브랜드 인지도와 브랜드 태도는 광고캠페인의 목표에 따라서 네 가지 유형의 조합으로 나타난다. 예를 들어, 광고캠페인이 브랜드 재인과 이성적 태도를 목적으로 할 경우 추가적인 노출이 요구되지 않는다. 그러나 광고캠페인이 브랜드 재인과 감성적 태도 혹은 브랜드 회상과 이성적 태도를 목적으로 할 경우 2회 이상의 노출이 추가되거나 가장 강력한 경쟁자의 유효빈도에 1회의 노출을 추가(즉, LC 1+1)하는 것이 바람직하다. 반면 광고캠페인이 브랜드 회상과 감성적 태도를 목표로 하는 경우 가장 높은 유효빈

도의 수준이 요구된다. 구체적으로 기본노출에 4회의 노출을 추가하거나 가장 강력한
경쟁자의 유효빈도에 2회의 노출을 추가(즉, LC 1+2)하는 것이 바람직하다. 특히 맥주
혹은 패스트푸드 브랜드와 같이 브랜드 회상과 감성적 태도를 목표로 하는 경우가 이
에 해당이 된다.

〈표 8-9〉 **커뮤니케이션 목표에 따른 적정 유효빈도의 수**

커뮤니케이션 목표	재인	회상
이성적 브랜드 태도	0회(추가 노출 없음)	2회 추가 노출 혹은 LC+1
감성적 브랜드 태도	2회 추가 노출 혹은 LC+1	4회 추가 노출 혹은 LC+2

출처: Rossiter & Danaher (1998).

④ 개인적 영향

개인적 영향은 구전(WOM)과 우연히 다른 사람들의 눈에 띄는 시각적 노출 효과 등과
같은 사회적 확산(social diffusion)을 말한다. 구전은 광고인지도 혹은 브랜드 인지도보
다 광고 태도 혹은 브랜드 태도에 긍정적인 영향을 미치기 때문에 광고 노출의 두 배 이
상의 효과가 있는 것으로 알려져 있다. 구전은 신제품뿐만 아니라 고관여 제품(high risk
product) 등 제품 유형과 관계없이 광고주기의 어떤 시점에서도 작용하며, 새로운 광고
캠페인을 런칭할 때 가장 많이 발생한다. 특히 인터넷 광고캠페인은 구전효과를 목적으
로 제작되는 경우가 많다. 일부 광고주들은 빅 스타를 모델로 한 재미있는 동영상 등을
제작하여 입소문 마케팅을 유도함으로써 의도적으로 구전효과를 노리기도 한다.

오즈가(Ozga, 1960)는 광고를 본 1명의 표적 수용자가 얼마나 많은 다른 표적 수용자
에게 광고에 관한 입소문을 내었는가를 나타내는 접촉 계수(contact coefficient)를 개발
하였다. 로시터와 퍼시(Rossiter & Percy, 1987)에 의하면 이 접촉 계수를 고려하여 유효
빈도의 수준을 낮출 수 있다. 구체적으로 구전의 접촉 계수가 최소한 0.25 이상은 되어
야 유효빈도를 1회 낮출 수 있다. 경쟁자를 격하하는 직접적인 비교광고도 구전효과가
크기 때문에 유효빈도의 수준을 '1회' 낮출 수 있다. 접촉 계수 0.25가 의미하는 것은 한
광고 사이클 동안 광고에 노출된 4명 중에서 최소한 한 사람은 다른 1명에게 구전으로
접촉하였다는 것을 나타낸다. 이러한 대인접촉은 사람들 간에 널리 유포 혹은 확산이
되는 성질을 지녔기 때문에 실제 노출을 대체할 만큼 효과적이다. 그러나 접촉 계수가
0.25 이하의 경우 구전효과는 미미하기 때문에 유효빈도 수준은 조정할 필요가 없다.

구전효과가 큰 광고캠페인의 사례로는 나이키의 'Just Do It(일단 해 봐/하면 된다)'와 코카콜라의 'Polar Bears And Seal(북극곰과 바다표범)' 광고캠페인을 들 수 있다.

⑤ 광고유닛을 이용한 최소 유효빈도의 조정

광고의 길이, 크기, 색상과 같은 광고유닛(ad unit)도 유효빈도의 결정에 영향을 미친다. 예를 들어, TV 광고의 길이가 길거나 인쇄 광고의 지면 크기가 크거나 흑백이 아닌 컬러광고의 경우 구매성향을 불러일으키는 데 필요한 커뮤니케이션 효과를 획득할 기회가 더 커진다. 로시터와 다나허(1998)는 광고유닛에 따라 유효빈도를 조정하는 방법을 제시하였다. 구체적으로 30초, 1페이지, 흑백광고를 기준으로 하여 〈표 8-10〉에 나타난 지수들로 나눌 것을 제안하였다. 가령 〈표 8-10〉에서 보이듯이 30초, 1페이지, 흑백광고를 기준으로 하였을 때 4색 신문광고를 집행할 경우 최소 유효빈도(MEF)가 4라고 가정한다면 조정된 유효빈도는 〈표 8-10〉에 나타난 지수(index)로 나누면

〈표 8-10〉 대중매체 광고의 유닛 조정을 통한 최소 유효빈도 추정

광고 길이	TV		라디오
60초	1.2		1.4
30초	1.0		1.0
15초	0.8		0.8
10초	0.7		0.7
인쇄 광고 크기	신문	소비자 잡지	산업용 잡지
2페이지 스프레드	1.2	1.3	1.7
1페이지 표준	1.0	1.0	1.0
1/2페이지	0.7	0.7	0.7
1/4페이지	0.5	0.4	0.4
인쇄 광고 컬러	신문	소비자 잡지	산업용 잡지
4색	1.8	1.0(표준)	1.4
2색	1.5	0.8	1.2
흑백	1.0(표준)	0.7	1.0(표준)
위치	옥외광고와 포스트		
competitive(standard)	1.0		
stand-alons	2.5		

출처: Rossiter & Danaher (1998).

'4/1.8=2.2'가 된다.

⑥ 최소 유효빈도 추정의 예

밀러(Miller) 맥주가 표적 수용자의 평균 제품구매주기인 2주의 한 광고 사이클 동안 표적 수용자인 브랜드 전환자(brand switcher)를 대상으로 잡지광고를 이용하여 밀러 맥주에 대한 재인과 감성적 브랜드 태도를 획득하는 것을 목표로 하는 광고캠페인을 실시한다면, 밀러 맥주 광고캠페인의 최소 유효빈도(MEF/c)는 기본노출=1회, 브랜드 전환자(TA)=1회, 비히클 주목도(VA)=1회, 재인(BA)=0회, 감성적 브랜드 태도(BATT)=3회(LC+1, 즉 가장 강력한 경쟁자인 버드와이저의 유효빈도 수준인 +2에 1회의 노출을 추가), 구전효과(PI)=0회(개인적 영향이 없을 것으로 가정)를 적용하여 최종적으로 2.5회[={1+1×(1+0+3+0)}/2]가 된다. 또한 타이드(Tide) 세제가 표적 수용자인 타사 상표 충성자(other-brand royals)를 대상으로 지상파TV 미니시리즈 광고를 이용하여 타이드 세제에 대한 재인과 이성적 브랜드 태도를 획득하는 것을 목표로 하는 광고캠페인을 실시한다면 타이드 세제의 광고캠페인의 최소 유효빈도(MEF/c)는 기본노출=1회, 타사 상표 충성자(TA)=2회, 재인=0회, 이성적 브랜드 태도(BATT)=0회, 비히클 주목도(VA)=1회, 구전효과(PI)=0회(개인적 영향이 없을 것으로 가정), 타이드 세제의 광고 사이클=3주(표적 수용자의 평균 제품구매주기)를 적용하여 최종적으로 1회[={1+1×(2+0+0+0)}/3]로 계산된다.

8) 유효빈도이론 적용의 한계와 문제점

인쇄 매체를 활용한 광고캠페인의 경우 유효빈도를 적용하는 데 있어서 첫 번째 장애요인은 열독률의 결함으로 인해 발생하는 문제점이다. 인쇄 광고의 경우 일반적으로 유효빈도 3회를 목표로 하는 매체 스케줄을 구성할 때 매체 수용자 조사회사의 열독률 자료를 활용한다. 그러나 이러한 매체 수용자 조사회사의 열독률 자료는 비히클 노출, 즉 OTS를 측정한 것이지 광고 노출을 측정한 것이 아니므로 비록 유효빈도목표를 3회로 설정하여도 이것이 반드시 광고 메시지에 3회 노출된다는 것을 보장하지 않는다. 이는 매체 스케줄에 3회 노출된 사람이라도 매체 스케줄을 구성하고 있는 각 비히클 내의 광고 메시지를 읽거나 보지 않는 사람들이 있기 때문이다. 이러한 문제는 결국 유효빈도 범위 내의 도달률을 과대평가하는 문제를 발생시킨다. 실제로 카민(Kamin, 1978)은 11~12회 정도의 OTS를 목표로 하여야 3회의 광고 노출을 보장받을 수 있다는 연구결과를 발표하였다. 이러한 이유로 미국의 광고대행사들은 목표로 하는 3회의 광고 노출을 얻기 위하여 열독률에 비중(weight)을 주어 실제 광고 메시지에 대한 열독률에 가깝게 조정한 후 조정된 열독률을 가진 매체 비히클로 3회의 광고 노출을 획득할 수 있는 매체 스케줄을 구성한다. 열독률 조정의 비중으로 많이 사용되는 개념들은 회상(58.5%), 광고 노출(52.1%), 인지(47.6%), 주목(43.6%)과 같은 커뮤니케이션 효과이다.

광고캠페인에서 유효빈도 개념의 적용을 어렵게 하는 두 번째 문제점은 소비자의 의도적 광고 회피 행동이다. 유효빈도이론은 반드시 광고 메시지에 대해 유효빈도 수만큼 노출되었다는 것을 전제로 한다. 예를 들어, 유효빈도목표가 3회라면 반드시 광고 메시지에 3회 노출되어야 수용자로부터 원하는 반응을 기대할 수 있다. 그러나 많은 매체 수용자들은 광고를 보는 도중 광고에 주의를 기울이지 않거나, 광고를 의식적으로 회피한다. 특히 TV 광고의 경우 저관여 상태에서 수용되는 경우가 대부분이기 때문에 자신에게 관여도가 높은 제품 혹은 브랜드가 아니면 이러한 의도적인 광고 회피 현상이 심하게 나타난다. 따라서 수용자의 의도적 광고 회피 행동이 심하게 나타나는 경우 표적 수용자가 반드시 광고 메시지에 3회 노출된다고 보장할 수 없으며 유효빈도의 적용은 설득력을 잃게 된다.

유효빈도 개념을 실무에서 적용하기 어렵게 만드는 세 번째 요인은 매체계획의 시간 구성이다. 매체계획의 시간 구성이란 매체계획이 계획되고 집행되는 기간을 말하며 유효빈도목표가 설정되는 기간이다. 일반적으로 전통적인 매체계획에서는 제품 성수기를 중심으로 4주의 기간 동안 3회의 유효빈도를 획득하는 것을 관행으로 하거나 매체 스케줄이 보통 1개월 단위로 계획되고 집행되기 때문에 유효빈도목표의 설정은 1개월의 시간 구성을 많이 사용한다. 그러나 특정 제품의 매체계획이 1개월 동안 3회의 최소 유효빈도를 획득하는 것을 목표로 한다고 하여도 개별 표적 수용자마다 제품구매주기가 달라서 모든 소비자가 제품구매 전 반드시 3회의 광고 노출을 보장받는 것은 아니다. 즉, 자신의 제품구매주기가 매체계획의 시간 구성과 일치하는 표적 수용자는 제품구매 전 광고 메시지에 3회 모두 노출될 수 있는 반면에 자신의 제품구매주기가 매체계획의 시간 구성과 일치하지 않는 표적 수용자는 제품구매 전 광고 메시지에 1회 혹은 2회만 노출될 수도 있다. 가령 광고캠페인의 첫 번째 달의 1일부터 30일까지 한 달간 3회의 광고 노출을 유효빈도목표로 설정한다고 하여도 어떤 소비자의 제품구매 시점이 그달의 15일이라면 제품구매 전까지 광고 메시지에 3회 노출된다고 할 수 없을 것이다.

따라서 특정 제품의 광고캠페인의 시간 구성을 정하여 일률적으로 유효빈도목표를 적용하는 것은 그 기간 내에 모든 표적 수용자에게 제품구매 전 유효빈도가 반드시 3회 누적된다는 것을 보장할 수 없으므로 기대하는 광고효과를 얻을 수 없게 된다. 이러한 이유로 리슨시 플래닝의 주창자인 에프론(1996)과 존스(1999)는 유효빈도 개념의 실무에서의 적용의 한계로 시간 구성을 지적하고 개별 표적 수용자의 각기 다른 구매주기와 구매 시점을 최대한 커버하기 위하여 광고를 지속적으로 유지하여야 한다는 점을 강조한다. 이처럼 유효빈도목표가 설정되는 매체계획의 시간 구성은 미디어 플래너들이 유효빈도 개념을 실무에 적용하는 것을 어렵게 하는 또 하나의 요인이라고 할 수 있다.

2. 유효도달률

유효도달률(effective reach)은 전체 표적 수용자 중 유효빈도 범위 내에 노출된 표적 수용자의 수를 백분율로 나타낸 것이다. 예를 들어, 만약 어떤 광고캠페인이 목표로 하는 유효빈도의 범위가 3~5회라면 유효도달률은 3회, 4회, 5회의 각 빈도에서 노출된 표적 수용자의 크기를 합한 값이다. 즉, 유효도달률은 유효빈도 범위 내의 표적 수용자의 도달률을 의미하며, 이는 유효빈도 범위 내의 표적 수용자의 크기를 나타낸다. 유효도달률은 매체 스케줄에 대한 도달 효과만을 측정하는 도달률과는 달리 커뮤니케이션 효과를 전제로 하는 노출 효과를 추정하는 지표이다. 즉, 유효도달률은 브랜드 인지, 태도 변화, 브랜드 전환, 메시지 회상 등과 같은 커뮤니케이션 효과가 발생하는 데 필요한 유효빈도 범위 내에서 광고캠페인에 노출된 표적 수용자의 크기라고 할 수 있다.

유효도달률은 유효빈도 범위 내의 도달률을 나타내기 때문에 각 빈도에 노출된 표적 수용자의 비율(%)을 나타내는 노출분포를 통하여 산출할 수 있다. 노출분포는 특정 매체 스케줄에 0회 노출된 사람부터 1, 2, 3······ 등 각 빈도에 노출된 표적 수용자의 비율(%)을 말한다. 예를 들어, 〈표 8-11〉의 특정 매체 스케줄의 노출분포는 0부터 10회 이상까지의 각각의 빈도별 표적 수용자의 크기를 나타낸다. 즉, 이 노출분포에서 첫 번째 칸은 각 빈도 수준을 나타내며, 두 번째 칸은 각 빈도에서의 표적 수용자의 노출인원,

〈표 8-11〉 특정 광고 스케줄 A의 노출분포 예

구분	빈도	표적 수용자 크기		
		도달인원(명)	도달률(%)	누적 도달률(%)
모집단: 10,000,000	0	800,000	8.0	100.0
	1	1,100,000	11.0	92.0
	2	1,400,000	14.0	81.0
	3	1,600,000	16.0	67.0
	4	1,100,000	11.0	51.0
	5	810,000	8.1	40.0
	6	610,000	6.1	31.9
	7	460,000	4.6	25.8
	8	340,000	3.4	21.2
	9	300,000	3.0	17.8
	10+	1,480,000	14.8	14.8

세 번째 칸은 도달인원을 백분율로 표시한 도달률, 네 번째 칸은 누적 도달률(reach n+)을 나타낸다. 이 노출분포를 이용하면 유효도달률을 쉽게 계산할 수 있다. 가령 미디어 플래너가 유효빈도의 범위를 3회에서 5회까지로 결정하였다면 이때 유효도달률은 빈도 3회 이상 5회까지의 표적 수용자의 도달률을 모두 합한 35.1%(=16%+11%+8.1%)가 된다. 따라서 이 광고캠페인을 통해서 표적 수용자의 35.1%에게 광고 메시지가 효과적으로 도달되었다고 할 수 있다.

일반적으로 매체 목표의 설정에서 주어진 광고 예산 혹은 GRPs의 범위 내에서 유효빈도의 범위가 먼저 결정되면 유효빈도의 범위 내에 포함된 표적 수용자의 크기를 나타내는 유효도달률이 결정된다. 유효도달률은 유효빈도의 범위 내의 도달률을 의미하기 때문에 유효빈도와 함께 사용되며, 도달률과 빈도처럼 광고캠페인이 달성해야 할 매체 목표의 지표로 사용된다. 예를 들어, 광고캠페인 기간 내에 유효도달률 60%를 달성한다. 즉, '표적 수용자의 60%에게 월평균 3회 이상 광고 메시지를 도달시킨다.'라는 매체 목표를 세울 수 있다.

유효도달률은 상표인지도와 같은 커뮤니케이션 효과와 광고 매체의 노출량을 이어 주는 개념이기 때문에 상표인지도 70%를 광고 목표로 설정한다면 이러한 상표인지도 70%를 달성하기 위하여 최소 유효도달률 70%라는 매체 목표를 세울 수 있다. 유효도달률은 매체 스케줄을 결정한 후 이 매체 스케줄을 통하여 광고 메시지가 표적 수용자에게 얼마나 효과적으로 도달될 수 있을 것인가를 사전평가하고 예측하기 위한 목적으로도 사용된다. 만약 매체 스케줄의 사전평가 결과, 광고캠페인이 예상되는 유효도달률 목표에 미치지 못하는 경우 매체 스케줄을 재구성하여야 한다. 또한 유효도달률은 광고 집행 후 매체 스케줄이 얼마나 많은 사람에게 효과적으로 도달되었는가를 사후평가하기 위하여 사용된다. 이러한 사후평가를 통하여 나타난 결과를 차기 광고캠페인에서 반영한다.

유효도달률은 도달률과 마찬가지로 광고비 투입량이 증가할수록 수확 체감적으로 누적된다. 그러나 유효도달률이 누적되는 속도는 도달률보다 느리며, 유효빈도의 수준이 높으면 높을수록 유효도달률이 누적되는 속도는 느려진다. [그림 8-5]은 특정 광고캠페인의 도달률과 유효도달률의 누적 패턴을 나타낸다. [그림 8-5]에서 보이듯이 이 광고캠페인의 최소 유효빈도를 3회로 잡았을 경우 도달률은 60%, 유효도달률은 20%가 됨을 알 수 있다. 반면에 최대 유효빈도를 10회로 잡았을 경우 도달률은 82%, 유효도달률은 70%가 됨을 알 수 있다. 이처럼 유효빈도와 도달률 및 유효도달률의 누적 패턴을 알게 되면 이를 매체 목표의 설정에 효율적으로 활용할 수 있다.

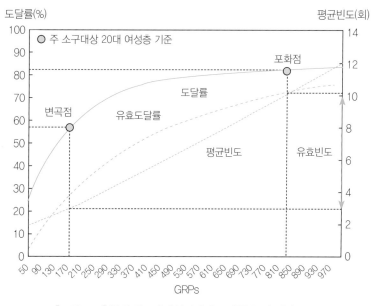

[그림 8-5] 특정 광고캠페인의 유효도달률 누적 패턴

출처: 오리콤.

3. 노출분포

노출분포(exposure distribution) 혹은 빈도분포(frequency distribution)는 광고캠페인 동안 0, 1, 2, 3회…… 등 각 빈도 수준에서 특정 매체 스케줄에 노출된 표적 수용자의 비율(%)을 말한다. 예를 들어, 『여성동아』 『Feel』 『라벨르』에 각각 1개씩의 광고를 게재한다면 이 3개의 광고를 한 번도 보지 않은 사람이 있을 것이고, 한 번 본 사람, 두 번 본 사람, 세 번 모두를 본 사람이 있을 것이다. 이러한 각 노출횟수에서 표적 수용자의 수(number)를 퍼센트로 나타낸 값을 노출분포라고 말한다. 예를 들어, 〈표 8-12〉의 노출분포 예에서 제일 왼쪽 칸은 빈도를 나타내며, 도달률은 각 빈도에 해당하는 표적 수용자의 크기를 나타낸다. 이 노출분포에 의하면 특정 TV 매체 스케줄의 광고 메시지에 1회 노출된 사람은 전체의 11%, 2회 노출된 사람은 14%, 3회 노출된 사람은 16%로 나타나 있다. 노출빈도 1회부터 20회까지의 도달률을 모두 더하면 총 도달률 92%가 된다. 이는 TV 매체 스케줄을 통하여 방영된 광고 메시지에 한 번이라도 노출된 사람의 비율이 전체 표적 수용자의 92%가 된다는 것을 나타낸다. 따라서 광고 메시지에 한 번이라도 노출되지 않은 표적 수용자의 비율은 전체 표적 수용자 100%에서 한 번이라도 노출된 사람의 비율인 92%를 뺀 8%가 된다.

〈표 8-12〉의 두 번째 칸은 누적 도달률을 나타낸다. 즉, 1(+)는 1회 이상 광고 메시지에 노출된 표적 수용자의 비율, 2(+)는 2회 이상 광고 메시지에 노출된 표적 수용자의 비율, 3(+)는 3회 이상 광고 메시지에 노출된 표적 수용자의 비율을 나타낸다. 예를 들어, 1(+)의 누적 도달률이 92%라는 것은 전체 표적 수용자의 92%가 최소한 1회 이상 광고 메시지에 노출이 되었다는 것을 말한다. 그러므로 누적 도달률 1(+)가 의미하는 것은 노출빈도 1회에서 20회까지의 도달률을 모두 합한 값이 된다. 누적 도달률에서 0번 이상 노출된 표적 수용자의 비율을 나타내는 0(+) 도달률은 항상 100%가 되는데 이는 광고 메시지에 한 번 이상 노출된 사람의 비율인 92%와 한 번도 노출되지 않은 사람의 비율인 8%를 더한 값이 된다.

〈표 8-12〉의 오른쪽 칸은 총 GRPs를 계산하는 것을 보여 주고 있다. 즉, 각 빈도와 그 빈도에 해당하는 도달률을 곱하면 각 빈도에서의 총 GRPs가 되며, 이를 모두 합산하면 이 매체 스케줄의 총 GRPs가 된다. 예를 들어, 빈도 1회에서의 GRPs는 '1×

11=11%'가 되며, 빈도 2회에서의 GRPs는 '2×14=28%'가 된다. 이처럼 각 빈도에서의 GRPs를 계산하여 모두 더하게 되면 이 매체 스케줄의 총 GRPs는 491.3%가 된다. 노출분포를 이용하면 도달률, 빈도, 유효도달률, GRPs를 쉽게 계산할 수 있다. 예를 들어, 〈표 8-12〉의 노출분포에서 총 도달률은 노출빈도 1회부터 20회까지 각 빈도의 도달률을 모두 더한 값인 92%가 되고, 빈도는 총 노출률 값인 491.3%를 전체 도달률 값인 92%로 나눈 값인 5.34회가 된다. 그리고 이 노출분포에서 만약 유효빈도가 3회 이상부터 10회까지라고 한다면 유효도달률은 3회 이상부터 10회까지의 도달률을 모두 더한

〈표 8-12〉 ○○ 광고캠페인 TV 매체 스케줄의 노출분포 예

빈도	도달률	누적빈도	누적 도달률	빈도	도달률	GRPs
0	8.0%	0 +	100.00%	0 × 8.0% = 0.0%		
1	11.0%	1 +	92.0%	1 × 11.0% = 11.0%		
2	14.0%	2 +	81.0%	2 × 14.0% = 28.0%		
3	16.0%	3 +	67.0%	3 × 16.0% = 48.0%		
4	11.0%	4 +	51.0%	4 × 11.0% = 44.0%		
5	8.1%	5 +	40.0%	5 × 8.1% = 40.5%		
6	6.1%	6 +	31.9%	6 × 6.1% = 36.6%		
7	4.6%	7 +	25.8%	7 × 4.6% = 32.2%		
8	3.4%	8 +	21.2%	8 × 3.4% = 27.2%		
9	3.0%	9 +	17.8%	9 × 3.0% = 27.0%		
10	2.6%	10 +	14.8%	10 × 2.6% = 26.0%		
11	2.4%	11 +	12.2%	11 × 2.4% = 26.4%		
12	2.0%	12 +	9.8%	12 × 2.0% = 24.0%		
13	1.8%	13 +	7.8%	13 × 1.8% = 23.4%		
14	1.4%	14 +	6.0%	14 × 1.4% = 19.6%		
15	1.2%	15 +	4.6%	15 × 1.2% = 18.0%		
16	1.0%	16 +	3.4%	16 × 1.0% = 16.0%		
17	0.9%	17 +	2.4%	17 × 0.9% = 15.3%		
18	0.7%	18 +	1.5%	18 × 0.7% = 12.6%		
19	0.5%	19 +	0.8%	19 × 0.5% = 9.5%		
20	0.3%	20 +	0.3%	20 × 0.3% = 6.0%		
총 도달률 = 92%		평균빈도 = 총 GRPs/총 도달률 = 5.34회		총 GRPs = 491.3%		

값인 54.8%가 된다. 이처럼 노출분포를 통하여 도달률, 빈도, 유효도달률, GRPs를 쉽게 계산할 수 있다. [그림 8-6]은 특정 TV 매체 스케줄에서 추출한 노출분포와 이것을 그래프로 표현한 예이다. 즉, 이 노출분포에는 특정 TV 매체 스케줄에 노출된 표적 수용자의 크기가 각각의 빈도별로 나타나 있다.

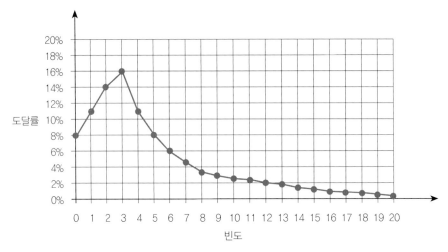

[그림 8-6] **노출분포곡선**

[그림 8-7]은 『여성동아』 『Feel』 『라벨르』에 각각 1개씩의 광고를 게재한다면 이 3개의 매체 비히클로 구성된 매체 스케줄에 대한 노출분포를 그림으로 나타낸 것이다. 즉, [그림 8-7]에서 보이듯이 이 잡지 매체 스케줄에 한 번 노출된 사람(빈도 1회)의 도달률은 『여성동아』만 읽은 사람의 비율 9%, 『Feel』만 읽은 사람의 비율 6%, 『라벨르』만 읽은 사람의 비율 9%를 모두 더한 24%가 된다. 그리고 이 잡지 매체 스케줄에 두 번 노출된 사람(빈도 2회)의 도달률은 『여성동아』와 『Feel』의 중복수용자 3%, 『여성동아』와 『라벨르』의 중복수용자 4%, 『Feel』과 『라벨르』의 중복수용자 4%를 모두 더한 11%가 된다. 또한 이 잡지 매체 스케줄에 세 번 노출된 사람(빈도 3회)의 도달률은 『여성동아』 『Feel』 『라벨르』에 모두 노출된 세 매체 비히클의 중복수용자인 4%가 된다. 이 잡지 매체 스케줄에 한 번도 노출되지 않은 사람(빈도 0회)은 전체 표적 수용자 100%에서 한 번 노출된 사람(24%), 두 번 노출된 사람(11%), 세 번 노출된 사람(4%)의 비율을 더한 값을 빼면 된다. 즉, 한 번도 노출되지 않는 사람의 비율은 '100-(24+11+4)=42%'가 된다. 이 노출분포를 이용하여 도달률, 빈도, 유효도달률, GRPs를 계산하면 도달률

잡지 매체 스케줄 A

잡지 종류	열독률	광고횟수	광고 1회당 단가
「여성동아」	20%	1	1,500,000
「Feel」	21%	1	800,000
「라벨르」	17%	1	1,000,000
계	58%	1	3,300,000

잡지 매체 스케줄 A의 노출분포

빈도	%
0	61%(= 100−39)
1	24%(= 9+6+9)
2	11%(= 4+4+3)
3	4%(= 4)

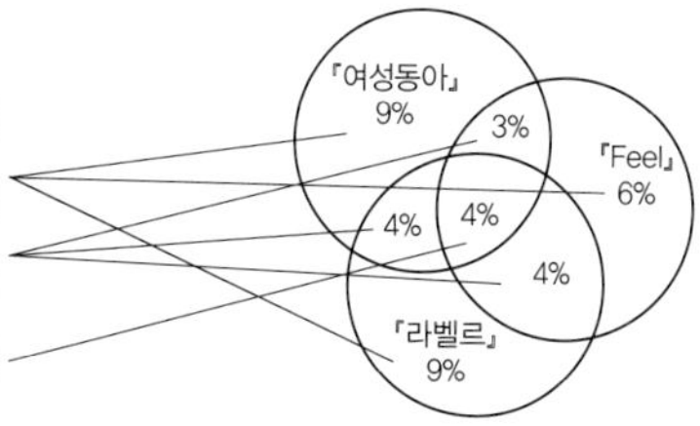

GRPs: 58%(=1×24)+(2×11)+(3×4)
도달률: 39%(=24+11+4)
평균빈도: 1.49(=58/39)
유효도달률(3회 이상): 4%

[그림 8-7] **잡지 매체 스케줄 A의 노출분포**

은 1회 이상 3회 빈도까지의 도달률을 모두 더한 값인 39%가 되며 평균빈도는 열독률을 모두 더한 GRPs 값인 58%에서 도달률 값인 39%로 나눈 값인 1.49가 된다. 그리고 유효빈도를 3회 이상으로 결정한다면 유효도달률은 3회 빈도의 도달률 값인 4%가 된다. 이처럼 노출분포는 도달률, 빈도, GRPs, 유효도달률을 계산하는 데 유용하게 사용할 수 있다.

1) 노출분포의 전략적 의미 및 활용

노출분포는 평균빈도 개념의 단점인 노출분포의 편중 현상 문제를 파악하게 해 준다. 즉, 〈표 8-13〉에서 보이듯이 2개의 매체 스케줄이 도달률은 동일하여도 표적 수용자의 분포는 다르게 나타나고 있음을 알 수 있다. 즉, 매체 스케줄 A는 표적 수용자의 분포가 1회와 9회 빈도 이상에만 몰려 있다. 그러나 매체 스케줄 B는 표적 수용자의 3회와 10회의 유효빈도 범위 내에 골고루 분포되어 있음을 알 수 있다. 따라서 매체 스케줄

B가 매체 스케줄 A보다 더 효과적이라는 사실을 알 수 있다. 이처럼 노출분포는 특정 매체 스케줄의 구성이 잘 되었는지 혹은 못 되었는지를 알 수 있게 해 준다. 광고캠페인 시 역치를 넘을 수 있는 적정 수준의 GRPs를 투입하여야 할 뿐 아니라 과잉노출로 인한 감퇴 효과가 발생하지 않도록 매체 스케줄을 구성하여야 한다. 즉, 매체 스케줄 구성 시 노출분포가 양극단에 치우치지 않고 유효빈도의 범위 내에 집중될 수 있도록 매체 기획을 하여야 한다.

〈표 8-13〉 매체 스케줄 A와 B의 노출분포

빈도	표적 수용자 도달률	
	매체 스케줄 A	매체 스케줄 B
1회	24	18
2회	16	13
3회	5	8
4회	4	7
5회	3	6
6회	2	6
7회	2	4
8회	1	3
9회 이상	13	5
계	70%	70%

2) 노출분포의 추정방법들

(1) 실제 매체접촉자료를 이용하여 추정하는 방법

노출분포를 산출하는 가장 기본적인 방법은 일정 기간 내에 집행된 특정 광고캠페인에 노출된 개개인의 노출횟수를 일일이 수작업으로 계산하여 도달률, 빈도, 유효도달률, 노출분포를 산출하는 방법이다. 예를 들어, 특정 광고캠페인의 표적 수용자가 100만 명이고, 〈TV조선 뉴스9〉에 한 달에 4회 광고를 삽입할 경우 표적 수용자 100만 명이 한 달 동안 〈TV조선 뉴스9〉에 삽입된 광고 메시지에 최소 0회부터 최대 4회까지 노출될 수 있는데 이들 표적 수용자 100만 명이 0회, 1회, 2회, 3회, 4회까지 노출된 횟수를 일일이 수작업으로 계산하여 노출분포를 산출하는 방법이다. 이 방법은 시청자들의 시청 여부를 분 단위 혹은 초 단위로 측정하는 피플미터와 같은 전자감응 장치를 사용하는 방송 매체의 경우 가능하나 면접조사 및 일기식 조사와 같은 설문조사에 의존하는 인쇄 매체의 경우 이용하기가 어렵다.

(2) 확률적 모델을 사용하는 방법

노출분포를 계산하는 또 다른 방법은 이항분포 및 베타 이항분포와 같은 수학의 확률 밀도분포를 이용하는 방법이다. 이 방법은 피플미터를 이용한 시청률 조사와 같은 직접조사를 통하여 매체 수용자로부터 수집된 자료를 분석하여 노출분포를 추정하는 방법보다 정확성이 떨어지는 단점이 있으나, 시청률 혹은 열독률만으로도 노출분포를 추정할 수 있으므로 사용하기에 간편하며, 실제 직접조사를 통하여 매체 수용자 자료를 수집하기 어려운 인쇄 매체의 스케줄을 평가할 때 효과적인 방법이다.

매체 스케줄의 노출분포를 추정하기 위하여 가장 많이 사용되고 있는 노출분포 모델은 베타 이항분포(beta binomial distribution) 모델이다. 이 모델은 특정 노출빈도에서 매체 수용자들이 매체 스케줄에 노출될 경우의 수를 추정하는 베타분포와 특정 노출빈도에서 매체 수용자들이 특정 매체 스케줄에 노출될 확률을 추정하는 이항분포를 결합한 모델이다. 이 모델을 이용하여 노출분포를 추정하기 위하여 시청률 혹은 열독률, 광고 삽입 수와 같은 기본적인 자료를 필요로 한다. 이 모델을 구성하고 있는 이항분포의 기본모형과 원리는 〈표 8-14〉와 같다.

〈표 8-14〉 **이항분포의 기본모형**

$V_{(f)} = {}_nC_f(p)^f(1-p)^{n-f}$	여기에서	$V_{(f)}$=매체 스케줄 i에 0부터 n의 빈도에 노출될 확률
		n=총 노출 수 혹은 총 광고 삽입 수
		f=0부터 n까지의 노출빈도
		p=평균 시청률 혹은 열독률(average rating)
		1−p=평균 비시청률 혹은 열독률
		${}_nC_f = n!/f!(n-f)! = $조합의 공식

출처: Lancaster (1989).

〈표 8-15〉에서 ${}_nC_f$는 n번 시행해서 f번 성공할 수 있는 총 경우의 수를 말하며 (a)f/(b)n-f 는 n번 시행해서 f번 성공이 일어날 확률을 말한다. 즉, 앞의 식은 n번 시행하여 f번 성공하고 (n-f)번 실패할 확률을 나타낸다. 여기에서 n은 광고 삽입 수를 말하며,

f는 0부터 n까지의 노출빈도를 말한다. 그리고 p는 평균 시청률 혹은 평균 열독률을 의미한다. 이 이항분포 모델을 사용하여 노출분포를 계산하면 가령 3개월의 광고캠페인 기간 내에 특정 잡지에 광고를 3회 집행하였는데, 이 잡지의 열독률이 20%이면 이 광고 메시지에 한 번도 노출되지 않을 확률은 0.512가 된다. 따라서 이 잡지광고 매체 스케줄의 노출분포는 〈표 8-15〉에서 보이듯이 0회 51.2%, 1회 38.4%, 2회 9.6%, 3회 0.8%가 된다.

〈표 8-15〉 이항분포를 이용한 노출분포 산출의 예

빈도	도달률(%)
0회	$_3C_0(0.2)^0(0.8)^3=\{3!/0!(3-0)!\}(0.2)^0(0.8)^3=51.2\%$
1회	$_3C_1(0.2)^1(0.8)^2=\{3!/1!(3-1)!\}(0.2)^1(0.8)^2=38.4\%$
2회	$_3C_2(0.2)^2(0.8)^1=\{3!/2!(3-2)!\}(0.2)^0(0.8)^3=9.6\%$
3회	$_3C_3(0.2)^3(0.8)^0=\{3!/3!(3-3)!\}(0.2)^0(0.8)^3=0.8\%$
계	100.0%

매체 기획과정

매체 기획
의사결정과정

매체 기획은 환경분석 및 제약요소 분석, 매체 목표, 매체 전략 및 전술을 명확히 밝히는 일이다. 매체 기획은 마케팅 기획 및 광고기획의 하위기획으로, 광고 목표의 달성을 지원하고 나아가 마케팅 목표의 달성을 지원하는 역할을 한다.

매체 기획은 사전기획과정(pre-planning process), 기획과정(planning process), 실행과정(execution process), 사후기획과정(measurement or post-planning process)의 네 단계 과정을 거친다. 사전기획과정은 환경분석(situation analysis)과 제약요소(constraints) 분석을 포함하여 매체 기획에 영향을 미치는 제반 요소들을 파악하는 과정이며, 기획과정은 매체 목표의 설정(setting media objective), 표적 수용자의 정의(target audience definition), 매체 전략(media strategies), 매체 전술(media tactics) 등의 구체적인 매체계획(media plan)을 완성해 나가는 과정을 말한다. 매체 전략은 매체 목표를 달성하기 위한 방법이며, 매체 전술은 매체 목표 및 전략을 달성하기 위한 세부실천계획 혹은 세부운행계획을 말한다. 매체 전술은 매체 전략에서 결정된 내용을 더욱 정교하게 다듬어 그것을 구체적이고 완전한 매체계획으로 창조하는 과정이다. 실행과정은 매체계획에 포함된 매체를 구입 및 집행하는 과정을 포함한다. 사후기획과정은 최종적으로 완성된 매체계획을 사전평가하고 캠페인 종료 후 매체 목표달성 여부를 사후평가하는 과정을 포함한다.

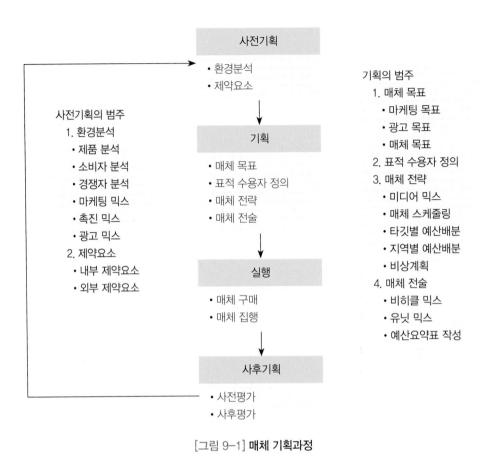

[그림 9-1] **매체 기획과정**

1. 사전기획과정

사전기획과정은 '우리는 지금 어디에 있는가'를 파악하여 플래닝의 방향을 결정하는 과정이다. 이 과정에서는 제품을 둘러싼 소비자 환경, 제품 환경, 경쟁 환경, 시장 환경 등의 환경분석과 매체 기획에 직·간접적인 영향을 미치는 제약요소들을 찾아내어 요약·정리한다. 사전기획과정은 환경분석을 통하여 매체 기획의 방향을 설정해 줄 뿐만 아니라 광고주와 기획팀(account management team)에게 매체 의사결정과정(media decision making process)이 어디에 기반을 두고 있는지를 알기 쉽게 해 준다. 사전기획은 크게 환경분석과 제약요소 분석의 과정으로 나누어진다. 환경분석은 매체 기획의 수립 시 사전에 고려되고 알아 두어야 할 요소들을 분석하는 것을 말한다. 환경분석은 제품 분석, 소비자 분석, 경쟁자 분석, 시장 분석, 마케팅계획, 광고계획을 포함하며, 제약요소 분석은 내부 및 외부 제약요소들의 분석을 포함한다.

2. 기획과정

기획과정에서는 '어디에 가고 싶은가'와 '어떻게 그곳에 도달할 것인가'에 관련된 의사결정과정을 포함한다. 즉, 기획과정에서는 매체 목표를 설정하고 이러한 매체 목표를 달성할 구체적인 매체 전략과 매체 전술을 결정하게 된다. 매체계획에는 매체가 달성해야 할 매체 목표가 반드시 기술되어야 한다. 매체 목표의 기술에는 매체 목표와 함께 매체 목표의 상위목표인 마케팅 목표와 광고 목표도 기술되어야 한다. 매체 기획에는 표적 수용자의 정의, 매체 목표설정, 미디어 믹스, 매체 스케줄링을 포함한다. 매체 기획의 첫 번째 과정은 표적 수용자의 정의이다. 표적 수용자가 명확히 정의되면 될수록 적합한 매체 및 비히클을 선택할 기회가 커진다.

매체 전략에는 표적 수용자별 예산배분, 지역별 예산배분, 시간대별 예산배분, 매체 유형별 예산배분 등이 포함된다. 즉, 광고 예산은 이들 각각의 요인들이 광고캠페인의 목표달성에 어느 정도 기여하는가에 따라 배분된다. 예를 들어, 표적 수용자에 따른 배분은 표적 수용자를 중요도에 따라 1차 및 2차 표적 수용자 등으로 구분할 경우 어떤 표적 수용자에게 더 많은 비중을 둘 것이며, 지역별 배분은 지리적 범위와 중요도에 따라 광고자원을 각 시장에 어떻게 할당할 것인가를 말한다. 또한 시간대별 배분은 광고캠페인 기간 광고 예산을 월별 혹은 주별로 어떻게 효율적으로 배분할 것인가를 말하며, 매체 유형별 배분은 매체 유형에 따라 광고자원을 어떤 비중으로 차등 배분할 것인가를 말한다. 이들 네 가지 유형의 광고 예산배분 전략 중 시간대별 배분을 매체 스케줄링(media scheduling)이라고 하며, 매체 유형별 배분을 미디어 믹스(media mix)라고 한다.

매체 전략이 결정되면 그다음 과정은 각각의 매체 전략에 대한 매체 전술 혹은 세부 실행계획을 수립하여 최종적으로 예산요약표(budget recap) 및 플로차트(flowchart)를 완성한다. 매체 전술에는 비히클 선택 및 광고횟수는 얼마나 집행하여야 하며 매체 비용은 어떻게 계산하며 매체의 지면과 시간을 어떻게 구매하여야 하는지에 관한 구체적인 내용을 포함한다.

3. 실행과정

　실행과정은 매체 기획의 결과, 최종적으로 완성된 매체계획 혹은 매체 스케줄을 구매하고 집행하는 과정을 말한다. 매체 구매(media buy)는 매체 기획의 결과, 최종 결정된 매체 스케줄을 구매하는 것을 말하며, 매체 집행(media execution)은 구매한 지면 혹은 시간대에 광고 메시지를 송출하는 것을 말한다. 광고 매체 구매는 광고주의 구매를 대행하는 광고대행사가 광고 판매회사인 미디어렙(media rep) 혹은 매체사의 영업팀과의 협상과 거래를 통하여 이루어진다. 지상파TV와 종합편성채널의 경우 방송 광고 판매회사인 미디어렙(media rep)을 통해 이루어지며, 케이블TV와 인쇄 매체의 경우 매체사의 자체 영업팀을 통하여 판매가 이루어진다. 반면에 온라인, 모바일, IPTV 광고의 경우 온라인 미디어렙을 통하거나 매체사의 자체 영업팀을 통해 판매된다. 또한 지하철광고와 같은 옥외광고의 경우 입찰을 통하여 광고 판매사업자로 지정된 업체가 광고를 판매한다. 지상파TV의 미디어렙으로는 KBS와 MBC의 공영방송 광고 판매를 담당하는 한국방송광고진흥공사(KOBACO)와 SBS의 민영 미디어렙인 SBS M&C(Marketing & Communication)가 있다. 온라인과 모바일 미디어렙으로는 KT 계열의 나스미디어(Nasmedia), CJ 계열의 메조미디어(Mezzomedia), SK 계열의 인크로스(Incross), SBS 계열의 DMC 미디어가 대표적이다.

4. 사후기획과정

　사후기획과정은 매체 기획과정을 통하여 완성된 매체계획을 사전평가하고, 캠페인 종료 후 매체 목표의 달성 여부를 사후평가하는 과정을 포함한다. 사전평가는 매체 기획이 끝난 후 매체계획(media plan)이 매체 목표를 달성할 수 있을 것인가의 여부를 평가하는 과정이다. 즉, 몇 개의 매체계획 대안들을 광고주에게 제시한 후 어떤 매체계획이 광고 목표의 달성에 가장 적합한가를 평가하는 작업이다. 이러한 사전평가는 광고주에게 매체 목표달성에 대한 예상과 함께 돈을 지불한 대가로 어떠한 효과를 달성할 수 있을 것인가를 확인시켜 주는 역할을 한다.

사후평가는 매체계획이 집행되고 난 후의 효과평가를 말한다. 즉, 광고캠페인이 끝난 후 매체계획이 매체 목표를 달성하였는가를 평가하는 과정이다. 사후평가에서는 매체 집행 후 매체 집행이 계획된 대로 이루어졌으며, 또한 정해진 매체 목표를 달성하였는가를 평가한다. 이러한 사후평가를 통하여 문제점을 찾아내어 차기 매체 기획에서 보완하고, 사후평가 결과를 차기 매체 기획에서 참고 자료로써 활용한다. 매체 대행사들은 각 브랜드마다 전담 미디어 플래너를 배치하여 사전 매체 기획에서부터 사후평가에 이르기까지 매체 기획과정 전반을 관리해 준다. 여기에는 매체가 예정된 스케줄대로 집행되었는지 일 단위로 체크하고, 광고 방영이 불발될 경우 그 원인은 무엇인지를 분석해 주며, 적절한 사후 대책까지도 마련해 준다.

5. 미디어 브리프

미디어 브리프(media brief)는 일반적으로 매체계획(media plan)을 개발하기 전 알아두어야 할 사항을 기록한 개요 혹은 지침서를 말한다. 미디어 브리프는 크리에이티브 브리프와 마찬가지로 사내 광고개발의 지침서로써 활용되며 광고회사 내 어카운트 매니지먼트팀의 구성원들 간에 공유되는 매뉴얼이다. 미디어 브리프는 크리에이티브 브리프가 광고제작의 방향을 제시해 주는 것과 마찬가지로 매체계획이 나아가야 할 방향을 제시해 준다. 따라서 미디어 브리프에는 미디어 플래너가 매체 기획을 하기 전에 알아 두어야 할 마케팅 목표, 광고 목표, 매체 목표, 표적 수용자의 특성, 광고캠페인 기간, 광고 예산, 경쟁사 분석, 크리에이티브 방향 등을 비롯하여 매체 기획을 가이드하여 주는 제반 사항들을 포함한다.

미디어 브리프는 용도에 따라서 플래닝 브리프와 구매 브리프로 구분하기도 한다. 미디어 플래닝 브리프는 마케팅계획(marketing plan)을 매체계획으로 전환하기 위하여 사용되는 반면에 미디어 구매 브리프는 매체 구매팀이 매체를 구매하기 위한 참고 자료로 사용한다. 즉, 미디어 구매 브리프는 매체계획이 실행되고 평가되는 토대로써 사용된다. 따라서 미디어 구매 브리프는 매체 구매자들이 수립된 매체계획을 집행하기 위하여 어떤 매체를 어느 정도 구매하여야 하는지에 관한 충분한 정보를 담고 있어야 한다. 미디어 구매 브리프에는 매체선택 이유 및 근거, 각 매체 및 비히클의 구매기준,

타이밍과 스케줄링, 매체별 및 월별 매체 예산 등과 같은 정보 등이 추가로 포함된다. 미디어 구매 브리프의 역할은 다음과 같다. 첫째, 매체 구매자(media buyer)로 하여금 매체의 목표 및 전략이 무엇인지를 알 수 있게 함으로써 캠페인 기간 주어진 예산으로 어느 정도의 매체를 구매해야 하는지를 더 잘 이해할 수 있게 해 준다. 둘째, 미디어 구매 브리프는 매체 구매자로 하여금 다양한 매체 구매 기회들을 탐색할 수 있게 하고 매체 목표를 성취할 방법들을 다양하고 창의적으로 강구할 수 있게 해 준다. 셋째, 미디어 구매 브리프는 광고주에게 그들이 원하는 결과를 얻을 수 있도록 광고 예산이 적절하게 사용된다는 것을 확신시켜 준다.

〈표 9-1〉 **미디어 브리프의 예**

광고주(client)	
캠페인 브랜드명	
담당 AP, AE, CD	
캠페인 목적	브랜드 특성과 캠페인의 목적
캠페인 기간	
마케팅 목표, 광고 목표, 매체 목표	기대행동과 반응, 광고의 역할, 유효빈도 수준 등
표적 수용자 특성	1차 및 2차 표적 수용자 등
광고 예산, 매체 예산의 범위	전체 광고 예산 중 매체 가용예산 등
경쟁사 및 시장 상황	현재의 경쟁 및 시장 상황, M/S, 4P 특성 등
크리에이티브 방향 및 특성	
판매의 계절성	성수기, 비수기 등 계절적 요인
활용 가능한 매체의 범위	
지리적 고려사항들	전국 단위, 지역 단위 캠페인들
PR, SP, 이벤트 계획 등	
광고 및 매체 집행의 제약요소들	광고환경 및 특정 매체 집행의 장애요인들
경영자가 원하는 특기 사항	
기타 특기 사항	

사전기획과정

사전기획과정(pre-planning process)은 환경분석(situation analysis)과 제약요소(constraints) 분석으로 나누어진다. 환경분석은 매체 기획에 영향을 미치는 내·외부 요인들을 찾아내어 요약정리하는 작업이다. 환경분석에는 크게 제품 분석, 소비자 분석, 경쟁자 분석, 시장 분석 등이 포함된다. 제약요소는 매체계획(media plan)의 실행에 제약 조건으로 작용할 수 있는 내·외부적 요소들을 말한다. 내부 제약요소는 광고 예산 및 회사 경영정책과 철학 등을 포함하며, 외부 제약요소는 매체 환경 요인, 경쟁 요인, 법적 요인, 문화적 요인, 경제적 요인, 자연환경 요인 등을 포함한다.

1. 환경분석

1) 제품 분석

제품은 마케팅 믹스의 네 요소 중 매체 기획에 가장 직접적인 영향을 미치며, 제품의 포지션(position), 물리적 특성 및 속성, 제품수명주기, 제품 재구매주기, 제품 포지셔닝 등이 매체 기획에 영향을 미친다. 제품의 포지션은 매체선택에 직접적인 영향을 미친다. 예를 들어, 우리 제품이 고관여/이성 제품이라면 정보전달력이 뛰어난 인터넷이나 인쇄 매체가 적합하고, 이미지가 중요한 고관여/감성 제품이라면 TV가 상대적으로 유리하다.

제품이나 서비스의 특성이나 속성도 매체 기획에 영향을 미친다. 예를 들어, 전자레인지에 데워 먹을 수 있는 피자와 같은 인스턴트 음식 제품은 음식을 먹음직스럽게 보이게 하기 위해 컬러 재생력이 뛰어난 잡지가 효과적이다. 프랜차이즈 치킨과 같은 식음료 제품은 맛있게 먹는 ASMR[1]과 장면을 실감 나는 사운드와 영상으로 생생하게 전달하는 유튜브와 같은 영상매체가 효과적이다. V3 백신 프로그램과 같은 컴퓨터 소프트웨어 제품들은 판매하고자 하는 제품의 특성상 대중매체를 광고 매체로 사용하는 것보다 인터넷을 광고 매체로 사용하는 것이 더 적합하다. 게임과 뷰티 제품은 인플루언서가 활동하는 주 무대인 유튜브나 인스타그램과 같은 매체가 효과적이다. 쿠팡, 마켓컬리, 쓱닷컴, 배달의 민족과 같은 이커머스 서비스는 인지도 확보가 중요하기 때문에 디스플레이광고를 집행할 수 있는 매체가 효과적이다. 에어비엔비와 같은 숙박 공유 서비스는 글로벌 서비스이기 때문에 글로벌 커버리지를 제공할 수 있는 페이스북, 인스타그램과 같은 SNS가 효과적이다. 이처럼 제품이나 서비스의 특성을 이해하면 효율적인 매체 전략을 수립할 수 있다.

제품수명주기(Product Life Cycle: PLC)는 제품이 인간의 수명처럼 도입기, 성장기, 성숙기, 쇠퇴기를 거친다는 이론이다. 우리의 제품이 제품수명주기의 어느 부분에 있느냐에 따라 매체 전략은 영향을 받는다. 예를 들어, 도입기에 있는 신제품의 경우 광고캠페인의 목표는 브랜드 인지도를 확보하는 것이며, 매체 목표도 도달률을 강조하는 전략을 세워야 할 것이다. 반면 시장이 성숙기에 있는 제품에서는 도달률보다 꾸준한 반복 노출이 중요할 수 있다. 제품수명주기상에서 도입기에 접어든 제품의 광고캠페인의 경우 신제품에 대한 폭넓은 인지도를 확보하기 위하여 TV와 같은 대중매체에 더 많은 매체 예산을 할당하고, 성수기에 접어든 제품의 광고캠페인의 경우 판매촉진에 적합한 SP 매체에 더 많은 매체 예산을 할당해야 한다. 또한 성수기를 지나 쇠퇴기에 접어든 제품의 광고캠페인의 경우 기존에 창출된 광고효과를 지속적으로 유지해 나가기 위하여 라디오와 같은 리마인더(reminder) 매체에 상대적으로 더 많은 매체 예산을 할당해야 한다.

---

1) ASMR(Autonomous Sensory Meridian Response, 자율 감각 쾌락 반응)은 주로 청각을 중심으로 하는 시각적·청각적·촉각적·후각적 혹은 인지적 자극에 반응하여 나타나는, 형언하기 어려운 심리적 안정감이나 쾌감 따위의 감각적 경험을 일컫는 말이다.

제품 재구매주기도 매체 전략에 영향을 미친다. 제품 재구매주기란 소비자가 제품을 구매한 후, 다음에 다시 구매할 때까지 걸리는 평균 시간을 말한다. 제품 재구매주기가 짧은 제품(예: 스낵, 청량음료, 라면)의 경우 구매 시점(purchase occasion)을 최대한 커버하기 위하여 지속적인 광고가 필요하지만, 에어컨과 같은 판매의 계절성이 크고 재구매주기가 상대적으로 긴 제품의 경우는 성수기에 광고를 집중하는 것이 효과적이다.

2) 소비자 분석

매체 전략을 수립하기 전 미디어 플래너는 표적 수용자가 누구인지를 제일 먼저 파악하여야 한다. 누가, 언제, 얼마나 많이 우리 제품을 구매하는가를 안다면 어떤 매체를 선택할 것인지와 언제 광고를 집행할 것인지를 알 수 있다. 소비자가 어느 곳에서 우리 제품을 많이 구매하는지를 알면 어떤 지역의 매체를 선택해야 할 것인지를 알게 된다. 소비자가 특별히 많이 구매하는 시기와 적게 구매하는 시기를 안다면 효율적인 매체 스케줄링전략을 수립할 수 있다. 따라서 소비자 분석을 구체적이고 명확하게 하여야 매체의 선택과정에서 정확한 의사결정을 내릴 수 있다.

표적 수용자의 사회적 태도나 가치관에 따라서 매체 전략이 달라진다. 예를 들어, 표적 수용자가 대학생들과 같은 진보적인 성향을 띄고 있다면 보수적 색채를 띠고 있는 『조선일보』보다 진보적 색채를 띠고 있는 『한겨레』 신문이 더 적합한 매체가 될 것이다. 미디어 플래너는 이처럼 제품특성, 크리에이티브 방향, 표적 수용자의 특성을 고려하여 적합한 매체를 선택하여야 광고캠페인의 효과를 기대할 수 있다.

소비자 분석에서 소비자들이 광고 메시지에 대해 어떤 심리적 정보처리과정을 거치는가를 밝히는 것도 중요하다. 구체적으로 표적 수용자가 광고 메시지를 접한 후 어떤 정보처리과정을 거쳐 구매 의사결정을 내리는가를 알게 되면 광고 목표는 무엇이며, 이러한 광고 목표를 달성하기 위해 매체 목표와 매체 전략은 어떠해야 하는지를 알 수 있다. 1999년에 개발된 FCB 그리드 모델은 이러한 관점에서 제품 유형에 따른 소비자의 정보처리과정을 설명하는 데 유용한 이론적 틀을 제공해 준다. FCB 그리드 모델은 고관여/저관여와 제품 선택 시 이성/정서의 지배 정도에 따라 제품들을 4개의 영역으로 나누고 소비자의 정보처리과정, 광고 목표, 매체 전략이 달라져야 한다는 것을 제시한다.

예를 들어, 〈표 10-1〉에서 보이듯이 자동차, 전자 제품, 보험상품 등과 같은 고관여/이성적인 성격을 가진 제품의 경우 소비자의 정보처리과정은 학습(learn), 느낌(feel), 행동(do)의 순으로 발생하며 이러한 제품들의 광고 목표는 제품에 대한 차별화된 편익과 충실한 정보를 제공하여 제품을 알리는 것이다. 따라서 메시지 전략은 특정 정보와 데몬스트레이션(demonstration) 중심으로 전개해야 하며 매체 전략은 정보제공형 매체에 중점을 두어야 한다.

반면 명품의류, 향수, 고급화장품과 같은 고관여/감성 제품의 경우 브랜드 이미지와 자아 이미지를 연결함으로써 브랜드에 대한 긍정적 감정과 태도를 창출하는 것이 중하다. 따라서 매체 전략은 광고 접촉 시 브랜드 개성을 강조하거나 소비자의 자아 이미지에 소구할 수 있는 잡지 및 지하철 와이드컬러광고와 같은 이미지 제공형 매체를 선택하는 것이 바람직하다.

종이 휴지, 살충제, 표백제, 가정용 청소용품과 같은 저관여/이성적인 성격을 가진 제품은 소비자들이 습관적으로 제품을 구매하는 성향이 강하기 때문에 반복 노출로 구매시점에 브랜드 재인과 회상을 높이는 전략이 중요하며 매체 전략은 신문의 작은 지면 광고(예: 돌출광고), 10초 정도의 자막광고, 라디오, 구매 시점(pop) 광고 등 구매 시점에 브랜드 회상을 높일 수 있는 리마인더(reminder) 매체를 선택하는 것이 바람직하다.

또한 청량음료, 스낵류, 담배 등의 기호품을 포함하는 저관여/감성 제품의 경우 소비자의 구매 결정은 준거집단 혹은 또래 집단과의 사회적 관계 속에서 습관, 자기충족, 자기만족에 기초하는 경향이 강하다. 이러한 제품의 경우 우리 제품이 준거집단 혹은 또래 집단에 유행하는 제품이라는 것을 지속적으로 환기할 수 있는 TV 광고, 인터넷광고, 소셜 미디어 광고, 옥외광고, 구매 시점(POP) 광고 등의 주의 환기형 매체가 효과적이다.

〈표 10-1〉 FCB 그리드 모델의 제품 유형별 소비자 정보처리과정과 매체 전략

제품 유형	고관여/이성 제품	고관여/감성 제품	저관여/이성 제품	저관여/감성 제품
정보처리과정	learn-feel-do	feel-learn-do	do-learn-feel	do-feel-learn
광고 목표	인지적 학습	감정적 학습	브랜드 회상	주의 환기
매체 목표	인지적 학습에 필요한 노출 수준에 초점	감정적 학습에 필요한 노출 수준에 초점	습관적 기억 형성을 위한 노출 수준에 초점	소비자 주의 환기를 위한 노출 수준에 초점
매체 전략	정보제공형 매체(신문, 잡지, 인터넷, 모바일 등)	이미지 제고형 매체(잡지, TV, 지하철 와이드컬러광고 등)	리마인더 매체(라디오, 자막, POP 등)	주의 환기형 매체(TV, 소셜 미디어, 옥외매체, POP 등)

　소비자 분석에서 또 하나 중요한 것은 소비자 여정(consumer journey)을 밝히는 일이다. 소비자는 브랜드를 발견한 순간부터 구매 및 구매 후 경험에 이르기까지 여러 단계의 경로를 거쳐 브랜드를 경험한다. 브랜드를 발견하는 순간을 인지 단계, 고객이 브랜드를 검색하거나 리뷰를 읽거나 하는 것을 관심 단계, 쿠폰이나 이벤트 정보를 찾는 것을 구매 단계, 구매 후 구매 후기를 작성하고 다른 사람에게 추천하는 단계를 옹호 단계라고 할 수 있다. 소비자는 이전보다 더 많은 교육을 받기 때문에 브랜드를 인지하자마자 바로 상품을 구매하는 경우는 거의 드물며, 구매 여정에서 90% 이상은 이미 마음이 기울어지게 된다. 이러한 소비자 경험의 여정을 시각화한 것을 퍼널(funnel)이라고 한다. 퍼널이란 깔때기를 말하는데, 퍼널을 그림으로 그리면 상위 단계가 넓고 하위 단계로 내려올수록 급격히 좁아져 그 모양이 깔때기를 닮았다는 데서 유래되었다. 예를 들어, [그림 10-1]의 퍼널은 소비자 여정이 5단계로 이루어져 있다. 브랜드 인지 단계에서 옹호 단계로 갈수록 고객의 이탈이 많아지고 결국은 퍼널이 점차 좁아진다. 따라서 이러한 퍼널의 각 단계에서 고객들의 이탈을 최소화하고, 가급적 많은 고객이 제품이나 서비스를 구매하도록 유도하는 캠페인을 전개해야 한다.

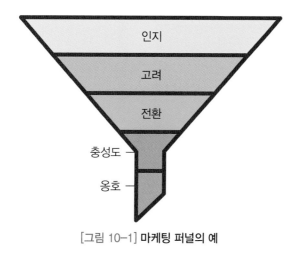

[그림 10-1] 마케팅 퍼널의 예

출처: SproutSocial.

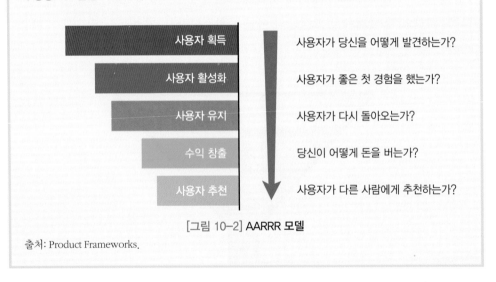

퍼널 모형

퍼널 모형은 크게는 산업, 기업, 제품, 서비스 유형 등에 따라, 작게는 마케팅 목표 등에 따라 다르다. 예를 들어, 온라인 쇼핑몰의 경우 사용자 유입부터 시작해서, 회원가입 혹은 로그인, 장바구니 담기, 주문 및 결제, 그리고 재구매에 이르는 과정으로 구성할 수 있다. 또한 스타트업(start-up)이 가장 많이 사용하는 퍼널 모형은 AARRR을 들 수 있다. 이 모델은 500 스타트업의 창업자인 데이브 맥클루어(Dave McClure)가 고안한 지표로서 사용자 획득(Acquisition), 사용자 활성화(Activation), 사용자 유지(Retention), 수익 창출(Revenue), 사용자 추천(Referral)의 5단계로 구성된다. 사용자 획득 단계는 서비스 사이트에 첫 방문을 하거나 회원가입을 하는 등 사용자가 유입되는 단계이며, 사용자 활성화 단계는 사용자에게 긍정적인 경험을 제공하여 활성화하는 단계이다. 사용자 유지 단계는 서비스를 재구매하거나 지속적으로 이용하는 단계이며, 수익 창출 단계는 우리 서비스가 최종 목적인 수익 혹은 매출로 연결되고 있는가를 나타낸다. 사용자 추천은 제품에 만족한 고객들이 자발적으로 주변에 입소문을 내고 다른 사람에게 추천하는 단계이다. 이 모델은 스타트업의 성장 로드맵을 나타내며, 이런 5단계 과정을 거치면서 스타트업이 성장하게 된다.

사용자 획득	사용자가 당신을 어떻게 발견하는가?
사용자 활성화	사용자가 좋은 첫 경험을 했는가?
사용자 유지	사용자가 다시 돌아오는가?
수익 창출	당신이 어떻게 돈을 버는가?
사용자 추천	사용자가 다른 사람에게 추천하는가?

[그림 10-2] AARRR 모델

출처: Product Frameworks.

3) 경쟁자 분석

매체 전략을 수립할 때 가장 중요한 고려사항들 가운데 하나는 경쟁자의 매체 전략이다. 경쟁자들이 얼마의 광고비를 투입하는가를 알면 우리의 적정 매체 예산 설정에 활용할 수 있으며, 어떤 매체와 스케줄링전략을 사용하였는가를 알면 경쟁자를 압도하거나 경쟁자와 차별화된 매체 전략을 수립할 수 있다. 즉, 경쟁자 분석을 통하여 경쟁자의 매체 전략을 분석함으로써 우리의 매체 전략을 상대적으로 유리하게 전개해 나갈 수 있다. 예를 들어, 경쟁자 분석을 통하여 경쟁자와 동일한 매체와 시간대에 광고를 집행할 것을 결정할 것인지 아니면 경쟁자와 맞대결을 피하여 경쟁자와 다른 매체와 시간대에 광고를 집행할 것인지를 알 수 있게 된다. 미디어 플래너는 경쟁자 매체 전략의 강점과 약점을 분석하여 최대한으로 우리에게 유리한 대응전략을 수립할 수 있도록 노력하여야 한다. 경쟁자 분석에는 총 광고비, 광고비 점유율(SOV), 미디어 믹스 전략, 매체 스케줄링전략, GRPs, 도달률, 빈도, 유효도달률, 크리에이티브 전략 등이 포함된다.

〈표 10-2〉은 국내 신용카드 브랜드의 매체 전략을 분석한 사례이다. 이 사례에서 보이듯이 국내 신용카드사들은 경쟁자를 의식하여 매년 100억 원 이상의 광고비를 사용하고 있으며, 대체로 비슷한 미디어 믹스 전략을 택하고 있음을 알 수 있다. 또한 매체 스케줄링전략은 지속형 스케줄링전략을 많이 사용한다는 사실을 알 수 있다.

〈표 10-2〉 **6개 신용카드회사의 매체 전략 분석 사례**

구분	A사	B사	C사	D사	E사	F사
5대 매체 광고비 (억 원)	274	226	156	138	158	138
광고비 점유율	24%	20%	14%	12%	14%	12%
미디어 믹스	주 매체: 지상파TV(50~80%) 보조매체: 케이블+라디오+신문+잡지					
매체 스케줄링	지속형 12개월	펄싱형 10개월	플라이트형(3회) 9개월	지속형 8개월	지속형 5개월	지속형 8개월
TV 광고비(억 원)	180	143	112	122	88	41
TV GRPs, SOV	7,192GRPs 23%	5,058GRPs 16%	4,512GRPs 15%	4,442GRPs 14%	3,902GRPs 13%	3,979GRPs 13%
TV 월 GRPs	695	920	574	641	909	585
TV 월 R(3+)	62~72	59~77	56~64	60~67	56~71	58~74

출처: 이경렬(2016).

4) 시장 분석

미디어 플래너는 일차적으로 브랜드를 둘러싼 시장 상황을 잘 파악하여야 한다. 제품을 둘러싼 시장 환경이 현재 어떠하며 앞으로 시장에 어떤 변화가 일어날 것인가는 매체 예산의 결정에 중요한 고려요인이 된다. 매체 기획은 영향을 받게 되는데, 특히 시장의 잠재적 규모는 매체 예산 설정에 간접 영향을 받는다. 예를 들어, 시장의 규모가 증가하고 지난 몇 년간 시장점유율이 지속적으로 증가하는 추세라면 매체 예산을 증액시킬 수 있다.

5) 마케팅계획

마케팅계획(marketing plan)은 기업이 일정 기간 내에 달성하고자 하는 목표와 이 목표를 달성하는 데 필요한 마케팅 예산, 시장세분화 및 표적 수용자의 선정, 포지셔닝전략 수립, 4P 전략 등 마케팅의 여러 요소에 대한 종합적인 계획을 말하며 광고계획과 매체계획의 상위 개념으로 존재한다. 마케팅계획에 포함된 각 요소는 매체계획의 범위와 내용을 결정지어 주기 때문에 마케팅계획은 매체계획의 출발점으로서 매체 전략을 수립하기 전에 가장 먼저 이해되어야 할 부분이다. 마케팅계획에 대하여 정확하게 알면 알수록 정확한 매체계획의 수립이 가능하다. 예를 들어, 마케팅 예산은 매체 예산의 범위를 결정하여 주며, 마케팅 목표는 매체 목표가 수행해야 할 노출 과제를 제시해 주고, 마케팅 믹스의 4P인 제품(Product), 가격(Price), 유통(Place), 촉진(Promotion)의 4요소는 매체의 선택에 직접적인 영향을 미친다.

[그림 10-3] 마케팅 믹스, 촉진 믹스, 광고 믹스의 관계

　마케팅계획의 여러 요소 중 4P는 광고캠페인의 목표달성을 위한 효율적 매체 전략의 수립을 위해 반드시 이해되어야 할 요소들이다. 마케팅 믹스의 4P 중 제품 콘셉트(product concept)가 가전제품처럼 소비자 문제해결과 같은 기능적 욕구를 충족시킬 수 있는 것이라면 제품의 기능적 편익(functional benefit)과 장점을 명확히 전달할 수 있는 인쇄 매체가 효과적이다. 반면에 제품 콘셉트가 명품 핸드백처럼 자아 이미지 표현과 같은 상징적 편익(symbolic benefit)을 제공하는 것이라면 소비자들의 이상적 자아 이미지(ideal self-image)에 소구할 수 있는 잡지와 같은 이미지 제공형 매체가 적합하다. 또한 제품 콘셉트가 감각적 즐거움과 같은 경험적 편익(experiential benefit)을 제공하는 것이라면 오감을 자극할 수 있는 디지털 사이니지와 같은 체험형 매체가 적합하다.

　FCB 그리드 모델상에서의 제품의 포지션에 따라서도 매체 전략이 영향을 받는다. 가령 제품이 고관여/이성 제품으로 포지셔닝 된 경우 이성적 소구에 어울리는 활자 매체가 바람직하며 제품이 고관여/감성 제품으로 포지셔닝된 경우 감성적 소구에 어울리는 잡지와 같은 이미지 제공형 매체가 적합하다. 이처럼 제품 콘셉트, FCB 그리드상의 제품 포지션, 제품수명주기, 제품과 매체의 적합도 등에 따라 매체 전략이 직접적인 영향을 받는다고 할 수 있다.

　가격(price)의 경우도 매체선택에 직접적인 영향을 미친다. 예를 들어, 고가 제품의 경우 프리미엄 브랜드로서의 이미지를 갖고 있기 때문에 매체선택 또한 차별화되어야 한다. 가령 벤츠 및 BMW와 같은 프리미엄급 자동차의 경우 고품격 이미지를 살릴 수 있는 고품격 매체(예: Noblesse, 내셔널 지오그래픽 등)에 광고를 하는 것이 바람직하다.

　유통(place)은 광고를 어느 지역에 얼마나 집행할 것인가를 결정하는 데 도움을 줄 뿐 아니라 판촉 및 이벤트를 어느 지역에 할 것인지를 결정하는 중요한 요소가 된다. 특히 유통망이 백화점, 대리점, 용산전자상가, 방문판매 등으로 세분화되어 있을 경우 이러한 유통구조를 잘 알아야 정확한 매체 전략을 수립할 수 있다.

　4P의 네 번째 요소인 촉진(promotion)은 광고, 판촉, 인적판매, PR, 이벤트 등으로 구성되어 있으며, 촉진 믹스(promotion mix)라고도 불린다. 촉진 믹스는 다시 판매촉진, 대인판매, PR, 퍼블리시티(보도자료 배포), 광고로 나누어지며, 매체 전략은 촉진 믹스 중 광고 믹스의 한 부분으로서 존재한다. 따라서 이러한 광고, 판촉, PR, 이벤트 등 촉진 요소들을 잘 이해하여야 통합적 마케팅 커뮤니케이션 전략의 성공적 수행을 위한 효율적 매체 전략을 수립할 수 있다.

6) 광고계획

광고계획(advertising plan)이란 누구에게(표적 수용자), 어떤 반응을 얻어 내기 위해 (광고 목표), 무엇을(소비자 약속), 어떤 뒷받침으로(소구 근거), 어떤 이미지로(상표 개성), 어떤 매체를 통해(매체 전략), 어떻게 표현(크리에이티브 전략)할 것인가라는 질문에 답하는 과정이다. 광고계획은 마케팅 목표를 어떻게 달성할 것인가에 관한 답이다. 광고계획은 매체 기획의 상위계획으로서 매체 기획에 직접적인 영향을 미친다. 예를 들어, 광고 예산의 대부분은 매체 예산으로 이루어져 있기 때문에 매체 예산의 범위를 결정하여 주고, 광고 목표는 매체 목표의 도달 범위와 빈도 수준을 결정해 준다. 가령 광고목표가 신제품에 대한 폭넓은 인지도를 창출하는 것이라면 매체 목표는 일차적으로 표적 수용자에 대해 폭넓은 도달률을 확보해야 한다. 디지털 광고의 경우 캠페인의 목적이 단기적으로 브랜드 인지도를 확보하는 것일 수 있고, 회원가입이나 앱 설치, 매출을 증대시키는 것일 수 있다. 광고캠페인이 목적에 따라 활용해야 할 매체가 달라진다. 예를 들어, 캠페인의 목표가 신제품 출시의 짧은 기간 내에 브랜드 인지도를 높이는 것이라면 배너나 동영상 광고와 같은 디스플레이광고가 효과적이며, 단기 매출 증대가 캠페인의 목표라면 검색 채널을 이용한 소비자의 홈페이지로의 유입이 중요하다.

또한 크리에이티브 전략도 매체선택에 직접적인 영향을 미친다. 예를 들어, 크리에이티브의 방향이 이성적 소구를 한다면 매체는 이성적 소구에 적합한 활자 매체를 선택하여야 한다. 반면에 크리에이티브의 방향이 감성적 소구라면 감성적 소구에 적합한 영상매체를 선택하여야 한다. 가령 어떤 식음료 제품의 광고 크리에이티브가 푸딩을 디저트로 맛있게 먹는 장면과 먹고 난 후의 만족감을 표현하는 것이라면 디저트로 먹고 난 후의 만족감을 잘 표현할 수 있는 TV 및 유튜브와 같은 영상매체를 선택하는 것이 효과적이다.

크리에이티브가 방송프로그램의 분위기와 일치하면 광고 메시지의 수용성은 높아지고 광고에 대한 긍정적인 태도는 증가하게 된다. 예를 들어, 크리에이티브가 사색적이고 조용한 톤으로 표현된다면 저녁 TV 시간대보다 조용한 아침 TV 시간대가 더 적합할 것이다. 광고 메시지의 내용이 기사와 관련성이 있으면 표적 수용자에 대한 적중률을 높일 수 있다. 예를 들어, 신문, 잡지, 인터넷의 컴퓨터 관련 기사 혹은 콘텐츠가 나오는 지면이나 사이트에 컴퓨터 제품 광고를 한다면 표적 수용자로부터 더 큰 효과를 기대할 수 있다. 따라서 매체를 선택할 때 크리에이티브 방향이 매체와 부합하는가를 고려하여야 한다. 크리에이티브는 매체 목표설정에도 영향을 미친다. 예를 들어, 광고 메시지의 복잡성(complexity) 수준이 높으면 유효빈도 수준을 높여야 하는 반면, 광고 메시지의 친숙성(familiarity)과 참신성(novelty) 수준이 높으면 유효빈도 수준을 낮추어도 된다.

매체계획은 광고계획의 틀 안에서 수립되어야 하며 매체계획은 광고계획의 하위계획으로써 일차적으로 광고 목표의 달성을 지원하고 궁극적으로 마케팅 목표의 달성을 지원할 수 있어야 한다. 따라서 매체 기획자는 AE(Account Executive) 혹은 AP(Account Planner)를 통하여 광고 목표와 전략을 충분히 파악해야 광고 목표를 달성하기 위한 효율적인 매체계획을 수립할 수 있다.

2. 제약요소

매체 전략에 영향을 미치는 요인 중 광고주가 통제할 수 없는 요인(uncontrollable factor)을 제약요소라고 한다. 미디어 플래너들은 매체 목표를 달성하기 위하여 주어진 예산의 범위 내에서 광고주 혹은 광고회사가 통제할 수 없는 제약요소들을 고려하여 언제, 얼마의 예산으로, 어떤 매체에 광고를 집행할 것인가를 결정하여야 한다. 미디어 플래너들은 매체 전략의 수립에 영향을 미치는 제약요소에는 어떠한 것들이 있는지를 숙지하고 있어야 매체 구매와 집행의 오류를 사전에 예방할 수 있다. 광고주와 광고회사가 통제 불가능한 제약요소들로는 회사의 경영정책 및 광고 예산과 같은 내부적 요인들과 경쟁, 매체, 자연환경, 경제적·법적·문화적 요인 등 외부적 요인들을 들 수 있다.

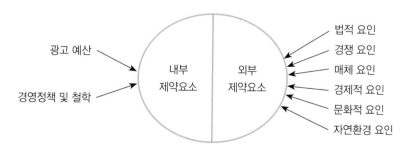

[그림 10-4] 광고주가 통제할 수 없는 제약요소

1) 내부 제약요소

(1) 광고 예산

내부 제약요소들 가운데 매체 전략에 가장 큰 영향을 미치는 제약요소는 광고주의 한정된 광고 예산이다. 광고자원이 풍부한 일부 대기업들을 제외하고 대다수 중소기업은 광고 예산이 한정되어 있어서 광고캠페인의 목표달성을 위한 충분한 노출량을 투입하지 못한다. 따라서 작은 규모의 중소 광고주의 경우 광고 예산이 한정적이기 때문에 다수의 매체를 활용하는 것보다 소수의 매체에 집중하는 것이 바람직하다. 또한 광고 예산이 광고 목표의 달성 여부와 관계없이 최고 경영진 등의 주관적 판단과 경험에 의거해 하향식으로 결정된다면 광고캠페인의 목표달성을 위한 광고 예산의 확보에 어려움을 겪게 된다.

네이버 및 유튜브와 같은 광고주가 선호하는 매체의 경우 브랜드 간 광고 인벤토리 확보 및 노출 경쟁이 치열할 수 있다. 이런 경우 광고 예산이 충분치 않으면 해당 매체의 활용을 포기하거나 혹은 소극적으로 접근할 수밖에 없다. 실제 마케팅의 성과가 나타나는 데 어느 정도의 시간이 걸린다. 따라서 캠페인 성과가 나타날 때까지 버틸 수 있는 예산이 필요하며 만약 예산이 충분치 않다면 기대하는 성과를 달성할 수 없다.

(2) 회사의 경영정책

회사 내부의 경영방침이나 경영정책(management policy)의 변화는 매체 기획에 영향을 미치는 내부적 요소 중의 하나이다. 예를 들어, 회사의 경영방침이나 철학이 보수 중산층을 대변하는 성향을 띤다면 매체선택도 진보적 매체보다 보수적 색채를 띠고 있는 매체에 중점을 둔다. 또한 회사의 인수합병으로 인한 기업 운영방침의 변화는 마케팅 및 광고 운용 전략 전반에 영향을 미친다.

2) 외부 제약요소

(1) 매체 요인

방송 광고 판매제도와 같은 매체 환경(media environment)은 방송 광고의 집행에 가장 큰 영향을 미치는 매체 요인이다. 우리나라의 방송 광고 판매제도는 지상파TV의 경우 한국방송광고공사(KOBACO) 및 SBS M&C와 같은 공·민영 미디어렙을 통하여 판매가 이루어지며 광고요금의 결정 시 시청률을 적절히 반영하고, 시장의 수급 상황에 따라 할인, 할증, 보너스율 등 탄력적인 요금제를 적용한다. 하지만 시장의 수급 상황에 따라서 광고주의 요구에 탄력적인 대응이 어려운 한계를 지니고 있다. 예를 들어, 지상파TV의 인기 프로그램의 경우 공급보다 수요가 더 많은 수급불균형 현상이 심하여 광고주가 원하는 프로그램과 시간대에 광고를 구매할 수 없는 경우가 있다. 반면 신문광고의 경우 미디어렙을 통하지 않고 자유시장경제원칙에 따라 광고주와 매체사 간 직거래방식으로 광고 판매가 이루어지고 있으나 광고협찬 강요, 신문기사를 활용한 광고유치, 인맥에 의존한 영업방식 등의 전근대적인 거래 관행이 매체 효과에 기반을 두는 과학적인 매체 기획의 장애요인이 되고 있다

두 번째 매체 요인은 매체 특성이다. 일반적으로 동일한 메시지라도 TV로 보는 것, 신문으로 읽는 것, 인터넷 사이버 공간에서 체험하는 것, 구전(WOM)[2]과 같이 사람에게서 듣는 것은 큰 차이가 있다. TV, 신문, 라디오, 잡지, 케이블TV, 인터넷, 소셜 미디어 등 각 매체마다 매체 특성이 다르며 이에 따라 미디어 수용자의 매체 이용 행태가 다르다. 예를 들어, TV는 저녁 시간대에 오락적 목적으로 주로 이용되는 매체이며, 라디오는 출퇴근 시간대에 직장인 혹은 낮 시간대에 주부들이 주로 듣는 가벼운 분위기의 매체이다. 신문은 주로 오전에 생활 정보를 얻기 위하여 읽는 매체이며, 잡지는 수용자가 편할 때 읽는 매체이다. 케이블TV 중 YTN 채널은 뉴스 전문채널로서 직장인들이 주로 출근 전 혹은 퇴근 후 이용하는 무거운 분위기의 매체인 반면, 투니버스(Tooniverse)와 같은 어린이 만화영화 채널은 주로 어린이 시청자가 방과 후 혹은 휴일에 이용하는 가벼운 분위기의 매체이다. 따라서 스낵류 혹은 청량음료와 같은 저관여 제품의 광고에는 YTN보다 투니버스와 같은 매체가 더 적합하다.

방송 매체의 경우 오랜 기간에 걸쳐 단일 소재로 광고를 집행할 경우 지나치게 노출이 많이 이루어져 소비자는 광고 메시지에 쉽게 싫증과 지겨움을 쉽게 느끼게 되는 반면, 소비자에게 광고 메시지에 대한 충분한 노출이 이루어지기 전 광고 소재를 교체해 버리면 아무리 훌륭한 크리에이티브라도 광고효과를 기대하기 힘들다. 우리나라 TV 광고의 경우 평균 2.6개월마다 소재 교체가 이루어진다고 보고되고 있으나, 일정 수준

---

2) 'Word Of Mouth'의 약어로 입소문을 말한다.

(1,000~1,200GRPs)의 노출량을 넘어서면 과잉노출로 광고 회상도의 감소와 같은 감퇴 효과(wear-out effect)가 발생하는 것으로 알려져 있다. 특히 오랜 기간에 걸쳐 단일 소재로 광고를 집행할 경우 과잉노출이 발생하기 쉬우며, 만약 과잉노출이 발생하여 감퇴 효과가 발생하게 되면 즉시 광고 소재를 교체해 주어야 한다. 다만, 오랜 기간에 걸쳐 단일 콘셉트로 광고를 집행하는 경우에도 광고 소재를 다양화하거나. 복수의 모델을 사용하는 등 실행 전략을 달리한다면 감퇴 효과를 최소화할 수 있다.

매체 클러터도 매체 전략에 영향을 미치는 요인이다. 매체 클러터와 같은 광고 혼잡 현상이 심하면 비록 많은 사람이 광고에 노출될 가능성이 높은 비히클, 예를 들어 시청률이 높은 프로그램에 광고를 방영하여도 경쟁광고의 방해 현상으로 주목 효과가 떨어질 수 있다. 매체 클러터가 심한 경우 경쟁광고의 방해 현상을 최소화하기 위하여 클러터 현상이 적은 비히클을 선택하거나, 방송 매체의 경우 길이가 긴 초수를 사용하거나, 동일 시간대 혹은 하나의 프로그램에 2개의 광고를 삽입하여 수용자들이 충분히 정보처리를 할 수 있는 시간을 제공하는 더블 스폿팅(double spotting) 전략을 사용하기도 한다.

방송 매체의 경우 광고를 집행할 때 고려해야 할 또 하나의 요소는 광고의 길이이다. 일반적으로 긴 초수 광고가 짧은 초수의 광고보다 더 효과적이라고는 할 수 없으나, 크리에이티브가 드라마 형식으로 긴 호흡의 메시지인 경우 30초 이상의 비율을 늘려야 하는 반면, 이벤트나 프로모션 광고 등 일회성 광고캠페인의 경우에는 짧은 초수의 광고로도 원하는 광고효과를 얻을 수 있다.

디지털 매체는 광고가 보이는 스크린(screen) 유형에 따라 웹과 앱 플랫폼으로 구분되고, 매체의 역할에 따라 페이드 미디어, 온드 미디어, 언드 미디어로 구분된다. 또한 광고의 역할에 따라서 검색 광고 매체와 디스플레이광고 매체로 구분되며 서비스 유형에 따라서 포털, 소셜 미디어, 메신저, 동영상 플랫폼, 개별사업자 플랫폼(예: 뉴스 사이트) 등으로 구분할 수 있다. 이 외에도 과금 방식에 따라서 CPM(Cost Per Mil, 1,000회 노출당 과금 방식), CPC(Cost Per Click, 클릭당 과금 방식), CPV(Cost Per View, 광고 시청당 과금 방식), CPA(Cost Per Action, 행동당 과금 방식), CPS(Cost Per Share, 공유당 과금 방식) 등으로 구분할 수 있다. 광고 형식도 영상, 텍스트, 이미지, 네이티브(native) 등을 선택할 수 있으며 광고 위치(영역), 광고 길이, 스킵 옵션 등도 플랫폼마다 차이가 있다. 예를 들어, 구글은 동영상 광고, 인스타그램은 이미지광고와 같은 형식의 광고에 강점이 있다. 따라서 동영상을 활용한 광고캠페인에는 유튜브가 효과적인 매체이며, 이미지 위주의 광고캠페인에는 인스타그램이 효과적이다. 또한 이미지 형태의 광고에서도 캐러셀(carousal),[3] 캔버스(canvas),[4] 컬렉션(collection),[5] 인스타그램 스토리(Instagram story) 등의 다양한 광고 형식을 활용할 수 있다. 예를 들어, [그림 10-5]에서 보이듯이 캐러셀과 캔버스 광고를 통해 동영상, 이미지, 행동 유도 버튼 등을 조합하여 더 많은 상품을 노출하거나, 자세한 정보를 전달할 수 있다. 그 밖에 풀스크린 이미지 및 동영상을 지원하는 세로 형식의 인스타그램 스토리 광고를 통해 제품을 홍보함으로써 사용자에게 높은 몰입감을 선사할 수도 있다. 따라서 이러한 다양한 크리에이티브를 구사할 수 있는 광고 형식을 사전에 숙지하고 있어야 적절한 매체를 선택할 수 있다.

캐러셀 광고　　　　　　캔버스 광고　　　　　인스타그램 스토리 광고

[그림 10-5] **다양한 광고상품을 활용한 크리에이티브의 예**
출처: 엠포스(2019. 4. 15.).

(2) 경쟁 요인

경쟁사의 광고활동은 우리의 광고활동에 직접적인 영향을 미친다. 예를 들어, 경쟁사가 우리보다 더 많은 광고 예산을 투입한다면 우리의 광고캠페인이 경쟁사의 광고량에 압도당할 수 있다. 또한 자사 광고캠페인의 집행 시기가 경쟁사의 광고활동 시기와 겹친다면 경쟁사 광고의 간섭현상이 발생하여 광고효과가 반감될 수 있다. 따라서 경쟁사의 광고 예산 규모와 매체 전략, 크리에이티브 전략 등 경쟁사의 광고활동을 잘 모

---

3) 슬라이드 형식의 광고로서 옆으로 살짝 밀어 하나의 광고에서 여러 이미지나 동영상을 볼 수 있다.
4) 기존의 단일화된 표현방법이 아닌 헤더/메인이미지/텍스트/CTA/슬라이드/동영상/세트(분할 레이아웃)로 구성되는, 흡사 마이크로 사이트(micro-site)와 같은 경험을 제공해 주는 광고 형식이다.
5) SNS 피드에서 여러 제품의 이미지가 그리드 레이아웃의 형태로 보이는 광고 형식이다.

니터링해야 경쟁사의 광고활동을 효과적으로 상쇄하고 우리 광고캠페인의 효과를 극대화할 수 있는 효율적인 매체 전략을 수립할 수 있다.

(3) 법적 요인

법적 요인(legal factor)은 제약요소들 가운데 매체 전략에 가장 큰 영향을 미치는 요소이다. 예를 들어, 우리나라의 경우 주류광고는 TV에서 오전 7시부터 오후 10시 이전까지는 전면 금지되어 있으며, 오후 10시 이후에도 알코올 도수 17도 이하의 주류광고만 가능하다. 라디오의 경우 어린이와 청소년 프로그램을 제외한 오전 8시부터 오후 5시까지만 주류광고가 가능하다. 따라서 알코올 성분 17도 이상의 주류제품의 경우 TV 광고를 할 수 없으므로 다른 대안 매체를 고려해야 한다.

비교광고는 미국의 경우 비교적 자유롭게 허용이 되지만 우리나라의 경우 경쟁 관계에 있는 제품을 부당하게 비방하거나 배척하는 광고표현은 허용되지 않는다. 이 외에도 각 국가별로 광고심의제도가 달라서 광고심의의 결과에 따라서 매체의 집행은 영향을 받는다. 예를 들어, 우리나라의 경우 '최상 또는 가장 오래된 또는 가장 가치 있는' 광고 문구에 대해 소비자 혹은 경쟁자가 공정거래위원회에 제소하거나 법원에 소송을 건다면, 광고주는 예정된 광고 스케줄을 취소하는 등의 규제를 받게 된다. 법적 제약요소들은 국가별, 문화권별로 큰 차이가 있다. 예를 들어, 독일에서는 TV 광고가 하루에 40분 정도밖에 허용이 되지 않으며, 일요일에는 TV 광고가 일절 허용되지 않는다. 또한 사우디아라비아에서는 라디오 광고가 전혀 허용되지 않는다. 따라서 글로벌 광고캠페인의 경우 국가별·문화권별로 광고를 방영하거나 게재할 시점에 이러한 법적 제약요소들을 잘 이해해야 한다.

(4) 경제적 요인

경제적 요인(economic factor)이란 경기주기, 인플레이션, 경제성장률, 저축률, 이자율, 물가상승률, 환율, 실업률, 소득분포, 부동산 가격의 변화 등을 말한다. 경기주기는 번영기, 쇠퇴기, 불황기, 회복기를 거치게 되는데, 번영기일 때 경제성장이 높으며, 소비가 증가한다. 따라서 기업은 생산능력을 확충하게 되고 많은 광고비를 지출하게 된다. 반면 쇠퇴기 때는 경기 하락으로 실업률이 높고, 소비자의 가처분 소득이 줄어든다. 따라서 기업은 생산비용을 줄이고, 광고활동을 축소하게 된다. 불황기에는 경기침체로 인한 판매 부진과 이익 감소로 비용 절감을 위해 광고 예산을 감축하게 되며, 반대로 경기가 회복되어 이익이 증가하게 되면 그 여유분으로 광고 예산을 증가시키게 된다. 일반적으로 내수경기의 불황으로 경기침체가 지속되면 광고주들은 내수판매 부진과 이익 감소를 겪으며, 비용 절감을 위해 저비용 고효율 매체를 선호한다. 즉, 내수경기 침체는 광고주로 하여금 광고단가가 높은 지상파TV 광고를 회피하고 케이블TV, 인터넷, 모바일, 디지털 사이니지, BTL매체 등 대안 매체를 선택하게 하는 원인이 된다. 특히 디지털 케이블, IPTV, 스마트 미디어 등 새로운 매체의 등장으로 광고주의 선택권이 넓어지면서 광고주들은 광고비가 비싼 지상파 방송 광고 대신에 이러한 대안 매체들의 활용이 증가하고 있다.

국내 광고주들은 광고비를 투자로 보기보다는 비용으로 보는 시각이 강하여 경기불황이 지속되면 광고 예산을 삭감하는 대신, 즉각적 판매촉진 활동을 강화하는 경향이 두드러지게 나타난다. 반면 불황기에 호황기를 대비하여 오히려 광고비의 지출을 유지하거나 오히려 늘려야 한다는 주장도 제기되고 있다. 특히 경기불황은 브랜드 가치를 높이고 시장점유율을 확대할 수 있는 좋은 기회이다. 실제로 불황기에 경쟁자가 광고비의 지출을 줄일 경우 광고비를 지속적으로 유지한 기업의 경우 상대적으로 호황기에 그 매출 효과를 크게 기대할 수 있다는 사례들이 많이 보고되었다. 예를 들어, 켈로그(Kellogg)는 1929년에 경쟁사인 포스트(Post)가 광고비의 규모를 축소함에도 불구하고 광고비의 지출 규모를 유지함으로써 호황기에 시장에서 시장점유율 1위 브랜드로 자리매김할 수 있는 발판을 마련하였다. 또한 미국, 일본, 그리고 한국을 포함하여 전 세계적으로 불황기에 광고를 유지하거나 증액한 기업들이 광고비를 줄인 기업에 비해 높은 판매신장률을 달성하였다. 이처럼 불황기에 광고비를 유지하거나 증가해야 하는 이유로는 불황기에는 경쟁자들이 상대적으로 광고비의 지출 규모를 축소함으로써 적은 노력과 비용으로도 시장점유율과 브랜드 자산을 강화할 수 있기 때문이다. 또한 불황기에 광고비의 지출을 줄이거나 중지하면 지금까지 투입된 광고비의 효과가 소멸할 뿐만 아니라 오랫동안에 걸쳐 형성된 브랜드 인지도와 호감도를 회복하는 데 더 많은 비용이 소요될 수 있다. 이러한 이유로 불황기에 광고비를 삭감하면 일시적으로 비용개선 효과는 있을 수 있으나 중·장기적으로 매출에 나쁜 영향을 줌은 물론, 장기적으로 결국 브랜드 자산 가치의 악화를 초래한다.

(5) 문화적 요인

매체 전략은 다양한 국가별로 다른 문화적 요인(cultural factor)도 고려해야 한다. 예를 들어, 누드가 포함된 성적 소구 광고나 어린이를 대상으로 하는 광고의 경우 문화권별로 그 허용범위가 다르게 나타난다. 스웨덴에서는 9세 미만의 어린이를 대상으로 한 광고는 금지되어 있지만 북미에서는 허용이 되고 있다. 또한 특정 문화권에서는 여성용 속옷제품처럼 성적 소구가 필요한 광고는 TV보다 잡지에서 더 관대하게 받아들여진다. 따라서 문화가 다르면, 광고 메시지의 내용도 달라져야 하며 이러한 차이는 결국 광고 매체의 선택에도 영향을 미친다고 할 수 있다. 또한 지하철, 버스 등으로 이동 중에도 스마트폰을 이용해 웹툰, 뉴스, 동영상 등의 숏폼 콘텐츠[6]를 즐기는 스낵 컬처(snack culture)[7] 트렌드가 확산하면서 소비자의 매체접촉 동선이 모바일 미디어 중심으로 변화하고 있다. 이는 매체 전략이 대중매체와 PC 중심에서 모바일로 이동함을 의미한다.

(6) 자연환경 요인

천재지변과 기후 등 자연환경(natural environment)도 매체 전략에 큰 영향을 미치는 제약요소이다. 예를 들어, 아이스크림, 음료수, 여행상품, 에어컨, 냉장고, 스키 장비와 같은 기후와 날씨의 영향을 많이 받는 제품의 경우 특정 지역의 기후와 날씨가 매체 스케줄링에 큰 영향을 미친다고 할 수 있다.

---

6) 유튜브와 틱톡 등에서 방영되는 10분 미만의 짧은 동영상 콘텐츠를 말한다.

7) 언제 어디서나 간편히 즐길 수 있는 스낵처럼, 이동시간 등 짧은 시간에도 가벼운 볼거리를 쉽고 간편하게 즐길 수 있는 새로운 형식의 문화 소비 트렌드를 말한다. 스낵 컬처의 확산에는 네트워크의 발달과 모바일 기기의 대중화가 주요한 역할을 했다.

표적 수용자의
선정과 타기팅

광고캠페인의 표적 수용자(target audience)는 광고의 표적이 되는 소비자를 말한다. 광고캠페인에서 표적 수용자가 더 명확하게 묘사되면 될수록 표적 수용자에게 더 효과적이고 효율적으로 도달할 수 있는 매체, 비히클, 유닛을 선택할 수 있게 된다. 즉, 표적 수용자를 명확하게 정의하게 되면 표적 수용자에게 광고 메시지를 도달시킬 수 없는 매체와 비히클을 피할 수 있거나 우리의 표적이 아닌 사람들에게 광고 메시지가 도달하게 되는 것을 최소화할 수 있다.

1. 시장세분화와 표적 수용자 선정과정

일반적으로 광고의 표적 수용자는 기업의 마케팅 활동을 시작하기 위하여 적절한 시장을 찾는 시장세분화(market segmentation) 과정에서 구체화하며, 이러한 시장세분화 과정을 통하여 인구통계학적 특성, 심리묘사적 특성, 제품사용량 등과 같은 구체적인 표적 수용자에 대한 정보가 얻어진다. 광고캠페인의 표적 수용자는 마케팅 환경분석, 시장세분화, 세분 시장군 도출, 마케팅 표적 시장 선정을 거쳐 최종적으로 선정된다. 즉, [그림 11-1]에서 보이듯이 마케팅을 둘러싸고 있는 거시 및 미시 환경분석을 통하여 소비자의 욕구 변화를 감지하고 소비자 욕구의 변화가 감지되면 소비자의 변화하는 욕구를 근거로 시장을 세분화한 후 1개 혹은 여러 개의 세분 시장군을 도출하고 이러한 세분 시장군으로부터 3C(소비자 규모, 경쟁 강도, 기업의 가용자원)를 고려하여 최종적으로 1개 혹은 여러 개의 마케팅 표적 시장을 선정하고 이를 바탕으로 최종 광고의 표적 수용자를 결정하게 된다. 예를 들어, 환경분석 결과 내수침체로 인한 경기불황으로 저가 제품에 대한 소비자의 욕구가 증가한다면 저가 시장을 표적으로 하여 기능을 단순화하고 값이 싼 보급형 제품을 개발하여 마케팅 활동을 수행함으로써 기업은 큰 성과를 거둘 수 있다. 이런 경우 저가 시장은 고객은 물론 기업에게 가장 유리한 성과를 제공하여 주는 매력적인 표적 시장이 될 수 있다.

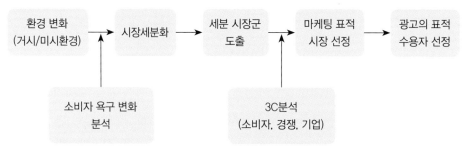

[그림 11-1] **표적 수용자 선정과정**

　광고캠페인의 표적 수용자는 마케팅의 표적 시장과 대체로 일치한다. 왜냐하면 마케팅 표적 시장의 개발 단계에서 이미 시장세분화 과정을 통하여 광고캠페인의 표적 수용자가 결정되기 때문이다. 그러나 최근에 통합적 마케팅 커뮤니케이션 전략이 보편화하면서 마케팅의 표적 시장(target market)은 광고 표적 시장, 판매촉진 표적 시장, 인적 판매 표적 시장, PR 표적 시장, 이벤트 표적 시장, DM 표적 시장으로 더욱 세분화한다. 따라서 광고 표적 수용자는 마케팅 표적 시장보다 범위가 작다고 할 수 있다. 또한 광고의 표적 수용자는 제품의 실사용자뿐만이 아니라 구매의향자, 구매 결정권자, 구매 영향자, 중간도매상, 소매상과 같은 유통업자들을 포함한 판매에 직간접적으로 영향을 미치는 모든 사람을 포함한다. 예를 들어, 유아 혹은 취학 전의 어린이들을 대상으로 하는 제품의 경우 실사용자는 유아 혹은 어린이지만 구매 결정권자는 부모인 경우가 많으므로 표적 시장과 표적 수용자가 다르다고 할 수 있다. 따라서 미디어 플래너는 제품의 매출에 중요한 영향을 미치는 표적 수용자들을 정확하게 파악하여야 광고캠페인의 성공확률을 높일 수 있다.

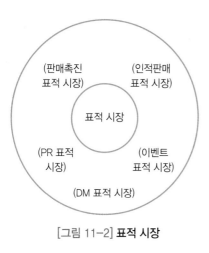

[그림 11-2] **표적 시장**

[그림 11-3] **표적 수용자**

2. 표적 수용자의 정의

표적 수용자의 정의는 광고 메시지가 도달되어야 할 전형적인 사람들의 모습을 그려 내는 것이다. 여기에는 그 사람의 성별, 나이, 직업, 소득, 좋아하는 것, 싫어하는 것, 열망하는 것, 관심사, 생에 대한 태도, 선호하는 제품, 자주 접촉하는 매체 등이 무엇이며, 광고대상 상표와 경쟁 상표에 대해서 어떤 생각을 갖고 있으며, 표적 수용자가 어떠한 기능적·상징적·감각적 편익을 원하는가 등이 포함된다. 〈표 11-1〉에서 보이듯이 표적 수용자의 정의에 포함되는 요인들은 크게 고객 특성 변수와 고객 행동 변수로 구분할 수 있으며, 고객 특성 변수는 인구통계학적(demographic) 특성, 심리묘사적(psychographic) 특성, 지리적(geographic) 특성을 포함한다. 반면 고객 행동 변수에는 제품사용량, 상표 충성도, 추구 편익, 매체접촉행태 등의 고객의 행태적 특성을 포함한다.

〈표 11-1〉 **표적 수용자 정의의 구성요소**

대분류	소분류	특성 요인들
고객 특성 변수	인구통계학적 특성	성별, 나이, 직업, 학력, 소득, 인종, 결혼 유무 등
	심리묘사적 특성	라이프스타일, 개성, 태도, 자아개념, 동기, 욕구 등
	지리적 특성	지역, 도시 크기, 인구 밀도, 기후 등
고객 행동 변수	행태적 특성	제품사용량(다량, 보통, 소량), 상표 충성도, 추구 편익, 매체접촉행태 등

광고의 표적 수용자가 구체적으로 묘사되면 될수록 우리 광고를 이러한 특정 집단에게 적합하도록 만들 수 있으며 그들에게 효율적으로 도달할 수 있는 매체를 선택할 수 있게 된다. 표적 수용자의 정의에서 가장 중요한 것은 표적 수용자의 인구통계학적 특성을 묘사하는 것이다. 왜냐하면 표적 수용자의 인구통계학적 특성은 매체 목표와 매체 전략의 수립에 직접적인 영향을 미치기 때문이다. 예를 들어, 어린이부터 노인에 이르기까지 모든 사람을 대상으로 하는 제품의 광고캠페인처럼 표적 수용자의 범위가 넓으면 매체 목표는 도달률에 초점을 두어야 하며 미디어 믹스 전략도 도달 범위가 넓은 매체 위주로 선택하여야 한다. 또한 매체를 선택할 때 표적 수용자의 인구통계학적 정보가 없으면 표적 수용자에게 효율적으로 도달할 수 있는 매체와 비히클을 선택할 수 없게 된다. 왜냐하면 TV와 신문과 같은 매체 효과의 평가 기준으로 사용되는 시청률과 열독률과 같은 매체접촉자료는 매체 수용자에 대한 인구통계학적 정보만 제공하기 때문에 표적 수용자에 대한 인구통계학적 정보가 없으면 표적 수용자에게 효율적으로 도달할 수 있는 매체를 선택할 수 없기 때문이다. 예를 들어, TV를 활용한 광고캠페인에서 표적 수용자가 20대 남녀라면 20대 남녀가 주로 시청하는 프로그램(예: 〈뮤직뱅크〉)을 선택하여야 우리의 광고 메시지를 가장 많은 표적 수용자들에게 도달시킬 수 있다.

표적 수용자의 인구통계학적 특성은 매체 노출량의 결정에도 영향을 미친다. 예를 들어, 20대가 TV를 덜 시청하기 때문에 만약 표적 수용자가 20대 남녀라면 동일한 TRPs(Taget Rating Points)를 얻기 위하여 더 많은 매체 예산을 투입하여야 한다. 따라서 매체 기획의 표적 수용자의 정의에는 반드시 성별, 나이, 소득, 직업, 학력과 같은 인구통계학적 정보가 포함되어야 한다. 〈표 11-2〉는 인구통계학적 특성, 심리묘사적 특성, 제품사용량 등과 같은 '피부미용비누'의 표적 수용자 정의의 사례이다. 즉, 이와 같은 피부미용비누의 표적 수용자의 정의는 광고캠페인의 표적 수용자의 살아 있는 생생한 모습을 보여 주며 타깃에게 적합한 크리에이티브 전략과 매체 전략을 수립하는 데 도움을 준다. 여기에는 피부미용비누의 표적 수용자의 인구통계학적 특성뿐 아니라 라이프스타일, 심리적 특성, 그들에게 제공하는 기능적 편익, 제품사용량까지도 묘사하고 있다. 또한 그들이 자주 접촉하는 광고 매체에 관한 정보도 포함하고 있다.

〈표 11-2〉 '피부미용비누' 제품 광고캠페인의 표적 수용자 정의 사례

> 피부미용으로 고민하며, 통상의 세면비누 그리고 씻는다는 기능에 만족하지 않고 약간의 부가적 이점
> 을 바라는 14~24세의 젊은 여성으로서 유행을 의식하며 동류집단 가치(peer group value)에 매우 민감
> 한 반응을 보인다. 그들은 일주일에 1개의 피부미용비누를 소비하여 항상 가장 품질 좋은 제품을 추구하
> 기 때문에 새로운 것이라면 언제든지 시험 구매할 용의가 있는 여성들이다. 또한 그들은 신문은 구독하
> 지 않으며, TV는 하루 평균 1시간, 인터넷은 하루 평균 2시간 그리고 SNS는 거의 매일 하루 평균 1시간
> 을 이용한다.

3. 표적 수용자별 광고 예산의 배분

　표적 수용자의 선정과정에서 광고의 표적 수용자를 하나가 아닌 여러 개로 세분화
할 경우 각 표적 수용자별로 얼마의 광고 예산을 할당할 것인가를 결정해야 한다. 대부
분의 매체 기획에서는 표적 수용자를 1차 표적 수용자 및 2차 표적 수용자로 구분한다.
1차 표적 수용자는 보통 제품사용자, 구매 결정권자, 구매 영향자를 포함하여 폭넓게
정의된다. 제품사용자는 제품의 실사용자들을 말하며 제품사용량에 따라 다량사용자,
보통사용자, 소량사용자로 구분된다. 구매 결정권자는 제품구매를 최종적으로 결정하
는 사람을 말한다. 예를 들어, 유아용품의 경우 제품의 실사용자는 유아들이지만 구매
결정권자는 부모인 경우가 많다. 구매 영향자는 가족과 친구 등 구매에 영향을 미치는
사람을 말한다.

　2차 표적 수용자는 1차 표적 수용자들 가운데 특별히 광고자원을 추가로 투입해야
할 필요가 있는 표적 수용자들을 말한다. 일반적으로 제품사용량이 많은 다량사용자
가 2차 표적 수용자인 경우가 많다. 예를 들어, 맥주 제품의 경우 1차 표적 수용자는 맥
주를 소비하는 모든 음용자를 포함하나 2차 표적 수용자는 1차 표적 수용자들 가운데
맥주 소비량이 가장 많은 다량사용자인 20대 남성으로 정의할 수 있다. 이러한 2차 표
적 수용자에게는 광고자원과 노력을 추가로 배분한다. 보통 1차 표적 수용자에게 할당
되는 광고 예산의 비중은 전체 광고 예산의 60~70% 정도이고 2차 표적 수용자에게 할
당되는 광고 예산의 비중은 전체 예산의 30~40%를 넘지 않는 것이 보통이다. 이렇게
2차 표적 수용자에게 특별히 광고자원과 노력을 추가로 투입하는 전략을 헤비업 전략
(heavy-up strategy)이라고 한다.

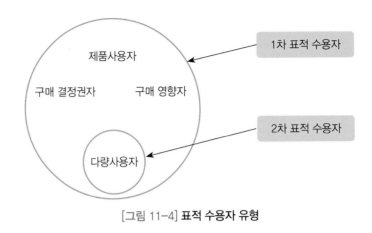

[그림 11-4] **표적 수용자 유형**

4. 간접조사 자료를 활용한 표적 수용자 선정

광고 메시지가 도달되어야 할 표적 수용자는 우리 제품의 현재 사용자인 경우가 많다. 따라서 광고캠페인에서 우리 제품의 표적 수용자를 파악하는 가장 효과적인 방법은 현재 우리 제품을 가장 많이 사용하는 소비자 집단이 누구인가를 파악하는 것이다. 즉, 우리 제품이 속한 제품군을 가장 많이 사용하는 소비자 집단이 누구인가를 알게 되면 누구를 타깃으로 광고를 해야 할 것인가를 알 수 있다. 일반적으로 광고캠페인의 표적 수용자인 제품의 실사용자를 파악하기 위하여 신디케이트 조사(syndicated research) 회사에서 제공하는 종합소비자 조사자료를 많이 활용한다. 예를 들어, 미국의 신디케이트 조사회사인 SMRB(Simmons Market Research Bureau)와 GfK MRI(Mediamark Research & Intelligence)에서는 매년 정기적으로 550개의 제품 카테고리에서 6,000개가 넘는 제품의 소비자 사용실태와 26,000명이 넘는 미국 소비자의 라이프스타일 및 매체접촉 행태 조사자료를 제공한다. 우리나라에서는 한국방송광고진흥공사의 MCR(Media & Consumer Research), 제일기획의 ACR(Annual & Consumer Report), 한국리서치의 미디어 인덱스(Media Indix)가 독자적으로 혹은 신디케이트 형태로 매년 정기적으로 제품 사용실태, 라이프스타일, 매체접촉행태 조사자료를 제공한다. 이러한 독자적 조사 혹은 신디케이트 조사를 통하여 제공되는 제품사용실태 조사자료는 매체접촉행태 조사 자료와 동시에 교차 분석되어 표적 수용자에게 효율적으로 도달할 수 있는 매체선택의 간접조사 자료로써 활용된다.

　　미국의 GfK MRI 조사자료에 의하면 제품을 가장 많이 사용하는 집단을 다량사용자(heavy users)라고 하며 평균적으로 사용하는 집단을 보통사용자(medium users) 그리고 우리 제품을 가장 적게 사용하는 집단을 소량사용자(light users)라고 한다. 일반적으로 제품의 다량사용자를 표적 수용자로 하면 적은 광고 비용으로 광고캠페인을 효율적으로 전개할 수 있다. 예를 들어, 맥주 제품의 경우 전체 맥주 소비의 80%를 20%의 다량사용자가 소비하는 2:8의 원칙이 적용된다. 따라서 이러한 전체 맥주 소비량의 80%를 차지하는 20%의 다량사용자를 주 표적 수용자로 한다면 적은 비용으로 광고캠페인을 효율적으로 전개할 수 있다. 이처럼 청량음료, 스낵류, 맥주와 같이 제품 재구매주기가 짧은 저관여 제품의 경우 이러한 다량사용자를 표적 수용자로 한다면 적은 비용으로 광고캠페인의 성공확률을 높일 수 있다. 〈표 11-3〉은 이러한 맥주 음용자의 일주일 평균 맥주 소비량 조사자료를 활용한 표적 수용자 선정의 예를 보여 준다. 〈표 11-3〉에서 보이듯이 맥주 제품의 주 표적 수용자가 될 수 있는 다량사용자는 25~34세 남성인 것을 알 수 있다.

　　신디케이트 조사자료에서 제공되는 제품사용량 분석을 통하여 표적 수용자를 선정하게 되면 그다음 단계는 표적 수용자들의 매체접촉행태(예: 시청률과 열독률)를 분석하여 표적 수용자들이 가장 많이 접촉하는 광고 매체와 비히클을 선택하게 된다. 한편 시장 상황과 마케팅 전략에 따라 제품의 다량사용자가 반드시 일차 표적 수용자가 아

〈표 11-3〉 미국 맥주 소비자의 일주일 평균 맥주 소비량(단위: 명, %)

성별/연령	전체 인구수	전체 사용자	다량사용자 (7잔 이상)	보통사용자 (3~6잔 이상)	소량사용자 (2잔 이하)
전체 성인	186,039,000	32.0	9.3	10.2	12.5
남자	88,760,000	44.9	16.0	14.6	14.4
여자	97,279,000	20.3	3.2	6.3	10.8
18~24	25,079,000	37.9	10.5	12.9	14.5
25~34	44,217,000	41.2	13.8	12.0	16.3
35~44	38,704,000	35.0	9.7	10.9	14.4
45~54	25,901,000	28.4	7.4	9.5	11.5
55~64	21,840,000	23.4	6.7	8.6	8.1
65+	30,297,000	18.0	4.4	6.5	7.1

출처: MRI의 1993년 자료를 바탕으로 재구성함.

닐 수도 있다. 예를 들어, 우리의 마케팅 전략이 신규 수요 창출을 통하여 시장점유율을 증대시키는 것을 목표로 한다면 현재 제품을 전혀 사용하지 않는 새로운 소비자가 표적 수용자가 될 수도 있다. 또한 마케팅 전략이 타사 상표 사용자를 공격적으로 공략하여 시장점유율을 증대시키는 것을 목표로 한다면 타사 상표 사용자가 표적 수용자가 될 수도 있으며, 성장이 정체되었지만 경쟁이 치열한 레드오션(red ocean) 시장에서 광고자원이 부족한 경우 틈새시장(niche market)을 표적으로 함으로써 강력한 경쟁자를 피해 기대하는 캠페인 성과를 거둘 수도 있다. 예를 들어, 중소 가전 전문 브랜드인 동양 매직은 독과점 상황에 놓여 있는 세탁기 시장에서 외국 고가의 제품을 선호하는 소비자들을 표적 수용자로 하여 고급 세탁기 시장을 공략함으로써 삼성과 LG와 같은 대기업 제품과의 경쟁을 피하고 광고캠페인의 목표를 성공적으로 달성할 수 있었다.

5. 사용자 데이터를 활용한 표적 수용자 선정

디지털 광고의 표적 수용자 선정은 잠재고객, 관심고객, 가망고객, 충성고객, 옹호고객 등을 포함한 기업의 마케팅 활동의 표적이 되는 여러 유형의 타깃을 식별하거나 추정할 수 있는 데이터를 수집하는 것에서부터 시작된다. 표적 수용자 선정에 활용될 수 있는 사용자 데이터는 매우 다양하지만 자사 혹은 제1자 데이터(1st-party data), 제2자 데이터(2nd-party data), 제3자 데이터(3rd-party data)가 모두 활용된다.

제1자 데이터 혹은 자사 데이터는 일반적으로 기업이 운영하는 웹사이트나 모바일 앱, 오프라인 매장 등 다양한 고객과의 마케팅 및 세일즈 접점에서 광고주가 자체 수집한 데이터를 말한다. 여기에는 성별, 나이, 직업, 소득 수준, 연락처, 거주지, 주민등록번호 등의 ID 및 고객 식별 정보뿐 아니라 웹과 앱의 방문 이력, 구매, 검색 기록, 관심사 등 사용자의 웹 및 앱 활동을 기록한 행태 정보도 포함된다. 제1자 데이터의 경우 온라인상에서 팝업창 등을 띄워 고객이 직접 자기 정보를 등록하게 해서 정보를 모으거나, 사용자의 식별 정보(ID, 고객 정보 기반의 성별, 나이, 직업, 지역, 구매 행동 등)를 포함하여 주로 사용자의 로그인 정보(회원 및 계정 가입 정보) 등을 통해 수집한다. 제1자 데이터는 주로 식별 데이터이기 때문에 고객의 동의 없이 그대로 사용할 수 없으며, 이러한 제1자 데이터는 사용자의 아이디를 지우고 범주화해서 개별 사용자를 식별할 수 없도록 비식별화 과정을 거친 후에야 이용할 수 있다.

제2자 혹은 제2관계자 데이터는 광고주와 매체사, 광고주와 대행사와의 관계처럼 계약 관계에 있는 업체 혹은 상호 보완성이 있는 업체 간 제1자 데이터의 교환을 통해 확보할 수 있는 사용자 데이터를 말한다. 여기에는 제1자 데이터와 마찬가지로 관계사가 직접 수집한 고객 식별 데이터 및 행태 데이터(비식별 데이터)가 포함된다.

제3자 데이터는 독립적이고 전문적인 데이터 제공업자(data provider)로부터 구매한 외부 데이터를 말한다. 보통 제1자 혹은 자사 데이터만으로 마케팅에 활용하는 데에 한계가 있어서 외부 데이터를 추가로 모으고 활용한다. 특히 제1자 데이터는 타깃의 모수(parameter)가 적고 로그인한 이용자의 행동만 파악할 수 있지만, 제3자 혹은 외부 데이터를 활용하면 로그인하지 않아도 성향의 파악이 가능하다. 따라서 타깃 식별의 정확도를 높이고 타깃의 범위를 확대하기 위해 양질의 외부 데이터의 수집이 필요하다. [그림 11-5]에서 보이듯이 제일 왼쪽 부분은 제1자 데이터, 가운데 부분은 제2자 데이터 그리고 제일 오른쪽 부분은 제3자 데이터를 나타낸다. 보통 제1자 데이터는 타깃의 모수가 적어 타기팅에 활용하는 데에 한계가 있기 때문에 외부 데이터를 추가로 구매해서 표적 수용자 선정에 활용한다. 또한 자사 데이터는 로그인한 이용자의 정보만 수집할 수 있지만, 제3자 비식별 데이터를 활용하면 로그인 정보가 없이도 사용자 성향이나 관심사의 파악이 가능하다. 단, 외부 데이터를 활용하여 표적 수용자 선정을

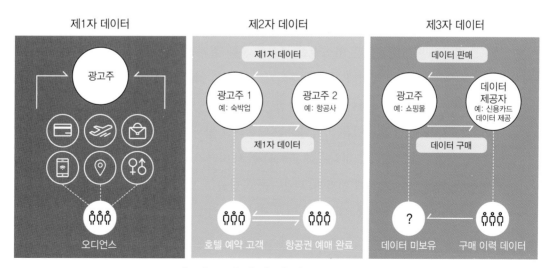

[그림 11-5] **제1자, 제2자, 제3자 데이터**

출처: 메조미디어(2017. 2. 14.).

할 경우 주로 머신러닝을 통해 타깃의 프로필을 추정하는 과정을 거치기 때문에 정확도(약 90% 수준)가 다소 떨어진다고 할 수 있다.

사용자 데이터는 사용자의 식별 유무에 따라서 식별 데이터와 비식별 데이터로 분류된다. 식별 데이터는 개인을 직접 식별하거나 유추하여 알 수 있는 모든 정보를 말하며 여기에는 성별, 나이, 이름, 주소, 이메일 주소, 웹주소, 휴대폰 번호, 신용카드 번호, 주민등록번호 등이 포함된다. 단순한 이름을 제외한 성별, 나이, 학력, 직업, 소득, 거주 지역, 인종만으로는 식별 정보라고 할 수 없으며, 여기에 휴대폰 번호, 이메일 주소, 주민등록번호 등이 붙으면 식별이 가능한 개인식별정보(Personally Identifiable Information: PII)[1]가 된다.

반면 비식별 데이터는 누구에 대한 정보인지를 확인할 수 없도록 조치한 개인 정보, 즉 특정한 개인을 구분할 수 있는 정보를 제외한 모든 정보를 말한다. 비식별 정보는 사전 동의 없이 기업이나 공공기관이 자유롭게 활용할 수 있다. 일반적으로 비식별 데이터의 양이 식별 데이터의 양보다 월등히 많으며, 소위 말하는 빅데이터의 원천(source)이라고 할 수 있다.

2016년 6월 행정자치부에서 발표한 '개인 정보 비식별 조치 가이드라인'에 의하면 개인 식별 정보를 가명, 익명, 범주화 등의 조치로 특정 개인으로 확인 불가능하도록 비식별화로 처리하면 개인 정보가 아닌 것으로 간주될 수 있으며, 이렇게 비식별화된 정보는 당사자 등의 동의 없이도 활용 및 유통할 수 있다. [그림 11-6]은 식별 고객 정보, 비식별화된 고객 정보, 비식별 고객 정보의 차이를 나타낸다.

소비자와 시민단체들은 비식별화 처리를 통해 현재는 특정 개인으로 식별할 수 없다고 판단되어 배포된 데이터가 백만 분석가가 모이면 식별될 수 있고, 현재는 불가능해도 머신러닝 등의 분석기법이 더욱 발달한 몇 년 후에는 식별 가능해질 수 있다는 우려를 제기하고 있다. 반면 기업은 비식별화된 데이터는 활용의 효용성이 너무 떨어져 가치가 없고, 가이드라인에 따라 비식별화 조치를 한 데이터가 유통된 이후 식별되었을 때 발생하는 위험을 모두 기업에 전가하고 있다는 불만을 느끼고 있다. 이러한 제약 조건에서 완전히 벗어나기 위해 광고/마케팅 업계에서 활용하고 있는 것이 비식별 디바이스 기준

---

1) 개인에 관한 정보 가운데 직간접적으로 객 개인을 식별할 수 있는 정보를 가리킨다. 식별 가능성이 없는 정보는 개인 정보로 보지 않는다.

식별 고객 정보		비식별화된 고객 정보		비식별 고객 정보		
28세 연령	男 성별	20대 연령대	男 성별	20대 연령대	男 성별	스포츠 용품 쇼핑 선호분류
야구선수 직업	넥센 소속	운동선수 직업	** 소속	직업 (관리대상 아님)	소속 (관리대상 아님)	야구중계 VOD 선호분류
돼지바 좋아하는 음식	목동 거주 지역	빙과류 좋아하는 음식	서울 거주 지역	좋아하는 음식 (관리대상 아님)	서울 주요 활동지역	치킨 배달음식 선호분류

→ 사용자 입력 및 거래 정보 기반   → 사용자 서비스 이용 행태 정보 기반

[그림 11-6] **식별 고객 정보, 비식별화된 고객 정보, 비식별 고객 정보의 비교**
출처: 김영경(2018. 1. 30.).

으로 관리하는 비식별 고객 데이터이고, 이에 활용되는 것이 전통의 강자인 쿠키 정보와 모바일 디바이스 OS가 제공하는 ADID 및 IDFA와 같은 광고 식별자 정보이다.

6. 데이터 3법 개정안과 가명 정보의 활용

데이터 3법 개정안이란 「개인정보 보호법」 「정보통신망법(정보통신망 이용촉진 및 정보보호 등에 관한 법률)」 「신용정보법(신용정보의 이용 및 보호에 관한 법률)」의 세 가지 법률을 개정하는 것을 지칭한다. 즉, 이 세 가지 법을 개정하여 개인 정보를 데이터로 활용할 수 있도록 하는 것이 데이터 3법 개정안이라고 하며, 2020년부터 시행되었다. 특히 개인의 동의 없이도 예외적으로 가명 정보의 개념을 도입하여 상업적 목적으로 활용할 수 있도록 함으로써 제1자 데이터인 식별 정보의 활용 범위를 넓혔다고 할 수 있다.

개인 정보는 특정 개인에 관한 정보로서 개인을 알아볼 수 있게 하는 정보, 즉 일종의 식별 정보이다. 익명 정보는 개인을 알아볼 수 없게 조치한 정보를 말하며, 개인 정보가 아니기 때문에 자유롭게 활용이 가능하고, 동의를 받아야 하는 문제가 없다. 가명 정보는 추가 정보 없이는 특정 개인을 알아볼 수 없는 정보, 즉 개인을 알아볼 수 없도

[그림 11-7] 개인 정보, 가명 정보, 익명 정보의 차이

출처: 한국인터넷진흥원.

록 안전하게 처리된 정보를 말한다. 가명 정보는 개인 정보와 익명 정보의 중간 지점에 있으며, 원칙적으로 개인 정보에 포함되기 때문에 이를 활용하기 위해 개인 정보와 동일하게 사전적이고 구체적 동의가 필요하다. 단, 예외적으로 통계 작성(상업적 목적 포함), 연구(상업적 목적 포함), 공익적 기록 보존 목적의 경우 개인의 동의 없이도 활용이 가능하다. 따라서 익명 정보와 비교하여 개인의 성향이 반영된 데이터이기 때문에 더욱 유의미하고 활용가치가 높다고 할 수 있다. 예를 들어, 데이터 3법 개정안 전에는 개인 정보를 수집하여도 타기팅에 활용할 수 없었다. 하지만 데이터 3법 개정안으로 개인 정보를 가명 처리하여 사용할 수 있게 됨으로써 표적 수용자를 더욱더 명확하게 정의하고 타기팅할 수 있게 되었다. 하지만 가명 정보의 범위와 정의, 해석이 여전히 모호하기 때문에 이를 명확히 해 불확실성을 없애야 하는 과제를 안고 있다.

7. 디지털 광고의 표적 수용자 타기팅

1) 표적 수용자 타기팅이란

디지털 광고는 사용자 데이터(user data)[2]의 수집, 저장, 분석 기술과 머신러닝(기계

---

2) 소비자들이 웹과 앱 기반의 디지털 미디어들을 활용하면서 남긴 흔적들(digital breadcrumbs)이다. 여기에는 텍스트, 영상, 이미지, 로그(log), 검색, 위치, 구매 데이터 등이 포함된다.

학습)의 적용으로 타깃 집단을 더 정교하게 식별하고 세분화할 수 있으며, 원하는 고객 개개인에게 맞춤형 광고 메시지를 도달시킬 수 있다. 디지털 광고의 표적 수용자 타기팅은 잠재고객, 관심고객, 가망고객, 충성고객, 옹호고객 등을 포함한 기업의 마케팅 활동의 표적이 되는 여러 유형의 타깃을 식별하거나 추정할 수 있는 데이터를 수집하는 것에서부터 시작된다. 예를 들어, 소비자들이 매일 이용하는 웹이나 앱뿐 아니라 온·오프라인의 여러 고객 접점(온라인 쇼핑몰, 매장 등)을 통하여 고객의 성별, 나이, 거주 지역 등과 같은 인구통계학적 정보뿐 아니라 취미 및 관심사, 구매 빈도, 구매 행동 등과 같은 각종 라이프스타일 및 행태 정보들을 수집할 수 있으며, 이렇게 수집된 데이터들을 머신러닝으로 학습하게 하고, 이를 바탕으로 타깃을 세그먼트(분류)한 후 우리 제품에 맞는 표적 시장을 찾을 수 있다. 우리가 웹이나 앱에 접속하는 순간 접촉하는 대부분 광고 메시지는 이런 타기팅 과정을 거쳐 우리에게 도달된다고 할 수 있다. 표적 수용자 타기팅에 활용될 수 있는 데이터는 매우 다양하지만 자사 혹은 제1자 데이터, 제2자 데이터, 제3자 데이터가 모두 활용된다.

[그림 11-8]은 사용자 데이터를 기반으로 한 표적 수용자 타기팅의 예를 보여 준다. [그림 11-8]에서 보이듯이 1명의 모르는 사용자가 차례대로 방문한 사이트를 확인하여 머신러닝이 사용자가 누구인지를 구체적으로 식별할 수 있다. 이처럼 표적 수용자 타기팅은 쿠키(cookie)[3]나 광고 ID[4]를 통해 수집한 비식별 정보들(예: 사용자가 어떤 웹이

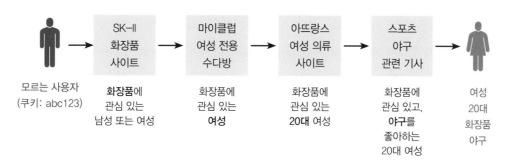

[그림 11-8] **비식별 정보(쿠키)를 활용한 타깃 추정의 예**

출처: 이동현(2019).

---

3) 하이퍼 텍스트 기록서(HTTP)의 일종으로서 인터넷 사용자가 어떤 웹사이트를 방문할 경우 그 사이트가 사용하고 있는 서버를 통해 사용자의 컴퓨터에 설치되는 작은 기록 정보 파일을 일컫는다.

4) advertising ID의 약어로서 구글 플레이 서비스에서 제공하는 모바일 앱 이용자의 식별 코드이다. 이용자의 광고 이용 행태를 추적할 수 있다.

나 앱을 주로 방문하는지 등)을 머신러닝으로 분석하여 고객의 특성과 관련된 행동 패턴을 찾아내고 이를 바탕으로 표적 수용자를 특정한다.

2) 디지털 광고의 표적 수용자 타기팅 유형

(1) 사용자 기반 타기팅

타기팅의 유형은 사용자 기반 타기팅, 콘텐츠 기반 타기팅, 기타 타기팅으로 구분할 수 있다. 사용자 기반 타기팅은 사용자의 인구통계학적 특성이나 관심사, 행동 등의 특성들을 기반으로 한 오디언스 타기팅을 말한다. 사용자 기반의 타기팅은 주로 자사가 직접 수집한 로그인 정보와 비로그인 정보에 해당하는 쿠키 혹은 광고 ID로 수집한 정보(고객 비식별 정보)의 두 가지 데이터를 모두 사용한다. 사용자 기반 타기팅에는 데모 타기팅(demo targeting), 관심사 타기팅(interest targeting), 행동 타기팅(behavioral targeting), 리타기팅(retargeting), 유사 타기팅(look alike targeting), CRM 타기팅 등이 있다.

데모 타기팅은 데모그래픽(demographic) 타기팅의 약어로 사용자의 성별, 나이, 직업, 학력, 소득, 거주 지역 등을 포함한 인구통계학적 특성에 따라 사용자를 세분화하여 적절한 광고 유형에 맞게 타기팅을 세팅(setting)하는 방법을 말한다. 데모 타기팅은 타깃의 모수가 비교적 크기 때문에 대중매체 광고처럼 광범위한 타깃에게 도달할 수 있는 장점이 있으나, 구매 전환 효과가 떨어져 타기팅의 효율성을 높이기 위해서는 다른 타기팅 기법들과 함께 사용하는 것이 더 효과적이다. 예를 들어, 캠페인 초기에 데모 타기팅을 통하여 일정 규모의 타깃 모수를 확보한 후 이들을 대상으로 관심사 타기팅을 실시하여 캠페인에 대한 관심(interest)과 관여(involvement)를 높일 수 있다.

관심사 타기팅은 사용자의 취미나 관심사에 따른 타기팅 기법을 말한다. 관심사 타기팅은 웹사이트에 방문한 사용자가 소비한 콘텐츠를 분석하여 관심사를 파악하고, 사용자가 관심 있어 할 만한 광고를 노출해 높은 반응을 획득한다. 예를 들어, 여행 기사나 콘텐츠를 보는 사람에게 호텔 예약 광고를 노출하는 등 특정 관심사를 갖고 있는 사용자에게 광고를 노출할 수 있다. 또한 매년 9~12월에 고교 입시 캠페인 광고를 많이 클릭한 사용자를 입시를 앞둔 학생과 학부모로 판단하여 관심사 광고인 대학 입시 캠페인 광고를 우선 노출할 수도 있다.

행동 타기팅은 온라인이나 모바일에서 머물렀던 사용자의 행태 데이터를 통해 행동 특징을 분석하고, 이에 맞추어 맞춤형 광고를 보여 주는 타기팅 기법이다. 행동 타기팅은 방문한 페이지, 머문 시간, 검색, 클릭한 링크, 구매한 상품 등 사용자의 웹브라우징 행동 및 구매 이력에 기반하여 맞춤화된 광고와 콘텐츠로 이들을 타기팅 혹은 리타기팅할 수 있도록 해 준다. 행동 타기팅은 고객의 행동과 구매 의도를 결합하여 고객이 가장 구매할 확률이 높은 시점에서 관련성이 높고 고도로 맞춤화된 광고를 노출할 수 있게 해 준다. 예를 들어, 메인 페이지 방문 사용자의 경우 해당 쇼핑몰의 추천 상품이나 베스트 상품을 추천하고, 장바구니 페이지나 제품 상세페이지 방문 사용자에게는 그들이 직접 본 해당 상품을 노출한다. 또한 구매 완료 페이지 방문 사용자에게는 이미 구매한 상품과 연관 있는 상품(예: 크로스 셀링[5] 상품)을 노출시킨다.

리타기팅은 자사 홈페이지를 방문했던 사용자를 대상으로 광고를 노출시키는 타기팅 기법이다. 예를 들어, 소비자 자신이 평소 인터넷 쇼핑몰에서 눈여겨보던 상품이 인터넷 뉴스 검색 화면에서 배너광고로 뜨는 것을 리타기팅의 예로 들 수 있다. 리타기팅은 홈페이지를 한 번이라도 방문했던 사용자를 대상으로 이들의 웹 서핑 중에 광고를 반복적으로 노출시킴으로써 재방문을 유도하여 관심고객의 빠른 구매 확정과 구매 전환율을 높일 수 있다. 하지만 리타기팅을 이용한 맞춤형 광고는 개인 정보 유출에 따른 인권침해의 소지가 있다는 비판에서 자유롭지 못하다.

유사 타기팅은 기존의 핵심 타깃 집단과 유사한 행태와 특성을 가진 잠재고객들로 타깃의 범위를 확장하는 것을 말한다. 유사 타기팅은 핵심 타깃의 공통적인 특성(예: 인구통계학적 정보 및 관심사 등)을 확인한 다음, 이 사람들과 유사한 혹은 비슷하게 보이는 사람들을 대상으로 광고를 노출시킨다. 예를 들어, 웹사이트 방문자 데이터를 분석하여 방문자와 유사한 특성을 갖고 있으면서 웹사이트를 방문한 적이 없는 제3자를 타깃으로 한다면 유사 타기팅이라고 할 수 있다.

CRM 타기팅 혹은 CRM 데이터 타기팅은 회원가입 기반의 사이트에서 보유하고 있는 자사 데이터를 이용하여 타기팅하는 방법이다. 즉, 이 타기팅 방법은 성별, 나이, 이

---

5) 크로스 셀링(cross-selling)은 교차판매를 뜻하는 용어로, 햄버거만 시킬 때 점원이 "음료수는 안 하시겠습니까?"와 같이 관련 제품의 추가 구매를 유도하는 판매 전략을 말한다. 주로 금융상품의 경우에 많이 사용하는 전략이다. 은행에서 증권 회사 펀드를 사도록 권유하는 것 등을 예로 들 수 있다.

름, 주소, 이메일 주소, 웹주소, 휴대폰 번호, 신용카드 번호, 주민등록번호 등과 같은
CRM 데이터를 이용하여 타기팅하는 방법으로서 이메일이나 휴대폰 번호를 사용하고
있는 사용자들에게만 광고를 노출하는 타기팅 기법이다.

(2) 콘텐츠 기반 타기팅

콘텐츠 기반 타기팅은 내 상품에 관심이 있을 만한 사람이 보는 콘텐츠를 기반으
로 하는 타기팅을 말한다. 콘텐츠 기반의 타기팅은 주로 사용자의 웹사이트 활동 내
역을 기록한 쿠키 혹은 앱 광고 사용자의 추적에 사용되는 광고 아이디(ADID)로 수집
한 데이터를 활용한다. 키워드 타기팅(keyword targeting), 카테고리 타기팅(category
targeting), 문맥 타기팅(contextual targeting), 게재 위치 타기팅(placement targeting) 등이
있다.

키워드 타기팅(검색어 타기팅)은 사용자가 검색한 키워드를 파악하여 타기팅을 하는
기법이다. 예를 들어, 뷰티에 관심 있는 사람이 뷰티와 같은 키워드로 검색하면 이들
에게 화장품 관련 광고주들이 자사의 제품 광고를 노출할 수 있다. 키워드 타기팅은 카
테고리가 이미 분류된 것이 아닌 원하는 키워드를 등록하여 직접적인 타기팅을 한다
는 점에서 광고주가 설정한 특정 카테고리와 매칭되는 지면에 광고를 노출하는 카테고
리 타기팅과 다르다. 따라서 카테고리 타기팅보다 더 정교한 타기팅 방식이라고 할 수
있다. 네이버와 구글의 키워드 광고상품을 예로 들 수 있다. 키워드 타기팅에서 키워
드 개수는 제한이 없으나, 하나의 키워드만 골라 사용할 경우 광고 노출이 어려울 수 있
다. 따라서 직접 키워드,[6] 간접 키워드,[7] 로컬 키워드,[8] 오타 키워드,[9] 테마 키워드,[10]
이슈 키워드,[11] 시의성 있는 키워드[12] 등을 적절히 조합하여 타기팅하는 것이 효과적
이다. 직접 키워드와 파생되는 여러 키워드를 함께 사용할 경우보다 더 넓은 범위 내에

---

6) 상품, 서비스를 직접적으로 나타내는 키워드(예: blue bottle coffee, 2080 치약 등)이다.
7) 상품, 서비스를 간접적으로 연상시키는 키워드(예: 데이트 코스, 가 볼 만한 곳, 부모님 선물 등)이다.
8) 시/도 단위가 아닌 구/동 단위의 지역 키워드(예: 강남 맛집, 홍대 맛집, 제주도 맛집 등)를 의미한다.
9) 오타를 내기 쉬운 키워드(예: 피트니스→휘트니스, 돈가스→돈까스, 펜션→펜션, 카페→까페 등)이다.
10) 특정 시즌이나 행사 및 기념일 등과 관련된 키워드(예: 발렌타인 데이, 빼빼로 데이 등)이다.
11) 드라마에서 인기 연예인이 사용하거나 착용한 물품명 또는 사회적으로 관심사가 높아진 단어가 포함된 키워
    드(예: 블랙핑크 제니의 공항 패션 등)이다.
12) 특정 시즌과 관련된 키워드(예: 졸업, 입학 선물)이다.

서 광고 노출이 가능하며, 그만큼 키워드와 CPV(Cost Per View)를 둘러싼 광고주 간 경쟁이 치열하지 않기 때문에 낮은 비용으로도 캠페인 운영이 가능할 수 있다. 키워드 타기팅의 단점은 키워드(예: 생명보험)가 포함된 콘텐츠만 타기팅이 되기 때문에 타기팅의 범위가 제한적이라는 점을 들 수 있다.

카테고리 타기팅은 특정 카테고리와 관련된 콘텐츠가 있는 사이트에 광고를 게재하는 타기팅 기법이다. [그림 11-9]에서 보이듯이 광고주가 연예 카테고리를 설정해 놓으면, 사용자가 연예 주제 혹은 카테고리를 선택할 때 광고에 노출된다. 예를 들어, 쇼핑 카테고리의 경우 여성 의류, 남성 의류, 진 및 캐주얼 의류, 언더웨어, 신발 및 수제화 등의 카테고리를 설정한 후 각각의 카테고리에 광고를 노출시킬 수 있다. 카테고리 타기팅의 단점은 광고주가 원하는 카테고리가 없는 경우 관련성이 낮은 카테고리에 광고가 게재될 수 있다는 점이다. 예를 들어, 테니스 신발 제품을 타기팅을 할 때 테니스 신발 카테고리가 없어서 운동화 카테고리를 대신 선택해야 한다.

[그림 11-9] **카테고리 타기팅의 예**

문맥 타기팅은 제품과 관련성이 높은 사이트에 방문하는 사람에게 광고를 노출함으로써 직접적인 반응을 유도한다. 콘텐츠 매칭 광고라고도 한다. 예를 들어, 음식 레시피 사이트에 접시 광고를 게재한다거나 조깅 포럼에 신발 광고를 삽입하는 것이다. 기본적으로 전문 잡지나 취미 잡지의 페이지에 기사 관련 광고를 매칭(matching)해서 위치시키는 것과 같지만 디지털 버전이라는 점에서 차이가 난다고 보면 된다.

게재 위치 타기팅은 내가 원하는 위치나 지면(웹페이지)을 직접 골라서 광고를 노출하는 기법이다. 예를 들어, 부동산 상품의 경우 광고주가 직접 부동산 특화 사이트 및 부동산 카테고리 내에 광고를 노출한다. 광고 소재의 특성에 맞추어 사이트 카테고리, 사이트, 동영상, 앱, 앱 카테고리 등 가장 효율적인 게재 위치를 선택하여 광고를 게재할 수 있다.

지금까지 살펴본 사용자 기반 타기팅, 콘텐츠 기반 타기팅 이외에도 휴대폰 이용자의 위치를 기반으로 한 위치기반 타기팅, 해외 국가 타기팅 및 시/도 단위를 기반으로 하는 지역 타기팅, 안드로이드와 iOS를 기반으로 하는 OS 타기팅, 디바이스 모델을 기반으로 하는 디바이스 타기팅, 구글 플레이 스토어, 애플 앱스토어, T스토어 등을 기준으로 하는 앱스토어 타기팅, 4G, LTE, 5G, 와이파이, 통신사를 기준으로 하는 네트워크 타기팅, 크롬 등 브라우저를 기반으로 하는 브라우저 타기팅, PC, 태블릿 PC, 스마트폰 등에 동시에 노출이 가능한 크로스 디바이스(cross-device) 타기팅, 광고주가 이미 보유하고 있는 ADID/IDFA 정보를 기반으로 광고를 노출하는 ADID/IDFA 타기팅 등이 있다. 또한 특정 언어를 기준으로 하는 언어 타기팅, 특정 요일, 특정 시간대에 광고를 노출하는 요일 및 시간 타기팅, 아프리카TV의 광고상품으로서 BJ의 핵심 회원에게만 광고가 노출되는 BJ 타기팅 등도 가능하다. 구글, 네이버, 페이스북을 포함한 대부분의 광고 플랫폼 사업자는 이들 다양한 타기팅 기법을 사용하여 광고주의 니즈(needs)에 맞는 타기팅 지원이 가능하다.

매체 목표

매체 목표(media objective)란 광고캠페인의 목표를 달성하기 위하여 광고캠페인 기간 얼마나 많은 표적 수용자에게, 얼마나 자주, 얼마나 지속적으로 광고 메시지를 전달할 것인가를 말한다. 예를 들어, ○○ 브랜드의 매체 목표는 '2023년 광고캠페인 기간 서울에 거주하고 있는 25세에서 49세 여성 80%에게 월평균 5회 광고 메시지를 노출한다.'라고 할 수 있다. 여기에서 광고 메시지가 얼마나 많은 사람에게 노출될 것인가를 나타내는 개념을 도달률(reach)이라고 하며, 광고 메시지가 표적 수용자에게 얼마나 자주 노출될 것인가를 나타내는 개념을 빈도(frequency)라고 한다. 그리고 광고 메시지가 광고캠페인 기간 언제, 얼마나 지속적으로 노출될 것인가를 나타내는 개념을 지속성(continuity)이라고 한다. 도달률, 빈도, 지속성을 매체 목표의 3요소라고 한다. 이 외에도 매체 목표에는 표적 수용자에 대한 구체적인 정의가 포함되어야 하며, 광고캠페인 지역이 명시되어야 한다.

〈표 12-1〉 매체 목표의 3요소

- 도달률
- 빈도
- 지속성

매체 목표는 구체적이면서 측정 및 달성 가능하여야 한다. 만약 매체 목표가 도달률 및 빈도와 같은 계량적인 수치를 이용하여 구체적으로 제시되지 못하거나 추상적이면 매체 전략과 전술의 수립에 정확한 방향을 제시할 수 없게 된다. 적절한 매체 목표의 예는 〈표 12-2〉와 같다. 매체 목표가 설정되면 그다음 미디어 믹스와 스케줄링전략, 매체 전술(혹은 세부실행계획)을 수립하여 구체적으로 광고캠페인의 목표를 달성하는 데 필요한 매체 스케줄을 구성하게 된다.

〈표 12-2〉 **매체 목표의 예**

기간	매체 목표
광고캠페인 초기 (1~4월)	○○ 브랜드의 표적 수용자를 대상으로 도달률 80%, 평균빈도 2회 이상을 달성한다. 즉, ○○ 브랜드 표적 수용자의 80%에게 월평균 2회 이상 광고 메시지를 노출한다.
판매 성수기 (5~8월)	○○ 브랜드의 표적 수용자의 30%를 차지하고 있는 다량사용자 중 최소 80%에게 메시지를 도달시키며, 판매 성수기 동안 최소한 12회 광고 메시지를 노출한다.
광고캠페인 유지기 (9~12월)	○○ 브랜드의 표적 수용자에게 ○○ 브랜드를 지속적으로 상기시키기 위하여 최소 도달률 70%와 평균빈도 1회를 유지한다.

1. 매체 목표의 발전 단계

매체 목표로써 사용되는 개념들은 광고 예산 및 광고횟수에서 시작하여 GRPs, 도달률/빈도/지속성, 유효도달률 및 유효빈도, 광고 반응, 총 노출 가치로 발전하여 왔다. 매체 목표가 매체 예산 및 횟수에서 시작하여 GRPs, 도달률과 빈도, 유효도달률과 유효빈도를 거쳐 광고 반응으로 이동할수록 구체적이고 결과 지향적이며 광고 목표와의 관련성이 크다. 이러한 개념들 가운데 현실적으로 매체 목표로 가장 많이 사용되는 개념들은 GRPs, 도달률과 빈도, 유효도달률과 유효빈도이다.

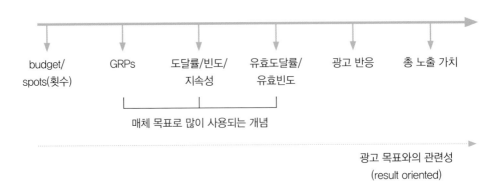

[그림 12-1] **매체 목표의 발전 단계**

1) 매체 예산

매체 예산은 광고투입량의 일차원적인 매체 목표이다. 매체 예산은 광고단가가 매년 혹은 매월 인상 또는 인하되면서 변동이 있고, 지역별 광고단가의 수준이 불규칙하기 때문에 객관적인 광고 노출량의 기준으로서 부적합하다.

2) GRPs

GRPs는 광고단가의 변동, 시차, 지역에 관계가 없이 동일한 가치의 광고 노출량을 나타내기 때문에 매체 예산보다 매체 목표로서 더 적합한 개념이다. GRPs 목표의 예를 들어 보면 노트북 센스 광고캠페인의 경우 '2015년 광고캠페인 기간 표적 수용자인 대학생을 대상으로 매월 500GRPs를 달성한다.'를 매체 목표로 정할 수 있다. GRPs 목표는 매체 예산이 결정되면 쉽게 산출된다. 예를 들어, 매체 예산을 CPRP(Cost Per Rating Point, 1%의 GRPs 획득에 필요한 광고비)로 나누면 매체 예산에 상응하는 GRPs 값을 쉽게 계산할 수 있다. 일반적으로 TV 광고의 경우 GRPs 1%를 확보하는 데 소요되는 광고비는 약 200만 원 정도이다. 따라서 만약 TV 광고에 할당된 예산이 한 달에 2억 원이면 한 달에 약 100GRPs를 확보할 수 있다. 그러나 GRPs는 매체계획이 특정 캠페인 기간 획득하였거나 획득할 수 있는 총 노출량을 나타낼 뿐이지 도달률과 빈도처럼 인지도, 호감도, 구매의향과 같은 광고 커뮤니케이션 효과를 예측할 만큼 정교한 측정치는 아니다. 따라서 GRPs는 도달률과 빈도와 같이 광고효과를 예측할 수 있는 전략적 차원의 매체 목표로 더 구체화되어야 한다.

3) 도달률, 빈도, 지속성

도달률은 표적 수용자에 대한 광고 메시지의 도달 범위를 나타내며, 빈도는 광고 메시지에 대한 반복 노출 정도를 나타낸다. 지속성은 광고 노출횟수와 집행 간격을 얼마나 일관되게 지속적으로 유지해 나갈 것인가를 말한다. 예를 들어, 광고를 매일 집행하여 1년 365일 동안 지속할 수도 있고, 매주 집행하여 1년 52주 동안 지속할 수도 있다. 일반적으로 지속성은 광고캠페인의 특정 시점에 광고를 집중(weighting)하는 플라이트형(flight) 혹은 집중형(blitz) 스케줄링과 상반되는 개념이다. 도달률과 빈도는 광고 목표인 커뮤니케이션 효과와의 관련성이 GRPs 개념보다 크기 때문에 단순한 총 노출률을 나타내는 GRPs보다 한 차원 더 발전된 개념이다. 도달률, 빈도, 지속성 목표의 설정에서 중요한 것은 주어진 예산 혹은 GRPs의 범위 내에서 광고 목표달성에 적절한 수준의 도달률과 빈도의 조합을 찾는 것이다. 예를 들어, 광고 목표가 가급적 많은 표적 수용자를 대상으로 높은 브랜드 인지도를 창출하는 것이라면 매체 목표는 도달률을 강조하여야 하며 광고 목표가 단순한 브랜드 인지도를 넘어서 핵심적인 표적 수용자의 구매 시점에 제품의 판매 소구점(sales points)을 회상하게 하여 구매고려 대상 군에 들게 하거나 구매 행동을 촉구하는 것을 목표로 한다면 매체 목표는 빈도를 강조하게 된다.

기업은 대부분 광고 예산이 제한되어 있으므로 도달률과 빈도를 동시에 극대화하는 것은 현실적으로 불가능하다. 따라서 주어진 예산으로 광고캠페인의 목표달성에 가장 적합한 도달률과 빈도의 조합을 결정하는 것이 중요하다. 매체 예산이 제한적인 상황에서 도달률과 빈도는 맞교환(trade-off)의 관계로서 어느 한쪽에 치우치면 다른 한쪽이 희생될 수 있다. 예를 들어, 〈표 12-3〉에서 보이듯이 GRPs가 동일해도 광고 목표에 상응하는 도달률과 빈도의 조합이 달라짐을 나타낸다. 첫 번째 도달률과 빈도의 조합은 도달률에 더 많은 비중을 두고 두 번째 도달률과 빈도의 조합은 도달률보다 빈도에 더 많은 비중을 두는 것을 보여 준다. 따라서 미디어 플래너는 광고 목표(예: 인지도, 호감도, 구매의향 등)가 무엇인지를 파악하여 도달률과 빈도 중 어떤 것에 더 많은 비중을 줄 것인지를 결정해야 한다. 매체 목표로서 도달률과 빈도의 조합이 결정되면 다음 단계로 이러한 매체 목표를 달성하기 위하여 어떠한 매체와 비히클을 선택할 것인지 결정하게 된다.

주어진 예산이 비록 제한적일지라도 도달률과 빈도의 상대적 비중을 설정할 때 어느 한쪽을 희생하면서 다른 한쪽에 극단적으로 치우치는 도달률과 빈도목표의 설정은 바람직하지 않다. 왜냐하면 적절한 도달률과 빈도의 조합이 결정되어야 소비자로부터

〈표 12-3〉 **광고 목표에 따른 도달률과 빈도 조합의 예**

광고 목표	도달률과 빈도의 조합
신제품 런칭 시 높은 상표인지도 확보	도달률 60%×빈도 3회=월 180GRPs
제품 성수기에 핵심 소구점 회상 및 구매 행동 촉구	도달률 30%×빈도 6회=월 180GRPs

기대하는 커뮤니케이션 효과를 얻을 수 있기 때문이다. 예를 들어, 〈표 12-4〉에서 보이듯이 만약 빈도목표가 너무 낮아서 광고 메시지가 역치 수준 이하에 노출된다면 표적 수용자에게 적절한 자극을 줄 수 없으며, 따라서 표적 수용자로부터 어떠한 반응도 불러일으킬 수 없다. 또한 도달률 목표가 너무 낮게 설정되어서 광고 메시지가 기대하는 크기만큼의 표적 수용자에게 도달할 수 없으면, 광고캠페인이 목표로 하는 수준의 인지도를 얻을 수 없게 된다. 따라서 도달률과 빈도 어느 한쪽에 치우쳐서 매체 목표를 설정해서는 안 되며, 적절한 수준의 도달률과 빈도목표의 조합을 찾는 것이 중요하다. 한편 도달률, 빈도, 지속성은 정해진 예산의 범위 내에서 서로 경쟁하는 맞교환의 관계에 놓여 있다. 즉, 도달률을 증가시키면 빈도와 지속성이 감소하고, 빈도를 증가시키면 도달률과 지속성이 감소하며, 지속성을 증가시키면 도달률과 빈도가 감소한다. 일반적으로 제한된 예산의 범위 내에서 도달률, 빈도, 지속성을 동시에 극대화하는 것은 현실적으로 불가능하므로 도달률, 빈도, 지속성의 적절한 균형을 맞추는 것이 중요하다.

〈표 12-4〉 **부적절한 도달률과 빈도 조합의 예**

사례들	도달률과 빈도의 조합
지나치게 높은 도달률과 낮은 빈도	도달률 90%×빈도 2회=월 180GRPs
지나치게 낮은 도달률과 높은 빈도	도달률 20%×빈도 9회=월 180GRPs

4) 유효빈도와 유효도달률

유효빈도와 유효도달률은 광고 메시지와 광고효과 간의 관계를 노출횟수로 설명해 보려는 시도로서 도달률과 빈도보다 한 차원 더 발전된 개념이다. 유효빈도 및 유효도달률을 이용한 매체 목표의 예는 '광고캠페인 기간 표적 수용자를 대상으로 유효도달률 50%를 확보한다.'로 간략하게 기술할 수 있다. 이것은 역치 수준에 해당되는 유효빈도를 3회 이상으로 설정하였을 경우 광고캠페인 기간 표적 수용자 50%에게 광고 메시지를 최소한 3회 이상 노출한다는 것을 의미한다.

일반적으로 광고캠페인 목표달성에 필요한 유효빈도의 범위를 먼저 결정하고 이를 바탕으로 유효도달률을 매체 목표로 결정한다. 유효빈도의 범위는 최소 유효빈도와 최대 유효빈도 사이를 말한다. 아헨바움(Achenbaum, 1977)은 이상적인 유효빈도의 범위를 3회에서 10회로 제시하였으나 모든 제품의 광고캠페인에 일률적으로 적용할 유효빈도의 수준은 없다. 왜냐하면 유효빈도 수준은 광고 목표를 포함하여 다양한 요인의 영향을 받기 때문이다.

　오스트로(Ostrow, 1982)는 특정 광고캠페인에 적합한 수준의 최소 유효빈도는 마케팅 요인, 광고카피 요인, 매체 요인 등 다양한 요인의 영향을 받으며, 이러한 요인에 따라서 특정 광고캠페인에 적합한 유효빈도의 수준 및 범위가 가변적으로 적용할 수 있다고 주장하였다. 오스트로(1982)에 따르면 최소 유효빈도에 영향을 미치는 마케팅 요인에는 제품 친숙도, 시장점유율, 브랜드, 상표 충성도, 제품 유형 등의 5개의 요인이 포함되며, 광고카피 요인에는 카피의 복잡성, 카피의 독특성, 광고캠페인의 친숙도, 카피의 성격, 광고 메시지의 다양성의 5개 요인이 포함된다. 매체 요인에는 매체 클러터 현상, 관련 기사와 광고의 부합성, 주목도, 매체 스케줄링 유형(지속형, 플라이트형, 집중형 등)의 4개의 요인을 포함한다. 따라서 특정 광고캠페인에 적합한 유효빈도의 범위는 이러한 요인을 고려하여 설정되어야 한다. 최대 유효빈도의 결정에 영향을 미치는 요인에는 과잉노출로 감퇴 효과가 발생한 경우와 이월 효과(carryover effect)[1]가 필요 없는 경우를 들 수 있다.

　유효빈도의 범위가 결정되면 유효도달률 목표를 설정하여야 한다. 유효도달률은 유효빈도 범위 내에서 표적 수용자의 분포를 나타낸다. 따라서 매체 목표로서 유효도달률은 유효빈도와 같이 사용된다고 할 수 있다. 미디어 플래너가 동일한 광고비(혹은 GRPs)를 투입하여도 유효빈도 범위 내의 유효도달률의 크기는 달라질 수 있다. 왜냐하면 매체 스케줄을 어떻게 구성하느냐에 따라 유효빈도 범위 내의 표적 수용자의 노출 분포가 달라지기 때문이다. 따라서 매체 스케줄을 구성할 때 유효빈도 범위 내에서 유효도달률이 최대가 되도록 미디어 믹스, 비히클 믹스, 유닛 믹스 전략을 수립하는 것이

〈표 12-5〉 유효빈도의 범위에 영향을 미치는 요인

최소 유효빈도 영향요인	최대 유효빈도 영향요인
• 마케팅 요인(신제품, 친숙도, 충성도 등) • 광고카피 요인(카피의 복잡성과 질 등) • 매체 요인(매체 클러터, 주목도, 스케줄링 유형 등)	• 타깃이 광고에 적응(adaptation)될 경우 • 과잉노출로 감퇴 효과가 발생할 경우 • 이월 효과가 필요 없는 경우 • 세일즈 프로모션과 같은 단기 캠페인

1) 이번 달의 광고효과가 다음 달에도 어느 정도 지속되는 것을 말한다.

중요하다. 즉, 광고 메시지에 대한 노출이 유효빈도의 범위 내에 집중될 수 있도록 매체 스케줄을 구성하여야 한다.

5) 광고 반응

매체 목표로서 유효도달률보다 한 차원 더 발전된 개념은 광고 반응이다. 광고 반응 (advertising response)은 노출분포의 각 빈도에 해당하는 광고 반응(예: 브랜드 인지도, 호감도, 구매의향 등)의 크기를 나타낸다. 예를 들어, 〈표 12-6〉에서 보이듯이 광고 반응이 브랜드 인지도일 경우 광고 메시지에 한 번도 노출되지 않은 사람들은 상표를 전혀 인지하지 못하고, 한 번 노출된 사람들은 30%, 두 번 노출된 사람들은 40%, 세 번 노출된 사람들은 50%, 네 번 노출된 사람들은 60%, 다섯 번 노출된 사람들은 70%가 상표를 인지한다는 것을 알 수 있다. 따라서 광고 메시지에 노출된 횟수가 증가할수록 광고에 대한 반응은 증가한다는 것을 알 수 있다. 즉, 광고에 대한 소비자 반응은 빈도가 누적됨에 따라 점차 체증하는 형태로 나타낸다. 노출빈도와 이에 상응하는 광고 반응과의 함수관계를 알 수 있다면 매체 목표는 광고 목표에 더 가깝게 다가갈 수 있게 된다.

〈표 12-6〉 **광고 반응의 예**

빈도	0	1	2	3	4	5
도달률	30%	30%	20%	10%	7%	3%
광고 반응 (브랜드 인지도)	0%	30%	40%	50%	60%	70%

6) 총 노출 가치

최근에 캐논 등(Cannon et al., 2002)은 최소 수준의 유효빈도 이하의 노출은 효과가 없다고 가정하는 네이플즈(Naples, 1979)의 전통적 유효빈도이론의 문제점을 극복하고, 최소 유효빈도 수준 이하에서의 매체 효과를 더 정확하게 평가하기 위하여 총 노출 가치(total exposure value)라는 개념을 제시하였다. 총 노출 가치는 매체 스케줄의 노출분포의 각 빈도의 도달률에 해당하는 광고 반응(예: 광고인지도)을 곱하여 산출된다. 예를 들어, 〈표 12-7〉에서 보이듯이 특정 광고캠페인의 매체 스케줄에 한 번 노출된 사람이 40%, 광고인지도와 같은 광고 반응이 45%이라면, 빈도 1회에 해당하는 노출 가치는 '$(0.40 \times 0.45) \times 100 = 18\%$'가 되며, 이들 각 빈도에 해당되는 노출 가치들을 모두 더한 값이 47.7%로 총 노출 가치가 된다. 이렇게 산출된 총 노출 가치 18%는 매체 스케줄에서 최종적으로 획득한 광고인지도 효과라고 할 수 있다. 즉, 총 노출 가치는 매체 스케줄에서 획득한 광고인지도와 같은 광고 반응 가치의 합이라고 할 수 있으며, 이 광고캠페인은 광고인지도에서 총 47.7%의 추가적인 효과를 획득하였음을 알 수 있다. 총 노출 가치 개념은 노출분포와 광고 반응보다 한 단계 더 발전된 광고캠페인의 효과를 더 정교하게 나타내는 개념이라고 할 수 있다. 하지만 총 노출 가치 개념은 각 빈도 수준에 해당하는 광고 반응 값을 구하기 어려워 광고 실무에서는 잘 활용되지 않고 있다.

〈표 12-7〉 **총 노출 가치의 예**

빈도	노출분포	광고 반응	노출 가치
0	20%	0%	0.0%
1	40%	45%	18.0%
2	23%	68%	15.6%
3	10%	80%	8.0%
4	5%	85%	4.3%
5	2%	0.88%	1.8%

총 노출 가치: 47.7%

출처: Cannon (2012).

2. 마케팅 목표, 광고 목표, 매체 목표의 위계관계

매체 목표는 마케팅 목표와 광고 목표의 하위목표이다. 매체 목표는 마케팅 목표달성에 유리한 판매환경을 조성하고 광고 목표의 달성을 지원하여야 한다. 즉, 마케팅 목표가 매출이라면 광고 목표는 마케팅 목표를 달성하는 데 필요한 커뮤니케이션 과제를 수행하는 것이며, 매출 목표는 광고 목표를 달성하기 위해 필요한 노출 과제를 수행하는 것이다. 따라서 마케팅 목표, 광고 목표, 매체 목표는 수직적인 위계관계라고 할 수 있다. 예를 들어, 〈표 12-8〉에서 보이듯이 마케팅 목표는 제일 상위 차원의 목표로서 매출액, 매출량, 시장점유율을 나타낸다. 광고 목표는 이러한 마케팅 목표를 달성하는

3. 매체 목표설정의 두 가지 접근방법

데 필요한 커뮤니케이션 효과이며, 매체 목표는 광고 목표인 커뮤니케이션 효과를 창출하는 데 필요한 노출 효과를 나타낸다.

매체 목표는 마케팅 목표 및 광고 목표에 부합되게 설정되어야 한다. 예를 들어, 〈표 12-8〉에서 보이듯이 ○○ 초콜릿 브랜드의 마케팅 목표가 어린이 표적 수용자 5만 명을 대상으로 ○○ 초콜릿 브랜드의 매출을 12개월 이내 10% 증가시키는 것이라면 이러한 마케팅 목표달성에 장애가 되는 브랜드 인지도 부족을 해소하기 위하여 브랜드 인지도를 30%에서 50%로 증대시키는 것이 광고 목표가 되어야 한다. 또한 브랜드 인지도를 30%에서 50%로 증대시키기 위하여 최소한 전체 표적 수용자의 50% 이상에게 광고 메시지를 도달시켜야 하며, 따라서 '광고 메시지를 어린이 표적 수용자의 80%에게 노출한다.'라는 매체 목표를 설정할 수 있다. 따라서 마케팅 목표는 광고 목표의 범위와 내용을 결정해 주며, 광고 목표는 매체 목표의 범위와 내용을 결정하여 준다고 할 수 있다.

〈표 12-8〉 마케팅 목표, 광고 목표, 매체 목표의 위계관계

목표 유형	목표의 지표들	목표의 사례들(○○ 초콜릿 브랜드)
마케팅 목표	매출액, 매출량, 시장점유율(MS)	어린이 표적 수용자 5만 명을 대상으로 ○○ 초콜릿 브랜드의 매출을 12개월 이내 10% 증가시킨다.
광고 목표	커뮤니케이션 효과(인지도, 호감도, 구매의향)	어린이 표적 수용자 5만 명을 대상으로 ○○ 초콜릿 브랜드에 대한 상표인지도를 12개월 이내 30%에서 50%로 증대시킨다.
매체 목표	노출 효과(GRPs, 도달률, 빈도, 유효빈도, 유효도달률)	어린이 표적 수용자의 80%에게 ○○ 초콜릿 브랜드 광고 메시지를 최소 3회 노출한다.

3. 매체 목표설정의 두 가지 접근방법

매체 목표의 설정은 광고 예산의 설정 방법에 따라 상향식과 하향식으로 구분된다. 예를 들어, 상향식 매체 목표의 설정은 마케팅 목표에 상응하는 광고 목표를 설정하고, 이러한 광고 목표의 달성을 지원할 노출량, 즉 매체 목표를 설정하는 것이다. 일단 마케팅 목표 및 광고 목표의 달성에 필요한 노출량 목표가 결정되면 이에 소요되는 광고 예산을 산출하게 된다. 따라서 상향식 매체 목표의 설정은 상향식 광고 예산의 설정과

정과 동일하다고 할 수 있다. 반면에 마케팅 및 광고 목표와 상관없이 광고 예산이 경영자의 주관적 판단 혹은 경험에 의해 하향식으로 미리 결정된다면, 매체 목표는 주어진 광고 예산의 범위 내에서 설정되어야 한다. 일반적으로 하향식 매체 목표설정의 경우 광고 예산이 제한적이어서 광고주가 기대하는 만큼의 광고효과를 얻기에 충분치 않은 경우가 많아서 미디어 믹스 및 매체 스케줄링전략은 많은 제약을 받게 된다. 예를 들어, 광고 예산이 적은 경우 매체 전략은 주로 광고단가가 높은 대중매체 대신에 광고단가가 비교적 저렴하고 비용 효율적인 비대중매체 중심으로 전개된다.

1) 상향식 매체 목표의 설정

상향식 매체 목표설정은 마케팅 목표에 상응하는 광고 목표를 설정하고, 이러한 광고 목표에 상응하는 매체 목표를 설정하는 것이다. 즉, 마케팅 목표(예: 매출과 시장점유율)를 달성하기 위하여 광고 목표(예: 브랜드 인지도와 브랜드 태도)가 어떻게 설정되어야 하며, 이러한 광고 목표를 달성하기 위하여 매체 목표(예: GRPs, 도달률, 빈도)는 어떻게 설정되어야 하는지를 규명하는 것이다. 그러나 마케팅 목표에 상응하는 광고 목표를 설정하고, 이러한 광고 목표에 상응하는 매체 목표를 설정하는 것은 매우 어렵다. 왜냐하면 각기 성격이 다른 마케팅 목표를 광고 목표로, 광고 목표를 매체 목표로 전환하는 작업을 하여야 하기 때문이다. 상향식 매체 목표의 설정에서 가장 중요한 것은 마케팅 목표와 광고 목표의 달성에 필요한 매체 노출량, 특히 최소 유효빈도의 결정이다. 예를 들어, 광고캠페인이 브랜드 인지도의 확보를 목표로 하는 경우 광고캠페인이 역치 수준을 넘어서기 위해 필요한 최소한의 노출횟수는 몇 회이며, 상표에 대해 이해도와 긍정적인 태도를 높이고, 나아가 구매 욕구를 자극하고 구매 행동을 촉구하기 위하여 얼마나 더 많은 노출빈도가 필요한가를 결정하여야 한다.

[그림 12-2]는 상향식 매체 목표설정의 예이다. 예를 들어, 만약 ○○ 커피 브랜드가 내년도에 100만 명의 대학생 타깃을 대상으로 월평균 10만 개의 제품을 판매하는 것을 마케팅 목표로 한다면 전체 타깃의 10%가 월평균 1개의 제품을 구매하여야 한다. 전년도의 광고효과를 모니터한 결과, 100만 명의 전체 대학생 타깃 중 1%가 월평균 1개의 제품을 구매하게끔 하기 위해 월평균 3%의 최초 상기도가 필요하다고 한다면 내년도 마케팅 목표를 달성하기 위하여 월평균 30%(=3×10)의 최초 상기도가 필요하다. 따라

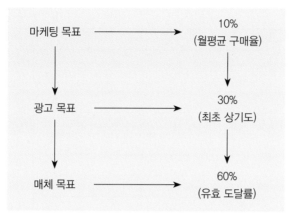

[그림 12-2] ○○ 커피 브랜드의 마케팅 목표, 광고 목표, 매체 목표의 설정 예

서 광고 목표는 대학생 타깃을 대상으로 월평균 30%의 최초 상기도를 획득하는 것이라고 할 수 있다. 만약 최초 상기도와 유효도달률 간의 관계를 1:2로 가정한다면 매체 목표인 유효도달률은 60%가 된다고 할 수 있다. [그림 12-3]은 광고 목표인 브랜드 인지도와 매체 목표인 GRPs 간의 관계를 나타내는 반응함수이다. 이러한 브랜드 인지도와 GRPs 간의 반응함수를 통하여 광고 목표달성에 필요한 매체 목표 수준을 파악할 수 있다. 예를 들어, 광고 목표가 광고캠페인 기간 브랜드 인지도 70% 달성이라면 반응함수의 관계식을 통하여 매체 목표는 647GRPs임을 알 수 있다.

반응함수는 장기간에 걸쳐서 광고투입량(GRPs)의 변화에 따른 효과 혹은 매출액 변화의 상관관계를 분석하여 그것이 과학적으로 관련성을 가질 때 구할 수 있다. 따라서 상관관계가 약하거나 그러한 경우 수학적 함수관계가 잘 나타나지 않기 때문에 정확한 반응함수의 도출이 어렵다. 또한 반응함수를 이용하는 방법은 [그림 12-3]의 오른쪽 표에서 보이듯이 과거에 장기간에 걸쳐 축적된 GRPs 및 브랜드 인지도 자료 등 종단적 자료를 필요로 하기 때문에 연구 기간이 길고, 투자 비용이 크며 분석 결과도 해당 제품에 한해서만 적용될 수 있다. 또한 이러한 GRPs와 브랜드 인지도 간의 상관관계는 시간의 변화에 따라 달라지는 것이므로 실제 실용화에 한계가 있다.

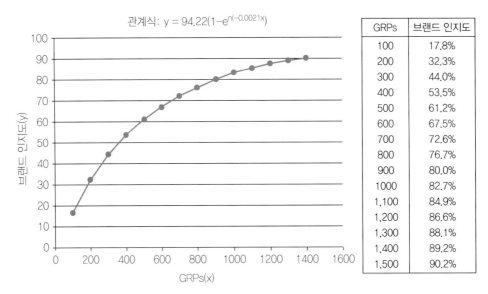

관계식: $y = 94.22(1 - e^{n(-0.0021x)})$

GRPs	브랜드 인지도
100	17.8%
200	32.3%
300	44.0%
400	53.5%
500	61.2%
600	67.5%
700	72.6%
800	76.7%
900	80.0%
1000	82.7%
1,100	84.9%
1,200	86.6%
1,300	88.1%
1,400	89.2%
1,500	90.2%

[그림 12-3] 브랜드 인지도와 GRPs의 관계

출처: 이경렬(2016).

2) 하향식 매체 목표의 설정

하향식 매체 목표의 설정은 경영자의 주관적 판단 혹은 경험에 의해 결정된 광고 예산의 범위 내에서 GRPs를 광고캠페인 계획 수립 전 먼저 설정하고, 이어서 미리 설정된 GRPs를 도달률 및 빈도와 같은 구체적인 매체 목표로 전환하는 방법이다. 하향식 매체 목표의 설정은 광고 목표의 달성 여부는 고려하지 않은 채 주어진 광고 예산의 범위 내에서 GRPs, 도달률, 빈도와 같은 매체 목표를 설정해야 하기 때문에 비논리적인 방법이라고 할 수 있다.

4. 매체 목표의 설정에 영향을 미치는 요인

매체 목표는 회사의 광고 예산 규모, 마케팅 목표, 광고 목표, 제품수명주기, 표적 수용자의 범위, 제품 재구매주기, 표적 시장 턴오버(turnover) 등 여러 가지 요인의 영향을 받는다. [그림 12-4]는 이러한 매체 목표에 영향을 미치는 요인이다. 매체 목표의 설정에 이러한 요인을 고려해야 한다.

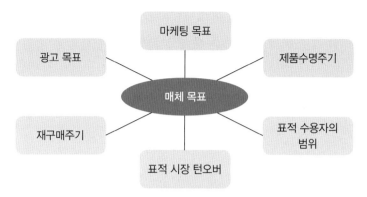

[그림 12-4] 매체 목표에 영향을 미치는 요인

1) 마케팅 목표

마케팅 목표는 광고 목표를 통하여 매체 목표에 직간접적으로 영향을 미친다. 예를 들어, 만약 새로 개발된 휴대폰 브랜드의 마케팅 목표가 현재의 고객에게 휴대폰의 사용방법을 배우게 하여 제품을 교체 구입하게 하는 것이라면 광고 목표는 표적 수용자에게 제품사용에 관한 다양한 방법을 회상시키도록 하고 매체 목표는 사용방법의 회상을 촉진하기 위해 광고 메시지를 반복해서 노출해야 한다.

2) 광고 목표

매체 목표는 광고 목표를 달성하기 위해 필요한 노출량을 나타내며, 따라서 일반적으로 광고 목표가 무엇인가에 따라서 매체 목표는 영향을 받는다. 예를 들어, 광고캠페인의 목표가 높은 인지도를 창출하는 것을 목적으로 하고 있다면 매체 목표는 가급적 많은 사람에게 광고 메시지를 전달해야 하기 때문에 도달률을 강조하여야 한다. 그러나 도달률만으로 상표 및 광고 메시지에 대한 인지도를 창출할 수 없으며, 적절한 수준의 빈도가 확보되었을 때에만 상표 혹은 메시지 내용에 대한 인지도가 발생한다. 왜냐하면 TV 광고를 비롯한 대부분의 대중매체 광고는 저관여 상태에서 수용되는 경우가 많으므로 한 번의 노출만으로 주의집중이 이루어지지 않으며, 따라서 상표 혹은 광고 메시지 내용에 대한 기억의 흔적이 남아 있지 않다고 할 수 있다. 따라서 상표 혹은 광고 메시지 내용에 대한 인지도를 창출하기 위하여 적절한 수준의 도달률과 빈도의 조합이 이루어져야 한다. 반면 광고 목표가 상표에 대한 단순한 인지도 창출의 단계를 넘어서 상표에 대한 태도 변화 유도 혹은 구매의향의 유발과 같은 한 차원 더 높은 커뮤니케이션 효과들을 목표로 한다면 매체 목표는 도달률보다 빈도를 조금 더 강조하여야 한다. 왜냐하면 1~2회의 노출만으로 표적 수용자의 태도 변화 등을 기대하기 어렵기 때문이다.

3) 제품수명주기

제품수명주기(Product Life Cycle: PLC)란 제품이 인간의 수명처럼 도입기, 성장기, 성숙기, 쇠퇴기의 과정을 거치는 것을 말한다. 신제품의 도입기에는 표적 수용자를 대상으로 폭넓은 인지도를 확보하는 것이 중요하므로 도달률이 빈도보다 더 강조되어야 한다. 그러나 제품수명주기상에서 제품이 성장기와 성숙기에 접어들면 판매가 증가하므로 제품의 판매 소구점을 정확히 전달함으로써 판매를 증가하기 위하여 도달률보다 빈도를 강조하여야 한다.

4) 표적 수용자의 범위

표적 수용자가 인구학적·지리적으로 광범위하게 분포되어 있으면 광고 메시지의 도달 범위가 넓으므로 빈도보다 도달률에 초점을 두어야 한다. 예를 들어, 콜라와 같은 청량음료는 성별, 연령, 국경을 초월하여 다 즐겨 마시는 제품이다. 이러한 표적 수용자가 광범위하게 분포된 제품의 경우 광범위한 표적 수용자 계층에게 도달하기 위하여 도달률에 초점을 맞추어야 한다. 반면에 표적 수용자층이 비교적 동질적이거나 좁게 정의될 경우 도달률보다 빈도에 초점을 맞추는 것이 바람직하다.

5) 제품 재구매주기

제품 재구매주기(product repurchase cycle)가 짧고 반복 구매가 빈번하게 이루어지는 경우 구매 시점 노출을 극대화하기 위하여 지속성을 유지하는 것이 바람직하다. 예를 들어, 청량음료나 과자류와 같은 제품은 매일 혹은 일주일 간격으로 재구매가 이루어진다. 이처럼 제품 재구매주기가 짧은 제품들은 브랜드에 대한 친숙도와 소비자의 기억을 지속적으로 유지하는 것이 중요하다. 따라서 이런 제품의 경우 1회 노출만으로 충분히 소비자의 기억을 유지할 수 있으므로 빈도보다 지속성을 강조하여 소비자가 구매할 준비가 되어 있을 때 광고 메시지가 가급적 많은 표적 수용자에게 노출될 수 있도록 하여야 한다.

6) 표적 시장 턴오버

표적 시장이 변동되는 것을 표적 시장 턴오버(target market turnover)라고 한다. 유아용품과 같은 제품은 유아용품 사용 기간이 보통 1~2년 정도이기 때문에 표적 시장이 1~2년을 주기로 교체된다. 따라서 표적 시장 턴오버가 심한 제품의 경우 새로운 표적 시장에게 광고 메시지를 최대한 많이 도달시키기 위하여 빈도보다 도달률을 강조하는 것이 바람직하다.

5. 디지털 광고의 매체 목표설정

1) 디지털 광고의 매체 목표

디지털 매체는 대중매체처럼 단순히 광고를 노출하는 역할에만 그치지 않는다. 디지털 매체에 접속하는 순간 사용자는 광고에 노출되고 이어서 클릭을 통해 홈페이지를 방문한다. 홈페이지를 방문한 이후에도 제품 상세페이지 등으로 이동하여 제품 정보를 탐색하고, 구매의향이 생기면 장바구니 담기를 거쳐 결제를 하게 된다. 디지털 매체는 사용자의 이런 모든 행동을 추적할 수 있기 때문에 이러한 소비자 구매 여정에서 발생하는 모든 트래픽 효과, 인게이지먼트 효과, 전환 효과가 디지털 광고의 매체 목표가 될 수 있다. 예를 들어, 온라인 쇼핑몰의 경우 사용자가 광고에 노출된 후 홈페이지를 방문하는 순간 트래픽 효과(예: 임프레션, CTR)가 발생하며, 제품 상세페이지를 거쳐 결제 페이지에서 구매하는 순간 전환(예: 제품구매)이 발생하게 된다. 또한 소셜 미디어를 활용하는 경우에는 사용자가 소셜 활동에 참여하는 것을 측정할 수 있기 때문에 인게이지먼트 효과(예: 조회 수)가 매체 목표가 될 수 있다. 따라서 작게는 트래픽 효과뿐 아니라 크게는 인게이지먼트 효과와 전환 효과까지 폭넓게 매체 목표로 설정할 수 있다. 디지털 광고의 매체 목표 범위는 〈표 12-9〉와 같다.

〈표 12-9〉 **매체 목표의 범위**

매체 목표	사례
트래픽 효과	히트, 임프레션, 클릭률, CPM, CPC, CTR, CPV 등
인게이지먼트 효과	조회 수, 팔로워 수, 좋아요 수, 공유 수, 댓글 수 등
전환 효과	전환률, CPS(Cost Per Sale)[2] 등

2) KPI

KPI(Key Performance Indicator)는 기업의 최종적인 목표를 달성하기 위한 핵심성과지표이다. 일반적으로 기업은 비즈니스의 성패와 진행 상황을 알 수 있는 가장 간결하지만 명확한 지표를 설정하게 된다. 트래픽 측정 지표가 통계학상의 양적 측정을 의미하는 반면, KPI는 목표를 어느 정도 달성하고 있는지 알 수 있게 도와주는 성과지표이다. 예를 들어, 달성하고자 하는 목표가 '매출 상승'이라면 KPI는 '전년도 대비 전환율 10% 상승'과 같이 구체적인 성과지표가 될 수 있다. 만약 KPI 설정이 잘못되었으면 매출 신장에 기여할 수 있도록 KPI를 재설정해야 한다. 이처럼 KPI는 현재 비즈니스를 진단하고, 잘못된 전략적 의사결정을 변경하며, 미래 예측을 돕는 역할을 한다. 트래픽을 포함한 모든 수치적 데이터가 KPI가 될 수 있다.

디지털 광고캠페인의 목표에 따라 관리해야 할 KPI는 다르다. 예를 들어, 고객의 트래픽 증가를 목표로 하는 캠페인의 경우 페이지 뷰, 임프레션, 체류 시간, 방문자 수, 재방문 등이 KPI가 될 수 있으며, 직접적인 성과 획득을 목표로 하는 캠페인의 경우 회원가입, 구독자 수 증가, 구매 전환, 재구매 등이 KPI가 될 수 있다. 또한 SNS를 이용한 디지털 광고캠페인의 경우 좋아요 수, 조회 수, 포스팅 수, 댓글 수, 공유 수 등의 인게이지먼트 지표들이 KPI가 될 수 있다. 이러한 사용자 구매 여정에서 발생하는 모든 성과를 매체 목표로 설정할 수 있는 것은 사용자 추적 기술의 발달로 광고 노출에서 구매까

---

2) 판매당 비용을 나타내며, 제품이나 서비스의 판매가 이루어졌을 때를 기준으로 측정하는 광고 비용이다.

지 이르는 소비자의 모든 구매 여정을 추적할 수 있기 때문이다.

3) 디지털 광고의 매체 목표설정 방법

(1) 매체 유형에 따른 매체 목표

매체의 특성과 역할에 따라 매체 목표가 달라진다. 디스플레이 매체는 배너나 동영상의 형태로 광고를 노출시키는 데에 효과적이다. 따라서 트래픽을 창출하는 것을 매체 목표로 할 수 있다. 검색 매체는 키워드 검색을 통해 고객을 홈페이지로 유도할 수 있다. 따라서 검색 매체는 검색량을 늘리는 것을 매체 목표로 할 수 있다. 또한 소셜 미디어는 사용자를 소셜 활동에 참여시키는 것을 목적으로 하기 때문에 소셜 인게이지먼트가 매체 목표가 된다.

(2) 캠페인 특성에 따른 매체 목표

브랜딩 캠페인에서는 브랜드 인지도나 이미지 제고를 목표로 하기 때문에 디스플레이 매체의 페이지 뷰, 임프레션(노출 수), 세션당 페이지 수, 체류 시간 등의 트래픽 효과 지표가 핵심 목표가 된다. 브랜드의 홍보를 목표로 개설된 블로그를 활용한 디지털 광고캠페인의 경우에는 아예 결제나 구매 기능이 없는 경우가 대부분이며, 사용자의 유입을 목표로 하기 때문에 임프레션, 방문자 수, 체류 시간과 같은 트래픽이 강조된다. 소셜 미디어를 활용한 캠페인의 경우 소셜 활동에 참여를 목표로 하기 때문에 인게이지먼트가 매체 목표가 된다. 반면 퍼포먼스 마케팅에서는 구매 전환과 같은 구체적인 성과를 목표로 하기 때문에 핵심성과지표가 매체 목표가 된다. 또한 퍼포먼스 마케팅에서는 구체적인 성과 달성을 목표로 하기 때문에 고객의 유입을 통한 회원가입, 구독자 수 증가, 구매 등이 매체 목표가 될 수 있다.

(3) 산업 유형에 따른 매체 목표

온라인 쇼핑몰 등의 전자상거래를 운영하는 기업의 궁극적인 목표는 수익 창출이며, 매체 목표는 전환율을 높이는 것이 될 수 있다. 즉, 매출을 목표로 하는 마케팅 캠페인의 경우 최종적으로 전환을 목표로 두는 것이 더 바람직하다. 이는 아무리 유입이 많아도 전환이 되지 않으면 매출이 오르지 않기 때문이다. 예를 들어, 상품의 경우 구매 전환율과 재구매율 개선 등이 포함되며, 서비스의 경우 서비스를 운영할 때 가장 우선순위를 두고 개선해야 할 지표를 의미한다. 구독 서비스의 경우 구독자 수, 수익률, 이탈률(chum rate)[3]이 핵심성과지표가 된다. 게임 산업에서는 이탈률 감소가 중요한 목표가 된다. 예를 들어, 소셜 게임 서비스의 경우 DAU(Daily Active User)가 된다. DAU는 일간 활성 사용자, MAU는 월간 활성 사용자로서, 하루나 한 달 동안 해당 서비스를 이용한 순수한 사용자의 수를 말한다. 보통 소셜 게임(social game) 등 인터넷 기반 서비스에서 해당 서비스를 얼마나 많은 사용자가 실제로 이용하고 있는지를 나타내는 지표 중 하나이다.

〈표 12-10〉 산업군별 핵심성과지표의 예

산업군	핵심성과지표의 예
쇼핑몰	회원가입 수, 앱 다운로드 수, 구매 전환, 재구매율, 구매당 평균 금액 등
보험사	리드 생성 건수, 리드 생성 단가, 보험료 계산 및 청약 전환율
콘텐츠	회원가입 수, 구독자 수, 앱 다운로드 수, 재방문율, 체류 시간 등
기업/브랜드	임프레션, 페이지 뷰, 방문자 수, 이탈률, 이메일 등록 수 등

4) 퍼널 단계별 목표의 설정

일반적으로 웹이나 앱 마케팅에서 마케터가 퍼널을 설계한 후 각 퍼널 단계별로 매체 목표를 세우고 이를 측정할 수 있다. [그림 12-5]는 전형적인 앱 마케팅 퍼널을 보여준다. [그림 12-5]에서 보이듯이 일차적으로 사용자가 앱 설치 광고에 노출되면, 클릭을 통해 앱 설치를 하게 된다. 앱 설치 후 앱 실행을 통해 회원가입을 하고, 제품을 탐색한 후 구매의향이 발생하면 제품을 장바구니에 담고, 최종적으로 결제를 통해 제품을 구매하게 된다. 따라서 퍼널의 첫 단계인 노출 단계에서는 CPM, 두 번째 클릭 단계에서는 CPC, 세 번째 앱 설치 단계에서는 CPI, 마지막 네 번째 구매 단계에서는 전환당 비용을 매체 목표로 설정할 수 있다.

CPM을 매체 목표로 설정할 경우 CPM을 기준으로 판매되는 광고상품을 구매해야

3) 감소율이라고도 하며, 고객이 거래를 중단하는 비율을 말한다. 구독 서비스의 경우 구독을 취소하거나 갱신을 하지 않는 비율에 해당한다. 이탈률이 낮을수록 더 많은 고객을 보유하여 비즈니스에 좋다.

한다. CPM 상품은 계약 기간 내 광고 예산에 해당하는 노출을 보장한다. 광고 예산이 결정되면 상품별 CPM 단가를 기반으로 노출 수(임프레션)를 예측할 수 있다. 예를 들어, 광고 예산이 1,000만 원이고 광고상품의 단가가 CPM 1,000원인 경우, 보장 노출 수(예상 노출 수)는 1,000만 회[=(1,000만/1,000)×1000]가 된다. 각 광고 지면별로 CPM이 다르므로 노출 수는 상품, 금액, 기간을 지정한 후 광고단가인 CPM을 조회한 후에 확인할 수 있다. 매체 목표를 정하고 매체 스케줄이 완성되면, 미디어렙을 통해 구매하고자 하는 CPM 상품의 구매 가능 여부를 확인해야 한다.

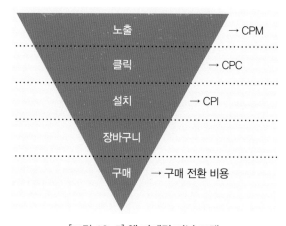

[그림 12-5] 앱 마케팅 퍼널 모델

출처: 김필준(2017. 2.).

미디어 믹스

　매체 목표가 정해지면 그다음 설정된 매체 목표를 달성하기 위해 광고 매체, 비히클, 유닛들을 선택하고 선택된 매체, 비히클, 유닛을 구매하기 위하여 매체 예산을 할당하게 된다. 매체 스케줄에 포함된 매체, 비히클, 유닛의 선택은 미디어 믹스, 비히클 믹스, 유닛 믹스의 순으로 이루어진다. 미디어 믹스는 TV, 라디오, 신문, 잡지, 온라인, 모바일, 옥외매체 등의 매체 유형을 선택하는 것이고, 비히클 믹스는 매체를 구성하는 동종 집합체를 나타내는 매체 비히클을 선택하는 것을 말하며, 유닛 믹스는 광고 길이, 위치, 크기 등을 결정하는 것을 말한다. 예를 들어, 신제품을 시장에 출시하기 위하여 지상파TV를 주 매체로 활용한 신제품 런칭 광고캠페인을 계획할 경우 매체 기획자는 일차적으로 지상파TV를 선택한 후 그다음 프로그램(예: 〈런닝맨〉), 마지막으로 길이 혹은 초수(예: 20초 혹은 30초)와 위치(예: 전CM 혹은 후CM)의 순으로 선택하게 된다.

　디지털 광고의 미디어 믹스 혹은 채널 믹스[1]도 전통매체와 마찬가지로 매체 유형, 비이클, 유닛 선택의 3단계 과정을 거쳐 이루어진다. 먼저, 포털, 동영상 플랫폼, SNS 등의 매체 유형을 선택하고, 이어서 유튜브, 네이버, 인스타그램, 카카오와 같은 비히클을 선택한다. 마지막으로 광고 형식, 크기, 웹과 앱 내 게재 위치, 동영상 길이, 동영상 광고 스킵 옵션과 같은 매체 유닛을 선택한다. 디지털 매체에서 광고주가 광고를 게재하는 웹과 앱의 광고 위치나 영역을 광고 인벤토리(advertising inventory)라고 부르기도 한다.

　이러한 매체 유형, 비히클, 유닛의 선택이 끝나면 그다음 단계는 선택된 각각의 매

---

1) 고객을 홈페이지로 유입한다는 의미에서 미디어를 채널(channel)이라고도 한다.

[그림 13-1] **미디어 믹스의 3단계 과정**

체, 비히클, 유닛에 어느 정도의 예산을 할당할 것인가를 결정하게 된다. 미디어 믹스, 비히클 믹스, 유닛 믹스 과정에서 각 매체, 비히클, 유닛에 투입할 예산 비중의 결정은 매체, 비히클, 유닛의 중요도 등에 따라 다르다. 예를 들어, 광고캠페인의 목표달성에 TV 매체가 신문 매체보다 더 중요하다면 TV 매체에 더 많은 광고 예산을 할당한다. 일단 선택된 매체, 비히클, 유닛에 적절한 예산을 할당하는 작업이 끝나면 미디어 믹스, 비히클 믹스, 유닛 믹스는 매체 스케줄링과 결합되어 반기별 · 분기별 · 월별로 더욱 세분화한다.

1. 미디어 믹스

매체, 비히클, 유닛 선택의 3단계 과정에서 미디어 믹스는 매체 기획자가 결정해야 할 첫 번째 과정이다. 미디어 믹스(media mix)는 매체 목표를 달성하기 위하여 주어진 예산의 범위 내에서 광고주가 통제할 수 없는 제약요소들을 고려하여 어떤 매체를 사용할 것이며 또한 선택된 매체에 얼마의 예산을 할당할 것인가를 결정하는 것을 포함한다. 보통 광고주들은 광고캠페인을 효율적으로 전개하기 위하여 한 가지 이상의 매체를 사용하기 때문에 최종 매체 스케줄을 구성하기 위하여 미디어 믹스 과정을 거치게 된다. 미디어 믹스를 어떻게 하느냐에 따라서 광고캠페인의 목표달성 여부가 결정되기 때문에 미디어 믹스에 관련된 의사결정과정은 미디어 플래너에게 매우 중요하다고 할 수 있다.

1) 미디어 믹스의 장점

(1) 폭넓은 도달률의 확보

디지털 케이블TV, 인터넷, IPTV, N스크린 서비스 등 뉴미디어를 포함한 다매체, 다채널 시대의 도래로 수용자들의 분극화 현상이 발생하고, 이에 따라 소비자들의 브랜드 접촉점이 다양화됨으로써 한 가지 매체만으로 표적 수용자에게 효율적으로 도달할 수 없게 되어 가고 있다. 특히 소비자들의 다중매체 소비행태의 증가로 TV, 신문, 잡지, 라디오와 같은 전통적인 4대 매체의 사용은 점차 감소하는 반면에 케이블TV, 인터넷, 모바일 매체와 같은 뉴미디어의 사용은 점차 증가하고 있다. 이러한 소비자들의 매체 소비행태의 변화로 인해 1~2개의 매체만으로 폭넓은 도달률을 획득할 수 없는 경우가 많다. 미디어 믹스는 다양한 매체에 광고 메시지를 골고루 분산시킴으로써 표적 수용자층이 광범위한 제품의 광고캠페인이 목표로 하는 폭넓은 도달률을 확보하게 해 준다. 예를 들어, 콜라와 같이 표적 수용자층이 어린이부터 나이 든 성인에 이르기까지 골고루 분포된 제품의 경우 1개 이상의 매체들을 사용하여 미디어 믹스를 함으로써 광범위한 표적 수용자층에게 광고 메시지를 도달시킬 수 있다. 광고캠페인의 표적 수용자층이 광범위한 제품의 예로는 청량음료, 휴대폰, 시리얼, 패스트푸드, 패밀리 레스토랑 등을 들 수 있다.

(2) 커뮤니케이션 시너지 효과의 극대화

미디어 믹스는 다양한 자극을 통한 커뮤니케이션 시너지 효과를 극대화할 수 있게 해 준다. 파이비오(Paivio, 1986)의 이중 부호화(dual coding) 이론에 의하면 시각적 정보와 언어적 정보를 별도로 제시하는 것보다 함께 제시하는 것이 기억에 더 효과적이다. 이는 미디어 믹스가 수용자에게 다양한 시청각적 자극을 제공할 수 있는 매체 구성으로 광고 메시지의 학습에 더 효과적임을 말해 준다. 가령 소비자들은 시각, 청각, 미각, 후각, 촉각 등을 포함한 오감을 활용하여 광고 정보를 처리하게 되는데, 이 중 인쇄 매체는 시각을 통한 이성적인 정보처리에 효과적이며, TV와 인터넷 등은 시각과 청각을 동시에 이용함으로써 이성적인 정보처리뿐만 아니라 감성적인 정보처리에 효과적이다. 따라서 1개 이상의 매체들로 미디어 믹스를 하게 되면 표적 수용자들에게 오감을 이용한 다양한 자극을 줄 수 있으며 표적 수용자들에 대한 커뮤니케이션 시너지 효과를 극대화할 수 있다.

만약 한 가지 매체만을 사용하면 표적 수용자들에게 이러한 다양한 감각을 통한 자극을 주기 어려우며 표적 수용자들을 쉽게 광고에 적응(adaptation)하게 하여 감퇴 효과 (wear-out effect)를 초래할 수 있다. 가령 신문 매체는 청각적인 자극을 줄 수 없으므로 소비자의 감성을 자극하는 데 한계가 있으며 TV와 라디오 등의 방송 매체는 15~30초 이내의 짧은 시간에 방영되기 때문에 표적 수용자들의 깊이 있는 정보처리에 한계를 준다. 따라서 미디어 믹스를 할 때 이러한 각 매체의 특성이 소비자의 광고 정보처리과 정에 미치는 영향을 고려하여 커뮤니케이션 시너지 효과를 극대화하는 방향으로 매체 들을 믹스하고, 이들 선택된 매체들에 대한 매체 예산의 상대적인 비중을 결정하는 것 이 중요하다.

(3) 노출분포의 균일성 확보

미디어 믹스는 노출분포의 균일성을 확보할 수 있게 해 준다. 즉, 1개의 매체에만 광고를 집중할 경우 표적 수용자들의 일부(예: 특정 매체나 프로그램을 많이 보는 시청자) 에게만 노출이 집중되고 나머지 표적 수용자들에게는 노출이 부족할 수 있다. 가령 〈표 13-1〉에서 보이듯이 TV에만 광고를 집행할 경우 표적 수용자들의 분포가 1회와 9회 빈도 이상에만 몰려 있음을 알 수 있다. 반면 TV와 인터넷에 동시에 광고를 집행할 경우 표적 수용자들이 1회부터 9회 이상까지의 빈도에 골고루 분포되어 있음을 알 수 있다. 만약 광고캠페인을 통하여 소비자의 반응을 얻어 낼 수 있는 유효빈도의 범위가

〈표 13-1〉 **미디어 믹스의 노출분포 균일성의 예**

빈도	표적 수용자 도달률	
	TV	TV 및 라디오
1회	24%	18%
2회	16%	13%
3~5회	11%	15%
6~8회	7%	13%
9회 이상	12%	9%
계	70%	68%

출처: Katz (2019).

3~10회 사이라면 표적 수용자층이 각 빈도에 골고루 분포하는 TV 및 인터넷을 결합한 미디어 믹스가 더 효과적이다. 이처럼 미디어 믹스는 노출이 지나치게 특정 빈도에만 몰리는 현상을 최소화해 줌으로써 광고 노출이 유효빈도의 범위 밖에 편중되게 분포되는 현상을 최소화하고 유효빈도 범위 내의 노출량을 극대화할 수 있게 해 준다.

2) 미디어 믹스의 접근방법

(1) 광고 목표에 따른 미디어 믹스

로시터와 다나허(Rossiter & Danaher, 1998)는 광고 목표에 따른 미디어 믹스를 제안하였다. 로시터와 다나허(1998)는 광고 목표를 브랜드 인지도와 브랜드 태도로 구분하고 각각의 목표에 적합한 미디어 믹스 전략을 제시하였다. 예를 들어, 광고 목표가 구매 시점에 브랜드 재인(brand recognition)을 증대하는 것을 목표로 하는 경우 제품 포장, 로고, 색상 등의 비주얼 아이덴티티를 시각적으로 노출함으로써 소비자의 주의를 환기시킬 수 있는 TV, 잡지, 옥외매체(빌보드, 야립, 교통 매체 등), DM, POP(Point Of Purchase)와 같은 매체들이 효과적이다. 반면에 광고 목표가 브랜드 회상(brand recall)을 높이는 것을 목표로 하는 경우 반복적인 노출로 상표명을 회상시킬 수 있는 TV, 라디오, 옥외매체, 인터넷과 같은 매체들이 효과적이다.

〈표 13-2〉 광고 목표에 따른 미디어 믹스 전략

	고관여/이성 제품	고관여/감성 제품	저관여/이성 제품	저관여/감성 제품
광고 목표	회상/이성적 태도	회상/감성적 태도	재인/이성적 태도	재인/감성적 태도
크리에이티브 전략	제품 정보전달	자아 이미지 소구	습관적 기억 유도	유행에 소구
미디어 믹스 전략	정보제공형 매체 (인쇄, 인터넷 등)	이미지 제고 매체 (잡지, TV 등)	리마인더 매체 (라디오, 자막, POS 등)	주의 환기형 매체 (빌보드, POP 등)

출처: Rossiter & Danaher (1998).

한편 로시터와 다나허(1998)에 의하면 광고캠페인이 브랜드 태도를 목표로 하는 경우 매체 유형의 선택은 네 가지 제품 유형에 따라 달라진다. 예를 들어, 고관여/이성 제품(예: 가전제품 등)의 경우 제품의 차별화된 특성과 편익과 같은 제품 정보를 바탕으로 브랜드 태도가 형성되기 때문에 제품 정보를 효율적으로 전달할 수 있는 신문, 잡지,

DM과 같은 인쇄 매체가 효과적이다. 반면에 방송 시간의 제약으로 광고 메시지에 대한 정보처리 시간이 충분히 주어지지 않은 TV와 라디오 등의 매체는 덜 효율적이다. 고관여/감성 제품(예: 향수, 화장품 등)의 경우 상표 이미지에 대한 소비자의 감정이입을 통하여 브랜드 태도가 형성되기 때문에 이미지 및 색상 표현의 한계가 있는 라디오와 신문을 제외한 모든 매체가 적합하다. 저관여/이성 제품(예: 가정용 청소 용품 등)의 경우 주로 제품에 대한 습관적인 사용 경험을 통하여 브랜드 태도가 형성된다. 이러한 제품 유형의 경우 저관여 상황에서 소비자의 광고 정보처리가 비교적 짧은 시간 내에 이루어지기 때문에 제품의 판매 소구점(sales point)을 비교적 간단하게 전달할 수 있는 모든 매체를 이용하는 것이 가능하다. 저관여/감성 제품(예: 청량음료, 스낵 등 기호식품)의 경우 준거집단과의 사회적 관계 속에서 브랜드 사용으로 인한 자아 만족과 사회적 승인에 의해 브랜드 태도가 형성된다. 따라서 시각적인 표현을 통하여 또래 집단의 유행, 규범, 가치관 등을 환기시킬 수 있는 TV와 인터넷과 같은 매체들이 적합하다. 그러나 이 제품 유형은 구매주기가 비교적 짧은 경우가 많으므로 광고캠페인이 어느 정도 진행된 후에는 높은 빈도의 확보가 용이한 라디오도 효율적이다. 로시터와 다나허(1998)의 관점은 제품 유형을 제품 관여도와 이성-감성 체계에 따라 네 가지로 분류한 후 적합한 미디어 믹스 전략을 제시하였다는 점에서 FCB 그리드 모델과 유사하다. 다만, 광고 목표를 브랜드 인지도와 브랜드 태도로 구분한 점이 다르다고 할 수 있다.

(2) 매체 간 비교를 통한 미디어 믹스

광고캠페인의 매체 스케줄을 구성하기 위한 미디어 믹스 전략을 수립하기 위하여 매체 간 비교(inter-media comparison)과정을 거친다. 매체 간 비교는 광고캠페인의 목표 달성에 필요한 매체들을 선택하기 위하여 매체 유형을 평가하는 과정을 말한다. 매체 간 비교에는 매체의 특성 및 장단점들이 중요한 평가 기준이 된다. 예를 들어, 광고 목표가 브랜드 인지도를 높이는 것이라면 높은 수준의 브랜드 인지도를 확보하기 위하여 TV와 같은 표적 수용자에 대한 도달 범위가 큰 매체를 선택하여야 한다. 또한 광고 목표가 표적 수용자의 호감도와 같은 태도적 목표를 증가시키는 것이라면 감성적 소구를 할 수 있는 TV와 잡지 매체가 효과적이다. 반면에 광고 목표가 시험구매(trial)와 같이 개별 고객의 구매 행동을 촉구하는 것이라면 세일즈 프로모션 및 이벤트와 같은 직접 반응 광고캠페인에 적합한 인터넷, 모바일, 직접우편(DM)과 같은 매체들이 적합하다.

따라서 매체 기획자는 효율적인 매체 간 비교를 위해 각 매체의 장단점을 숙지하고 있어야 한다.

일반적으로 TV는 감성적 소구에 효과적이며, 신문은 TV보다 더 많은 양의 정보를 전달할 수 있기 때문에 이성적 소구에 효과적이다. 잡지는 큰 지면과 컬러 재생력이 뛰어나기 때문에 브랜드 이미지 제고에 효과적이다. 인터넷은 가상공간에서 브랜드를 직간접적으로 체험하게 하는 데 효과적이며, 상호작용성이 뛰어나기 때문에 쿠폰 제공 및 이벤트 참여 등 직접반응 광고캠페인에 효과적이다. 또한 케이블TV는 제품의 사용방법을 시연(demonstration)하여 주문을 촉구하거나 제품 문의 등 소비자들의 직접적인 반응을 촉구하는 인포머셜(informercial) 광고에 효과적이다. 따라서 매체 간 비교에서 이와 같은 광고 매체들의 장단점을 고려하여 광고캠페인의 목표달성에 적합한 매체 유형을 선택하여야 한다.

〈표 13-3〉 매체 유형별 장단점 비교

매체 유형	장점	단점
TV	넓은 도달 범위, 강한 임팩트	자세한 정보전달에는 부적합
신문	넓은 도달 범위, *신뢰성, 기록성, 보존성, 뉴스성, 화제성,	높은 광고 비용, 광고표현의 한계
잡지	타깃 선별성, 보존성, 기록성, 재독성, 회독성, 컬러 재생력	낮은 도달률, 늦은 피드백, 낮은 적시성, 높은 클러터 현상
라디오	타깃 선별성, 낮은 비용	낮은 이용률, 낮은 도달률, 낮은 주목률
직접우편(인쇄물)	타깃 선별성, 친근성, 반응 측정 용이성	높은 제작 비용, 수신자 명단 및 배달 시점의 부정확성
디지털 매체	실시간성, 상호작용성, 즉각적 피드백, 동시성과 비동시성, 위치기반성, 문자성, 정교한 타기팅	스팸 광고 범람, 낮은 신뢰성, 개인 정보 침해, 거짓 정보 확산

매체 간 비교과정에서 또 한 가지 고려해야 할 평가 기준은 비용 효율성이다. 매체 유형을 선택할 때 다른 조건들이 동일하면 최소의 비용으로 최대한 많은 수의 표적 수용자들에게 도달할 수 있는 매체를 선택해야 한다. 예를 들어, 지상파TV와 케이블TV는 상호 대체적인 관계이기 때문에 매체 예산이 충분하지 못한 경우 값비싼 지상파TV 대신에 비용 효율성이 뛰어난 케이블TV를 광고 매체로 선택할 수 있다. 그러나 TV와

신문과 같이 서로 이질적이면서 보완적인 관계에 놓여 있는 매체 간 비교에는 비용 효율성의 기준을 적용하는 데 유의해야 한다. 가령 TV 광고의 CPRP와 신문광고의 평균 CPRP를 비교하면 신문광고의 CPRP가 평균적으로 약 10배 정도 높다. 따라서 CPRP만을 기준으로 볼 때 TV 매체의 도달 효과 대비 비용 효율성이 신문 매체보다 더 높다고 할 수 있다. 그러나 TV와 신문 매체는 광고캠페인의 목표를 달성하는 데 요구되는 역할과 장단점이 서로 다르기 때문에 단지 CPRP와 같은 비용 효율성만을 기준으로 TV 매체를 선택할 수 없다. 예를 들어, 신제품 런칭기에 신제품에 대한 폭넓은 인지도를 확보하기 위하여 도달 범위가 넓은 TV 매체를 선택해야 하며, 판매 성수기에 자세한 판매 소구점을 전달하거나 입학 및 졸업 시즌과 같은 판촉기에 광고해야 하는 경우 TV 매체보다 상대적으로 큰 지면을 가진 신문 매체가 효과적이다. 따라서 CPRP 및 CPM과 같은 매체의 비용 효율성은 매체선택의 다른 기준들과 함께 사용하는 것이 바람직하다. 예를 들어, 일차적으로 광고 목표에 부합하는 매체를 선택한 후 이차적으로 비용 효율성이 높은 순으로 매체를 선택할 수 있다.

(3) 매체접촉행태와 매체접촉망을 활용한 미디어 믹스

미디어 믹스의 가장 단순한 방법들 가운데 하나는 표적 수용자들의 매체접촉도, 매체 신뢰도, 매체접촉망과 같은 양적 자료들을 활용하는 것이다. 예를 들어, 〈표 13-4〉는 표적 수용자들의 매체접촉도와 매체 신뢰도를 이용한 미디어 믹스의 예이다. 〈표 13-4〉에서 보이듯이 TV, 신문, 라디오, 잡지의 각 매체에 대하여 표적 수용자들의 매체접촉도와 매체 신뢰도에 각각 50%의 비중을 주어 각 매체 간 광고 예산의 비중을 결정할 수 있다. 가령 TV의 경우 미디어 믹스에서 차지하는 비중은 '(67.3×.5)+(34.5×.5)=50.9%'가 된다.

〈표 13-4〉 **소비자 매체접촉행태를 고려한 미디어 믹스의 예**

구분	매체접촉도(50%)	매체 신뢰도(50%)	미디어 믹스(%)
TV	67.3	34.5	50.9
신문	25.3	56.3	40.8
라디오	6.3	6.1	6.2
잡지	1.1	3.1	2.1
계	100	100	100

표적 수용자의 매체접촉망(Personal Media Network: PMN)도 미디어 믹스 전략의 수립에 중요한 영향을 미친다. 표적 수용자의 매체접촉망은 전형적인 표적 수용자가 아침 기상 이후부터 취침 전까지 하루 동안 접촉한 매체들을 시간대별로 기록한 것으로서 한 개인의 매체접촉 동선이라고 할 수 있다. 이러한 표적 수용자의 매체접촉망을 파악하여 미디어 믹스에 활용할 수 있다. 예를 들어, 〈표 13-5〉는 맥주 제품의 주 소비계층인 20대 남녀(가칭 1929세대) 중 1명의 전형적인 매체접촉망을 보여 주고 있다. 만약 미디어 플래너가 표적 수용자의 매체접촉망과 일치되게 미디어 믹스를 한다면 광고 메시지의 타깃 적중률을 높일 수 있다.

〈표 13-5〉 카스 맥주 소비자의 매체접촉망

대학생 ○○○ 군의 어느 하루	회사원 ○○○ 씨의 어느 하루
8시 기상! 컴퓨터를 켠다. 간단히 메일 확인을 하다가 로그인 창 옆에 있는 카스 맥주 배너광고를 봤다.	8시 회사에 도착. 컴퓨터를 켜니 카스 맥주 배너광고가 나온다. 무심히 넘겨 버렸다. 시간이 조금 남아 일간지를 보다가 카스 광고를 보았다.
9시 지하철 역 안을 걸어가면서 언뜻 와이드컬러광고를 스쳐 간다. 지하철을 타니 천정에 카스 맥주 광고가 걸려 있고, 대충 넘겨 보던 인스타그램에 카스 맥주 광고가 보인다.	1시 점심을 먹고 나오는데 날씨가 너무 덥다. 기지개를 켜다가 카스 맥주 옥외광고가 보인다. '으아 시원하게 한잔했으면…….'
5시 수업을 끝내고 여자친구를 만나서 영화를 보러 간다. 영화 시작 전 카스 맥주 광고가 시원해 보인다.	8시 오늘은 좋아하는 야구팀의 중계방송이 있는 날. 운전 도중 차가 너무 막힌다. 라디오를 듣는데 카스 맥주 광고가 너무나 시원하게 들린다.
8시 지하철을 타고 이동을 하면서 천정에 카스 맥주 광고가 눈에 띈다.	9시 집에 들어서자마자 TV를 켠다. 야구 중계를 보는데 포수 뒤로 카스 맥주 펜스광고가 보인다. '도저히 못 참겠다!' 편의점에 카스 맥주 사러 간다.
9시 날씨도 덥고 해서 여자친구와 카스 맥주를 간단히 한잔하고 귀가했다	10시 야구가 끝나고 나니 카스 맥주 광고가 나온다. 날씨도 덥고 한 잔 더 하고 싶어서 다시 사러 나간다.
11시 자기 전에 TV를 켜니 윤여정이 카스 맥주 광고에 나온다. 멋지군 생각하다 깜빡 잠이 들어 버렸다.	

(4) 제품수명주기에 따른 미디어 믹스

제품수명주기상에서 도입기에 접어든 제품의 광고캠페인의 경우 신제품에 대한 폭넓은 인지도를 확보하기 위하여 TV와 같은 대중매체에 더 많은 광고 예산을 할당하고, 성수기에 해당하는 제품의 광고캠페인의 경우 판매촉진에 적합한 신문과 인터넷 매체 등에 더 많은 광고 예산을 할당하게 된다. 또한 성수기를 지나 쇠퇴기에 접어든 제품의 광고캠페인의 경우 기존에 창출된 광고효과를 지속적으로 유지해 나가기 위하여 라디오와 같은 리마인더(reminder) 매체에 상대적으로 더 많은 광고 예산을 할당하게 된다.

이처럼 미디어 믹스는 자사의 제품이 제품수명주기상에서 어디에 위치하느냐에 따라 달라진다. 따라서 우리 제품이 제품수명주기상에서 어디에 위치하고 있는지를 파악하여 적절한 미디어 믹스 전략을 수립하여야 한다.

3) 미디어 믹스의 시간 구성

미디어 믹스가 적용되는 시간 구성(time frame)은 연 단위, 반기 단위, 분기 단위, 월 단위의 미디어 믹스로 구분할 수 있다. 연 단위의 미디어 믹스는 1년의 광고캠페인 기간 미디어 믹스를 말한다. 반기 단위의 미디어 믹스는 1년을 상반기와 하반기로 나누어 미디어 믹스를 하는 것을 말한다. 분기 단위의 미디어 믹스는 1년을 4분기(1/4분기, 2/4분기, 3/4분기, 4/4분기)로 나누어 미디어 믹스 전략을 수립하는 것을 말한다. 마지막으로 월 단위의 미디어 믹스는 가장 낮은 단위의 미디어 믹스로서 월별 미디어 믹스를 말한다. 가장 큰 단위의 미디어 믹스는 연 단위의 미디어 믹스이고 가장 적은 단위의 미디어 믹스는 월 단위의 미디어 믹스이다. 일반적으로 미디어 믹스는 연 단위에서 시작하여 반기 단위, 분기 단위, 월 단위의 수준으로 하향식으로 결정된다. 그리고 연 단위의 미디어 믹스가 먼저 결정되어도 반기 단위, 분기 단위, 월 단위 미디어 믹스는 다를 수 있다.

2. 비히클 믹스

미디어 믹스의 두 번째 과정은 비히클 믹스(vehicle mix)이다. 비히클 믹스는 매체를 구성하는 동종 집합체를 나타내는 매체 비히클을 선택하는 것을 말한다. 즉, 매체 유형을 선택한 다음, 선택된 매체 유형들 내에 어떤 비히클을 선택할 것인가를 결정해야 한다. 예를 들어, TV 매체의 경우 어떤 프로그램에, 신문 매체의 경우 어떤 신문에 광고를 방영 혹은 게재할 것인가에 관한 세부적인 전술을 결정하게 된다. 비히클 믹스는 A 비히클을 선택할 것인가 혹은 B 비히클을 선택할 것인가의 문제뿐 아니라 표적 수용자층이 동질적인 비히클을 반복 선택할 것인가, 아니면 혹은 표적 수용자층이 이질적인 비히클을 골고루 선택할 것인가의 문제도 포함한다. 일반적으로 매체 목표가 도달률을 높이는 것이라면 표적 수용자층이 이질적인 비히클을 골고루 선택하여야 하며, 매체 목표가 빈도를 높이는 것이라면 표적 수용자층이 동질적인 비히클을 선택하여야 한다. 비히클 믹스의 접근방법은 다음과 같다.

1) 광고 목표 및 매체 목표에 따른 비히클 믹스

비히클 믹스는 광고 목표 및 매체 목표와 부합되게 설정되어야 한다. 즉, 광고 목표가 상표인지도를 높이는 것이라면 매체 목표는 가급적 많은 표적 수용자들에게 메시지를 도달시켜야 하며, 이러한 높은 수준의 도달률 목표를 획득하기 위하여 매체 수용자층이 동질적인 비히클을 반복적으로 선택하는 것보다 매체 수용자층이 이질적인 다양한 비히클을 골고루 선택하는 전략이 바람직하다. 반면에 광고 목표가 상표인지도 확보 단계를 지나서 표적 수용자의 상표에 대해 이해도를 높이고 긍정적인 태도 변화를 유도하는 것이라면 충분한 수준의 반복 노출이 이루어져야 하며, 이러한 높은 수준의 빈도를 확보하기 위하여 매체선택의 폭을 넓히는 것보다 표적 수용자층이 동질적인 비히클을 선택하여 광고 메시지를 반복적으로 노출시켜야 한다. 〈표 13-6〉은 광고 목표, 매체 목표, 비히클 믹스의 관계를 나타낸다. 〈표 13-6〉에서 보이듯이 광고 목표가 인지에서 시작하여 이해, 확신, 행동과 같은 보다 더 높은 단계로 이동할수록 매체 목표는 도달률보다 빈도를 더 많이 강조하게 되고 매체 수용자층이 동질적인 비히클을 선택하게 된다.

〈표 13-6〉 **광고 목표, 매체 목표, 비히클 믹스의 관계**

광고 목표(DAGMAR 모형)	매체 목표	비히클 믹스
인지/기억 창출 이해/지식 창출 확신/태도 변화 행동강화/변화	도달률 강조 ↓ 빈도 강조	매체 수용자층이 이질적인 매체 사용 ↓ 매체 수용자층이 동질적인 매체 사용

2) 표적 수용자와 매체 비히클 수용자의 매칭

도달 효과 대비 비용 효율적인 매체 비히클을 선택하기 위해서는 타깃 시청률 정보를 활용하여 우리 제품의 표적 수용자들이 가장 많이 접촉하는 매체 비히클을 파악해야 한다. 예를 들어, 〈표 13-7〉의 예에서 보이듯이 특정 맥주 제품의 표적 수용자가 20대 남성이라면 이들 20대 남성의 시청률이 높은 프로그램이 '프로그램 A'임을 확인할 수 있다. 이처럼 타깃 시청 정보를 활용하여 우리 제품의 표적 수용자가 어떤 매체 비히클을 많이 접촉하는지를 확인하여 매칭(matching)하는 과정을 거친다. 따라서 표적 수용자와 비히클 수용자의 인구통계학적 특성을 일치시키는 것을 표적 수용자와 매체 비히클 수용자의 매칭이라고 한다.

〈표 13-7〉 **인구통계학적 특성별 시청률**

TV 프로그램명	성별		연령별				학력별			
	남	여	20대	30대	40대	50대 이상	초 · 중졸	고졸	대재	대졸 이상
프로그램 A	23.6	18.3	20.1	16.5	3.6	3.3	20.2	20.7	25.7	14.3
프로그램 B	15.3	13.4	10.4	15.6	22.3	21.7	12.8	20.6	30.7	24.9
프로그램 C	8.5	3.0	6.1	14.9	14.3	8.6	5.9	10.2	17.5	12.3

[그림 13-2] **표적 수용자와 매체 비히클 수용자의 매칭**

일반적으로 표적 수용자는 인구통계학적 특성(demographic characteristics), 심리 묘사적 특성(psychographic characteristis), 제품사용량(product usage)에 의해 정의된다. 그러나 타깃 시청률 정보는 성별, 연령, 학력, 소득, 직업 등 인구통계학적 특성들을 기준으로만 제공되며 심리 묘사적 특성이나 제품사용량에 따른 시청률 정보는 제공되지 않는다. 따라서 특정 제품의 광고캠페인의 표적 수용자들이 제품사용량에 의해 정의되는 경우에도 타깃 시청률 정보를 활용하여 우리 표적 수용자들이 많이 접촉하는 매체 비히클을 선택하기 위하여 표적 수용자들의 인구통계학적 특성들에 관한 정보가 필요하다. 가령 특정 맥주 제품의 표적 수용자가 맥주를 일주일에 7병 이상 소비하는 다량사용자로 정의된다면 이들 다량사용자의 성별, 연령, 학력, 소득, 직업 등의 인구통계학적 특성들을 알고 있어야 타깃 시청률 정보를 활용하여 특정 제품의 표적 수용자들이 많이 접촉하는 매체 비히클을 선택할 수 있다.

〈표 13-8〉는 맥주 제품의 표적 수용자들을 제품사용량에 따라 다량사용자, 보통사용자, 소량사용자로 구분한 후 이들 표적 수용자들의 인구통계학적 특성들이 어떠한가를 보여 주고 있다. 〈표 13-8〉의 예에서 보이듯이 맥주 제품의 다량사용자는 20대 남성으로 나타났다고 한다면 인구통계학적 특성에 따른 타깃 시청률 정보를 활용하여 20대 남성이 많이 시청하는 TV 프로그램을 쉽게 선택할 수 있다. 이처럼 다량사용자의 인구통계학적 특성들을 파악하게 되면 우리 제품의 다량사용자에 대한 시청률 정보가 없어도 인구통계학적 특성들에 따른 타깃 시청률 정보를 활용하여 이들 표적 수용자들이 많이 접촉하는 매체 비히클을 쉽게 선택할 수 있다.

〈표 13-8〉 **맥주 음용자들의 인구통계학적 특성들에 따른 제품사용량**

인구통계학적 특성들	모든 사용자	다량사용자	보통사용자	소량사용자
20대 남성	70%	40%	15%	15%
30대 남성	30%	10%	10%	10%
40대 남성	20%	5%	5%	10%

3) 매체 내 비교를 통한 비히클 믹스

광고캠페인의 매체 스케줄에 포함될 매체 비히클을 선택하기 위하여 각 비히클의 노출 효과를 평가하는 매체 내 비교(intra-media comparison) 과정을 거치게 된다. 매체 내 비교에서 가장 중요하게 고려해야 할 평가 기준은 비용 효율성의 원칙이다. 즉, 비용 효율성의 원칙은 최소의 비용으로 최대한 많은 수의 표적 수용자들에게 도달할 수 있는 매체 비히클을 선택하는 것이다. 매체 비히클의 비용 효율성을 평가하는 기준들로써 CPM과 CPRP가 사용된다. 즉, 매체 비히클의 CPM과 CPRP를 비교하여 어떤 매체 비히클이 가장 적은 비용으로 가장 많은 표적 수용자에게 도달할 수 있는가를 평가하여야 한다.

〈표 13-9〉는 각 매체 비히클 간의 CPRP를 계산하여 매체 비히클의 비용 효율성을 비교, 평가한 것이다. 〈표 13-9〉에서 보이듯이 표적 수용자의 크기는 TV 프로그램 A가 가장 크지만 표적 수용자 1%당 비용 효율성은 가장 낮다. 반면에 TV 프로그램 B의 경우 표적 수용자의 크기는 TV 프로그램 A와 비슷하나 비용 효율성은 3개의 TV 프로그램 중 가장 높다. 그리고 TV 프로그램 C의 경우 표적 수용자의 크기는 3개의 TV 프로그램 중 가장 작고, 비용 효율성은 3개의 프로그램 중 중간 수준이다. 따라서 TV 프로그램 B가 비용 효율성 측면에서 가장 효율적인 매체라고 할 수 있다.

〈표 13-9〉 **매체 효율성 비교의 예**

TV 프로그램명	표적 수용자	광고 비용	CPRP
프로그램 A	1,200,000	600,000	1,000,000
프로그램 B	1,000,000	800,000	700,000
프로그램 C	900,000	1,000,000	800,000

3. 유닛 믹스

매체선택의 세 번째 과정은 유닛 믹스(unit mix)이다. 유닛 믹스는 광고 길이(예: 20초 vs. 15초), 광고게재 면과 위치, 색상 등을 선택하는 것을 말한다. 매체를 선택할 때 어떤 매체 유닛을 선택하느냐에 따라 광고효과가 달라진다. 예를 들어, 특정 신문에 광고를 게재할 때 사회면에 광고를 게재하는 것보다 1면에 게재하는 것이 더 효과적이다. 왜냐하면 신문 1면은 뉴스성과 화제성으로 사회면보다 열독 효과 혹은 주목률이 더 크기 때문이다. 따라서 매체 유닛의 선택은 시청률과 열독률과 같은 양적인 기준보다 매체의 열독 효과와 주목률 등과 같은 질적인 기준들을 많이 사용한다.

1) TV유닛 믹스

TV유닛의 선택은 광고의 길이와 위치의 선택을 포함한다. 광고의 길이는 15초, 20초, 30초를 결정하는 것을 말한다. 일반적으로 프로그램 광고는 15초이고, 스폿 광고는 20초와 30초로 구분된다. 광고의 위치는 전CM, 중CM, 후CM으로 구분된다. 전CM은 프로그램이 시작되기 전 광고시간대이며, 케이블방송에 허용된 중CM은 프로그램 방영 중 광고시간대이며, 후CM은 프로그램 종료 직후 광고시간대를 말한다. 일반적으로 광고의 길이에 따른 효과의 차이는 크지 않은 것으로 알려져 있다. 그러나 TV 광고 시청률 자료를 분석한 결과, 전CM보다 후CM의 광고 시청률이 더 높은 것으로 알려져 있다. 특히 후CM 첫 번째 광고 순서가 가장 효과적인 것으로 알려져 있다.

2) 신문유닛 믹스

　신문유닛의 선택은 어떤 면과 단수를 선택할 것인가를 말한다. 신문의 면은 1면, 사회면, 뒷면, 기타면 등으로 구성되어 있으며, 1면, 사회면, 뒷면 등 거의 모든 면에 광고를 게재할 수 있다. 따라서 매체 목표를 달성하기 위하여 어떤 면을 선택하여야 할 것인지를 잘 결정하여야 한다. 일반적으로 1면은 뉴스성과 화제성이 있으므로 신제품의 런칭에 적합하며 뒷면은 주목률이 가장 높다. 신문의 단수는 광고의 크기를 말하는데 4단, 5단, 8단, 10단, 15단으로 구분된다. 신문 1면 광고는 4단 크기이며, 신문 뒷면 광고는 15단의 크기이다. 최근에 신문광고의 주목 효과를 높이기 위하여 광고의 형태와 크기가 비교적 자유로운 변형 광고 등이 등장하고 있다.

　일반적으로 신문의 면, 단수, 색상에 따라 광고의 효과가 다른 것으로 알려져 있다. 일부 연구에 의하면 광고의 열독 효과는 15단, 10단, 8단, 4단의 순으로 차이가 있는 것으로 나타났다. 〈표 13-10〉에서 보이듯이 15단 컬러광고의 열독 효과가 가장 큰 것으로 나타났으며, 10단 흑백광고의 열독 효과가 가장 작은 것으로 나타났다. 그러나 이 수치는 단순한 열독 효과의 크기를 나타낸 것일 뿐 비용 대비 효율성을 고려한 것은 아니

〈표 13-10〉 **신문광고의 크기 및 색상에 따른 열독 효과**

단수	전체	흑백	컬러
5단	26.1%	23.7%	34.0%
8단	28.3%	24.9%	33.4%
10단	35.5%	18.2%	48.8%
15단	45.8%	36.9%	51.6%
전체 평균	30.7%	25.8%	39.9%

출처: 조정식, 김선자(1998).

다. 따라서 이러한 열독 효과의 단순비교보다 광고단가 대비 열독 효과를 계산하여 가장 효율적인 광고 단수와 색상을 선택하는 것이 바람직하다. 또한 광고의 내용이 신문 기사와 관련이 있으면 광고의 효과가 커진다. 따라서 신문광고의 게재 위치를 결정할 때 기사와의 관련성을 고려하여야 한다. 예를 들어, 컴퓨터 관련 기사가 게재되는 신문의 면에 컴퓨터 광고를 게재한다면 신문광고의 열독 효과가 커질 수 있다.

3) 잡지유닛 믹스

잡지광고의 경우 게재 면과 위치에 따라 광고효과가 달라진다. 일반적으로 표 4면이 가장 효과적이며 표 2면과 표 2대면은 표 4면 다음으로 주목 효과가 크다. 내지면 중에 보통 목차 전의 앞부분(약 3~20페이지)이 더 효과적이며 오른쪽 페이지가 왼쪽 페이지보다 더 낫다. 따라서 잡지유닛을 결정할 때 게재 위치를 고려하여야 한다.

4) 라디오유닛 믹스

라디오의 유닛은 TV 광고와 마찬가지로 광고 길이 및 위치 등을 포함한다. 라디오 광고의 길이는 10초와 20초를 포함한다. 라디오 광고의 위치는 TV 광고와 마찬가지로 전CM과 후CM을 포함하며 스포츠 중계에 한하여 중CM이 제한적으로 허용된다. 라디오 광고의 경우에도 TV 광고와 같이 광고 길이 및 위치 등에 따라서 광고효과가 달라지므로 광고 길이 및 위치를 고려하여 매체 유닛을 선택하여야 한다.

5) 디지털 매체 유닛 믹스

디지털 매체의 유닛은 배너 크기, 웹과 앱 내 게재 위치, 광고 길이, 광고 스킵 옵션 등을 포함한다. 디지털 광고캠페인의 경우 디지털 광고캠페인의 목적에 따라 배너, 동영상, 검색, SNS 등의 매체 유형을 선택하고, 이어서 네이버, 인스타그램, 유튜브와 같은 비히클을 선택한다. 그리고 마지막으로 배너 크기, 웹과 앱 내 게재 위치, 동영상 길이, 동영상 광고 스킵 옵션과 같은 매체 유닛을 자유롭게 선택할 수 있다.

4. 디지털 광고의 미디어 믹스 최적화

디지털 매체의 경우 사용자 로그 데이터 분석을 통해 어떤 매체에 고객이 많이 유입되고, 고객이 그 매체를 방문하였을 때 전환이 발생하였는가를 분석할 수 있다. 미디어 지출이 전환과 같은 성과에 기여하는 부분을 파악하여 미디어 예산을 어디에 얼마나 할당해야 할 것인가를 결정할 수 있다. 이런 사용자 데이터를 기반으로 최소의 비용으로 최대한의 성과를 낼 수 있는 매체의 조합을 찾는 과정을 미디어 믹스 최적화(media mix optimization)라고 한다. 미디어 믹스를 최적화하면 전환율을 최적화하는 데에 도움이 된다. 미디어 믹스 최적화의 방법은 다음과 같다.

1) 퍼널에 따른 미디어 믹스 최적화

디지털 광고캠페인에서 소비자들이 어떤 경로를 거쳐 전환에까지 이르는가를 이해하면 각각의 경로별로 미디어 믹스를 최적화할 수 있다. 예를 들어, [그림 13-3]은 AISAS 퍼널 모델이다. 이 모델의 인지 단계에서는 소비자가 브랜드를 알게 되며, 미디어 플래너는 다양한 미디어를 믹스하여 노출을 다각화할 수 있다. 이 단계에서는 디스플레이광고와 같은 페이드 미디어를 활용하여 노출과 커버리지를 확대하고, 고객에게 브랜드를 인지시킨다.

두 번째 단계인 흥미 단계에서는 브랜드를 아는 소비자가 흥미를 갖게 된다. 이 단계에서는 인스타그램과 같은 SNS에 제품 관련 사진이나 이벤트 등을 업로드하여 소비자의 관심을 불러일으키거나 소비자를 자사 홈페이지나 SNS 계정과 같은 온드 미디어로 유입시킨다.

검색 단계에서 소비자는 서비스를 받은 고객의 실제 리뷰를 살펴보거나, 각종 SNS의 브랜드 게시물을 통해서 어떤 서비스 혹은 어떤 물건에 대해 특징이나 장단점이 있는지 살펴본다. 따라서 키워드 검색을 할 수 있는 검색 엔진, 댓글이나 리뷰를 활용할 수 있는 SNS 등의 매체를 활용한다. 따라서 퍼널의 검색 단계에서는 검색 엔진과 SNS 매체가 효과적이다.

행동 단계에서는 소비자가 물건을 구매하는 단계이다. 이 단계에서는 구매 시점에

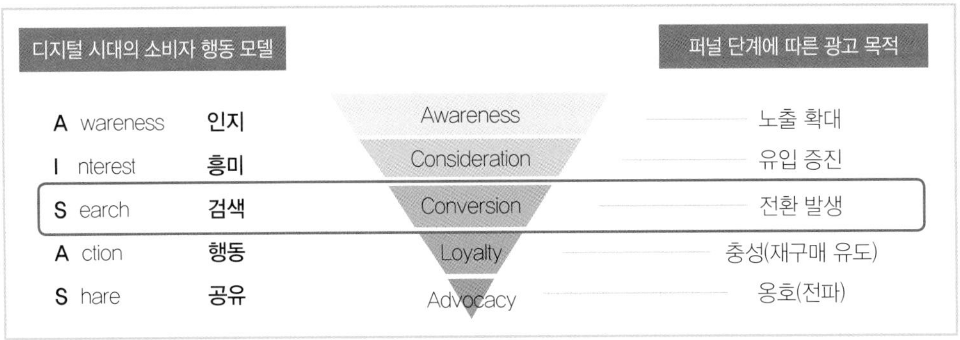

[그림 13-3] AISAS 모델

출처: Nice-nana (2020. 11. 4.).

서의 긍정적인 경험을 극대화하여 첫 구매를 이끌어 내야 한다. 예를 들어, 웹 세미나
(webinar) 등에 고객을 초대하여 우리 제품과 서비스의 혜택을 알려 주고, 무료 샘플이
나 데모(평가판)를 제공하거나 일회성 이벤트를 개최하여 할인 쿠폰을 보내 준다. 이때
고객으로부터 제공받은 이메일이나 SMS, 카카오톡 등의 메신저 수단을 이용하여 쿠폰
등을 발송하여 즉시 구매를 유도한다. 이 단계에서는 고객에게 반드시 구매를 강요해
서는 안 되며 혜택만 지속적으로 안내하여도 고객은 이미 구매할 준비가 되어 있기 때
문에 제품을 구매하게 된다.

공유 단계에서는 제품을 구매한 소비자들이 자발적으로 입소문을 내거나 제품구매
후 긍정적인 경험을 다른 사람들과 공유하고 확신시킨다. 이때 고객은 지속적으로 기
업의 상품과 서비스를 구매하여 매출 증대에 도움을 주거나 입소문을 내는 자발적인
기업의 홍보대사가 된다. 이 단계에서는 소비자가 자발적으로 SNS, 블로그에 기업의
상품과 서비스를 바이럴한다. 따라서 이 단계에서 기업은 자주 구매하는 고객들에게
높은 멤버십 레벨을 부여하거나 다른 일반 고객은 받을 수 없었던 혜택을 통해 고객 만
족도를 높여야 한다. 이 단계에서는 SNS의 해시태그 기능을 활용한 마케팅으로 바이럴
효과를 극대화할 수 있다. 이처럼 고객이 어떤 단계에 있는지를 확인한 후 미디어 믹스
를 최적화해야 한다.

고객이 어떤 단계에 와 있는지를 파악하기 위해 퍼널 분석과정을 거쳐야 한다. 퍼널
분석은 고객이 유입된 후 전환에 이르는 여정에서 고객 행동을 분석하는 고객 데이터
분석방법이다. 예를 들어, [그림 13-4]는 퍼널의 단계별로 각 매체에 유입된 사용자의
비율을 보여 준다. 이 모델에서 보이듯이 신규 사용자 유입 단계에서부터 재구매 고객

유입 단계에 이르기까지의 과정에서 각 단계로 넘어갈수록 사용자의 수가 줄어드는 것을 확인할 수 있다. 이것은 각 단계로 넘어갈수록 중도에 유입되는 고객보다 이탈하는 고객이 더 많이 발생하였다는 것을 말해 준다. 따라서 퍼널 분석을 통해 기업은 방문자가 사이트에 유입되었는지, 혹은 중도에 이탈했는지, 혹은 구매자로 변환되는지를 알 수 있다.

퍼포먼스 마케팅(performance marketing)[2]에서는 각각의 퍼널 단계별로 고객 행동 데이터를 확인해 가면서 미디어 믹스를 최적화한다. 사용자가 방문하여 경험한 매체에서 사용자 정보를 수집하고 각 매체가 캠페인의 성과에 얼마나 기여하고 있는가를 평가하는 등 고객 여정의 모든 단계에 걸쳐 각 매체와 미디어 믹스의 성과를 평가한다. 이처럼 어떤 매체에 고객이 많이 유입되는가, 어떤 매체에 고객의 이탈률이 적은가 혹은 어떤 매체에 고객이 오래 머무르는가 등을 파악하여 미디어 믹스를 최적화할 수 있다. 이러한 퍼널 분석에 기반한 미디어 믹스 최적화 과정을 통해 고객이 퍼널 입구부터 마지막 단계까지 유실되지 않고, 유지되도록 노력해야 한다.

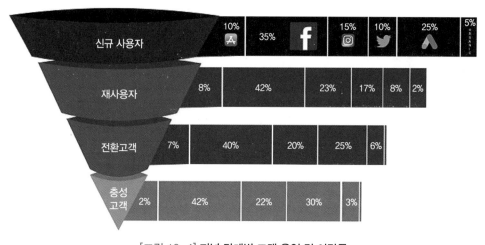

[그림 13-4] 퍼널 단계별 고객 유입 및 이탈률

출처: CleverTap.

---

2) 구체적인 성과(회원가입, 매출)에 대한 목표를 설정하고, 해당 성과 달성을 위해 업무를 진행 및 개선해 나가는 성과 중심의 마케팅이다. 구체적으로 다양한 경로로 유입된 고객이 특정한 성과로 전환하기까지의 여정을 파악하고, 이를 개선하는 과정을 말한다.

2) 광고 목표에 따른 미디어 믹스 최적화

디지털 광고캠페인의 경우 캠페인의 성격과 목표가 무엇이냐에 따라서 광고 목표가 달라지고, 미디어 믹스가 달라질 수 있다. 예를 들어, 브랜딩 캠페인의 경우 브랜드 인지도 확보를 목표로 하기 때문에 유튜브 동영상 광고나 범퍼 광고, 인스타그램 이미지 광고, 포털의 배너광고와 같은 디스플레이광고가 효과적이다. SNS 마케팅의 경우 소셜 활동을 통해 생성되는 인게이지먼트 효과를 목표로 하기 때문에 페이스북, 인스타그램과 같은 SNS가 효과적이다. 반면 퍼포먼스 마케팅이나 CRO[3] 마케팅 캠페인의 경우 회원가입이나 구매 전환 등의 구체적인 성과를 목표로 하기 때문에 사용자 유입을 유도하거나 전환율을 높일 수 있는 검색 엔진, 메신저, 이메일, SNS, CTA 버튼을 삽입할 수 있는 모든 웹과 앱이 효과적이다.

〈표 13-11〉 디지털 광고캠페인의 목표와 미디어 믹스의 예

디지털 캠페인의 유형	캠페인 목표	미디어 믹스의 예
브랜딩 캠페인	트래픽	유튜브 동영상 광고, 인스타그램 이미지광고, 배너광고, 범퍼 광고, 틱톡, 릴스 동영상 광고 등
SNS 마케팅	인게이지먼트 효과	페이스북, 인스타그램, 트위터 등
퍼포먼스 마케팅, CRO 마케팅	성과	검색 광고, 메신저, 이메일, SNS 등

3) 디지털 마케팅 기법에 따른 미디어 믹스 최적화

디지털 마케팅에서는 콘텐츠 마케팅, 퍼포먼스 마케팅, 키워드 마케팅, 바이럴 마케팅, 인플루언서 마케팅, 인바운드 마케팅, 리마케팅 등의 다양한 마케팅 기법이 있으며, 이러한 디지털 마케팅 기법에 따라 미디어 믹스를 달리해야 한다. 콘텐츠 마케팅은 고객을 유입하기 위해 제품이나 서비스를 부각하여 광고하지 않고, 대신 고객에게 가치 있고, 고객과 관련이 있는 콘텐츠를 꾸준히 제작하고 배포하는 전략적 마케팅 기법이다. 콘텐츠 마케팅에서는 콘텐츠를 생산한 후 적절하게 배포할 수 있는 매체가 필요

---

3) Conversion Rate Optimization의 약어로, 전환율 최적화를 말한다.

4. 디지털 광고의 미디어 믹스 최적화

하다. 여기에는 인스타그램과 같은 소셜 미디어와 기업이 자체적으로 보류하고 있는 웹사이트, 인스타그램과 같은 소셜 미디어, 유튜브 매체가 효과적이다.

퍼포먼스 마케팅은 성과에 대한 목표를 설정하고, 해당 성과 달성을 위해 캠페인을 진행하면서 성과를 개선해 나가는 마케팅 기법이다. 퍼포먼스 마케팅에서는 고객 구매 여정을 설계하고, 고객 구매 여정에 따라서 전환율을 최적화해 나가는 작업이 필요하다. 따라서 노출에서 흥미와 검색을 거쳐 구매 전환에 이르기까지 모든 구매 여정 상의 각 단계에 적합한 매체를 선정해야 한다. 예를 들어, 노출 혹은 인지 단계에서는 디스플레이광고, 흥미 단계에서는 소셜 미디어, 검색 단계에서는 네이버 검색 광고, 구매 전환 단계에서는 메신저 등의 다양한 매체를 적절히 믹스해야 한다.

키워드 마케팅은 어떤 브랜드와 관련된 키워드를 구매하여 관련 키워드를 소비자가 검색했을 경우 브랜드 홈페이지 또는 쇼핑몰 등을 상위에 노출함으로써 고객에게 브랜드를 인지시키거나 실제 매출로 연결하는 마케팅 활동을 말한다. 키워드 마케팅에서는 키워드 검색을 가능하게 하는 매체인 구글 검색 광고와 네이버 검색 광고를 활용한다.

바이럴 마케팅은 바이러스가 전염되듯이 소비자들 사이에 제품이나 서비스에 대한 홍보성 정보가 끊임없이 전달되도록 하는 마케팅 기법이다. 즉, 소비자들에게 자연스럽게 제품이나 서비스 관련 정보를 제공하여 소비자들이 자발적으로 제품이나 서비스를 다른 사람들에게 홍보하도록 유도하는 마케팅 기법이다. 바이럴 마케팅에서는 소비자가 자발적으로 입소문을 내는 페이스북, 인스타그램, 트위터 등의 좋아요, 댓글 달기, 공유하기, 리트윗 등이 중요한 수단으로 활용된다.

인플루언서 마케팅은 SNS상에서 영향력 있는 개인을 지칭하는 인플루언서를 활용한 마케팅 기법이다. 인플루언서 마케팅에서는 인플루언서의 주 활동 무대인 유튜브와 인스타그램과 같은 소셜 미디어를 주로 활용한다.

온드 미디어 마케팅은 매체를 빌려서 광고하는 방식이 아닌 자사의 콘텐츠나 메시지를 자사가 보유한 매체를 통해 알리는 마케팅 기법이다. 따라서 자사의 웹사이트, 소셜 미디어 계정, 온라인 커뮤니티, 웹진 등의 매체를 활용한다.

인바운드 마케팅은 광고비를 주고 집행하는 광고캠페인과 달리 사이트 방문자나 고객들이 자사 제품이나 서비스에 관심을 가지고 스스로 찾아와서 자발적으로 제품이나 서비스를 구매하게 하는 마케팅 기법이다. 따라서 소비자가 자주 이용하는 팝업 매체를 활용하여 회원가입을 하도록 혹은 연락처를 남기도록 유도하거나, 이메일 메신저 등의 개인화 매체를 활용하여 소비자가 관심 있어 하는 정보를 뉴스레터 형태로 제공하여 소비자를 자사의 고객으로 만들 수 있다.

리마케팅은 웹사이트에 한 번 이상 방문했거나 이전에 마케팅 캠페인을 접한 사람을 대상으로 회원가입, 구독, 구매 등의 전환을 유도하는 마케팅을 말한다. 따라서 소비자가 방문하는 모든 매체가 미디어 믹스에 포함된다. 〈표 13-12〉는 디지털 마케팅 유형에 따른 미디어 믹스 사례를 요약한 것이다.

〈표 13-12〉 **디지털 마케팅 기법별 미디어 믹스의 예**

디지털 마케팅 유형	미디어 믹스의 예
퍼포먼스 마케팅	소비자 구매 여정 단계에 적합한 모든 매체
콘텐츠 마케팅	콘텐츠를 배포할 수 있는 웹사이트, SNS, 유튜브 등
키워드 마케팅	네이버, 구글 검색 엔진
바이럴 마케팅	페이스북, 인스타그램, 트위터 등
인플루언서 마케팅	인플루언서가 활동하는 유튜브, 인스타그램 등
온드 미디어 마케팅	자사 보유 웹사이트, 소셜 미디어 계정, 웹진, 온라인 커뮤니티 등
인바운드 마케팅	회원가입을 유도하는 팝업 매체나 메신저
리마케팅	리타기팅을 위한 모든 매체

4) 매체 특성에 따른 미디어 믹스 최적화

디지털 광고캠페인에서 다양한 디지털 매체의 특성을 고려하여 미디어 믹스를 해야 한다. 디지털 매체는 대중매체와 달리 시공간의 제약 없이 실시간으로 언제 어디서나 소비자에게 접근할 수 있다. 또한 디스플레이광고를 이용해 폭넓은 인지도를 확보할 수 있으며, 이메일, 메신저와 같은 개인화 매체로 개개인에게 맞춤형 메시지를 전달할 수 있고, 소비자가 구매할 준비가 되어 있을 때 실시간으로 이벤트를 실행하여 즉각적인 반응을 유도할 수도 있다.

디지털 매체는 텍스트, 이미지, 동영상 등 포맷이 다양하고 검색, 디스플레이, SNS 등 각각의 매체별 특성과 기능도 달라서 광고주의 다양한 캠페인 실행에 대한 요구를 충족할 수 있다. 따라서 이러한 디지털 매체의 특성과 기능을 이해한다면 캠페인의 목표달성을 지원할 수 있는 효과적인 미디어 믹스 전략을 개발할 수 있다. 예를 들어, 유튜브는 내가 보고 싶은 동영상을 검색해서 보는 검색의 미디어이자 동시에 사용자들이 보고 싶은 영상을 기다렸다가 시청하기 때문에 콘텐츠를 집중해서 소비하는 몰입의 미디어이다. 따라서 유튜브는 영상 제작을 통해 특정 제품을 사용하거나 특정 사건을 경험하는 과정을 보여 주는 캠페인에 효과적이다. 반면 페이스북은 지인들이 업로드한 글, 사진, 동영상 등을 보면서, 광고 메시지에 노출되는 경우가 많은 발견의 미디어이자 동시에 사용자들이 기업 혹은 브랜드와 관련된 자신의 경험을 다른 사람들과 공유하거나 입소문을 내는 데 효과적인 매체이다. 따라서 사람들 사이에 입소문과 화제를 불러일으키는 바이럴 콘텐츠를 제작하여 배포하는 바이럴 마케팅에 효과적이다.

인스타그램(Instagram)은 사용자 자신들이 좋아하는 특정 주제에 해당하는 게시글, 사진, 이미지 등을 쉽게 검색하고, 해시태그(hashtag)로 쉽게 큐레이션(curation)[4]할 수 있는 미디어이다. 따라서 인스타그램은 사진에 기반하는 매체 특성상 시각적으로 재미있거나 아름다운 장면을 연출하는 이미지를 업로드하면서 해시태그를 활용하는 방식의 마케팅에 효과적이다. 이처럼 수용자가 어떤 맥락(context)에서 매체를 이용하는가를 알면 캠페인을 지원하는 미디어 믹스를 최적화할 수 있다.

(1) DA 매체

디스플레이광고 매체는 배너, 롤링 배너, 리치미디어, 동영상, 네이티브 광고 등을 포함한다. 배너광고는 캠페인 초기 다량의 트래픽을 발생시켜 단기간에 많은 방문자를 홈페이지로 유입시킬 수 있다. 또한 오프라인 광고에 비해 상대적으로 저렴한 비용으로 회원가입을 유도할 수 있다. 배너광고는 웹사이트 메일 페이지나 서브 페이지에 이미지나 플래시 형태로 노출하여 사용자가 웹 서핑을 할 때 브랜드를 홍보하고 이미지를 구축하는 데에 효과적이다. 배너광고의 크기와 위치는 매체마다 다르다. 배너광고의 경우 스크린 상단, 하단, 우측, 좌측 등으로 다양하며 광고 위치와 크기에 따라 효과가 다르다. 예를 들어, 네이버의 경우 초기 화면 상단 배너가 가장 효과가 크고, 광고단가도 비싸다.

디스플레이광고 유형 중 광고주의 주목을 끄는 형식은 네이티브 광고이다. 네이티브 광고(native ad)는 해당 웹사이트에 맞게 고유한 방식으로 기획 및 제작된 광고를 말한

---

[4] 원래 미술관에서 기획자가 우수한 작품을 뽑아 전시하는 행위를 의미하며, 다른 사람이 만들어 놓은 콘텐츠를 목적에 따라 분류하고 배포하는 일을 말한다.

다. 즉, 배너광고처럼 본 콘텐츠와 분리된 별도의 영역에 존재하지 않고 해당 웹사이트의 주요 콘텐츠 형식과 비슷한 형태로 제작된다. 기존 광고와는 달리 웹사이트 이용자가 경험하는 콘텐츠 일부로 작동하여 기존 광고보다 사용자의 관심을 적극적으로 끄는 형식을 사용한다. 페이스북 뉴스피드에 올라오는 홍보 글, 구글 검색 시 나오는 검색어 광고, 언론사 사이트에 일반 기사와 동등하게 배치되는 협찬 기사 등이 그 예이다. 따라서 네이티브 광고는 웹과 앱에서 기존 콘텐츠가 게재되는 것과 같이 다른 콘텐츠와 뒤섞여 자연스럽게 노출이 가능하며, 이러한 이유로 이용자들은 알게 모르게 광고라는 거부감 없이 정보성 콘텐츠의 일종으로 받아들이게 된다. 즉, 네이티브 광고는 온라인 언론사의 웹사이트에서는 해당 사이트의 원래 콘텐츠인 것처럼 기사 형태를 취하며, 일반 기사와 동등하게 배치된다. 네이티브 광고의 형식에는 텍스트 형태와 동영상 형태 등이 있다.

〈표 13-13〉 IAB의 네이티브 광고의 분류

광고 분류	설명
인피드 광고 (in-feed units)	가장 광범위하게 사용되는 네이티브 광고로, 페이스북, 트위터, 위챗 내에 사용자의 피드에 나타나는 스폰서 포스팅이 대표 사례임
검색 광고 (paid search units)	구글, 네이버, 바이두 등 검색 포털 사이트에 키워드 검색 시 결과와 함께 노출되는 광고임. 광고 표시 배너와 함께 상단에 노출됨
추천 위젯 (recommendation widgets)	현재 사용자가 보고 있는 콘텐츠와 연관된 다른 콘텐츠를 추천해 주는 광고임. 인기 검색어, 추천 검색, 랭킹 리스트 등의 형식으로 노출됨
프로모티드 리스팅 (promoted listings)	쇼핑 플랫폼 내에서 특정 프로모션 상품을 추천하는 광고임. 아마존, 타오바오 등 쇼핑 관련 플랫폼에서 많이 사용함
플랫폼 맞춤형 광고 (custom units)	각 매체의 독자적 환경에 어울리게 커스터마이징한 광고 형식을 말함. 플립보드, 텀블러 등의 플랫폼에서 사용함
기사 맞춤형 광고 (in-ad units)	일반적인 광고유닛 안에 다른 형태의 광고를 추가로 넣은 방식을 지칭함. 텍스트 광고유닛 안에 동영상 광고를 추가하는 형태가 대표적임

출처: Interactive Advertising Bureau (IAB).

(2) SA 매체

SA(검색 광고)는 전환율이 높은 매체이다. CPC 과금 방식으로 광고비의 효율성도 뛰어나다. 키워드 광고를 이용하여 홈페이지로 유도할 수 있다. 또한 오가닉 유저(organic user)[5]의 유입에 효과적이다.

(3) 동영상 매체

동영상 매체에는 유튜브, 네이버, 페이스북, 인스타그램, 틱톡 등이 있다. 최근에는 틱톡, 릴스 등의 숏폼(short form) 동영상 플랫폼이 인기를 끌고 있다. 동영상 매체는 타깃을 지정하거나 광고가 게재될 위치도 카테고리, 키워드 등 세부적인 선택으로 정교한 타기팅이 가능하다. 동영상 매체는 제품의 특장점을 시각적으로 바로 노출할 수 있으며 더 많은 정보를 직관적으로 표현할 수 있다. 모바일 기기를 포함하여 전 세계 모든 사람에게 어디서나 접근이 용이하며, 동영상이 공유된 외부 사이트에서도 동시에 노출되어 브랜드 홍보에 효과적이다. 또한 동영상이 재생되었을 때만 광고비를 지불함으로써 비용 효율성이 뛰어나다. 보통 동영상 재생 중에 방영되는 동영상 광고는 단말기 스크린의 크기에 맞추어 정해진다. 동영상 광고의 경우에도 프리롤, 미드롤, 포스트롤 등의 광고 위치를 선택할 수 있다. 광고주가 선호하는 네이티브 광고의 경우 광고 영역이 기사 및 콘텐츠와 같은 위치에 자연스럽게 배치된다. 또한 플랫폼에 따라 동영상 길이와 스킵 옵션 등에 차이가 있으며, 광고 판매 및 운용 정책과 스킵 옵션 등이 다르다. 따라서 광고캠페인의 목적, 효과, 효율성을 고려하여 매체 유닛을 선택해야 한다.

틱톡과 같은 숏폼 동영상 플랫폼은 네이티브 형태로 광고를 제작하여 이용자로 하여 과금 광고가 아닌 콘텐츠로 받아들이게 함으로서, 브랜드를 광고주가 아닌 동등한 이용자로 느끼게 하여 소비자의 자발적인 참여까지 이끌어 낼 수 있다. 또한 입찰 시스템을 통해 적은 예산으로도 광고를 집행할 수 있으며, 영상 제작부터 집행까지 이용자 혼자서도 손쉽고 간편하게 할 수 있다.

(4) 소셜 미디어

소셜 미디어는 사용자의 소셜 활동을 목적으로 한다. SNS만 해도 서비스 종류와 특성이 각기 다르다. 예를 들어, 링크드인(Linked In)처럼 비즈니스 관계를 목적으로 하는 것, 핀터레스트(Pintrest)처럼 특정 관심사를 좋아하는 취향을 공유하는 사람끼리 소통하며, 콘텐츠 공유와 소셜 큐레이션을 목적으로 하는 것, 인스타그램처럼 사진이나 동영상을 공유하는 것 등이 있다. 소셜 미디어 광고는 플랫폼에 따라 광고 포맷과 유형이 조금씩 다르다. 소셜 미디어 플랫폼으로는 페이스북, 인스타그램, 트위터, 카카오스토

---

5) 앱 마케팅에서 주로 활용되는 용어로, 광고 없이 자연 유입이 이루어진 유저를 오가닉 유저라 칭한다.

〈표 13-14〉 **디지털 광고의 유형**

유형	종류
DA(Display Ad)	• 구글 GDN 배너, 롱링 배너, 네트워크광고, 리치미디어 광고, 네이티브광고 등
SA(Search Ad)	• 네이버 검색 광고(사이트 검색, 쇼핑 검색, 콘텐츠 검색, 브랜드 검색) • 구글 검색 광고(텍스트 검색, 쇼핑 검색)
동영상 광고	• 유튜브, 네이버, 페이스북, 인스타그램, 카카오 등
소셜 미디어 광고	• 페이스북, 인스타그램, 트위터, 카카오스토리, 네이버 폴라, 밴드, 블로그 등
메신저	• 카카오, 페이스북, 라인, 위챗, 스카이프 등

리, 링크드인 등이 있다. 소셜 미디어에서도 동영상 광고의 집행이 가능하다. 동영상 광고의 집행이 가능한 소셜 미디어 플랫폼으로는 페이스북, 인스타그램, 트위터, 카카오스토리, 네이버 폴라, 밴드, 블로그 등이 있다.

5) 프로그래매틱 바잉과 미디어 믹스 최적화

사용자 로그 데이터와 머신러닝을 결합한 사용자 추적 기술의 발달로 광고 인벤토리를 자동으로 구매하는 프로그래매틱 바잉(programmatic buying)이 활성화되고 있다. 프로그래매틱 바잉은 광고 자동 구매로 번역되며, 자동화된 시스템을 사용하여 광고 인벤토리를 사고파는 과정을 말한다. 프로그래매틱 바잉은 광고거래의 참여자들인 광고주, 퍼블리셔(매체사)와 이들 간의 광고거래를 도와주는 여러 개의 광고 플랫폼들로 구성되어 있다. 이들 광고 플랫폼은 SSP(supply side platform), DSP(demand side platform),

〈표 13-15〉 **광고 플랫폼의 종류**

광고 플랫폼	설명
DSP	광고주를 대신하여 광고주의 타깃에 적합하고 가성비가 뛰어난 광고 인벤토리를 구매해 주는 광고 구매 플랫폼이다
SSP	퍼블리셔를 대신하여 광고 인벤토리를 판매해 주는 판매 플랫폼이다. SSP는 경매 금액이 가장 높은 수요자를 선정해 준다.
DMP	사용자 정보를 저장, 분석하여 타기팅을 도와주는 데이터 관리 플랫폼이다.
애드 네트워크	애드 네트워크는 광고 인벤토리(광고 영역)가 적은 매체들을 묶어 활용 가능한 매체로 구성된 매체들의 집합체를 말한다.
애드 익스체인지	애드 네트워크를 한곳에 모아서 거래하는 거래 시장을 말한다.

DMP(data management platform), 애드 네트워크(ad network), 애드 익스체인지(ad exchange)를 포함한다. 광고거래에 관여하는 광고 플랫폼은 〈표 13-15〉와 같다.

프로그래매틱 바잉은 광고단가가 퍼블리셔(publisher)에 의해 이미 정해져 있는 고정단가 방식이 아닌 실시간 입찰(Real Time Bidding: RTB) 방식으로 진행된다. 프로그래매틱 바잉의 과정은 사용자가 특정 웹이나 앱에 접속 즉시 입찰이 시작된다. 퍼블리셔는 SSP 혹은 애드 익스체인지를 통해 해당 광고 위치에 입찰하도록 광고주에게 알림을 보낸다. 이때 SSP 혹은 애드 익스체인지는 DSP에 유저 정보와 매체 정보(최저 입찰금액)를 전달하고 입찰을 기다린다. 광고주는 DSP를 통해 웹이나 앱에 접속한 사용자의 정보를 받고, 이 유저에게 광고를 노출시키기 위해 입찰에 참여한다. 이때 DSP는 광고주 대신 자체적으로 입찰을 결정하거나 외부 DMP를 통해 입찰 유무를 판단한다. 입찰을 결정하면 DSP는 입찰금액을 SSP 혹은 애드 익스체인지에 전달한다. SSP 혹은 애드 익스체인지는 입찰금액을 비교하여 가장 많은 금액을 제시한 DSP에 낙찰한다. 낙찰 받은 DSP는 다시 SSP 혹은 애드 익스체인지를 거쳐 매체에 노출해야 하는 정보가 담겨 있는 광고 서브(ad serve)에 정보를 전달한다. 이 모든 과정이 끝나면 사용자에게 해당 광고를 노출한다.

프로그래매틱 바잉은 미디어 믹스 최적화의 성과를 높여 준다. 프로그래매틱 바잉은 광고주가 정확한 타기팅을 통해 좋은 인벤토리를 확보할 수 있게 해 주고, 퍼블리셔가 원하는 광고주를 찾아서 광고 위치 혹은 지면에 대한 광고수익을 높을 수 있도록 해 준다. 즉, 프로그래매틱 바잉은 데이터를 기반으로 한 자동 인벤토리 매입 시스템으로, 광고주가 미리 기간 단위로 인벤토리를 구매하는 것이 아니라 광고 인벤토리의 1회 노출을 필요에 따라 실시간으로 구매하여 해당 제품에 관심이 있거나 소비하고 있는 1명의 타깃에게 노출하므로 효과적인 광고를 집행할 수 있도록 하는 진화된 디지털 광고 거래 방식이다.

미국의 프로그래매틱 바잉 시장의 규모는 전체 디지털 광고시장의 80% 이상, 일본 시장에서는 60% 이상을 차지하고 있다. 하지만 우리나라에서는 국내 광고 인벤토리의 모수가 미국과 일본에 비해 크지 않고 네이버, 구글, 페이스북 등의 대형 매체사들이 시장을 과점하고 있기 때문에 프로그래매틱 바잉 시장이 아직 활성화되어 있지 않다.

6) 옴니채널과 미디어 믹스 최적화

옴니채널(omni channel)은 라틴어로 모든 것을 뜻하는 옴니(omni)와 제품의 유통 경로를 의미하는 채널(channel)의 합성어이다. 옴니채널은 고객들이 이용 가능한 온·오프라인의 모든 쇼핑 채널들을 통합하는 것을 말하며, 옴니채널 마케팅은 이러한 고객을 중심으로 채널들이 유기적으로 연결되어, 끊기지 않고 일관된 쇼핑 경험을 제공하는 마케팅을 말한다. 즉, 옴니채널은 고객 중심으로 모든 채널을 통합하여 일관된 커뮤니케이션을 제공하여 고객 경험 강화 및 판매를 증대시키는 전략을 말한다. 한국 경제용어 사전에서는 옴니채널을 소비자가 온라인, 오프라인, 모바일 등 다양한 경로를 넘나들며 상품을 검색하고 구매할 수 있도록 한 서비스, 각 유통채널의 특성을 결합해 어떤 채널에서든 같은 매장을 이용하는 것처럼 느낄 수 있도록 한 쇼핑 환경으로 정의한다. 옴니채널의 등장은 쇼루밍족과 역쇼루밍족을 넘나드는 '옴니쇼퍼(omni shopper)'의 증가와 관련이 있다. 옴니쇼퍼는 '모든 방식'을 뜻하는 옴니(omni)와 '구매자'를 의미하는 쇼퍼(shopper)의 합성어로 온라인과 오프라인 구매를 넘나드는 소비자를 뜻한다. 옴니쇼퍼는 쇼루밍족과 역쇼루밍족의 장점을 모두 살려 온라인과 오프라인의 다양한 경로들을 넘나들며, 상품을 검색하고 구매한다. 최근의 조사에 의하면 '상품구매 시 온라인과 오프라인을 동시에 활용한 경험이 있는지'를 묻는 질문에 응답자의 43.2%가 '있다'라고 답했다. 이러한 온·오프라인을 넘나드는 옴니쇼퍼가 증가하면서 이들을 대상으로 모든 채널을 통합하여 일관된 커뮤니케이션 전략으로 고객 경험을 강화하고 판매를 증대시키는 옴니채널 전략이 중요해졌다.

옴니채널의 목적은 고객이 이메일, 소셜 미디어, 전화, 대면 방식 채널 등 어떤 채널을 사용하는지 여부에 관계없이 고객에게 원활한 서비스를 지원하여 상호 연결된 경험을 조성하는 것이다. 따라서 사용 가능한 고객 서비스 채널을 통합하여 커뮤니케이션 채널 전반에 걸쳐 연속성과 연결성을 보장해야 하며, 미디어 믹스도 이에 맞추어 최적화되어야 한다.

옴니채널 전략은 채널 간 통합, 상호 보완, 시너지 극대화, 효율성 극대화, 고객 가치(서비스) 강화의 측면에서 장점이 있다. 하지만 옴니채널 전략은 같은 제품가격의 조건에서 각 채널이 통합되기 때문에 각 채널의 특성에 따라서 가격 차별을 할 수 있는 멀티채널 전략보다는 수익성이 떨어질 수 있다. 따라서 옴니채널 전략은 제품의 특성, 소비

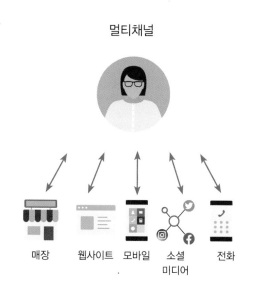

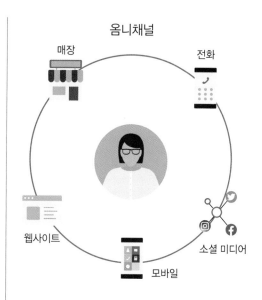

[그림 13-5] **멀티채널과 옴니채널**

출처: FitSmallBusiness.

자의 특성, 시장의 특성에 따라 최고의 선택이 아닐 수 있다. 백화점도 옴니채널 강화에 중점을 두고 있다. 롯데백화점은 업계 최초로 온라인 구매 상품을 오프라인 매장에서 찾아가는 '스마트 픽' 서비스, 카트나 장바구니 없는 쇼핑 시스템인 '스마트 쇼퍼' 서비스를 시행하고 있다. 또한 3D 스캐닝 기술을 활용한 '3D 발사이즈 측정' 서비스, 증강현실 기술을 활용한 '3D 가상 피팅' 서비스, 통역 위치 안내 등에 대한 무인 서비스를 제공하는 로봇쇼핑 도우미 '엘봇' 등 첨단 ICT와 쇼핑을 접목한 체험형 매장을 통해 고객에게 색다른 경험을 제공하고 있다.

매체 스케줄링

매체 목표를 설정하고 미디어 믹스 전략의 수립과 함께 매체 예산을 언제, 얼마나 지속적으로, 얼마나 효율적으로 배분할 것인가를 결정하게 된다. 광고캠페인은 일회성에 그치는 것이 아니고 보통 1년이라는 기간을 기본단위로 하여 1년 내내 지속적으로 계획되고 실행된다. 매체 스케줄링은 광고캠페인 기간 광고 예산을 언제, 어떻게 배분하면 광고캠페인의 목표를 효과적이고 효율적으로 달성할 수 있을 것인가에 대해 답하는 과정이다. 구체적으로 매체 스케줄링은 매체 예산의 배분량(media weight) 및 배분 시점(timing)이 광고캠페인 기간 매월 혹은 매주 일정하지 않고 얼마나 변화하는가를 말한다. 현실적으로 광고 예산의 제약 때문에 광고주가 원하는 만큼의 충분한 노출량을 광고캠페인 기간 지속적으로 유지하기는 어렵다. 제한된 예산으로 경쟁자들을 제압하고 광고 목표를 성공적으로 달성하기 위하여 광고 예산을 캠페인 기간 효율적으로 배분하는 것은 매우 중요하다. 즉, 광고 예산을 광고캠페인 기간 얼마나 효율적으로 배분하는가에 따라 광고캠페인의 성공 여부는 많은 영향을 받는다.

1. 매체 스케줄링의 유형

매체 스케줄링의 유형은 광고 예산의 배분량과 배분 시점의 차이에 따라 크게 지속형(continuous), 펄싱형(pulsing), 플라이트형(flight), 집중형(blitz)의 네 가지 기본적인 유형으로 구분된다. 〈표 14-1〉에서 보이듯이 광고 예산배분량의 변동이 클수록 불규칙적(non-evenly) 스케줄링, 작을수록 규칙적(evenly) 스케줄링으로 분류할 수 있으며, 배분 시점의 변동이 클수록 플라이트(flight) 스케줄링, 작을수록 비플라이트(non-flight) 스케줄링으로 분류할 수 있다. 즉, 광고 예산의 배분량과 배분 시점의 변동이 크면 클수록 플라이트형 스케줄링에 가까운 반면에 광고 예산의 배분량과 배분 시점의 변동이 작으면 작을수록 지속형 스케줄링에 가깝다. 따라서 이들을 조합하면 매체 스케줄링의 유형은 크게 〈표 14-1〉의 네 가지 유형으로 나타난다.

〈표 14-1〉 매체 스케줄링의 유형

구분	광고 예산배분량의 변동이 큼 (non-evenly)	광고 예산배분량의 변동이 작음 (evenly)
배분 시점의 변동이 큼 (flight)	불규칙적 플라이트형 (non-evenly flight)	규칙적 플라이트형 (evenly flight)
배분 시점의 변동이 작음 (non-flight)	펄싱형 (pulsing)	지속형 (continuous)

1) 지속형 스케줄링

지속형 스케줄링(continuous scheduling)은 광고캠페인 기간 일정 수준의 광고량을 지속적으로 유지하는 것을 말한다. 즉, 지속형 스케줄링은 매일 혹은 매주 일정한 비율의 광고량을 계획된 광고캠페인 기간 일정하게 투입하는 것을 말한다. 〈표 14-2〉에서 보이듯이 두통약 브랜드 ○○가 3개월의 광고캠페인 기간 총 1,200GRPs를 매주 100GRPs씩 12주에 걸쳐 동일하게 배분한다면 지속형 스케줄링이라고 할 수 있다. 지속형 스케줄링은 일반적으로 매출이 광고캠페인 기간 꾸준히 발생하는 경우에 바람직하다. 지속형 스케줄링의 장점은 소비자의 기억을 일정하게 유지하는 것이며, 광고의 판매 탄력성이 높은 성장기의 제품에 효과적이다. 그러나 지속형 스케줄링의 단점으로는 과다노출로 인한 감퇴 효과(wear-out effect)가 발생할 가능성이 크며 반복 노출에 따른 주의집중 감소와 높은 광고 비용을 들 수 있다.

〈표 14-2〉 두통약 브랜드 ○○의 지속형 스케줄링(총 1,200GRPs)

주별	1주	2주	3주	4주	5주	6주	7주	8주	9주	10주	11주	12주
GRPs 수준	100	100	100	100	100	100	100	100	100	100	100	100

2) 펄싱형 스케줄링

펄싱형 스케줄링(pulsing scheduling)은 지속형 스케줄링과 플라이트형 스케줄링의 중간 형태로서 광고캠페인 기간 광고는 지속적으로 유지하면서 광고 예산의 배분을 시장 상황에 맞추어 탄력적으로 집행하는 것을 말한다. 예를 들어, 〈표 14-3〉에서 보이듯이 1년 광고캠페인 기간 총 1,200GRPs의 광고량을 매월 마케팅 상황에 따라 탄력적으로 배분한다면 펄싱형 스케줄링이라고 할 수 있다. 펄싱형 스케줄링이 플라이트형 스케줄링과 다른 점은 광고를 전혀 하지 않는 기간에도 최소한의 광고량은 유지한다는 것이다. 펄싱형 스케줄링은 제품 판매량이 계절적 요인에 의하여 불규칙적으로 나타나는 경우나 시장 상황의 변화에 따른 경쟁자 광고에 적극적으로 대응하여야 하는 경우 많이 사용한다. 펄싱형 스케줄링의 장점은 비용 효율성이 좋고, 표적 시장의 구매주기와 일치시킬 수가 있으며, 경쟁자의 광고 전략에 유연하게 대응이 가능하다는 점을 들 수 있다. 반면에 펄싱형 스케줄링의 단점은 경쟁자의 스케줄링전략에 큰 영향을 받으며, 매체와 광고시간 선정의 어려움을 들 수 있다.

〈표 14-3〉 **두통약 브랜드 ○○의 펄싱형 스케줄링(총 1,200GRPs)**

월별	1월	2월	3월	4월	5월	6월	7월	8월	9월	10월	11월	12월
GRPs 수준	200	200	150	50	50	50	50	50	100	50	150	150

3) 플라이트형 스케줄링

플라이트형 스케줄링(flight scheduling)은 광고 예산과 노력을 시차를 두고 집행하는 스케줄링전략이다. 일반적으로 광고를 한 달 혹은 그 이상의 간격으로 건너뛰면서 집행한다면 플라이트형 스케줄링이라고 할 수 있다. 펄싱형 스케줄링과 다른 점은 플라이트형 스케줄링의 경우에는 광고캠페인 기간 매월 광고를 지속적으로 유지하지 않고 광고를 하지 않는 휴지기가 존재한다는 것이다. 예를 들어, 〈표 14-4〉에서 나타나듯이 1년의 광고캠페인 기간 총 1,200GRPs를 적게는 1개월, 길게는 3개월의 간격을 두고 광고를 집행한다면 플라이트형 스케줄링이라고 할 수 있다.

플라이트형 스케줄링은 광고 예산의 제약 등으로 광고를 지속적으로 하지 못하는 경우 혹은 판매의 계절성이 뚜렷한 경우에 많이 사용한다. 플라이트형 스케줄링의 장점은 비용 효율성이 가장 높고, 경쟁사에 유연한 대응이 가능하다는 점을 들 수 있다. 반면에 플라이트형 스케줄링을 선택할 경우 주의해야 할 점은 광고를 하지 않는 동안 발생하는 광고효과의 소멸 및 경쟁자 광고의 간섭현상이다. 예를 들어, 오랫동안 광고를 하지 않으면 표적 수용자의 관심 및 기억에서 멀어지게 되고, 광고하지 않는 기간이 길어지게 되면 광고의 효과가 소멸될 뿐만 아니라 경쟁자 광고가 표적 수용자의 마음속에 침투하여 마음 점유율(mind share)을 증대하게 된다. 이러한 이유로 플라이트형 스케줄링은 광고 예산이 매우 제한적일 경우, 시장에서의 브랜드 포지셔닝이 확고할 경우, 광고의 누적 효과가 클 경우, 혹은 광고를 줄여도 매출에 큰 장애가 되지 않는 경우 많이 활용한다.

〈표 14-4〉 **두통약 브랜드 ○○의 플라이트형 스케줄링(총 1,200GRPs)**

월별	1월	2월	3월	4월	5월	6월	7월	8월	9월	10월	11월	12월
GRPs 수준	300	–	300	–	–	–	300	–	–	–	300	–

4) 집중형 스케줄링

집중형 스케줄링(blitz scheduling)은 광고 예산 및 노력을 특정 시점에 집중하는 것을 말한다. 이 전략은 계절적 요인의 영향을 많이 받는 제품, 예를 들어 에어컨 같이 특정 시기에만 많이 판매되는 제품의 경우에 사용된다. 또한 신제품을 시장에 출시할 경우 소비자의 인식수준을 단기간에 끌어올릴 필요가 있을 때 초기에 집중형 전략을 채택할 수 있다. 〈표 14-5〉에서 보이듯이 1년의 광고캠페인 기간 총 1,200GRPs를 제품 판매 성수기인 7월과 8월에 집중해서 배분한다면 집중형 스케줄링전략이라고 할 수 있다.

〈표 14-5〉 **두통약 브랜드 ○○의 집중형 스케줄링(총 1,200GRPs)**

월별	1월	2월	3월	4월	5월	6월	7월	8월	9월	10월	11월	12월
GRPs 수준	–	–	–	–	–	–	700	600	–	–	–	–

2. 매체 스케줄링의 시간 구성

매체 스케줄링은 장기적 관점에서 이루어지는 거시적 스케줄링(macro scheduling)과 단기적 관점에서 이루어지는 미시적 스케줄링(micro scheduling)이 있다. 거시적 스케줄링은 분기와 같은 장기적 관점에서 이루어지는 예산의 배분을 의미한다. 거시적 스케줄링은 판매의 계절성의 영향을 많이 받는다. 예를 들어, 판매의 계절성이 있는 제품의 경우 특별히 많이 팔리는 계절과 그렇지 않은 계절로 구분하여 광고 예산을 배분한다. 즉, 아이스크림의 경우 특별히 많이 팔리는 여름에 광고 예산을 집중하고 비수기인 겨울에는 광고 예산을 축소하거나 배분하지 않는다.

미시적 스케줄링은 장기적 관점에서 이루어지는 스케줄링이 아니라 한 달, 한 주 혹은 요일과 같은 비교적 단기적 관점에서 이루어지는 스케줄링을 말한다. 미시적 스케줄링은 어떤 달에 그리고 한 달 4주 중 어떤 주에 광고를 집행하며 한 주일 동안 어느 요일에 광고를 집중할 것인가를 결정하는 것을 포함한다. 따라서 매체 스케줄링의 시간 구조는 분기 단위, 월 단위, 주 단위 요일 단위의 스케줄링으로 세분화할 수 있다. 거시적 스케줄링의 경우 보통 미국의 경우 1년 중 매출이 가장 많이 이루어지는 추수감사절과 크리스마스 시즌에 광고를 집중한다. 반면에 미시적 스케줄링의 경우 매월 마지막 주에 광고를 집행하는 것이 효과적이다. 왜냐하면 많은 직장인이 매월 마지막 주에 급여를 받고 상품을 많이 구매하기 때문이다. 또한 소비자들은 주말에 쇼핑을 많이 하므로 매출에 많은 영향을 미치는 금요일에 광고를 많이 한다.

[그림 14-1]은 미시적 스케줄링 유형을 보여 준다. [그림 14-1]에서 보이듯이 총 12개의 스케줄링 유형 가운데 제일 윗줄에 위치한 스케줄링 유형(1, 2, 3, 4번)은 특정 기간에 광고가 집중되는 집중형 스케줄링 유형을 보여 준다. 두 번째 줄에 위치한 스케줄링 유형(5, 6, 7, 8번)은 광고량이 일정 비율로 배분되는 지속형 스케줄링을 나타낸다. 반면에 제일 아랫줄에 위치한 스케줄링 유형(9, 10, 11, 12번)은 광고 예산이 일정 간격을 두고 간헐적으로 집행되는 플라이트형 스케줄링을 나타낸다. 또한 스케줄링 유형들이 왼쪽에서 오른쪽으로 옮겨 갈수록 예산배분량의 변동이 다르게 나타남을 보여 준다. 즉, 제일 왼쪽 열에 위치한 스케줄링 유형(1, 5, 9번)은 광고캠페인 기간 광고량의 변동 폭이 없이 거의 일정하게 집행됨을 보여 준다. 두 번째 열에 위치한 스케줄링 유형(2, 6,

10번)은 광고량이 시간의 흐름에 따라서 점차 증가하는 형태를 나타낸다. 세 번째 열에 위치한 스케줄링 유형(3, 7, 11번)은 시간의 흐름에 따라서 광고량이 점차 감소하는 형태를 보인다. 네 번째 열에 위치한 스케줄링 유형(4, 8, 12번)은 광고량이 들쭉날쭉하게 집행되는 형태를 보여 준다.

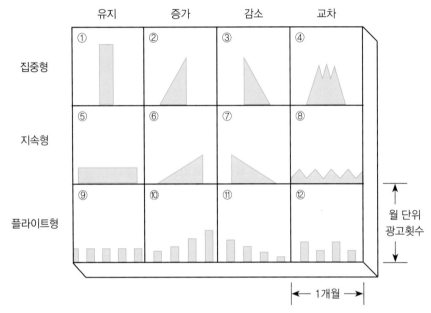

[그림 14-1] **미시적 스케줄링의 유형**

출처: 대한상공회의소 외(1995).

3. 매체 스케줄링 시 고려사항

1) 광고 목표

광고캠페인 기간 광고 예산을 어떻게 효율적으로 배분하는가 하는 것은 광고 목표의 직접적인 영향을 받는다. 예를 들어, 광고 목표가 제품의 도입기에 단기간에 높은 소비자 반응(예: 브랜드 인지도와 같은 커뮤니케이션 효과)을 얻기 위해 짧은 기간 내에 광고 예산을 집중하여야 하며, 성장기를 거쳐 성숙기에 접어들면 판매를 촉진하기 위하여 광고 예산을 늘려야 한다. 반면에 제품이 성숙기를 지나 쇠퇴기에 진입하면 제품 판매량이 감소하므로 이미 창출된 기억을 유지하기 위한 최소한의 광고량만 집행하면 된다. 이처럼 광고 목표는 매체 스케줄링에 직접적인 영향을 미친다고 할 수 있다.

[그림 14-2]와 [그림 14-3]은 광고 목표와 스케줄링의 관계를 보여 준다. 2개의 매체 스케줄은 1년의 광고캠페인 기간 동일한 예산을 투입하여도 광고 목표와 그에 상응하는 매체 스케줄링의 형태는 각기 다름을 나타낸다. 즉, 매체 스케줄 A는 1년의 광고캠페인 기간에 매월 연속해서 1,000GRPs를 집행하여 4,000GRPs를 달성하는 것을 보여 주는 반면에, 매체 스케줄 B는 3개월 간격으로 1,000GRPs를 투입하여 4,000GRPs 목표를 달성하는 것을 보여 준다. 매월 연속해서 1,000GRPs를 투입하는 것은 단기간에 높은 커뮤니케이션 효과를 달성할 수 있지만, 광고가 집행되고 난 후 창출된 소비자의 반응(예: 인지도, 호감도 같은 커뮤니케이션 효과)은 급격하게 소멸할 우려가 있다. 반면에 3개월 간격을 두고 한 번에 1,000GRPs를 투입한다면 단기간에 높은 커뮤니케이션 효

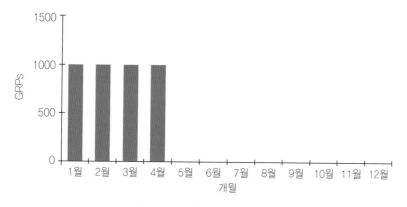

[그림 14-2] 매체 스케줄 A

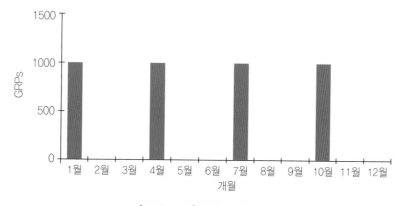

[그림 14-3] 매체 스케줄 B

과는 달성할 수 없지만, 소비자 반응은 서서히 증가시킬 수 있다. 따라서 광고 목표가 단기간에 높은 브랜드 인지도를 달성하는 것이라면 매체 스케줄 A가 더 적합하다고 할 수 있다. 그러나 광고 목표가 브랜드를 시장에 서서히 침투시키는 것이라면 매체 스케줄 B가 더 적합하다고 할 수 있다. 이처럼 매체 스케줄링을 어떻게 하느냐에 따라서 광고캠페인의 효과는 다르게 나타나기 때문에 매체 스케줄링은 광고캠페인의 목표달성 여부에 큰 영향을 미친다고 할 수 있다.

디지털 광고캠페인의 스케줄링도 캠페인 목표의 영향을 받는다. 예를 들어, 앱 설치나 즉각적인 서비스 가입 혹은 구매 전환율 증대와 같은 단기적인 성과를 목표로 하는 경우 단기간에 노출량을 집중하는 집중형 스케줄링이 효과적이다. 반면에 브랜드 구축을 캠페인의 목표로 하는 브랜딩 캠페인의 경우 소비자의 마음 점유율을 꾸준히 확보할 수 있는 일정 수준의 노출량을 유지하는 지속형 스케줄링이 효과적이다. 디지털 광고캠페인의 경우 브랜딩 캠페인을 제외하고 짧은 캠페인 기간 내에 회원가입, 구독률 증대, 매출과 같은 구체적인 성과를 목표로 하는 경우가 많기 때문에 연 단위, 분기 단위와 같은 거시적 스케줄링보다 주 단위, 일 단위와 같은 미시적 스케즐링이 요구된다.

2) 판매의 계절성

매체 스케줄링의 결정 시 고려해야 할 가장 중요한 요인 중의 하나는 판매의 계절성 (seasonality)이다. 판매의 계절성은 성수기와 비수기 혹은 졸업 및 입학 시즌과 같이 판매의 계절적 요인이 존재하는 것을 말한다. 대다수 제품은 성수기와 비수기가 있거나 성수기라도 특히 제품이 많이 팔리는 달이 있는 등 계절적 요인에 의해서 상품의 수요가 캠페인 기간 불규칙하게 나타난다. 예를 들어, 청량음료와 같은 상품은 여름에 많이 팔리며, 의류 및 학용품은 졸업 및 입학 시즌에 많이 팔린다. 따라서 성수기와 비수기에 따라 판매량이 다르다는 것은 매체 스케줄링전략이 달라야 한다는 것을 말한다. 일반적으로 제품이 많이 팔리는 성수기에는 광고 예산을 많이 배분하며, 그렇지 않은 비수기에는 광고 예산을 적게 배분한다. 즉, 제품 판매의 성수기에 광고 예산의 비중을 높이고 비수기에 최소한의 광고량만을 유지함으로써 광고 예산의 효율적 사용을 극대화할 수 있다.

맥주, 청량음료, 커피, 스낵류 등과 같이 저관여 제품들은 소비자들이 제품을 자주 구매하기 때문에 제품구매주기가 짧다. 이러한 판매의 계절성이 작고 꾸준히 팔리는 제품들의 경우에는 표적 수용자의 구매 시점(purchase occasion)을 최대한 커버하기 위하여 지속형 스케줄링전략이 바람직하다. 노출의 리슨시 효과(recency effect of exposure)에 관한 일부 실증연구들에 따르면 표적 수용자의 구매 시점에 가장 가까운 노출이 판매 효과의 많은 부분을 설명하는 것으로 나타났다. 따라서 제품구매주기가 짧은 제품들의 경우 매일매일 발생하는 표적 수용자의 구매 시점을 최대한 커버하기 위하여 광고를 지속적으로 유지하는 지속형 스케줄링이 바람직하다. 또한 광고의 지속성을 유지하지 못하면 자사 제품의 마음 점유율을 지속적으로 유지할 수 없게 되고 따라서 자사의 제품이 구매고려 대상군(consideratoin set)에서 제외될 수도 있다.

　반면에 판매의 계절성이 두드러지게 나타나는 제품의 경우에는 성수기와 비수기에 따라 광고 예산을 다르게 배분해야 한다. 즉, 제품의 수요가 많은 성수기에 광고 예산을 집중하고 비수기에는 광고 예산을 적게 배분하는 플라이트형이나 펄싱형 스케줄링전략이 바람직하다. 예를 들어, 에어컨과 같은 상품은 7~8월 성수기에 광고량을 집중해야 하며, 컴퓨터와 같은 제품은 졸업과 입학 시즌인 2~3월에 광고 예산의 비중을 늘려야 한다. 따라서 판매의 계절성이 큰 제품의 광고캠페인의 경우 플라이트형 혹은 펄싱형 스케줄링이 효과적이다. 〈표 14-6〉은 켈로그 시리얼의 1년 광고캠페인 기간의 분기별 및 월별 판매율들을 나타낸다. 〈표 14-6〉에서 보이듯이 켈로그 시리얼의 판매량은 3월에서 9월에 집중되고 있으며, 10월에서 2월까지는 비수기인 것을 알 수 있다. 따라서 성수기인 3월에서 9월까지 광고 예산을 많이 배분하고 비수기인 10월에서 2월까지는 광고 예산을 적게 배분하여야 한다. 이처럼 효율적인 매체 스케줄링전략을 수립하기 위하여 판매의 계절성이 반영되어야 한다.

〈표 14-6〉 켈로그 시리얼의 분기별 · 월별 판매비중(단위: %)

1/4분기	2/4분기	3/4분기	4/4분기
1월: 4.5%	4월: 12.0%	7월: 12.0%	10월: 4.5%
2월: 5.0%	5월: 12.0%	8월: 12.0%	11월: 4.5%
3월: 12.0%	6월: 12.0%	9월: 12.0%	12월: 4.5%

출처: Lancaster & Katz (1989).

3) 제한적 예산

매체 스케줄링에 영향을 미치는 세 번째 요인은 예산의 제약이다. 대다수 광고캠페인은 현실적으로 광고 예산의 제약 때문에 광고주가 원하는 만큼의 충분한 노출량을 캠페인 기간 지속적으로 유지하기는 어렵다. 따라서 모든 광고주가 공통적으로 가지고 있는 광고 예산 제약의 문제를 극복하고 광고캠페인이 의도하는 목표를 효과적으로 달성하기 위하여 광고 예산을 광고캠페인 기간 얼마나 효율적으로 배분하는가 하는 것은 매우 중요하다.

4) 기억과 망각

매체 스케줄링에 영향을 미치는 또 하나의 요인은 소비자의 기억(remembering)과 망각(forgetting)이다. 모든 광고는 시간이 지나면서 소비자의 기억에서 소멸된다. 문제는 언제쯤 그것이 사라지고 어느 정도 소비자의 기억 속에 남아 있는가 하는 것이다. 따라서 추가적인 광고 노출 없이 기억된 광고 내용이 어느 정도의 기간 유지될 것인가에 대한 해답이 효율적인 매체 스케줄링전략을 수립하는 데 도움이 된다. 광고에 따른 소비자 반응은 광고를 증가시킬 때와 감소시킬 때의 효과가 대칭적이 아니다. 사실상 광고의 증가에 대한 소비자 반응은 기본적으로 학습반응이며, 감소에 따른 반응은 망각반응이라 할 수 있다. 보통 학습반응은 내용이 반복됨에 따라 증가하는 양이 시간에 따라 체감하는 형태를 가지며, 망각반응은 시간이 경과함에 따라 체증하는 형태를 갖는 것으로 받아들여지고 있다. 따라서 광고의 증감을 통해 학습과 망각의 행동을 조심스럽게 조절할 수 있다면 광고효과가 극대화될 수 있다는 것을 예상할 수 있다. 가령 소비자들이 광고 내용을 쉽게 잊어버리는 경우라면 계속적으로 광고에 노출될 수 있도록하는 지속형 스케줄링이 효과적일 것이며, 반대로 한번 기억한 광고 내용이 오랫동안 기억된다면 소비자 기억률에 따른 플라이트형 스케줄링이 적당하다고 할 수 있다.

질스키(Zielske, 1959)는 매체 스케줄링이 사람들의 기억 및 망각 메커니즘과 관련이 있다는 연구결과를 발표하였다. 즉, 그의 기억과 망각에 관한 연구에 의하면 기억은 시간이 지날수록 감소하며, 특히 광고와 같은 자극이 중단된 직후 가장 크게 감소하며 시간이 지날수록 감소하는 정도가 작아진다. 반면에 광고와 같은 자극이 반복되면 망각은

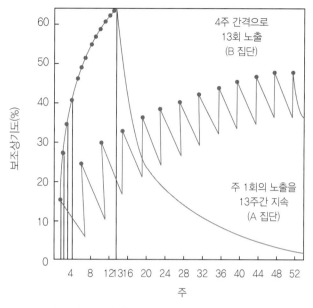

[그림 14-4] 광고 노출과 상기도의 변화

출처: Zielske (1959).

감소하고 기억은 증가한다. 그러나 기억반응은 메시지가 반복됨에 따라 증가하는 양이 시간에 따라 체감하는 형태를 가지며, 망각반응은 시간의 경과에 따라 체증하는 형태를 보인다. 예를 들어, [그림 14-4]에서 보이듯이 광고를 매일 13회 집행하면 상기도 수준을 최고조에 이르게 할 수 있다. 그러나 광고를 중단한 직후 상기도는 급격히 감소한다. 따라서 단기간에 광고를 집중하여 제품에 대한 상기도를 최고조로 끌어올릴 필요가 있는 경우 집중형 스케줄링이 효과적이다. 반면에 광고를 일주일 간격을 두고 매주 13회 집행하면 상기도가 서서히 증가한다. 따라서 상기도를 서서히 증가시킬 필요가 있는 제품의 경우에는 이 연구에서 나타난 바와 같이 광고량을 분산시키는 지속형 스케줄링전략이 더 적합하다. 따라서 이러한 기억 및 망각 메커니즘을 고려하여 매체 스케줄링전략을 수립하면 광고캠페인의 효과와 광고 예산의 효율성을 극대화할 수 있다.

5) 광고 시점과 판매 시점의 차이

제품에 따라서 광고 노출 시점과 판매가 광고의 영향을 받는 시점에서 차이가 발생할 수 있다. 광고의 판매 효과 발생 시점이 일치하지 않을 수 있다. 광고의 판매 효과는 즉각적으로 나타나기도 하지만, 일정 시간이 흐른 뒤 서서히 나타나기도 한다. 예를 들어, 커피, 청량음료, 스낵과 같은 저관여 제품들의 경우에는 광고의 판매 효과가 즉각적으로 나타나지만, 컴퓨터 같은 고관여 제품의 경우 광고효과는 몇 개월에 걸쳐 서서히 나타나는 경우가 많다. 이처럼 광고의 시차 효과(lagged effect)가 나타나는 경우 광고 시점과 판매 시점의 차이를 고려하여 광고 시점을 결정하여야 한다. 시계열분석을 통하여 컴퓨터제품의 광고 노출 시점과 판매 효과 발생 시점의 시차를 조사한 연구에 의하면 광고를 집행한 후 4개월이 지난 후 판매 효과가 나타나는 것으로 나타났다. 이처럼 광고의 판매 효과가 4개월 뒤부터 발생한다면 미디어 플래너는 광고 시점과 광고의 판매 효과의 발생 시점에 차이를 고려하여 광고의 판매 효과가 나타나기 4개월 전부터 광고를 진행하여야 한다. 그러나 제품마다 광고의 시차 효과가 다르게 나타나기 때문에 이러한 시차 효과를 파악한 후에 매체 스케줄링전략을 수립하는 것이 바람직하다.

6) 이월 효과

이월 효과(carryover effect)는 광고캠페인이 종료된 후에도 광고효과가 즉시 소멸하지 않고 일정 기간 일부 남아 있는 현상을 말한다. 가령 전월에 집행된 광고캠페인의 효과가 이번 달에도 일부 지속하면 이를 광고의 이월 효과라고 할 수 있다. 이월 효과의 크기를 정확히 측정하여 매체 스케줄링에 반영한다면 광고 예산의 효율적 사용을 극대화할 수 있다. 예를 들어, 이번 달에 집행된 광고의 효과 중 다음 달로 일부 이월된 광고효과를 획득하는 데 필요한 크기만큼 광고 예산을 적게 배분해도 된다. 그러나 이월 효과를 너무 과대평가하여 광고 예산을 너무 적게 투입한다면 실질적으로 광고의 노출 부족을 초래할 수 있다는 점에 유의해야 한다.

광고의 이월 효과는 표적 수용자의 기억력 등과 같은 심리적 특성과 광고물의 질적 수준 등에 따라 달라지나 최근의 일부 연구에 의하면 광고인지도를 기준으로 이월 효과는 40% 수준으로 알려져 있다. 이월 효과가 40%라는 것은 전월의 광고효과를 100%로 한다면 다음 달에 이월되는 광고효과는 40% 정도가 된다는 것을 의미한다. 이월 효과가 40%이면 광고캠페인 종료 후 몇 개월이 지나면 그 효과는 거의 소멸된다. 따라서 광고의 이월 효과를 고려하여 매체 스케줄링전략을 수립한다면 광고비의 낭비를 최소화하고, 광고자원을 효율적으로 사용할 수 있다.

7) 감퇴 효과

감퇴 효과(wear-out effect)는 표적 수용자가 광고에 과잉노출이 되었을 경우 광고에
별 반응을 보이지 않거나, 광고 혹은 제품에 싫증을 내는 광고의 역효과 현상을 말한
다. 광고의 감퇴 효과는 주로 단기간에 많은 광고량에 집중적으로 노출되었을 경우 혹
은 광고카피가 비교적 단순하여 표적 수용자가 광고 메시지에 쉽게 적응(adaptation)하
는 경우에 나타난다. 즉, 광고의 감퇴 효과는 표적 수용자가 반복 노출로 인하여 광고
메시지에 심리적으로 적응되었을 경우 발생한다. 이러한 감퇴 효과는 광고비의 효율성
을 감소시킨다. 따라서 이러한 광고의 감퇴 효과가 발생하지 않도록 광고 소재 교체를
빨리해 주는 것이 필요하다. [그림 14-5]는 과잉노출로 감퇴 효과가 발생하는 것을 보
여 준다. 즉, 빈도가 누적될수록 주목률은 점차 감소하는 반면에 상기율은 증가하다가
포화점을 넘어서면 감퇴함을 알 수 있다. 참고로 일부 연구에 의하면 국내 TV 광고캠
페인의 경우 평균 소재 교체 기간은 2.6개월로 나타났다.

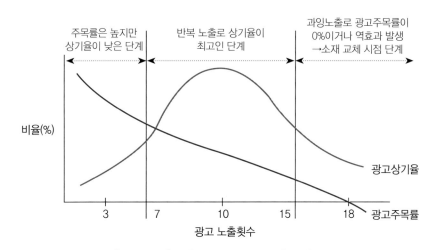

[그림 14-5] **노출횟수와 광고주목률/상기율의 관계**

8) 마케팅 퍼널

소비자가 구매로 가는 여정을 파악하여 퍼널을 설계하고, 각 퍼널 단계별로 정교하
게 스케줄링을 할 수 있다. 마케터가 고객의 여정을 파악하여 퍼널을 설계한다면 고객
이 어떤 채널을 이용하여 고객과 상호작용하는지를 예측할 수 있으며, 이를 통해 각 고

객 경험의 단계별로 정교하게 스케줄링을 할 수 있다. 예를 들어, 영화나 뮤지컬 브랜드처럼 짧은 기간에 고객이 광고를 보고 티켓 예매를 하기 위해 예매 사이트로 바로 이동한다면 단기간에 폭넓은 인지도를 확보할 수 있는 집중형 스케줄링이 효과적이다. 반면에 자동차나 노트북처럼 고객의 구매 여정이 비교적 긴 경우에는 고객이 구매할 준비가 되어 있을 때까지 인지도를 서서히 끌어올리는 지속형 스케줄링이 효과적이다.

9) 기타 매체 스케줄링에 영향을 미치는 요인

매체 스케줄링에 영향을 미치는 기타 요인들에는 경쟁자 광고활동, 광고카피의 복잡성, 매체 클러터 현상이 있다. 경쟁사 광고활동은 경쟁이 치열한 시장의 경우 매체 스케줄링에 직접적인 영향을 미친다. 예를 들어, 경쟁자가 자사보다 더 많은 광고 예산을 투입할 경우 경쟁자와 유사한 스케줄링전략을 채택하는 것보다 경쟁자와 상이한 스케줄링전략을 채택하는 것이 바람직하다. 왜냐하면 자사의 광고캠페인이 경쟁자의 광고량에 압도당할 수 있기 때문이다. 반면에 자사가 경쟁자보다 더 많은 광고 예산을 투입할 경우 경쟁자와 유사하게 스케줄링을 하여도 자사의 광고캠페인은 큰 영향을 받지 않게 된다. 또한 경쟁이 치열한 시장의 경우 광고의 지속성을 유지하지 못하면 자사 제품의 마음 점유율을 지속적으로 유지할 수 없게 되고 따라서 자사의 제품이 구매고려 대상군에서 제외될 수도 있다. 따라서 경쟁사의 광고활동을 잘 모니터링해야 경쟁사의 광고활동을 효과적으로 상쇄하고 광고효과를 극대화할 수 있는 효율적인 매체 스케줄링전략을 수립할 수 있다.

광고카피가 복잡한 경우에도 메시지에 대한 이해를 높이기 위하여 노출횟수를 늘려야 하며, 광고 예산의 비중을 높여야 한다. 반면에 광고카피가 유머광고처럼 단순하거나 주목을 쉽게 끄는 경우 노출횟수와 광고 예산의 비중을 낮추어도 된다. 그러나 유머광고처럼 단순한 카피의 경우 광고에 대한 감퇴 효과가 빠르게 발생하여 광고 혹은 제품에 대하여 쉽게 싫증을 낼 수도 있기 때문에 새로운 광고물로 소재 교체를 빨리 해 주어야 한다. 매체 클러터는 광고 혼잡현상을 말한다. 예를 들어, TV 광고 한 블록 내의 전체 광고물의 수 혹은 경쟁자 광고물의 수가 많으면 클러터 현상이 심하다고 할 수 있다. 특정 매체의 클러터 현상이 심하면 광고물 간의 간섭현상이 심하게 나타나기 때문에 광고 집행 간격을 짧게 하여야 표적 수용자의 기억을 유지할 수 있다.

매체 스케줄링은 제한된 광고 예산을 가지고 광고를 집행하는 광고주들에게 매우 중요한 문제이다. 매체 스케줄링을 어떻게 하느냐에 따라서 소비자에게 미치는 영향, 즉 광고의 효과는 달라질 수 있다. 따라서 판매의 계절성, 광고 목표, 제품구매주기, 이월효과, 감퇴 효과, 광고 시점과 판매 시점의 차이, 경쟁 상황 등 매체 스케줄링에 영향을 미치는 다양한 요인들을 올바르게 이해하여 자사의 제품과 광고캠페인의 목표에 적합한 매체 스케줄링전략을 수립한다면 광고캠페인 목표의 성공적 달성뿐만 아니라 광고비의 효율성을 극대화하고 불필요한 광고 예산의 낭비도 막을 수 있다.

4. 플로차트와 예산요약표의 작성

미디어 믹스와 매체 스케줄링전략이 결정되면 그다음 단계는 매체 전술(media tactic) 혹은 세부운행계획을 수립하여 최종적으로 플로차트(flowchart) 및 예산요약표(budget recap) 작성을 포함한 매체계획(media plan)을 완성한다. 매체 전술은 매체 전략에서 결정된 내용을 더욱 정교하게 다듬어 그것을 구체적이고 완전한 매체계획으로 창조하는 과정으로, 비히클 선택 및 광고횟수는 얼마나 집행하여야 하며 매체 비용은 어떻게 산출하고 매체의 지면과 시간을 어떻게 구매하여야 하는지에 관한 구체적인 내용을 포함한다.

플로차트는 광고캠페인 기간 내에 각각의 매체별 광고 노출량과 집행 횟수 등을 표시한 매체 운행 스케줄을 말한다. TV 광고의 플로차트는 보통 GRPs로 표시되나 신문, 잡지와 같은 인쇄 매체의 경우 GRPs보다 광고횟수로 표시하는 것이 일반적이다. 더 정교한 플로차트는 GRPs와 광고횟수 이외에 매체 스케줄이 달성해야 할 구체적인 도달률, 빈도, 유효도달률 등의 매체 목표를 포함하기도 한다.

예산요약표는 광고캠페인 기간 소요되는 매체 예산을 분기별 혹은 월별 등의 특정 기간별로 요약, 정리한 것이다. 예산요약표는 광고캠페인 기간 소요되는 예산이 얼마인지를 광고주에게 알려 준다. 예산요약표에는 보통 매체 유형, 비히클, 유닛별 광고횟수 및 광고단가 등이 포함된다.

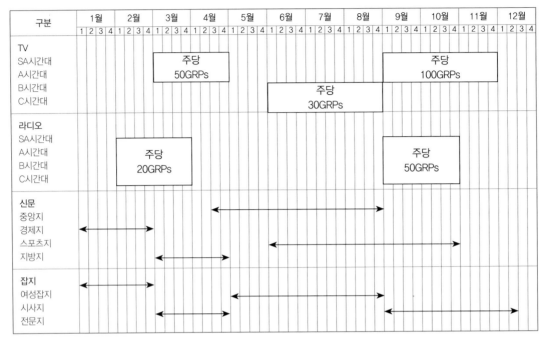

[그림 14-6] 플로차트의 예

⟨표 14-7⟩ 예산요약표의 예(단위: 천 원)

기간		매체	유닛	광고횟수	광고단가	매체 예산
2015년 1/4분기	1월	MBC 뉴스데스크	SA타임 15초	8회	12,600	100,800
		『조선일보』	뒷면 15단 컬러	2회	105,300	210,600
		『주부생활』	표 4면	1회	20,000	20,000
		소계		11회		331,400
	2월	KBS2 월화드라마	SA타임 15초	8회	13,200	105,600
		『동아일보』	1면 4단 컬러	3회	61,050	183,150
		『여성조선』	표 2대면	1회	8,000	8,000
		소계		12회		296,750
	3월	KBS2 수목드라마	SA타임 15초	4회	13,200	52,800
		『중앙일보』	사회면 5단 컬러	3회	36,900	110,700
		『우먼센스』	표 4면	1회	20,000	20,000
		소계		8회		183,500
		합계		31회		811,650

광고지역의
결정

Advertising
Media in the
Digital Age
제15장

전국 규모의 광고를 하기에는 광고 예산이 제한적이거나 미국과 같이 시장의 규모가 큰 경우 지역 혹은 시장의 중요도에 따라 광고 예산을 어떻게 배분할 것인가를 결정해야 한다. 시장의 중요도를 평가하는 기준으로 BDI(Brand Development Index)와 CDI(Category Development Index)를 많이 사용한다. BDI는 특정 시장에서 브랜드의 잠재력을 나타내는 지수이며 CDI는 특정 시장에서 브랜드가 속한 제품 범주의 잠재력을 나타내는 지수이다. 보통 BDI와 CDI의 조합을 사용하여 시장의 잠재력을 평가한다. 일반적으로 BDI와 CDI가 모두 높거나 BDI는 낮고 CDI는 높은 지역에 광고자원을 집중적으로 배분한다. BDI와 CDI의 계산 및 활용방법은 다음과 같다.

$$BDI = \frac{\text{브랜드 X의 전국 판매량 대비 A 지역의 판매량 혹은 시장점유율(\%)}}{\text{전국 인구 대비 A 지역의 인구 혹은 시장점유율(\%)}} \times 100$$

$$CDI = \frac{\text{품목 전체의 전국 판매량 대비 A 지역의 판매량 혹은 시장점유율(\%)}}{\text{전국 인구 대비 A 지역의 인구 혹은 시장점유율(\%)}} \times 100$$

높은 BDI/높은 CDI의 경우 브랜드와 제품군 전체의 시장잠재력이 높다. 따라서 마케팅 및 광고활동을 강화하여야 한다. 높은 BDI/낮은 CDI의 경우 브랜드의 시장점유율은 높으나 제품군 전체에 대한 시장잠재력은 크지 않다. 따라서 현재의 브랜드 시장점유율을 유지하기 위해 광고를 할 필요는 있으나 매출 감소의 우려가 있으므로 시장을 지속적으로 모니터하는 것이 중요하다. 낮은 BDI/높은 CDI이 경우 브랜드의 시장점유율은 높지 않으나 제품군의 시장잠재력은 크다. 따라서 브랜드의 시장점유율을 끌어울리기 위하여 광고를 강화할 필요가 있다. 그러나 광고를 강화하기 전에 먼저 브랜드의 낮은 시장점유율이 제품의 문제인지, 유통의 문제인지, 가격의 문제인지 혹은 판촉 및 광고의 문제인지를 먼저 분석하여야 한다. 낮은 BDI/낮은 CDI의 경우 브랜드의 시장점유율과 제품군 전체에 대한 시장잠재력이 낮은 시장이므로 광고를 하기에 적합한 시장이 아니며 위험이 따른다. 이러한 시장의 경우 시장철수를 고려하거나 광고를 하지 않는 것이 바람직하다.

〈표 15-1〉 BDI/CDI로 분류된 시장의 유형들

구분	높은 BDI	낮은 BDI
높은 CDI	높은 시장점유율 높은 시장 잠재력	낮은 시장점유율 높은 시장 잠재력
낮은 CDI	높은 시장점유율 매출 감소의 모니터	낮은 시장점유율 낮은 시장 잠재력

출처: Katz (2019).

또한 BDI와 CDI의 중요도에 따라 지역별로 BDI와 CDI의 비중을 달리하여 적용할 수 있다. 예를 들어, 〈표 15-2〉에서 ○○ 시리얼 브랜드의 마케팅 담당자는 4개 시장의 잠재력을 평가하는 데 있어서 CDI를 더 중요한 지표로 생각하고 CDI에 80%, BDI에 나머지 20%의 비중을 주고 이러한 비중을 각각의 지역별 BDI와 CDI에 곱하여 비중이 적용된 후의 BDI와 CDI의 값을 계산하였다. 즉, 서울의 BDI와 CDI의 합은 비중이 적용된 후 105(=16.8+88)가 된다. 이것을 전체 값인 430(=105+98+132+95)으로 나누면 그 비율은 24.4%(=(105/430)×100)가 된다. 따라서 서울의 광고 예산은 전체 광고 예산의 24.4%로 설정할 수 있다. 그러나 만약 광고 예산이 부족하여 4개 지역에 광고 예산을 할당할 수 없는 경우 BDI와 CDI 값을 기준으로 대구와 서울에 우선적으로 광고 예산을 할당할 수 있다.

〈표 15-2〉 ○○ 시리얼 브랜드의 지역별 광고 예산배분의 예

시장	BDI	비중(20%)	CDI	비중(80%)	비중 적용 후 BDI와 CDI 값	퍼센트
서울	84	16.8	110	88.0	105	24.4%
부산	96	19.2	98	78.4	98	22.8%
대구	102	20.4	140	112.0	132	30.7%
광주	82	16.4	98	78.4	95	22.1%

〈표 15-3〉은 참치 통조림 캔의 총 판매량, A 참치 및 B 참치 브랜드 통조림 캔의 전국, 대전, 대구 지역의 판매량이며 〈표 15-4〉는 이를 바탕으로 BDI와 CDI를 활용한 브랜드 및 시장잠재력 분석 사례이다.

〈표 15-3〉 A 참치 및 B 참치 브랜드 통조림 캔의 판매량(단위: 명, 개수)

시장	인구	A 참치	B 참치	총 판매량
전국	42,000	80,000	170,000	300,000
대전	1,000	2,140	5,000	9,400
대구	1,200	2,020	5,400	7,800

출처: 식품음료신문(2022. 4. 29.) 기사를 바탕으로 재구성함.

〈표 15-4〉 A 참치와 B 참치 브랜드의 BDI 및 CDI 분석

구분	BDI		CDI
	A 브랜드	B 브랜드	
대전	112	124	132
대구	88	111	91

- A 참치 브랜드: 대전 지역의 BDI와 CDI가 높고 대구 지역의 BDI 및 CDI는 상대적으로 낮다. 따라서 브랜드와 제품군 전체의 시장잠재력이 높은 대전 지역에서 마케팅 및 광고활동을 강화하여야 한다.
- B 참치 브랜드: A 참치 브랜드와 마찬가지로 대전 지역의 BDI와 CDI가 높고 대구 지역의 BDI와 CDI가 낮다. 그러나 A 참치 브랜드와 비교하여 대전과 대구 지역의 BDI는 상대적으로 높다. 따라서 대전 지역에서는 마케팅 및 광고활동을 강화하여야 하고 대구 지역에서는 시장점유율을 유지하는 전략을 택해야 한다.

매체 스케줄의
효과 및 효율성 평가

Advertising
Media in the
Digital Age
제16장

매체 스케줄의 효과 및 효율성 평가는 매체 목표설정, 미디어 믹스, 매체 스케줄링전략을 통하여 매체 스케줄을 구성하고, 또한 구성된 매체 스케줄을 집행한 후에 실시하는 과정이다. 매체 스케줄의 효과 및 효율성 평가는 매체 기획의 결과 구성된 최종 매체 스케줄이 계획된 매체 목표를 달성할 수 있는가를 평가하는 사전평가와 광고캠페인이 종료된 후 매체 목표를 달성하였는지 여부를 평가하는 사후평가로 나뉜다. 사후평가는 구매 후 분석(post-buy analysis)이라고도 한다. 매체 스케줄의 효과 및 효율성 평가 요소에는 도달률, 빈도, 유효도달률, 유효빈도, GRPs, CPM, CPRP 등이 사용된다.

매체 목표설정 ➔ 매체 전략 수립 ➔ 매체 스케줄 구성 ➔ 사전평가 ➔ 매체 구매/집행 ➔ 사후평가

[그림 16-1] 매체 스케줄의 효과 및 효율성 평가 과정

1. 사전평가

사전평가는 선택된 매체 스케줄이 매체 목표를 달성할 수 있는가 혹은 없는가를 평가하는 것이다. 예를 들어, 매체 목표가 도달률 30%와 빈도 2회 달성이라면 매체 스케줄이 도달률 30%와 빈도 2회를 달성할 수 있는지를 평가하여야 한다. 만약 선택된 매체 스케줄이 매체 목표를 달성할 수 없으면 다른 대안적 매체 스케줄을 선택하거나 매체 스케줄을 재구성해야 한다. 〈표 16-1〉은 25~54세 사이의 주부를 표적 시장으로

하는 주방용품 세제 브랜드의 매체 스케줄에 대한 사전평가의 예이다.

⟨표 16-1⟩ **사전평가의 예**

평가 요소들	매체 목표	사전평가	
		매체 스케줄 1	매체 스케줄 2
총 예산	4억	4억	4억
GRPs	210.0%	216.0%	217.0%
도달률(1+)	70.0%	90.0%	70.0%
도달률(3+)	30%	25%	32%
평균빈도(AF)	3회	2.4회	3.1회

⟨표 16-1⟩에서 보이듯이 이 브랜드의 매체 스케줄은 3월 한 달 동안 총 4억 원의 매체 예산을 투입하여 GRPs 210%, 도달률 70%, 평균빈도 3회, 유효도달률 30%를 달성하는 것을 매체 목표로 하는 2개의 매체 스케줄을 구성하고 사전평가를 실시하였다. 매체 스케줄 1은 지상파TV, 신문, 잡지의 3개 매체로 구성되었고, 매체 스케줄 2는 지상파TV와 케이블TV로만 구성하였다. 사전평가의 결과, 총 4억 원이라는 동일한 매체 예산을 투입하였음에도 불구하고 이 2개의 매체 스케줄의 사전평가 결과는 각각 다르게 나타났다. 즉, 매체 스케줄 1의 사전평가의 결과, GRPs와 도달률은 목표치를 상회하였으나, 평균빈도와 유효도달률은 목표치에 미달하였다. 반면에 매체 스케줄 2의 사전평가의 결과, 도달률은 매체 스케줄 1보다 더 낮지만 GRPs, 평균빈도, 유효도달률 모두 계획된 매체 목표를 상회하거나 이에 근접함을 알 수 있다. 이는 동일한 매체 예산을 투입하였음에도 불구하고 지상파TV와 인쇄 매체 대신에 지상파TV와 케이블TV로 선택한 매체 스케줄 2가 매체 스케줄 1보다 유효빈도의 범위 내에서 더 많은 표적 수용자에게 광고 메시지를 도달시킬 수 있다는 것을 보여 준다. 특히 매체 스케줄 2의 경우 유효빈도의 범위 내에서 노출량이 더 많이 집중된 것으로 나타나, 투입된 매체 예산이 매체 스케줄 1보다 더 효율적으로 사용되었다는 것을 알 수 있다. 이러한 사전평가의 결과를 통하여 매체 스케줄의 정확한 효과를 평가할 수 있다. 만약 사전평가 결과, 이 2개의 매체 스케줄이 모두 계획된 매체 목표를 달성하지 못한다면 매체계획(media plan)을 전면 재검토하여 이 브랜드의 광고캠페인 매체 스케줄을 재구성하여야 한다.

2. 사후평가

　사후평가는 매체 스케줄이 집행되고 난 후의 효과와 효율성을 평가하는 것이다. 사후평가를 하는 이유는 선택된 매체 스케줄이 매체 목표를 달성하였는가를 평가하기 위함이다. 즉, 사후평가의 결과가 사전평가를 통해 예측한 것과 차이가 있는지 없는지를 분석하고 차이가 있다면 그 문제점을 찾아내어 다음 매체계획(media plan)에 문제점에 대한 개선 방안을 제안해야 한다. 사전평가와 사후평가의 차이가 발생하는 가장 큰 이유는 광고 집행 전과 후에 시청률과 열독률의 변화가 있기 때문이다.

　〈표 16-2〉은 복사용지 브랜드인 A사의 20○○년도의 하반기 9~10월 2개월간 집행한 TV 광고캠페인의 사후평가 결과이다. 〈표 16-2〉에서 보이듯이 A사는 9~10월 2개월 동안 총 12억 7,000만 원의 광고비를 투입하여 547.9TRPs(Target Rating Points)를 획득하였음을 알 수 있다. 월별로 살펴보면 9월에는 매체계획에서 설정된 예산보다 실제 광고비를 적게 사용하였으며 그 결과 TRPs, 도달률, 평균빈도, 유효도달률 혹은 R(3+)이 목표치에 미치지 못하는 것으로 나타났다. 그러나 CPRP는 매체계획의 목표치보다 낮게 나타나 TV 광고를 효율적으로 집행하였음을 알 수 있다. 10월에는 9월의 부족한 노출량을 매우기 위하여 매체계획보다 더 많은 매체 예산을 투입하였다. 그 결과, 9월보다 TRPs, 도달률, 평균빈도, 유효도달률 혹은 R(3+)이 많이 개선된 것으로 나타났다. 10월의 CPRP도 매체계획에 나타난 목표치보다 낮은 것으로 나타나 TV 광고를 효율적으로 집행하였음을 알 수 있다. 9~10월의 TV 광고캠페인의 사후평가 결과를 살펴보면 매체계획상의 매체 예산보다 실제로 더 적은 매체 예산을 투입하였음에도 불구하고 TRPs, 도달률, 평균빈도, 유효도달률 혹은 R(3+)은 목표치를 상회하는 것으로 나타나 전체적으로 TV 광고를 매우 효율적으로 집행하였다는 것을 알 수 있다.

〈표 16-2〉 A사의 TV 광고캠페인 사후평가의 예

		총 광고비	정기물	패키지	TRPs	R(1+)	빈도	R(3+)	CPRP
9월	실제	443,477	375,679	67,798	193.4	69.07	2.80	31.45	1,942
	플랜	648,000	540,000	108,000	250.0	74.40	3.36	38.49	2,160
	차이	−204,523	−164,321	−40,203	−56.6	−5.33	−0.56	−7.04	−218
	증감률	−32%	−30.4%	−37.2%	−22.6%	−7.2%	−16.7%	−18.3%	−10.1%
10월	실제	828,099	695,843	132,255	354.5	80.75	4.39	49.47	1,942
	플랜	648,000	540,000	108,000	250.0	74.40	3.36	38.49	2,160
	차이	180,000	155,843	24,255	104.5	6.35	1.03	10.98	−218
	증감률	27.16%	28.9%	22.5%	41.8%	8.5%	30.7%	28.5%	−10.1%
전체	실제	1,271,576	1,071,523	200,053	547.9	86.83	6.31	64.40	1,956
	플랜	1,296,000	1,080,000	216,000	500.0	85.62	5.84	61.25	2,160
	차이	−24,424	−8,477	−15,947	47.9	1.21	0.47	3.15	−204
	증감률	−1.9%	−0.8%	−7.4%	9.6%	1.4%	8.1%	5.1%	−9.4%

출처: AGB 닐슨 미디어 리서치.

〈표 16-3〉는 복사용지 브랜드인 A사의 9~10월 2개월간의 방송국별, 초수별, 시급별 TV 광고 집행 사후평가를 나타낸다. 먼저, 방송국별로 광고비의 구성을 살펴보면 KBS2와 SBS보다 인기 드라마와 예능 프로그램이 많은 MBC에 더 많은 TV 광고를 집행한 것으로 나타났다. 초수별로는 15초 광고의 비중이 가장 높게 나타났으나, 비용 효율성이 높은 20초 광고에도 비교적 많은 예산을 할당한 것으로 나타나 TV 광고를 효율적으로 집행하였음을 알 수 있다. 시급별로는 주목도도 높고 비용 효율적인 A시급의 비중이 가장 높은 것으로 나타났으며, 광고비가 가장 비싼 SA시급과 주목도가 가장 낮은

〈표 16-3〉 A사의 TV 광고캠페인의 방송국별 · 시급별 집행패턴 분석

구분	합계	채널			초수			시급			
		KBS2	MBC	SBS	15"	20"	30"	SA	A	B	C
광고비	1,271,576 (100%)	356,041 (28%)	559,493 (44%)	356,041 (28%)	979,113 (77%)	267,031 (21%)	25,432 (2%)	216,168 (17%)	457,769 (36%)	406,904 (32%)	203,452 (16%)
횟수	469 (100%)	105 (22%)	197 (42%)	167 (36%)	286 (61%)	158 (34%)	25 (5%)	33 (7%)	97 (21%)	208 (44%)	131 (28%)
TRPs	547.9 (100%)	114 (21%)	254 (46%)	180 (33%)	351 (64%)	179 (33%)	18 (3%)	76 (14%)	218 (40%)	166 (30%)	88 (16%)
CPRP	1,970	2,359	1,754	2,028	2,028	1,869	1,847	2,770	1,734	2,083	1,650

출처: AGB 닐슨 미디어 리서치.

시간대인 C 시급에는 가장 적은 예산을 할당한 것으로 나타났다. 전체적으로 TV 광고 집행의 비용 효율성은 높게 나타났지만, 시청자가 TV을 가장 많이 보는 저녁 시간대인 SA시급에 광고의 집행 횟수가 비교적 낮게 나타나, 도달 범위가 조금 협소함을 알 수 있다. 요약하면 A사는 도달률과 주목 효과보다 비용 효율성에 조금 더 중점을 두었음을 알 수 있다.

3. 매체 스케줄 효과평가의 문제점

1) 도달 효과의 과대평가

인쇄 매체의 열독률은 광고 노출이 아닌 비히클 노출을 측정한 매체 수용자 조사자료로서 실제 광고 매체가 갖는 노출 효과를 과대평가(overestimation)하는 경향이 있다. 이러한 열독률의 불완전한 측정은 매체 스케줄의 도달률 추정 시 오차를 발생시킨다. 즉, 전체 매체 스케줄의 도달률을 추정할 때 매체 스케줄을 구성하고 있는 각 매체 비히클의 열독률의 산술적 합산치에서 비히클 간 혹은 비히클 내 중복수용자를 뺀 나머지를 합산하여 도달률을 산출하는데, 이때 추정된 도달률은 실제 광고 메시지에 대한 도달 효과를 과대평가하는 오차가 발생할 수 있다. 예를 들어, [그림 16-2]에서 보이듯이 매체 스케줄에 포함된 매체 비히클의 열독률을 사용하여 추정된 비히클 도달률(1+)이 27.8%라면 실제 광고 메시지에 노출된 표적 수용자의 크기를 나타내는 메시지 도달률(1+)은 18.4%에 불과하다. 이는 추정된 도달률 28.7% 중에서 광고 메시지를 보지 않은 표적 수용자의 비율이 9.4%나 된다는 것을 나타낸다. 따라서 열독률의 산술적 합산치로부터 계산된 비히클 도달률은 실제 광고페이지에 대한 도달률을 과대평가하는 결과를 낳게 된다. 이러한 도달률의 과대평가는 궁극적으로 미디어 플래너로 하여금 광고 목표를 달성하는 데 필요한 노출 부족을 야기할 수도 있으므로 계획된 광고 목표의 달성에 지장을 초래할 수도 있다. 이러한 도달률의 과대평가 문제를 해결하기 위하여 매체 스케줄의 도달률을 추정하기 전에 매체 스케줄에 포함된 각 매체 비히클의 열독률을 실제 광고 메시지 열독률에 가깝게 조정한 후 이들의 산술적 합산치로부터 광고 메시지의 도달률을 산출하는 방법을 사용하기도 한다.

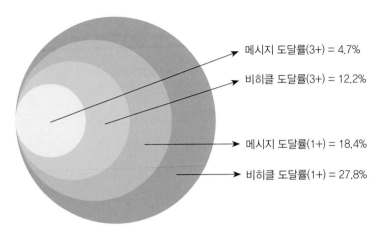

메시지 도달률(3+) = 4.7%

비히클 도달률(3+) = 12.2%

메시지 도달률(1+) = 18.4%

비히클 도달률(1+) = 27.8%

[그림 16-2] 메시지 도달률과 비히클 도달률 차이

2) 반복 효과의 과소평가

일반적으로 잡지 매체는 독자들이 재독하는 경향이 높아서 광고 메시지에 대한 반복 노출 효과가 크다고 할 수 있다. 그러나 잡지 매체의 열독률은 기본적으로 비히클을 보았는가 혹은 안 보았는가 하는 매체 수용자의 단일 노출 여부만 평가하며 각각의 매체 수용자가 특정 비히클이나 광고페이지를 몇 번 보았는가 하는 반복 노출 여부는 가려내지 못한다. 따라서 매체 스케줄을 구성하고 있는 매체 비히클 열독률의 산술적 합산치에 포함된 중복수용자의 크기를 계산하여 추출된 평균빈도는 실제 광고 메시지에 대한 반복 노출 효과를 과소평가(underestimation)하는 오차가 발생할 수 있다. 예를 들어, 특정 잡지 매체 스케줄의 평균빈도가 3회라면 실제 광고 메시지에 대한 평균빈도는 3회보다 더 클 수 있다. 즉, 표적 수용자들이 특정 잡지 매체 스케줄을 구성하고 있는 각 잡지 매체 비히클에 포함된 광고 메시지를 여러 번 반복해서 보았다면 실제 광고 메시지에 대한 평균빈도는 3회보다 더 클 수 있다. 따라서 열독률의 산술적 합산치에 포함된 중복수용자의 크기를 계산하여 추출된 잡지 매체 스케줄의 평균빈도는 실제 광고 메시지에 대한 표적 수용자의 평균빈도를 과소평가할 가능성이 있다. 이와 같은 평균빈도 과소평가의 문제점은 미디어 플래너로 하여금 광고 목표달성에 요구되는 노출횟수 이상의 과잉노출을 초래하여 궁극적으로 광고 예산의 낭비를 가져올 수도 있다.

광고 예산의 설정

1. 광고 예산 설정의 접근방법

광고캠페인의 집행에 소요되는 전체 예산의 대부분은 매체의 지면과 시간을 구입하는 데 사용된다. 따라서 광고 예산(advertising budget)은 광고제작비 등을 제외하고 매체 예산(media budget)과 거의 동일한 의미로 사용되며, 광고 예산 설정의 다양한 방법들을 통해서 매체 예산이 어떻게 설정되는지를 이해할 수 있다. 광고 예산의 설정에는 10여 가지가 넘는 많은 방법이 사용된다. 광고 예산의 설정 방법들은 크게 계량적 모형 이용법과 계량적 모형 비 이용법의 두 가지 유형으로 구분된다. 먼저, 계량적 모형을 이용하는 방법은 매출과 광고비 간의 수학적 함수관계를 나타내는 광고의 판매반응함수를 도출한 후 이를 이용하여 적정 광고 예산을 책정하는 방법이다.

판매반응함수(sales response function)란 광고비와 매출(혹은 시장점유율)의 관계를 수학적 함수관계로 표현한 것이다. 판매반응함수는 매출과 이에 상응하는 광고비의 변화를 나타내기 때문에 매출액(Y값)을 일정량 달성하기 위하여 광고 예산(x값)을 일정량 투입해야 한다는 것을 예측하게 해 준다. 따라서 특정 기업이 목표로 하는 매출을 정하면 이러한 목표를 달성하기 위해 필요한 광고 예산을 추정할 수 있다. 판매반응함수에는 여러 가지 형태가 있다. 예를 들어, [그림 17-1]에 있는 3개 그림 중 왼쪽 그림은 선형 함수, 가운데 그림은 볼록형 함수, 오른쪽 그림은 S자형 함수의 형태를 띠고 있다. 판매반응함수는 대부분 왼쪽 그림처럼 광고비와 매출의 선형관계를 암묵적으로 가정하지만 실제로는 볼록형 반응함수와 S자형 반응함수의 형태를 보인다는 주장을 펴기도 한다. 볼록형 판매반응함수는 광고비가 증가할수록 매출은 점차 감소하는 수확 체감의 법칙이 적용된다. 즉, 광고비 지출이 증가할수록 매출은 체감률로 증가한다. 볼록형 판매반응함수는 처음부터 광고효과가 현저하게 나타나므로 초기의 적절한 광고비 투입은 충분한 매출 증대를 실현할 수 있음을 시사하지만 추가적인 광고비 증가에 따른 매출의 순증가 효과는 점차 감소한다는 것을 보여 준다. 반면에 S자형은 광고비 지출이 적을 때는 매출에 대한 영향이 미미하다가 광고비 지출이 역치 수준(threshold)을 넘어서면 매출이 급속도로 증가하기 시작한다. 하지만 어느 수준 이상의 과다한 광고비 지출은 매출 증가에 거의 영향을 미치지 않게 된다. 따라서 광고비의 역치 수준과 포화 수준 사이의 적정한 수준의 광고비 규모를 책정하는 것이 중요하다.

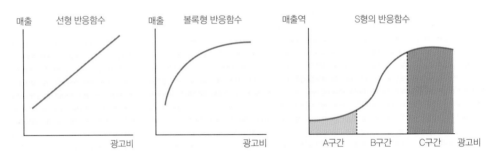

[그림 17-1] 판매반응함수의 유형

판매반응함수를 이용하는 방법들에는 광고 점유율 기준법(MS-SOV 관계분석법), 한계분석법, 회귀분석 이용법 등이 포함된다. 이 방법들은 주로 오랜 기간에 걸쳐 수집된 광고 예산 및 매출액 자료 등을 사용하기 때문에 객관적 자료에 근거한 광고 예산 설정 방법이라고 할 수 있다. 반면에 계량적 모형 비이용법은 경영자 혹은 광고 예산 담당자 나름대로 주관적 판단과 경험 혹은 광고 목표에 의거하여 광고 예산을 책정하는 방법이다. 지불 능력 기준법, 매출비율법, 경쟁자 기준법, 목표 과업법 등이 여기에 속한다. 지불 능력 기준법은 자금 운영에 관련된 사항을 고려하여 광고비로 사용 가능한 금액을 광고 예산으로 책정하는 방법이고, 매출비율법은 매출의 일정 비율을 광고 예산으로 책정하는 방법이다. 경쟁자 기준법은 동일 산업 내 경쟁사가 투입하는 광고비를 기준으로 광고 예산을 책정하는 방법인 반면에 목표 과업법은 광고 목표를 결정한 후, 이러한 목표를 달성하기 위해 필요한 광고 예산을 설정하는 방법이다.

〈표 17-1〉 광고 예산의 접근방법

구분	계량적 모형 이용법 (판매반응함수 이용법)	계량적 모형 비이용법 (판매반응함수 비이용법)
하향식 접근방법 (top-down approach)	–	지불 능력 기준법 매출비율법 경쟁자 기준법 임의할당법
상향식 접근방법 (bottom-up approach)	광고 점유율 기준법(MS-SOV법) 한계분석법 회귀분석법	목표 과업법

　광고 예산의 설정은 또한 광고 예산이 광고캠페인 계획 수립에 앞서 최고 경영진 등의 주관적 판단과 경험에 근거해서 미리 설정되느냐, 아니면 광고캠페인 목표 수립 후 이를 달성하기 위해 필요한 예산을 추후 산출하느냐에 따라 하향식 접근방법과 상향식 접근방법으로 구분한다. 하향식 접근방법은 경영자 혹은 광고 예산 담당자의 주관적 판단 혹은 경험에 의해 광고 예산을 광고캠페인 계획 수립 전 먼저 설정하고 광고캠페인 활동을 전개해 나가는 방식인 반면, 상향식 접근방법은 광고 목표를 수립하고 이를 달성하기 위해 소요되는 예산을 추후 설정하는 방법이다. 일반적으로 하향식 접근방법보다 상향식 접근방법이 광고 목표달성에 유리하며, 기업의 광고 노력을 광고 목표에 집중한다는 점에서 합리적인 방법이라고 할 수 있다. 그러나 기업의 지불 능력을 고려하지 않은 채 지나치게 목표에만 집착한다는 단점도 지적된다. 반면에 하향식은 광고 예산을 쉽게 산출할 수 있으며 최고 의사결정권자를 쉽게 설득할 수 있다는 장점이 있다. 하지만 이 접근방법은 광고가 매출에 영향을 미친다는 전제에 근거하고 있지 않기 때문에 광고 예산의 설정이 비논리적이라는 단점도 갖고 있다. 또한 [그림 17-2]에서

[그림 17-2] 광고 예산 설정의 접근방법

보이듯이 하향식에서 상향식으로 갈수록 주관적 판단과 경험의 법칙(rule of thumb)보다 객관적 자료에 근거한다. 예를 들어, 매출비율법은 주관적 판단에 근거한 반면에 회귀분석 이용법은 객관적 자료에 근거한다.

2. 광고 예산의 설정 방법

1) 매출비율법

광고 예산의 결정에 사용되고 있는 방법 가운데 하나가 매출비율법(percentage of sale)이다. 매출비율법에는 매출액 비율법과 매출량 기준법이 있다. 매출액 비율법은 [그림 17-3]에서 보이듯이 매출액의 일정 비율을 광고 예산으로 책정하는 방법으로 일반적으로 기업에서 가장 많이 사용하는 방법 가운데 하나이다. 여기서 매출액은 해당 연도 기업의 매출 목표를 의미한다. 이러한 매출액 비율법은 시장이 성숙기에 있거나 안정적 시장점유율을 확보하고 있을 경우 많이 사용된다. 하지만 이러한 방법은 매출액의 일정 비율을 얼마로 할 것인지에 대한 논리적인 기준이 없으며, 광고비를 고정함으로써 시장 변화에 능동적으로 대처할 수 없다는 단점이 있다.

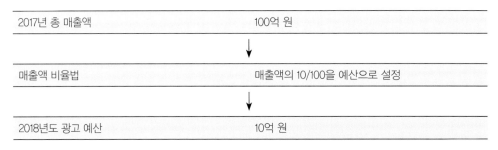

2017년 총 매출액	100억 원
↓	
매출액 비율법	매출액의 10/100을 예산으로 설정
↓	
2018년도 광고 예산	10억 원

[그림 17-3] ○○ 컴퓨터 브랜드에 대한 매출액 비율법의 예

두 번째 매출량 기준법은 특정 제품 매출단가 혹은 단위당 생산비용에 대한 일정 비율 혹은 일정 금액을 광고 예산으로 책정하는 방법으로 광고 예산 규모는 예상 판매량에 의해서 결정된다. 이때 단위당 생산비용에 대한 광고 예산의 책정비율은 경쟁업체의 수준이나 관례에 따라서 이루어지는 경향이 있다. [그림 17-4]는 매출량 기준법을

이용한 광고 예산 설정의 예를 나타낸다. 즉, ○○ 컴퓨터 브랜드의 단위당 생산비용의 일정 비율을 광고 예산으로 책정한 후 이를 차기 연도 예상 판매량에 곱하여 최종 광고 예산을 결정한다.

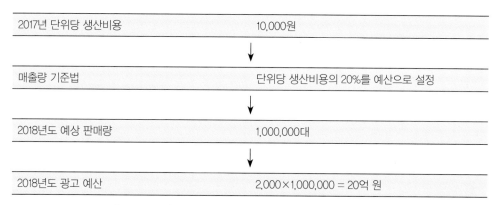

[그림 17-4] ○○ **컴퓨터 브랜드에 대한 매출량 기준법의 예**

매출비율법의 장점은 광고 예산을 쉽게 산출할 수 있고, 기업 간의 과당 경쟁을 피할 수 있으며 최고 의사결정권자를 쉽게 설득할 수 있다. 그러나 이 방법은 광고가 매출을 창출했는지 여부를 측정하기 곤란하다는 단점이 있고, 광고가 매출에 영향을 준다는 전제에 근거하지 않고 있으며, 오히려 매출이나 매출추정치가 광고 예산을 결정하게 된다는 논리적 문제를 갖고 있다. 이 방법은 기존의 유명상표에 대한 광고 지출을 과다하게 하고, 매출이 감소하는 쇠퇴기 상표에 대해서도 과다한 지출을 하게 된다. 반면에 더 많은 광고 예산을 필요로 하는 유망상표 혹은 새로운 상표일 때는 광고 예산을 낮게 책정하게 한다. 〈표 17-2〉는 한국과 미국 시장의 업종별 매출액 대비 광고비의 평균 비율을 나타낸다. 〈표 17-2〉에서 보이듯이 한국 시장의 경우 제약과 출판 업종의 매출액 대비 광고비 비율이 가장 높은 것으로 나타났으며, 미국 시장의 경우 화장품 업종의 매출액 대비 광고비 비율이 가장 높은 것으로 나타났다. 반면에 한국과 미국 시장의 업종들 가운데 금융, 보험과 수송 및 운송 업종의 매출액 대비 광고비 비율이 가장 낮은 것으로 나타났다.

〈표 17-2〉 한국, 미국의 업종별 매출액 대비 광고비 비율

업종	한국(1995)	미국(1996)
제약	14.3%	4.3%
출판	14.4%	15.1%
화장품	6.8%	7.0%
식음료	6.0%	5.8%
의류/섬유	2.6%	5.8%
전지전자	3.6%	5.5%
가정용품	7.0%	9.2%
수송/운송	1.0%	1.2%
유통	8.8%	3.1%
금융/보	0.3%	0.8%

출처: 제일기획(1996).

이처럼 매출액 대비 일정 비율을 광고비로 책정할 경우 구체적인 매출액 대비 광고비 비율은 경쟁자 혹은 업종 전체의 매출액 대비 광고비 비율을 참고로 할 수 있으며, 일단 매출액 대비 광고비 비율만 결정되면 해당 연도의 매출을 예상해서 쉽게 광고 예산을 책정할 수 있다. 이러한 매출액 대비 광고비 결정법은 동일 업종 내 매출액 대비 광고비 비율 평균치를 사용하므로 논리적 타당성은 있으나 외부 시장 상황의 변화에 따라 매출액 대비 광고비 비율이 달라질 수 있기 때문에 시장 상황의 변화에 능동적으로 대처할 수 없으며, 때때로 경험적 판단을 내려야 한다는 한계점이 지적된다.

2) 한계분석법

한계분석법(marginal analysis method)은 이윤 극대화 방법의 일종으로서 판매, 광고비, 이익의 세 변수 간의 함수관계에서 이익이 최대가 되는 점을 광고 예산으로 결정하는 방법이다. 즉, 광고비 증가율과 이익 증가율이 일치하는 수준까지 광고비를 지속적으로 증가시키는 방법이다. 다시 말하면, 기업이 광고 예산을 설정하는 기본적인 목적은 마케팅 목표, 즉 이윤 극대화와 시장점유율 극대화에 있기 때문에 광고투자 수익이 비용보다 크거나 같아질 때까지 광고를 지속적으로 해야 한다. 이것이 바로 한계분석에 기초한 광고 예산 결정방법이다. 즉, 한계분석법은 추가비용에 의한 한계수익이 추

가비용을 초과하는 한, 광고 예산을 지속적으로 증가시키는 방법이다. 이러한 한계분석법은 이론적으로는 대인판매, 유통, 가격과 같은 다른 마케팅 믹스 요소에도 적용될 수 있다.

[그림 17-5]는 매출과 광고비, 이익의 관계에 대해 매출을 종속 변인, 광고비를 독립 변인으로 하는 관계식을 이용하여 설명하고 있다. [그림 17-5]에서 보이듯이 광고비를 지속적으로 투입하면 매출액이 계속 증가하여, 어느 수준에서 매출에 따른 이익이 극대화된다. 최적 광고비 수준은 매출에 따른 이익이 최대가 되는 수준, 즉 [그림 17-5]에서 A* 지점이 된다. 따라서 매출의 증가에 따른 이익이 최대가 되는 수준까지 광고비를 지속적으로 투입하는 것이 가장 최적이라고 할 수 있다. 만약 한계분석 결과, 총 광고비 지출 규모가 가용자원의 한계를 초과할 경우 각 자원의 투자 규모를 전체적으로 줄이면 된다.

한계분석법은 매출과 광고비는 함수관계를 이루고 광고가 매출에 미치는 효과는 반응함수를 이용해 측정할 수 있다는 가정을 전제로 하고 있기 때문에 광고는 매출에 직접적인 영향을 미치며, 매출이 광고에 의해 전적으로 결정된다는 2개의 가정을 기본 전제로 하고 있다. 따라서 광고의 매출 효과가 즉각적으로 나타나는 제품들(예: 광고의 판매 탄력성이 큰 제품들)과 소비자에게 직접적인 구매 행동을 촉구하는 판촉광고 및 쿠폰광고와 같은 직접반응 광고캠페인의 예산 설정에 효과적이다. 즉, 한계분석법은 광고

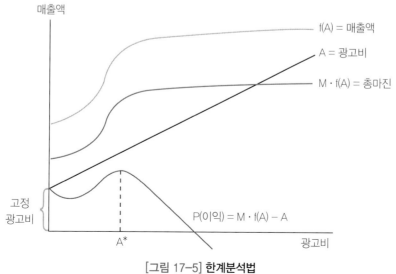

[그림 17-5] 한계분석법

의 즉각적이고 단기적인 효과를 가정하기 때문에 이 방법을 이용하면 단기적으로는 최적 수준의 광고 예산을 결정하는 데 도움을 준다고 할 수 있다.

반면에 한계분석법의 단점은 한계수익을 추정하기가 어렵고, 매출이 전적으로 광고비에 의해 결정된다는 논리적 결함이 지적된다. 대부분 컴퓨터 및 디지털카메라와 같은 값비싼 고관여 제품의 경우 광고가 매출에 미치는 영향은 미미하며, 매출은 광고뿐 아니라 가격, 유통, 판매촉진, 소비자 경제력 등 다른 요인들의 영향을 더 많이 받는다고 할 수 있다. 또한 컴퓨터 및 디지털카메라와 같은 값비싼 고관여 제품들의 경우 제품 정보를 탐색하는 시간이 길기 때문에 매출에 대한 광고의 효과는 즉각적으로 나타나지 않고 시차를 두고 길게는 몇 개월 후에 서서히 나타난다. 따라서 이러한 광고의 매출에 대한 제한적 역할과 광고의 시차 효과 등으로 인하여 광고와 매출 간의 관계를 나타내는 판매반응함수의 정확한 형태를 결정하는 것이 어렵다고 할 수 있다.

3) 광고 점유율 기준법

광고 점유율 기준법(MS-SOV 관계분석법)은 시장점유율(Market Share: MS) 대비 일정 비율의 광고 점유율(Share Of Voice: SOV)을 광고 예산으로 책정하는 방법이다. 즉, 이 방법은 동일 산업 내 시장점유율과 광고 점유율이 일정한 상관관계에 있다고 가정하고 이러한 상관관계를 분석하여 목표 시장점유율 달성을 위해 필요한 광고 점유율과 광고 예산의 규모를 산출하는 방법이다. 이 방법은 시장점유율과 광고 점유율 등 경쟁 상황을 고려하기 때문에 매출 규모만을 고려하는 매출비율법보다 객관적이며, 성장시장뿐만 아니라 성숙시장에도 효과적으로 적용될 수 있다는 장점이 있다. 즉, 시장에서의 경쟁업체의 광고 동향을 분석, 검토하여 광고 예산을 결정하는 이점이 있다. 페컴(Peckham, 1981)에 의하면, 현재 수준보다 매출을 증가시키기 위해서는 SOV가 MS의 약 1.5~2배 수준으로 지출되어야 한다. 즉, 시장점유율보다는 상대적으로 높은 광고 점유율을 나타내야만 매출이 증가할 수 있다. 그러나 이 방법은 광고 점유율만이 시장점유율에 영향을 준다고 가정한다는 점이 단점으로 지적된다. [그림 17-6]에서 보이듯이 광고 점유율 기준법은 먼저 시장점유율 목표를 설정하고, 2단계로 시장점유율과 광고 점유율 간 상관관계를 분석한 후, 3단계로 제품군 전체의 광고 예산을 추정하고 마지막으로 자사 브랜드에 대한 적정 광고 예산을 산출한다.

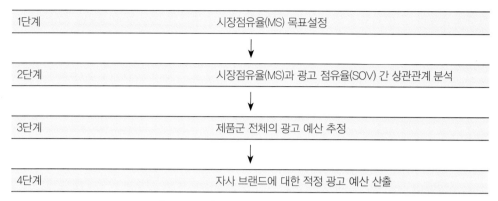

[그림 17-6] 광고 점유율 기준법의 절차

[그림 17-7]은 일본 CTV 시장의 1991~1998년 시장점유율 및 광고 점유율의 관계를 나타낸다. 이 그림을 통해 일본 CTV 시장의 시장점유율과 광고 점유율 간에 의미 있는 정(+)의 상관관계가 존재한다는 것을 알 수 있다. 회귀분석을 통해 시장점유율과 광고 점유율 간 관계식을 추정한 결과, S자형 반응함수 모형이 도출되었다. 이러한 시장점유율과 광고 점유율 간의 관계식이 도출되면 기업이 목표로 하는 시장점유율 대비 광고 점유율을 도출하고, 전체 광고 규모를 예측해 적정 광고 예산 산출을 할 수 있다. 예를 들어, 특정 기업의 내년도 CTV 시장점유율 목표가 20%라고 가정하면 [그림 17-7]의 관계식에 의해 광고 점유율은 약 30%가 도출된다. 만약 CTV 시장의 내년도 전체 광고비 규모가 300억 원으로 추정된다면 특정 기업의 내년도 광고 예산은 90억 원이 된다.

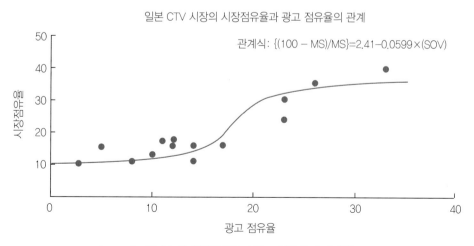

[그림 17-7] 시장점유율과 광고 점유율의 관계식

출처: 제일기획(1996).

시장점유율과 광고 점유율의 상관관계를 분석할 때 연도별 자료를 이용하는 것이 좋으며, 적어도 5년치 이상의 자사 및 경쟁사 자료를 활용하는 것이 결과에 대한 신뢰성을 높일 수 있다. 또한 관계식의 추정에 있어 단순한 선형 모형을 적용하는 것보다는 로그 모형, S자 모형 등 다양한 형태의 반응함수 모형을 적용해 보는 것이 이론적으로나 실무적으로 타당한 결과를 도출할 수 있게 해 준다.

4) 경쟁자 기준법

경쟁자 기준법(competitive parity method)은 주요 경쟁사의 과거 광고비 지출이나 경쟁사의 광고비 평균을 구해서 그 수준으로 광고 예산을 책정하는 방법으로서 경쟁 관계에서의 시장점유율 확보를 위한 하나의 방안이 될 수 있다. 그러나 경쟁회사의 광고비 수준이 특정 회사의 판매 목표와 관련이 없을 경우 이 방법은 무의미하다. 또한 브랜드의 명성과 시장에서의 제품의 위치가 다르므로 경쟁사 광고비를 보고 맞추어 집행하는 것은 무리가 따른다. 그리고 기업들의 광고 지출 습관은 시간이 지나도 변하지 않지만, 시장 조건은 시간이 지남에 따라 변화한다는 것을 전제하는 한, 동일 산업 내 기업들이 항상 최적 수준에서 광고에 지출하고 있다는 보장이 없다고 할 수 있다. 특히 중소기업은 대기업과 유사한 수준의 광고비를 책정하더라도 광고효과 면에서 대기업의 광고효과에 비해 효과를 얻지 못할 수도 있다. 따라서 이 방법은 광고 예산 설정의 논리적 근거와 타당성이 다른 방법에 비해 미흡하다고 할 수 있다. 경쟁자 기준법은 경쟁업체를 지나치게 의식할 경우 많이 사용한다. 즉, 독과점시장에서 소수회사 간의 경쟁이 심한 경우에 많이 채택한다. 예를 들어, 삼성전자와 LG전자는 가전제품 시장에서 서로를 크게 의식하기 때문에 주로 상대 경쟁사의 광고 예산을 참고로 하여 광고 예산을 설정하는 경향이 있다.

5) 지불 능력 기준법

지불 능력 기준법(affordable method)은 자금 운영에 관련된 사항을 고려하여 광고비로 사용 가능한 금액을 광고 예산으로 책정하는 방법으로, 고정비와 같이 필수적으로 들어가는 비용 등을 공제하고 목표 이익의 수준을 결정한 후에 광고 예산을 설정하는 방법이다. 이 방법은 보수적인 기업에서 많이 사용하는 방법이며, 기업이 불황기에 접어들 때 가장 많이 사용한다. 이 방법은 광고 예산을 효과적으로 통제할 수 있지만, 시장기회의 변화에 능동적으로 대처하지 못하기 때문에 필요한 시기에 적절한 지원을 할 수 없는 단점이 있다.

6) 회귀분석 이용법

회귀분석 이용법(regression analysis method)은 광고비와 매출의 관계를 수학적 함수 관계로 나타내는 회귀방정식을 도출하는 방법이다. 회귀분석을 통하여 도출된 회귀방정식을 광고의 판매반응함수라고도 한다. 만약 광고비와 매출의 관계를 선형이라고 가정한다면 판매반응함수는 'S=a+bA'로 표현된다. S는 매출, A는 광고비, a는 상수, b는 회귀계수를 나타낸다. 이 광고의 판매반응함수는 기본적으로 매출(S)을 일정량 달성하기 위해 광고비(A)를 일정량 투입해야 한다는 것을 예측하게 해 준다. 따라서 특정 기업이 목표로 하는 매출을 정하면 이러한 목표를 달성하기 위해 필요한 광고 예산을 추정할 수 있다. 가령 회귀분석을 통하여 추정된 판매반응함수가 'S=0.05+0.05A'이고, 목표로 하는 매출이 10억 원이라면 이 광고의 판매반응함수를 통하여 광고비는 1억 원이 소요된다는 것을 쉽게 산출할 수 있다.

회귀분석 이용법의 단점은 광고의 판매반응함수를 가정하는 한계분석법과 동일한 한계점을 그대로 내포하고 있다. 즉, 매출이 광고에 의해서만 결정된다는 가정을 전제로 하고 있기 때문에 광고투입량만으로 매출과의 상관관계를 규명하려고 하는 것이 단점으로 지적된다. 즉, 회귀분석 이용법은 실제로 장기간에 걸쳐서 광고비 투입량의 변화에 따른 매출액 변화의 상관관계를 분석하여 그것이 과학적으로 관련성을 가질 때, 회귀분석으로 판매반응함수를 구할 수 있다. 따라서 상관관계가 약한 경우 정확한 판매반응함수의 도출이 어렵다. 회귀분석 이용법은 장기간에 걸친 광고비 자료 등 종단적 자료를 필요로 하기 때문에 연구 기간이 길고, 투자 비용이 크며, 분석 결과도 해당 제품에 한해서만 적용될 수 있다. 또한 광고비와 매출의 관계가 시간의 변화에 따라 달라지는 것이므로 실제 실용화는 매우 어렵다.

7) 목표 과업법

목표 과업법(objective-task method)은 달성 가능한 커뮤니케이션 목표를 광고 목표로 설정하고, 이를 달성하는 데에 필요한 매체 목표를 결정하고, 이러한 매체 목표를 달성하는 데 소요되는 제반 비용을 광고 예산으로 설정하는 방법이다. 즉, 광고캠페인의 최종 목표를 설정한 뒤 그 목표를 달성할 수 있도록 광고비를 투입하는 것을 말한다. 가령 광고 목표가 특정 표적 시장을 대상으로 일정 수준의 상표인지도를 확보하는 것이라면, 목표로 하는 상표인지도를 달성하는 데에 필요한 도달률, 빈도, GRPs와 같은 광고 노출량을 결정한 후 이러한 광고 노출량을 얻기 위해 소요되는 광고 예산을 산출하게 된다.

[그림 17-8]에서 보이듯이 삼성 갤럭시 휴대폰 신제품의 광고 목표가 광고캠페인의 첫 달에 표적 수용자들을 대상으로 50%의 상표인지도를 창출하는 것이라면, 이 목표를 실현하는 데 요구되는 매체 목표는 전체의 70%의 표적 수용자들에게 평균적으로 5회의 광고 메시지를 노출시키는 것이 될 수 있다. 따라서 70%의 표적 수용자에게 연평균 5회의 광고 노출을 확보하는 데 소요되는 비용이 광고 예산이 된다. 즉, 전체 표적 수용자의 70%에게 연평균 5회의 광고 메시지를 노출시키기 위해 350GRPs(=70×5)가 필요하며, 이 350GRPs를 얻기 위해 1GRPs당 평균적으로 약 2백만 원의 광고비가 든다고 계산되면 총 7억 원의 광고비가 필요하다.

광고 목표설정	브랜드의 표적 수용자들을 대상으로 상표인지도 50% 달성
↓	
매체 목표설정(수행과업)	광고 목표를 달성하기 위하여 표적 수용자 70%에게 연평균 5회 광고 메시지 노출(도달률 70%, 평균빈도 5회)
↓	
총 노출량 환산	도달률 70%, 평균빈도 5회를 총 노출량으로 환산하면 350GRPs가 됨
↓	
최종 예산 도출	350GRPs 확보에 소요되는 최종 예산은 약 7억 원에 달함

[그림 17-8] **목표 과업법을 이용한 광고 예산 설정의 예**

목표 과업법은 광고 목표를 먼저 정하고 목표달성에 소요되는 비용을 광고 예산으로 책정한다는 점에서 상향식 접근방법이라고 할 수 있으며, 기업의 광고 노력을 광고 목표에 집중한다는 점에서 매우 합리적이며 따라서 실무에서 선호되고 있는 방법이기도 하다. 이 방법은 광고 목표의 달성에 바탕을 둔 매체의 노출량을 기준으로 하기 때문에 광고 예산 중 10% 내외를 차지하고 있는 광고제작비를 제외한 순수한 매체 예산의 설정 방법으로 각광받고 있다. 그러나 목표 과업법은 기업의 지불 능력을 고려하지 않은 채 지나치게 목표에만 집착하여 광고 예산을 산출한다는 점이 단점으로 지적된다. 또한 대부분 광고 목표가 자료에 근거하여 작성되지 않고, 통상적으로 광고기획자의 경험에 의해 설정되는 경우가 많으므로 광고 목표와 마케팅 목표와의 관계가 불명확하다는 단점이 지적된다.

8) 임의할당법

임의할당법(arbitrary allocation method)은 온전히 경영자의 주관적 판단으로 광고 예산이 책정되는 방식으로 지불 능력 기준법보다 더 취약한 광고 예산 결정방법이다. 임의할당법은 이론적 근거가 없으며 광고 목표를 무시한 광고 예산 수립방법으로 다른 방법들과 비교할 때 이점이 전혀 없다고 할 수 있다.

3. 광고 예산 설정의 영향요인

광고 예산의 설정은 많은 내·외부적 요인들의 영향을 받는다. 광고 예산을 설정하기에 앞서 마케팅 목표, 광고 목표, 제품수명주기, 경쟁기업의 광고활동, 광고제품의 성격, 광고물의 수준, 광고시장의 현황, 최소한의 노출빈도, 경쟁회사의 반응 등 광고 예산 설정에 영향을 미치는 요소들을 분석하여 광고 예산의 설정에 반영해야 한다.

1) 마케팅 목표 및 광고 목표

광고 예산은 마케팅 및 광고와 관련된 목표를 달성하기 위해서 설정되는 것이기 때문에 이 목표들은 광고 예산과 직접적인 관련성을 갖는다. 예를 들어, 마케팅 목표가 시장 점유율을 확대하는 것이라면 시장점유율을 유지하는 것보다 더 많은 광고 예산을 필요할 것이다. 광고 목표가 단순히 브랜드 인지도를 높이는 것이라면 상대적으로 적은 비용으로도 가능하지만, 반복광고를 통하여 소비자의 선호도를 높이거나 구매 욕구를 자극하여 구매 행동을 촉구하는 것이라면 더 많은 광고 예산이 필요하다. 일반적으로 광고 목표의 달성을 위해 어느 정도 수준의 광고 예산이 투입되어야 하는가에 대한 정답은 없으나 광고캠페인을 통하여 소비자에게 영향을 미칠 수 있는 최소한의 노출량을 설정한 뒤 그 목표를 달성할 수 있도록 적절한 광고 예산을 투입하는 것이 필요하다.

2) 매체 목표

광고 예산의 설정은 매체 목표의 직접적인 영향을 받게 된다. 예를 들어, 특정 광고 캠페인의 매체 목표가 1개월의 광고캠페인 기간 도달률 70%와 빈도 3회를 달성하는 것이라면, 총 210GRPs(=70×3)가 필요하며, 이를 확보하는 데 소요되는 매체 구입비용이 광고 예산이 된다. 즉, 광고캠페인에서 표적 수용자들로부터 기대하는 반응을 획득할 수 있는 적정 수준의 도달률과 빈도목표의 결정은 광고 예산의 설정에 직접적인 영향을 미치게 된다.

3) 제품수명주기

제품수명주기에 따라 광고 예산은 달라질 수 있다. 우리 제품이 도입기, 성장기, 성숙기, 쇠퇴기의 제품수명주기상에서 어디에 위치하느냐에 따라 광고 예산은 달라진다. 예를 들어, 도입기나 성장기에 있는 제품, 또는 시장에서 제품을 새롭게 재런칭하는 경우에는 많은 광고 예산이 필요하다. 그러나 쇠퇴기에 있는 제품은 전자의 경우보다 적은 광고 예산이 필요할 것이다. 또한 성숙기에 접어든 제품의 경우 광고보다 판매촉진 및 인적판매 등의 역할이 커지게 되기 때문에 소비자 및 중간상을 대상으로 하는 판매 촉진 비용과 직접마케팅 비용이 증가한다.

4) 경쟁기업의 광고활동

경쟁기업의 광고활동은 광고 예산의 결정에 큰 영향을 미친다. 특히 경쟁이 치열한 시장의 경우 경쟁기업의 광고활동은 기업의 광고 예산 편성 등 광고활동에 직접적인 영향을 미치게 된다. 예를 들어, 경쟁기업이 많은 광고 예산을 책정하여 시장에서 광고활동을 공격적으로 전개한다면 장기적으로 기업의 시장에서의 지위 유지 및 강화에 위협이 될 수 있다. 따라서 기업은 시장에서의 자사 브랜드에 대한 소비자의 기억과 마음 점유율을 지속적으로 유지, 강화하고, 시장에서의 경쟁기업과 관련한 상대적 지위를 유지해 나가기 위해서 경쟁기업에 상응하는 광고 예산을 편성하는 등 경쟁기업의 광고활동에 적절하게 대응하여야 한다. 따라서 광고 예산을 설정하는 데 있어서 경쟁자의 최근 광고 예산의 사용방법과 규모에 대해 심도 있는 분석을 해야 한다. 아무리 광고 목표에 부합하는 최적의 광고 예산을 결정했다고 하더라도, 경쟁자가 우리보다 5~10배가 넘는 광고 예산을 사용한다면 경쟁광고에 압도당하여 우리 제품의 광고는 소비자에게 아무런 영향을 미치지 못할 수 있다.

5) 지불 능력

광고 예산은 기업의 지불 능력을 감안하여 책정하여야 하며, 무리한 광고 예산의 투입으로 기업에 큰 위험부담을 주어서는 안 된다.

6) 비상계획

광고캠페인의 목표달성에 필요한 적정 수준의 광고 예산을 편성함과 아울러 예측 불가능한 사태와 시장 환경 변화에 대비하여 사전에 일정한 수준의 예비 예산을 준비해야 한다. 예를 들어, 광고캠페인의 목표에 맞추어 적정 광고 예산을 설정했지만, 캠페인 중기에 새로운 경쟁자가 뛰어들어 과도한 광고비를 집중시킨다면, 그에 대응할 수 있는 비상계획(contingency plan)이 마련되어야 한다.

4. 광고 예산의 배분

광고 예산의 배분은 광고 예산 혹은 광고자원을 표적 수용자, 광고 타이밍(timing), 지리적 범위, 매체 유형과 같은 요인에 따라 어떻게 효율적으로 배분할 것인가에 관한 의사결정을 말한다. 광고 예산의 배분에는 표적 수용자별 배분, 지역별 배분, 시간대별 배분, 매체 유형별 배분 등이 있다. 예를 들어, 광고캠페인의 표적 수용자별 배분은 표적 수용자를 중요도에 따라 1차 및 2차 표적 수용자 등으로 구분할 경우 어떤 표적 수용자에게 더 많은 비중을 둘 것이며, 지역별 배분은 지리적 범위와 중요도에 따라 광고 예산을 각 지역에 어떻게 할당할 것이며, 시간대별 배분은 광고캠페인 기간 월별 혹은 주별로 광고 예산을 어떻게 효율적으로 배분할 것인가를 말하며, 매체 유형별 배분은 매체 유형에 따라 광고 예산을 어떤 비중으로 차등 배분할 것인가를 말한다. 이들 네 가지 유형의 광고 예산배분 중 시간대별 배분을 매체 스케줄링(media scheduling)이라고 하며, 매체 유형별 배분을 미디어 믹스(media mix)라고 한다. 즉, 광고 예산의 배분은 특정 표적 수용자층, 지역, 타이밍, 매체 유형의 상대적 중요도에 따라 결정된다.

[그림 17-9] 광고 예산의 배분 전략

제**4**부

광고 매체의 유형 •

방송 매체

1. TV

1959년 최초로 전파를 발사한 TV는 2000년대 이후에 새로운 방송통신 융합형 및 모바일 플랫폼들이 등장하면서 새로운 형태로 진화하고 있다. 2002년에 스카이라이프로 알려진 위성 디지털방송 서비스가 제공되기 시작하였고, 2005년 디지털 케이블로의 전환과 함께 2010년 IPTV와 같은 새로운 방송통신 융합형 매체가 등장하였다. 특히 2013년부터 지상파TV가 디지털 방식으로 전환되면서 현재 우리나라에서 서비스 중인 디지털 TV 방송은 지상파 디지털 TV, 디지털 케이블방송, 위성방송, IPTV, DMB 방송을 포함한다.

TV는 광범위한 도달력과 높은 타깃 접촉률로 오랫동안 광고효과가 가장 높은 매체로 자리를 잡아 왔으나, 최근에 디지털 광고의 급성장으로 성장세가 둔화하고 있으며, 2012년 이후에는 디지털 광고에 시장점유율 1위 자리를 내어 주었다. 제일기획에 의하면 2021년 기준 TV 광고 매출액은 지상파TV, 라디오, 케이블/종편, IPTV, 위성/DMB을 합쳐 총 광고비 13조 9,889억 원 중에서 4조 원으로 디지털 광고(53.7%)에 이어 시장점유율(28.6%) 2위를 차지하고 있다. 이 중 지상파TV가 1조 3,659억 원, 라디오가 2,250억 원, 케이블/종편이 2조 1,504억 원, IPTV가 1,056억 원, 위성방송/DMB가 1,533억 원을 차지하고 있다. 지상파TV는 종합편성채널과 IPTV의 성장 등으로 방송 광고시장에서 광고비 점유율이 지속적으로 하락하고 있다.

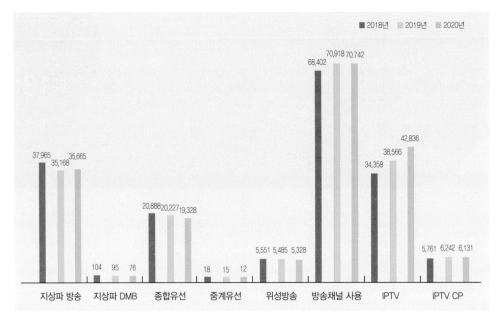

[그림 18-1] 방송 매체별 방송사업 매출 추이(단위: 억 원)

출처: 과학기술정보통신부, 방송통신위원회(2021. 12. 27.).

　　TV 광고는 큰 화면으로 시청각 정보를 동시에 제시함으로써 수용자를 감정적으로 몰입시킬 수 있는 장점이 있으며, TV가 거의 모든 가정에 보급되어 있는 현실을 감안할 때, 광고비는 많이 들지만 CPM과 CPRP를 고려할 때 효율적인 매체이다. 그러나 TV 플랫폼의 유형에 따라서 광고 유형, 초수, 허용량, 중간광고 허용 여부 등의 광고규제와 광고 판매방식 및 광고요금체계 등이 각기 다르므로 미디어 플래너는 이를 숙지하고 있어야 효율적인 매체 기획을 할 수 있다.

　　디지털 TV가 등장함에 따라서 과거 아날로그 TV 중심의 광고환경은 급변하였다. 디지털 TV는 아날로그 방식의 TV에 비해 5~6배 선명한 화질의 영상뿐만 아니라 각종 데이터 정보를 실시간에 고객에게 서비스해 줄 수 있게 되었다. 특히 디지털 케이블TV, IPTV, 디지털 위성방송 등의 상향채널(return channel)을 갖춘 디지털방송은 양방향 데이터방송 서비스를 활용하여 양방향 광고(two-way or interactive ad), 디지털 오디오 채널, 양방향 프로그램 안내, 뉴스, 날씨, 교통, 여행, 여성, 문화 등 각종 생활 정보 검색, T-메일, T-게임, T-commerce 등의 다양한 양방향 데이터 서비스를 제공할 수 있다. 이들이 제공하는 양방향 서비스는 단순한 이미지와 정보전달 중심의 광고에서 벗어나서 소비자가 광고 시청 중 광고물에 대한 평가와 브로슈어와 할인 쿠폰 등 추가 정보 요청, 이벤트 참여, 제품구매도 가능하게 한다.

　디지털 케이블TV, IPTV, 디지털 위성방송은 소비자의 광고 및 제품 정보에 대한 통제권을 증가시켜 송신자에서 수신자로 이어지는 단선적인 커뮤니케이션에서 벗어나 소비자와의 상호작용적 커뮤니케이션이 가능한 양방향 광고환경을 조성할 것으로 기대된다. 이러한 이유로 디지털방송 환경에서 광고는 소비자를 더 세분화하고 소비자와의 상호작용을 중시하며, 광고를 세일즈 프로모션, 이벤트, 제품홍보(publicity) 등의 IMC 프로그램과 융합시키는 새로운 전략이 요구된다.

〈표 18-1〉 **국내 방송 플랫폼 유형**

구분	지상파TV	케이블TV	종합편성채널	위성TV	IPTV	지상파 DMB
사업자 수	네트워크4, 지역민방10	SO 118개, PP 200개 내외	4개	kt Skylife	3개	6개 사업자
인허가 유무	허가	SO 허가, PP 등록제	허가	허가	허가	허가
자체 콘텐츠	–	일부 운영	운영	운영	운영 가능	–
EPG서비스	불가	디지털식 기능	불가	가능	가능	가능
VOD	불가	일부 가능	불가	가능	가능	현재 불가
인터넷	불가	일부 가능	불가	가능	가능	현재 불가
서비스 특징 (유·무료)	고정방송(무료)	고정방송(무료)	고정방송(무료)	고정방송, 일부 이동(유료)	고정·이동형 방송(유료)	이동방송(무료)
커버리지	전국(권역별)	권역별	전국(권역별)	전국	전국	권역별
가입자 수	–	1,300만 가구	–	180만 가구	1,000만 가구	–
수익원	KBS는 수신료, 그 외 광고	SO 수신료, PP 광고	광고	수신료 중심, 일부 광고	수신료 중심, 일부 광고	광고
디지털 유무	HD 디지털화	부분 디지털	–	디지털	가능	디지털
양방향 유무	불가	디지털 셋톱박스 설치 시 가능	불가	가능 (전화 라인)	가능	가능
광고규제	강함	중간	중간	중간	중간	강함
수신기	일반 수상기	일반 수상기, 셋톱박스	일반 수상기, 셋톱박스	일반 수상기, 셋톱박스	일반 수상기, 셋톱박스	휴대폰, 차량, 이동기기

1) 지상파TV

지상파TV는 KBS1, KBS2, MBC, SBS, EBS와 iTV(인천방송) 및 PSB(부산방송)을 포함한다. 이 중 KBS1을 제외하고 모두 광고 방영이 가능하다. 지상파TV는 전파가 거의 모든 가정에 도달한다는 점을 감안할 때, 광고비는 많이 들지만 비용 효율적인 매체이다. 그러나 시청률이 높은 프로그램에 광고가 집중되는 등 매체 클러터가 심하며, 일방적인 메시지 전달로 인한 수용자의 피로감 누적으로 재핑 등 광고 회피 현상도 심하다는 점이 단점으로 지적된다. 또한 케이블TV 및 IPTV와 달리 프로그램 중간에 광고를 할 수 없다는 점도 광고 매체로서 지상파TV의 경쟁력을 떨어뜨리는 요인이 되고 있다.

지상파TV 광고는 프로그램 광고, 토막광고(spot ad), 중간광고, 시보 광고, 자막광고(ID, 곧이어), 협찬광고가 있으며, TV 광고의 종류마다 시간 유형이 다르고 제한규정이 있다. 프로그램 광고는 프로그램의 스폰서로 참여하여 본 방송 전후에 방송되는 광고를 말하는데, 기본적으로 15초이며 프로그램 전체 시간의 10/100만이 허용된다. 토막광고는 정규 프로그램 광고를 제외한 자투리 공간이나 시간대를 활용한 광고로서 주로 프로그램과 프로그램 사이에 행해지는 광고를 말한다. 토막광고는 20초가 가장 많으며 1시간당 2회, 한 회당 90초만 허용한다. 중간광고는 TV 프로그램 중간에 삽입되는 광고로서 2021년 7월에 도입되었다. 중간광고의 장점은 프로그램 중간에 노출되므로 시청자의 광고 회피 행동을 최소화할 수 있으며, 방송 내용의 긴장감이 막바지에 달했을 때 삽입하면 효과가 극대화된다. 반면 시청 흐름을 방해하기 때문에 프로그램 중간에 광고를 넣는 것에 대한 시청자의 거부감이 크다는 것이 단점이 지적된다. 따라서 프로그램의 흐름을 해치지 않고 자연스럽게 보일 수 있도록 하는 크리에이티브 기술이 필요하다.

〈표 18-2〉 **지상파TV 광고의 유형**

광고 유형	광고 초수	허용량(제한 규정)
프로그램 광고	15초	프로그램 시간의 10/100 이내 가능
토막광고	20초, 30초	시간마다 2회(보통 30초 1, 20초 3), 4건 이내
중간광고	매회 1분 이내	45분 이상 프로그램은 1회, 60분 이상 프로그램은 2회, 90분부터는 30분당 1회씩 추가, 180분 이상은 최대 6회까지 가능
자막광고 (이어서, 곧이어, ID)	10초	매시간 6회 이내, 1회 10초 이내, 자막의 크기는 화면의 1/4 이내

시보 광고	10초	법령에는 명시되어 있지 않음
협찬광고	–	공공기관/공공단체의 협찬에 한함. 지방사는 기업협찬 허용
간접광고(PPL)	–	해당 방송프로그램 시간의 5/100 이내. 크기는 화면의 1/4 이하
가상광고	–	해당 방송프로그램 시간의 7/100 이내. 크기는 화면의 1/4을 초과하면 안 됨

출처: 「방송법 시행령」.

자막광고는 TV 화면의 방송국 명칭 고지나 방송 순서의 고지 시에 자막으로 방송하는 광고를 말한다. 자막광고에는 이어서(곧이어)나 ID(국명 고지 광고)가 있다. 시보 광고는 방송 시간 고지 시에 제공 형태로 하는 광고이다. 시보 광고는 매시간 시보와 함께 행해지는 광고로 1회에 10초를 할 수 있다.

협찬광고는 프로그램 종료 부분에 TV 프로그램에 제작비나 상품을 협찬하는 협찬사와 협찬 내용을 화면과 멘트(ment)를 통해 시청자에게 밝히는 광고이다. 협찬 고지는 방송프로그램 및 방송 광고와 내용상 뚜렷이 구분되어야 한다. 건강, 안전, 풍속 등에 미치는 영향을 고려하여 대통령령으로 정하는 협찬을 받은 경우 협찬 고지를 할 수 없으며, 협찬 고지는 방송프로그램 및 방송 광고와 내용상 뚜렷이 구분되어야 한다. 협찬광고는 캠페인 협찬, 프로그램 제작 협찬이 있다. 캠페인 협찬은 공익적이고 긍정적인 메시지로 대중과 소통하는 40초간의 커뮤니케이션으로, 공공의 이슈를 홍보하고 브랜드 및 기업의 신뢰도를 목적으로 한다. 프로그램 제작 협찬은 다양한 장르의 프로그램 내용이나 형식과 결합함으로써 브랜드 및 기업의 인지도와 호감도를 제고할 수 있는 상품이다. 협찬광고의 크기는 화면의 1/4 이내로 제한되어 있으나 브랜드나 제품의 직접 노출을 통하여 상대적으로 저렴한 광고비 대비 큰 주목 효과를 얻을 수 있으며, 프로그램에 삽입함으로써 재핑의 우려를 감소시킬 수 있다. 협찬광고는 대부분의 예능 프로그램에 가능하며 주로 중소기업이나 교육기관 등의 공공단체만 참여할 수 있다. 협찬광고의 유형에는 캠페인 협찬과 프로그램 제작 협찬이 있다. 캠페인 협찬은 공익적이고 긍정적인 메시지로 대중과 소통하는 40초간의 커뮤니케이션으로, 공공의 이슈를 홍보하고 브랜드 및 기업의 신뢰도 제고를 목적으로 한다. 프로그램 제작 협찬은 다양한 장르의 프로그램 내용이나 형식과 결합함으로써 브랜드 및 기업의 인지도와 호감도를 높일 수 있다. 협찬광고의 사례로는 "이 프로그램에 참여하신 분들에게는 ○○ 대학에서 백화점 상품권을 드립니다."를 들 수 있다.

간접광고는 드라마와 예능 등의 방송프로그램 안에서 상품을 소품으로 활용하여 상품, 상표, 회사 등의 명칭이나 로고 등을 노출하는 형태의 광고로서 PPL(product placement)이라고도 한다. PPL은 프로그램 내에 다양한 방식으로 제품 및 브랜드를 직접 노출함으로써 자연스럽게 콘텐츠와 결합한 홍보 효과를 기대할 수 있다. 간접광고는 교양 또는 오락에 관한 방송프로그램에만 허용된다. 다만, 어린이를 주 시청대상으로 하는 방송프로그램이나 보도, 시사, 논평, 토론 등 객관성과 공정성이 요구되는 방송프로그램에는 허용되지 않는다. 상품이나 로고 등의 노출 시간은 해당 방송프로그램 시간의 5/100 이내, 크기는 화면의 1/4 이내로 허용된다. 간접광고는 침체된 방송 광고 시장을 활성화하는 긍정적인 효과가 있는 반면, 과도한 PPL로 프로그램에 몰입을 방해하기도 하고 이야기 흐름을 망치기도 함으로써 방송의 상업화와 프로그램의 질 저하를 초래하는 단점이 지적된다.

가상광고는 2009년 「방송법」 개정으로 도입되었으며, 방송프로그램에 컴퓨터 그래픽을 이용하여 만든 가상의 이미지를 삽입하는 형태의 광고를 말한다. 가상광고는 운

캠페인 협찬

제작 협찬

간접광고

가상광고

[그림 18-2] 캠페인 협찬, 제작 협찬, 간접광고, 가상광고의 예

출처: PD 저널(2018. 2. 23.).

동경기를 중계하거나 오락에 관한 방송프로그램에 한해 허용되며, 다만 어린이를 주 시청대상으로 하는 오락 방송프로그램은 허용되지 아니한다. 가상광고의 시간은 해당 방송프로그램 시간의 7/100 이내, 크기는 화면의 1/4 이내로 한다. 다만, 운동경기를 중계하는 방송프로그램 가상광고의 경우 경기장에 설치되어 있는 광고판을 대체하는 방식이거나 우천으로 인한 운동경기 중단 등 불가피한 사유로 해당 방송프로그램 시간 이 변경되는 경우에는 가상광고의 시간에 제한을 두지 않는다.

(1) 지상파TV 광고의 방영순서와 시급

TV 광고는 방송편성표와 광고의 유형에 따라서 순서대로 게재된다. TV 방송 광고는 프로그램 광고(전CM), 프로그램 광고(후CM), 자막광고(곧이어), 토막광고, 자막광고(국 명 고지)의 순으로 진행된다. 예를 들어, 〈표 18-3〉에서 보이듯이 일일연속극이 방송 되기 전후에 방영되는 광고를 프로그램 광고라고 한다. 프로그램 광고는 프로그램 방 송 전에 방영되는 광고를 전CM, 프로그램 방송 후에 방영되는 광고를 후CM이라고 한 다. 전CM 광고는 프로그램의 타이틀곡이 나온 후에 프로그램의 스폰서로 참여하는 광 고주들의 소개가 끝난 후 방영된다. 반면에 후CM 광고는 프로그램이 끝나자마자 프로 그램 타이틀곡이 나오기 전 방영되는 광고를 말한다.

프로그램 광고가 끝나면 이어서 '곧이어 9시 뉴스를 보내드리겠습니다.'라는 멘트 가 나가면서 화면 하단에 화면의 1/4 크기의 자막으로 된 자막광고가 10초간 방영이 된다. 자막광고가 끝나면 다음 프로그램이 시작되기 전 90초간 광고(1개의 20초 광고, 1개의 30초 광고)가 나가는데 이를 토막광고라고 한다. 토막광고가 끝나면 방송프로그 램 예고가 나오고, 이어서 'ㅇㅇㅇ 방송'이라는 멘트가 나오면서 화면 하단에 자막광 고가 나오는데, 이를 국명 고지(ID) 광고라고 한다. 자막광고는 이어서(곧이어)와 국 명 고지 광고(ID 광고)의 두 종류가 있다. 9시 뉴스 프로그램의 경우 15초짜리의 여러 개의 전CM 광고가 나간 후 정확하게 8시 59분 50초가 되면 '삼성전자 애니콜이 8시 를 알려드립니다.'라는 멘트가 나오는데, 이를 시간을 고지한다고 하여 시보 광고라 고 한다.

TV 방송의 시급은 편성시간의 등급을 의미하며, 방송 시간대를 4개의 단위로 구분한 것이다. 시급은 시청률, 라이프스타일, 광고주 선호도 등으로 산출되는 시간대의 가치 를 나타내며, 시청자들이 어느 시간대에 TV를 많이 보고, 어느 시간대에 적게 보는지

〈표 18-3〉 TV 광고 방영순서

시간대	프로그램 순서	광고 순서
20:00~20:54	일일연속극	타이틀 송 프로그램 시청 전(전 CM) 프로그램 시청 프로그램 시청 후(후 CM) 타이틀 송
20:54~20:55	곧이어 9시 뉴스를 보내드리겠습니다.	자막광고(곧이어)
	Station Break	토막광고
20:55~21:54	9시 뉴스 본 방송	방송프로그램 예고 방송사 국명 고지(자막광고) 시보 광고 프로그램 시청 프로그램 시청 후(후 CM) 프로그램 종료 자막

를 구분해 놓은 것이다. 시급은 현재 시청률 예상지수, 장르별 특성, 매체별 초당 요금 등을 고려해 만든 프로그램 광고의 기준요금이 확립되기 이전에는 방송 광고요금을 산정하는 결정적 요인이었으며, 지금도 토막광고와 자막광고의 단가를 산정할 때 기준이 된다. 즉, 토막광고와 자막광고의 경우 프로그램 광고와 달리 시급, 초수 그리고 방송권역(전국, 서울, 부산, 대구, 광주, 마산권)별로 광고단가가 책정된다. TV 광고 시급은 평일과 토요일, 일요일에 따라 각각 다르다. 평일 SA시급은 오후 8시부터 11시까지이고, 토요일은 오후 7시부터 11시, 일요일은 오후 7시부터 11시 30분까지이다. SA시급의 광

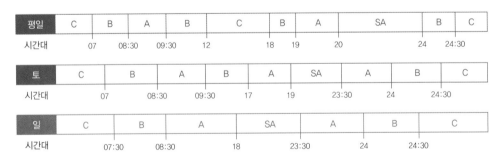

[그림 18-3] TV 광고의 시급

출처: 한국방송광고공사.

고요금이 가장 비싸다. 전체 방송 광고비 중 시급별 구성비를 살펴보면 SA급 4%, A급 34%, B급 17%, C급 4% 순으로 되어 있다.

(2) 지상파TV 광고의 판매방식과 요금책정

지상파TV 광고는 방송 광고 판매회사인 미디어렙(media rep)을 통해 판매된다. KBS 와 MBC는 공영방송 미디어렙인 한국방송광고공사(KOBACO), SBS는 민영방송 미디어 렙인 SBS M&C를 통해 광고요금이 책정, 판매된다. 광고주가 지상파TV 광고를 하려면 광고주가 직접 광고공사에 청약하거나 광고회사의 방송 매체팀을 통해 미디어렙에 의 뢰하면 된다. 미디어렙은 청약된 광고물을 방송사에 의뢰하고 방송사는 광고회사 방송 매체팀을 통하여 미디어렙으로부터 전달받은 광고물(CM)을 프로그램 편성일에 맞춰 편집하여 광고를 방영(on-air)하게 된다. 광고 집행 후 방송 매체팀은 모니터링을 통하 여 광고가 제대로 집행되었는지 확인한다. 방송사는 방송된 총 광고비의 19%를 수탁 수수료로 미디어렙에 지불하며 미디어렙은 방송사로부터 받은 19%의 수탁수수료 가 운데 방송발전기금 6% 이내, KOBACO 운영비 2%, 기타 세금 1%을 제외한 약 11%를 광고회사 대행수수료로 지불한다.

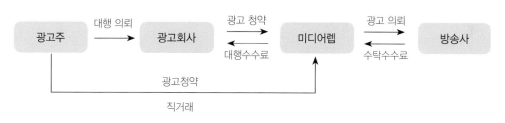

[그림 18-4] 지상파TV 광고의 판매과정

방송 광고의 판매방식은 판매 기간 기준으로 살펴볼 경우 업프론트, 정기물, 임시물 로 구분된다. 업프론트(upfront)는 6개월 이상 장기물로 판매하여 판매자와 구매자가 안정적으로 거래하는 판매방식을 말하며, 정기물은 기본적으로 3개월 단위나 1~5개 월까지 탄력적으로 판매가 가능한 광고를 말한다. 임시물은 정기물 판매 이후 잔여 물 량에 대해 일반적으로 단 건에서 1개월 이하로 월 중에 판매하는 방식이다. GRPs 보장 판매는 광고주가 정기물로 구매한 방송프로그램에 대하여 방송 광고 계약 기간 내에 한국방송광고공사가 광고주와 상호 합의한 총 시청률을 보장해 주는 제도로서 광고주에게는 유리한 판매방식이다. 선매제(preemption) 판매는 제시금액이 높은 구매자가 우선으로 선매하는 방식을 말한다. CM 순서 지정 판매는 광고주가 CM 지정료를 추가로 부담하여 청약 프로그램의 CM 위치를 지정하는 제도로서 지정료는 기준요금 대비 10% 이상(5% 단위, 상한 폭 없음)에 달한다.

이 밖에 다양한 보너스 제도, 할인 및 할증제도, 그리고 여러 개의 광고상품을 묶어서 판매하는 패키지상품을 도입하여 광고주의 요구에 탄력적으로 대응하고 있다. 보너스상품에는 기간 및 볼륨 보너스, 비수기 보너스, 1+1 보너스, 신규 광고주 보너스, SBS Royalty Bonus 등과 같은 상품들이 있으며 패키지상품에는 장르별 패키지, 시간대 패키지상품, 타깃 맞춤형, 시간대 집중형(프라임 타임, 주중 평일), 할인 패키지, 뉴스 패키지, 일일/아침드라마 패키지, 크로스미디어 패키지 등의 다양한 상품들이 있다. 할인상품에는 30초 이상 장초수 할인 등이 있다. 또한 드라마 시청률이 기준 시청률(일반적으로 10%) 대비 일정 수준 하락 시 추가 보너스를 제공하는 드라마 시청률 보상 제도를 운영하고 있다.

⟨표 18-4⟩ **지상파TV의 광고 판매방식**

판매방식	내용
업프론트	6개월 이상 장기물로 광고패키지를 판매하여 판매자와 구매자가 안정적으로 거래하는 판매방식
정기물	업프론트 잔여물량을 통상 월 단위로 판매하는 방식(1~5개월)
임시물	정기물 판매 이후 잔여 물량에 대해 일반적으로 단 건에서 1개월 이하로 월 중에 판매하는 방식
GRPs 보장판매	광고주가 정기물로 구매한 방송프로그램에 대하여 방송 광고 계약 기간 동안 한국방송광고공사가 광고와 상호 합의한 총 시청률을 보장해 주는 제도(프로그램 수시교체 보상제)
선매제 판매	사전에 지정한 특정 프로그램과 SB를 대상으로 더 높은 요금을 제시하는 광고주에게 판매하는 제도로서 통상 1개월 단위이며, 신청률은 기준요금 대비 80% 이상(5% 단위, 상한 폭 없음)
CM 순서 지정 판매	CM 순서를 지정할 수 있는 판매방식

출처: 한국방송광고공사.

2) 케이블TV(종합유선방송)

케이블TV는 1995년에 첫 방송을 시작한 이래 2005년에 디지털 케이블방송 서비스가 상용화되면서 채널의 수도 150개로 증가하였고 가입자 수도 2014년을 기준으로 1,478만 가구에 달한다. 케이블TV는 PP(Program Provider), SO(System Operator), 그리고 NO(Network Operator)로 구성되어 있다. PP는 뉴스 보도, 영화, 스포츠, 교양, 드라마, 음악, 요리, 어린이/만화 등 전문분야별로 프로그램을 제작하여 SO에게 공급하는 프로그램 공급사이며, SO는 이들 프로그램을 공급받아 가입자에게 전송하는 종합유선방송국 사업자를 말한다. 2022년 2월에 케이블TV의 아날로그 방송 서비스가 종료되고 대부분의 SO가 디지털 전환을 완료하였다. NO는 한국전력 및 한국통신과 같은 전송망 사업자로서 유선 케이블망의 구축을 담당한다. 이처럼 케이블TV는 지상파TV와 달리 전문분야별로 프로그램 제작이 되어야 할 뿐만 아니라 가입자를 확보해야 하며, 또한 유선 전송망도 구축해야 한다.

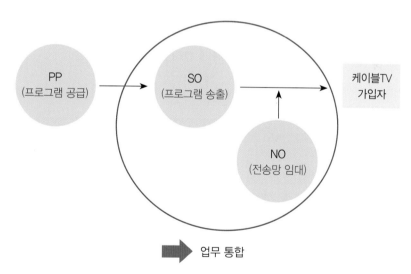

[그림 18-5] 케이블TV 산업의 구조

출처: allreport (2023. 1. 13.).

1999년 「종합유선방송법」 개정으로 PP, SO, NO의 겸영이 허용되면서 1개의 사업자가 여러 개의 SO나 PP(MSO, MPP), 그리고 SO와 PP를 동시에 소유하는 것(MSP)이 가능하게 되었다. MSO(Multiple SO)는 여러 개의 SO를 가진 복수종합유선방송사업자,

MPP(Multiple PP)는 여러 개의 PP를 가진 복수 PP 사업자, MSP(Multiple SO & PP)는 PP와 SO 사업을 같이 하는 사업자를 말한다. 현재 가장 많은 PP를 소유한 MPP는 18개의 PP를 소유한 CJ E&M이며, 가장 많은 SO를 소유한 MSO는 전국적으로 23개의 방송국을 소유한 CJ헬로비전과 15개의 방송국을 소유한 T-Broad가 있으며, 가장 대표적인 MSP 사업자도 CJ E&M이다.

디지털 케이블TV는 지상파 디지털 TV처럼 HD(High Definition)급의 고화질이 보장된다. 또한 광케이블 및 디지털 압축 기술의 발달로 대용량 정보 전송이 가능하므로 현재보다 4~5배 더 많은 400개 이상의 다채널 서비스를 제공할 수 있으며, 케이블망 자체를 상향채널로 활용할 수 있어서 지상파 방송이나 디지털 위성방송에 비해서 양방향 데이터방송 서비스를 제공하는 데에 유리하다. 디지털 케이블TV는 디지털 다채널 서비스와 이를 효율적으로 이용하는 것을 도와주는 전자 프로그램 가이드(Electronic Program Guide: EPG), 영화나 교육용 콘텐츠 등이 주요 장르로 예상되는 VOD(Video On Demand),[1] PPV(Pay Per View),[2] 생활 정보 검색 서비스, 양방향 광고(two-way or interactive ad), T-commerce, T-메일과 같은 각종 양방향 데이터방송 서비스를 제공해 준다. 또한 디지털 케이블TV는 방송, 통신, 인터넷 등을 동시에 제공하는 트리플 플레이 서비스(Triple Play Service: TPS)를 가능하게 한다.

〈표 18-5〉 케이블TV의 PP사업자 및 장르별 현황

장르/구분	MPP	지상파PP	독립PP	공공 및 의무송신채널
종합편성채널	TV조선, 채널A, JTBC, MBN	–	–	
엔터테인먼트	tvN,[1] ETN, YTN Star,[3] iHQ[3]	KBS Joy,[7] MBC every1,[7] SBS funE[7]	채널S	
영화	OCN,[1] OCN Movies,[1] Catch On,[1] OCN Movies2,[1] Screen,[2] CINEf [2]	MBC Music[7]	–	–

1) Video On Demand(주문형 비디오)의 약자로, 다시보기 기능을 통하여 이미 방영된 프로그램을 유료로 다시 시청하는 서비스를 말한다.
2) Pay Per View의 약자로, 원하는 영화나 프로그램을 유료로 다시 볼 수 있는 서비스이다.

음악	M-net,[1] KMTV[1]	SBS MTV[7]	–	–
드라마	Dramacube,[2] FOX,[2] iHQ Dramax[3], AXN,[3] 더드라마,[3] ENA Drama,[4] 드라마하우스[5]	KBS 드라마,[7] MBC 드라마넷,[7] SBS Plus[7]	–	–
스포츠	J Golf,[5] 바둑TV[1]	JTBC Golf,[5] KBS N Sports,[7] MBC Sports+,[7] SBS Sports,[7] SBS Golf[7]	–	–
보도/정보/경제	–	SBS Biz[7]	한국경제TV, 매일경제TV, 서울경제TV	YTN
교양/다큐/문화	JTBC2,[5] National Geographc,[1] ONT,[4] 디스커버리코리아[6]	KBS Life[7]	–	–
생활/여행/레저	채널 에버,[2] iHQ PLAY[3]	–	리빙TV, FTV	–
헬스	헬스메디TV[4]	–	–	–
어린이/만화/게임	투니버스,[1] 온게임넷,[1] CHAMP[2]	KBS Kids,[7] Nickelodeon[7]	재능TV	–
남성	FX[2]	–	–	–
여성	FashionN,[2] ENA STORY[4]	–	–	–
패밀리	채널 뷰(CH view)[2]	–	–	–
공공	–	–	–	KTV, 국회방송, 아리랑TV, OUN(방송대학TV)
종교	–	–	–	가톨릭 평화방송, 불교TV, 기독교TV
홈쇼핑	–	–	GS SHOP, 롯데 홈쇼핑, 현대 홈쇼핑, NS 홈쇼핑, CJ ONSTYLE, 홈앤쇼핑	–
외국/국제	중화TV,[1] CHING[4]	–	–	–

주: 1) CJ E&M, 2) T-cast, 3) iHQ(CU미디어), 4) KT 계열 skyTV, 5) 중앙그룹, 6) CMB 계열, 7) 지상파TV 계열

(1) 케이블TV의 광고 유형과 시급

케이블TV는 프로그램을 제작, 공급하는 PP가 광고주를 유치, 편성한다. 그러나 모든 광고를 독점 판매하는 지상파 방송 채널과 달리, PP는 해당 프로그램을 전송하는 SO에 일정 비율의 광고시간대를 할애해 준다. 이 시간대에 SO는 자신들이 프로그램을 전송하는 지역의 지역 광고주를 유치, 편성한다. 보통 PP와 SO의 광고 편성비율은 8:2로 분할된다.

케이블TV는 지상파TV처럼 프로그램 광고, 토막광고, 자막광고(ID, 곧이어), 시보 광고, 협찬광고, 가상광고가 있으며, 광고의 종류마다 크기와 시간 유형이 다르며, 제한 규정이 있다. 프로그램 광고는 프로그램 중간, 전, 후에 하는 광고를 포함하며, 광고의 길이는 15초와 30초를 포함한다. 프로그램 광고, 토막광고, 자막광고, 시보 광고의 길이, 크기, 제한규정은 지상파TV와 동일하다. 케이블TV 광고의 가장 큰 특징은 중간광고가 허용된다는 것이다. 중간광고는 하나의 TV 프로그램이 시작하고 나서 끝나기까지 프로그램 중간에 편성되는 광고를 말하며, 광고효과가 상대적으로 높은 것으로 알려져 있으나, 스포츠경기, 문화, 예술행사 등 장시간 방송되는 프로그램을 제외하고 중간광고가 허용이 안 되는 지상파TV에 대한 비대칭 규제의 주요 요인이 되고 있다. 중간광고는 45~60분 프로그램은 1회, 60~90분 프로그램은 2회, 90~120분 프로그램은 3회 이내로 1회당 최장 1분 이내로 제한된다. 또한 케이블TV는 인포머셜(informecial)[3]과 같은 장초수 광고가 허용되며, 골프와 같은 스포츠 채널의 경우 가상광고[4]가 활성화되어 있다. 인포머셜은 허가받은 6대 홈쇼핑 방송사(GS, 현대, 롯데, NS, CJ, H&S)를 제외하고 채널 사업권을 따내지 못한 일반 홈쇼핑들이 케이블TV의 광고시간대에 상품 광고를 방영하는 것으로서 현재 인포머셜 광고를 방영하고 있는 곳은 60여 곳이나 된다. 케이블TV의 광고 시급은 채널에 따라서 SA, A의 2등급에서부터 SSA, SA, A, B, C의

---

3) 정보(information)와 광고(commercial)의 합성어로, 상품이나 점포에 관한 상세한 정보를 제공해 시청자(소비자)의 이해를 돕는 광고기법을 말한다. 인포머셜은 1분 이상 30분 이하의 TV 광고로, 상품의 기능과 품질을 상세히 설명한 후 구매 전화번호를 알려 주는 형식이다. 통상 광고상품의 효과적인 실연(demonstration)을 보여 주면서 상품의 장점을 눈으로 확인시켜 주는 형식을 띠며 광고 방송이 진행되는 동안 시청자의 주문 전화를 처리하게 된다.

4) 가상광고는 2010년 「방송법 시행령」 개정안이 국무회의를 통과한 이후 합법적으로 실시되고 있다. 가상광고는 축구, 야구, 골프 등 운동경기 중계 프로그램에 한하며, 선수, 심판, 관중 위의 노출은 금지되어 있다. 가상광고의 크기는 전체 화면의 1/4 이내이고, 허용 시간은 프로그램 길이의 5/100이고 방송 전에 자막으로 고지해야 한다.

5등급까지 다양하며 SSA시급의 광고요금이 가장 비싸다.

(2) 케이블TV 광고의 판매방식과 요금책정

케이블TV의 광고 판매방식은 채널별 비용 단위로 판매하는 것이 일반적이며, 프로그램 단위로 판매하는 것은 많지 않다. 보통 1,000만 원을 지불하고 한 달에 몇 회 형태로 계약하는 경우가 대부분이다. 예를 들어, 1,000만 원을 내면 30초 기준 보너스 횟수를 포함하여 16~20회 광고를 내보낼 수 있다. 24시간 방송되는 케이블TV의 1회 광고비는 최대 60~70만 원에 달한다. 케이블TV 광고가 가장 비싼 시간대는 일반적으로 지상파 뉴스 및 드라마가 끝난 후인 오후 11시부터 새벽 2시까지이지만 PP에 따라 다르다. 어린이 만화 채널의 경우 학교나 유치원에서 돌아온 후인 오후 4시부터 저녁 9시까지가 광고비가 가장 비싼 시간대인 반면에 드라마 채널의 경우 오전 9~11시의 주부 시청이 집중된 시간이 가장 비싸다. 케이블TV도 지상파TV처럼 보너스 제도를 도입하고 있다. 즉, 거래질서의 유지를 위하여 현행 단가체계는 고수하면서 보너스율을 적용하여, 간접적으로 할인해 준다. 일반적으로 PP사가 적용하는 보너스율은 많게는 1,000%에 이른다. 케이블TV의 일부 PP사는 스폰서십 형태의 광고 영업을 전개하기도 한다. 스폰서십 형태의 광고란 광고주가 자사 제품의 이미지에 부합되는 프로그램에 대하여 제작비를 전액 혹은 일부 지원해 주는 것을 말한다. PP사는 그 대가로 광고주에게 PPL이나 광고시간 할애 등 상응하는 혜택을 제공해 준다.

3) 종합편성채널

2009년 신문·방송 겸영이 가능한 미디어 관련 법의 통과로 신문사들이 방송사를 운영하는 것이 가능해지면서 종합편성채널이 등장하였다. 종합편성채널(일명 종편채널)은 케이블TV, IPTV, 위성방송의 플랫폼들을 이용하여 주로 1~2가지의 장르로만 방송하고 있는 기존의 케이블방송사와는 달리, 예능, 드라마, 뉴스, 시사 보도, 교양, 예술 등 모든 장르에 걸쳐서 방송하는 것이 가능한 방송 채널을 말한다. 종합편성채널은 모든 장르를 편성한다는 점에서는 지상파와 차이점이 없으나 케이블TV, IPTV, 위성방송 플랫폼들을 통해서만 송출하기 때문에 여기에 가입한 가구만 시청할 수 있다. 또 하루 19시간으로 방송 시간을 제한받는 지상파와는 달리 24시간 종일 방송을 할 수 있다. 따라서 종합편성채널은 지상파TV와는 콘텐츠에서 케이블TV와는 케이블망을 공동으로 사용한다는 점에서 경쟁 관계에 놓여 있다.

현재 정부의 허가를 받은 종편채널은 조선일보 계열의 TV조선, 중앙일보 계열의 JTBC, 동아일보 계열의 채널A, 매일경제신문 계열의 매일방송(MBN) 등 4개의 방송사이다. 최근에 종합편성채널에서 자체 제작한 일부 드라마 및 예능 프로그램의 시청률이 높아지면서 광고 매체로서 영향력도 점점 더 커지고 있다. 특히 우리나라의 경우 전 국민의 80% 이상이 케이블TV, IPTV 혹은 위성방송을 시청하고 있기 때문에 향후 종편채널은 지상파TV에 맞먹는 영향력을 갖게 될 수 있다.

종편채널은 자체적으로 설립한 미디어렙을 이용하여 광고를 판매하고 있으며, 판매방식은 케이블TV와 유사하다. 정기물의 경우 청약금액에 따라서 1,000만 원을 지불하고 한 달에 몇 회 형태로 계약하는 경우가 일반적이다. 이 외에도 장기 소액 광고주 할인제, 신규 청약 우대제, 로열티 우대제 등 할인 및 우대제도와 다양한 유형의 패키지상품이 있다. 예를 들어, JTBC의 미디어렙인 J미디어렙의 경우 정기물 이외에 킬러 콘텐츠 집중형 상품, 테마형 상품, 콘텐츠 융합형 상품, 크로스 채널 상품 등의 다양한 패키지상품을 판매하고 있다. 킬러 콘텐츠 집중형 상품은 JTBC의 주요 인기 프로그램 위주로 패키지를 구성하여 SA시급(20~24시대)의 광고 비중을 최대 50%까지 높게 제공하는 상품이다. 테마형 상품은 연관성 높은 시간대 및 콘텐츠 위주로 구성된 패키지상품이다. 콘텐츠 융합형 상품은 다양한 유형의 PPL과 프로그램 콘셉트와 출연진 등을 활용하여 제작된 맞춤형 광고 위주로 구성한 광고패키지상품이다.

4) IPTV

IPTV(Internet Protocol Television)는 초고속 인터넷을 이용하여 정보 서비스, 동영상 콘텐츠 및 방송 등을 TV 수상기로 제공하는 서비스를 말한다. 인터넷과 TV의 융합이라는 점에서 디지털 컨버전스의 한 유형이라고 할 수 있다. IPTV의 등장은 상호작용성에 기반을 둔 양방향 광고를 출현시켰다. 양방향 광고는 소비자가 광고 시청 중 광고물에 대한 평가, 브로슈어 등 추가 정보 요청, 상품 견본, 할인권 등 프로모션 활동에 참여하고 제품구매 등을 리모컨으로 할 수 있는 광고라고 할 수 있다. 양방향 광고는 인터넷이나 유선 전화망과 같은 상향채널을 갖추고 있는 모든 형태의 디지털 TV 매체(IPTV, 디지털 케이블, 디지털 위성방송, 스마트TV 등)에서 구현이 가능하다. 현재 국내 IPTV 방송 서비스는 KT의 올레TV, SK브로드밴드의 브로드앤 TV, LGU+ TV의 3개의 IPTV 사업자에 의해 제공되고 있다. IPTV를 이용하기 위해서는 TV 수상기와 셋톱박스(set top box) 인터넷 회선이 필요하다. 즉, IPTV는 셋톱박스가 설치된 가입자의 TV를 초고속 인터넷망으로 연결하고 방송프로그램, VOD, 이메일, 그리고 쇼핑 정보 등의 부가 서비스를 양방향으로 제공한다. 따라서 컴퓨터에 익숙하지 않은 사람이라도 리모컨을 이용하여 간단하게 인터넷 검색은 물론 영화 감상, 홈쇼핑, 홈뱅킹, 온라인 게임 그리고 MP3 등 인터넷이 제공하는 다양한 콘텐츠 및 부가 서비스를 제공받을 수 있다.

IPTV는 방송콘텐츠를 제공한다는 점에서는 일반 케이블방송과 별다른 차이점이 없지만, 양방향성이 추가된다는 점이 큰 특징이다. IPTV는 일반 지상파 방송이나 케이블 방송과는 달리 시청자가 자신이 편리한 시간에 자신이 보고 싶은 프로그램만 선택적으로 볼 수 있게 하며, 인터넷 초고속 서비스도 가능해 '인터넷전화(VoIP)+초고속 인터넷+방송+이동전화서비스'를 동시에 구현하는 QPS(Quadruple Play Service)를 가능하게 한다. 즉, IPTV는 텔레뱅킹, 인터넷 메일, PVR 등의 콘텐츠 서비스와 VOD와 다채널 방송을 실시간으로 제공하면서 동시에 홈네트워크를 구현할 수 있다는 장점이 있다. 이러한 이유로 IPTV는 디지털 케이블TV의 강력한 경쟁상대로서 여겨진다.

(1) IPTV 광고의 분류

IPTV 광고는 기존의 방송 광고보다 훨씬 다양한 유형의 광고가 가능하나, 크게 소비자가 광고와 상호작용을 할 수 없는 단방향 광고(one-way ad)와 상호작용의 정도가 높은 양방향 광고로 구분할 수 있다. 단방향 광고는 단순 노출로 끝나는 광고로서 VOD(Video On Demand) 광고가 대표적인 유형이고, 양방향 광고는 전자프로그램 가이드(Electronic Program Guide: EPG, 홈 메뉴로도 불림) 내의 배너나 동영상 광고 혹은 광고나 프로그램을 보는 도중에 뜨는 트리거 배너(trigger banner)[5]와 같은 푸시형 광고에 노출 중 리모컨 조작을 통하여 인터넷 웹사이트와 같은 기능을 하는 광고주 전용 페이지(Dedicated Advertisers' Location: DAL)[6] 혹은 화면 하단의 마이크로사이트 형태의 이벤

---

5) 광고 혹은 프로그램을 보는 도중에 화면 좌측 상단에 나타나는 작은 이미지 형태의 푸시형 광고로서 리모컨의 조작을 통해서 광고주 전용 페이지로 이동할 수 있는 관문 역할을 한다.

트 창으로 이동할 수 있는 유형의 광고이다.

IPTV 양방향 광고는 또한 독립형 광고와 연동형 광고로 구분된다. 독립형 광고는 독립적인 데이터 채널 혹은 전자프로그램 가이드 내에 배너광고나 동영상 광고의 형태로 부가적인 정보를 제공하는 양방향 광고를 말한다. 연동형 광고는 광고 혹은 프로그램에 연동된 광고를 말한다. 연동형 광고는 시청자가 광고나 프로그램을 보는 도중에 트리거 배너나 팝업 창이 뜨면 이를 클릭하여 해당 광고와 연관된 DAL에 접속하여, 세부 상품 정보를 조회하거나 제품과 관련된 이벤트 혹은 프로모션에 참여할 수 있다. 연동형 광고는 인터넷을 상향채널로 하기 때문에 광고 연동형 광고(CIC), 프로그램 연동형 광고(CIP), EPG 연동형 광고, VOD 연동형 광고(CIV) 등을 포함하여 기술적으로 모든 형태의 광고가 가능하다.

CIC(CM in CM)는 광고 속에 광고를 삽입하여 해당 상품이나 서비스의 부가 정보를 제공하는 광고로서 광고 안에 상세한 정보를 담은 2차 광고를 삽입한 형태로 제공된다. 시청자는 이 광고 혹은 프로그램 화면에 뜨는 트리거 배너를 선택해 더 자세한 정보를 시간제한 없이 검색해 볼 수 있으며 리모컨으로 개인 정보를 입력, 경품이나 사은품 이벤트에 참가할 수 있다. CIP(CM in Program)는 프로그램 속에 삽입된 광고란 의미로, 프로그램에 부가되는 양방향 광고 형태이며, 드라마나 스포츠 같은 보통 프로그램을 보다가 중간에 소비자 의사에 따라 2차 광고에 링크될 수 있다. 예를 들면, 드라마를 보던 중, 주연 배우가 타고 있는 차를 구입하고 싶거나 더 알아보고 싶으면 소비자가 클릭하여 링크되는 서비스이다. CIC와 CIP는 실시간 방송 시청 중에 삽입되는 실시간 채널 연동형 광고라고 할 수 있다. EPG 연동형 광고는 전자프로그램 가이드 내에 배너나 동영상 형태로 삽입되는 형태의 양방향 광고이다. VOD 연동형은 VOD 프로그램 시청 중에 삽입되는 형태의 광고이다. 광고주는 이와 같은 연동형 광고를 통해 각종 프로모션과 이벤트를 실시하거나 제품 판매 혹은 더 세분화된 광고마케팅 활동을 위한 고객 정보를 수집할 수 있다.

---

6) 데이터 서비스 영역을 활용하여 광고주가 자사 제품과 서비스에 관한 보다 상세한 정보를 전달할 수 있도록 할 당된 TV 속의 사이버 전용공간이다.

〈표 18-6〉 IPTV 광고의 분류와 유형

단방향 광고		양방향 광고		
실시간 채널 광고	VOD 광고	실시간 채널 연동형	VOD 연동형	EPG 연동형
SB(Station Break) 광고[7]	Pre-Roll 광고	CIC(CM in CM)[8]		EPG 배너[9]
	Mid-Roll 광고[10]	CIP(CM in Program)[11]	CIV(CM in VOD)[12]	—
	Post-Roll 광고[13]	PPL(product placement)[14]		

출처: 김상훈, 이경렬(2010).

CIP의 트리거 배너광고

EPG 혹은 메뉴화면 배너광고

[그림 18-6] **트리거 배너광고, EPG 배너광고의 예**

출처: 김상훈, 이경렬(2010).

(2) IPTV 양방향 광고의 정보처리과정

양방향 광고도 디지털 광고와 마찬가지로 푸시형 광고[15]에 노출된 후 리모콘 조작을 통하여 랜딩 페이지에 해당되는 데이터방송 화면 혹은 광고주 전용 페이지로 넘어가서

---

7) 실시간 채널 광고시간(2분)에 노출되는 광고이다.

8) 광고 시청 중 트리거 배너 노출 후 DAL로 이동하는 광고이다.

9) EPG 노출 시 배너 형태로 노출되는 광고이다.

10) 프로그램 시청 중에 노출되는 광고이다.

11) 프로그램 시청 중 트리거 배너 노출 후 DAL로 이동하는 광고이다.

12) VOD 콘텐츠 시청 중 트리거 배너 노출 후 DAL로 이동하는 광고이다.

13) 프로그램 시청 후에 노출되는 광고이다.

14) 프로그램 속 소품으로 브랜드를 노출하는 것을 말한다.

15) 푸시형 광고에는 표출 형태에 따라 트리거(trigger, 광고 혹은 프로그램을 보는 도중에 화면 좌측 상단에 나타나는 작은 이미지 형태의 푸시형 광고로서 리모컨의 조작을 통해서 광고주 전용 페이지로 이동할 수 있는 관문 역할을 함), 인터랙티브 팝업(interactive pop-up), 인터랙티브 배너(interactive banner) 혹은 브랜드 채널 등이 있다.

메시지와 상호작용하게 된다. 따라서 고정형 플랫폼을 기반으로 하는 IPTV 및 스마트
TV와 같은 양방향 TV 광고는 양방향성 및 상호작용성이라는 차별화된 기술적인 특성
을 기반으로 하여 인터넷 배너와 SMS 기반의 모바일 광고처럼 3단계 정보처리과정을
거치게 된다.

양방향 광고 정보처리과정의 첫 번째 단계는 광고주에 의해 발송된 푸시형 광고(예:
트리거 배너 등)에 수동적으로 노출되는 단계이고, 두 번째 단계는 리모컨의 양방향 접
속 버튼을 눌러서 광고주 전용 페이지에 접속하는 단계이고, 세 번째 단계는 리모컨 조
작을 통하여 인터넷의 웹사이트에 해당되는 광고주 전용 페이지에 접속 후 광고콘텐츠
와 상호작용하는 단계이다. 소비자들은 광고주 전용 페이지에 접속한 후 추가 정보 탐
색과 이벤트에 참여하게 된다. 즉, 소비자들은 광고를 시청하면서 리모컨을 이용하여
광고주 전용 페이지에 접속한 후 의도적으로 광고물에 대한 평가와 브로슈어, 카탈로
그, 상품 견본, 할인권 제공 등의 추가적인 정보를 요청할 수 있으며, 직접 상품을 구매
할 수도 있다. 따라서 광고 메시지에 대한 수용자들의 구체적인 반응을 획득하기 위해
서는 광고주 전용 페이지에 접속한 후 추가 정보제공 및 상품 주문 화면에 대한 이용자
들의 자발적이고 능동적인 참여가 이루어져야 한다.

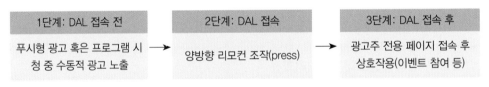

[그림 18-7] 양방향 광고의 정보처리과정

5) 디지털 위성방송

디지털 위성방송은 적도 36,700km 상공에 위치한 위성의 방송용 중계기에 지상 지
구국을 경유하여 방송 전파를 발사하고 이를 다시 위성중계기가 증폭, 변조하여 지상
으로 재전송한 전파를 가정에서 수신하는 방송을 말한다. 위성방송은 초기에 통신위성
을 이용하여 전송하는 프로그램을 지상의 방송사업자나 케이블TV 사업자가 수신하여
이를 다시 지상파나 케이블을 통해 각 가정에 재전송하는 방식이었다. 이후 직접위성
방송(Direct Broadcast Satellite: DBS)이 등장한 이후에는 가정에서 소형 접시형 안테나를
설치하여 위성으로부터 방송 전파를 직접 수신하는 것이 가능해졌다.

디지털 위성방송은 아날로그 방송에 비해 화질과 음질이 뛰어나며, 지형 및 지상의 기후와 관계없이 방송수신이 가능하므로 전파의 도달 범위가 넓고 기존의 지상파 방송이 도달할 수 없는 난시청 지역을 해소할 수 있다는 장점을 들 수 있다. 또한 위성의 방송용 중계기의 탑재능력이 향상되고 디지털 비디오 및 오디오 압축 기술이 발전함에 따라 적어도 수십 개, 많으면 수백 개의 다채널 서비스를 제공할 수 있으며, 방송주파수의 틈새 대역을 활용하여 TV 화면에 방송프로그램 관련 정보와 날씨, 뉴스, 교통 등의 각종 생활 정보는 물론 T-commerce와 양방향 광고 등의 다양한 양방향 데이터방송 서비스를 제공할 수 있다. 반면에 디지털 위성방송의 단점으로는 전파의 월경 현상, 위성의 짧은 수명과 고장 시 수리불가, 무단 수신 및 도청의 가능성 등을 들 수 있다.

현재 우리나라의 경우 위성방송사업자인 KT 스카이라이프(KT Skylife)가 KBS, MBC, SBS 등 지상파 채널, 홈쇼핑, CNN · NHK 등 외국방송 채널, 영화 · 뉴스 · 스포츠 · 음악 · 오락 · 교육 · 다큐멘터리 등 전문채널, PPV 채널, 31개 오디오 채널 등을 포함하여 2014년 기준 모두 212개 채널을 서비스하고 있다. KT 스카이라이프는 2003년부터 스카이터치(SkyTouch) 채널을 통하여 양방향 데이터방송 서비스를 제공하고 있다. 스카이터치가 제공하는 양방향 데이터방송 서비스는 크게 독립형 서비스(virtual channel service)과 프로그램 연동형 서비스(enhanced type service)로 구분된다. 독립형 서비스는 독립된 데이터방송 전용 채널(스카이터치의 경우 ch20, 100)을 통해 증권, 날씨, 운세, 교통상황 등 각종 부가적인 정보를 제공하는 서비스로 영상신호 없이 문자와 그래픽만으로 이루어져 인터넷 웹페이지와 유사하다. 독립형 서비스에서는 뉴스, 날씨, 운세, 여행, 교육, 여성, 문화, 재테크 등 각종 생활 정보뿐만 아니라 주식, 금융거래, 쇼핑 등 각종 데이터방송을 이용할 수 있다. 반면에 프로그램 연동형 방송 서비스는 기존 방송프로그램에 데이터를 연동한 서비스로 시청자들은 방송프로그램을 시청하면서 등장인물 및 배경장소 등 프로그램과 관련된 정보를 검색하거나 프로그램 관련 이벤트 참여 및 쇼핑 등 각종 데이터방송을 이용할 수 있다. 최근에 KT 스카이라이프는 KTH(KT Hitel Co.)와 공동으로 방송프로그램을 시청하면서 프로그램 방송 중 연관 상품에 대한 정보 제공, 이벤트 참여, 제품구매 등이 가능한 콘텐츠 연동형 T-commerce 서비스를 개시하였다. 예를 들어, 시청자가 TV속 출연자의 의상에 클릭하면 의상 정보와 함께 그 옷을 구매할 수 있다. 제품구매 및 결제는 기존의 홈쇼핑처럼 소비자가 직접 고객 센터에 전화를 걸거나 고객의 휴대폰 번호로 전송된 모바일 URL에 접속하여 이루어진다.

KT 스카이라이프가 제공하는 양방향 광고에는 CIC와 CIP가 있으며, 시청자가 TV 프로그램이나 광고를 보는 도중 나타난 트리거 배너의 빨간색 버튼을 누르면 화면 하단에 별도의 쇼핑창 혹은 해당 광고와 연관된 DAL로 연결되어, 방송 중인 TV 프로그램이나 광고를 계속 보면서 세부 상품 정보를 조회하거나 리모컨으로 개인 정보를 입력하여 제품과 관련된 이벤트에 참여하거나 직접 제품을 구매할 수 있다. KT 스카이라이프의 양방향 광고와 데이터방송 서비스는 인터넷망을 상향채널로 이용하는 IPTV와 달리 유선 전화망을 상향채널로 이용한다는 점에서 차이가 있다.

〈표 18-7〉 **스카이라이프의 다양한 양방향 서비스**

구분	장르 및 서비스 내용
독립형 데이터방송	뉴스, 날씨, 운세, 금융(주식시세, 재테크, 은행업무), 교육, 생활정보(교통, 건강, 여행, 육아, 요리, 패션, 뷰티, 영화, 문화 등), 게임, 만화, 최신영화 시청, 쇼핑, 이벤트 응모, T-메일, 단문메시지 서비스, 배너광고 등
연동형 데이터방송	프로그램 추가 정보(드라마, 스포츠, 예능, 뉴스, 다큐 등), 이벤트 정보, 연동형 쇼핑(드라마, 스포츠 등의 오락채널), 투표(드라마, 게임쇼, 스포츠), 퀴즈쇼 등
부가형 서비스	EPG, PVR,[16] VOD
양방향 광고 서비스	연동형 광고(CIC, CIP), 개인화 광고, 배너광고 등

출처: 김상훈, 이경렬(2010).

6) DMB 방송

DMB(Digital Multimedia Broadcasting)는 개인 휴대용 또는 차량용 단말기를 통해 이동 중에 TV, 라디오, 데이터방송 등 다채널 멀티미디어 방송을 시청할 수 있는 이동형·개인형 디지털 미디어를 말한다. DMB 방송은 DMB 방송사가 PP(Program Provider)로부터 제공받은 TV, 라디오, 데이터방송 콘텐츠를 송신탑에 송출하면 각각의 정보는 송신탑에서 다시 직접 단말기 또는 음영지역에 설치된 중계기(gap filler)를 통해 단말기에 전달된다. DMB는 지상의 송신탑을 통해 방송프로그램을 전송하는 방식으로 공익성과 보편성을 지향하는 지상파 DMB(terrestrial DMB) 그리고 위성과 지상

---

16) Personal Video Recorder의 약자로, 비디오테이프 없이 생방송을 직접 녹화하는 PVR 서비스(SkyPVR로 불림)이다. 2006년에 국내 최초로 상용화하였다.

의 중계기를 활용하고 프리미엄급 멀티미디어 서비스를 통해 상업성을 지향하는 위성 DMB(satellite DMB)로 나누어진다. DMB 방송 서비스는 언제 어디서든 혹은 이동 중에도 인기 있는 지상파 방송프로그램을 시청할 수 있다는 장점으로 인하여 시청자들의 호응을 얻었으나, 최근에 유튜브 등 무료 동영상 공유 사이트와 무선 인터넷을 기반으로 하는 N스크린 서비스의 등장으로 시청률이 감소하고 광고 매체로서 영향력도 점점 더 감소하고 있다. 특히 위성 DMB는 2005년 5월 서비스를 시작한 이래 가입자 수가 한때 최대 200만 명까지 증가하였으나 무료서비스인 지상파 DMB와의 경쟁과 스마트폰의 보급으로 인한 N스크린 서비스 등 DMB를 대체하는 신규 서비스의 대중화로 유료 가입자 수의 감소와 수익성 악화로 2012년 8월에 서비스를 종료하였다. 현재는 지상파 DMB만이 무료 방송 서비스를 제공하고 있다.

DMB 방송은 방송 매체와 모바일 매체의 특성을 동시에 지니고 있다. 방송콘텐츠가 지상파 방송의 재송신을 통하여 제공된다는 점에서 기존의 방송 매체의 특성을 지니고 있으며, PDA, 휴대폰 그리고 내비게이션 등의 휴대용 단말기를 이용하여 방송 서비스를 제공한다는 점에서 모바일 매체의 특성을 지니고 있다. DMB 방송의 가장 큰 특징은 개인화 및 이동성이다. 즉, 기존의 지상파 및 디지털 위성방송이 주로 고정된 장소에서 가구 단위로 이루어지는 데 반하여 DMB 방송은 시간 및 공간의 제약에서 벗어나 언제 어디서든 개인 단위 방송을 가능하게 한다. 따라서 DMB 방송은 방송의 개인화를 통하여 이동성과 편의성의 중요성이 부각이 되는 현대인의 생활양식에 부합하는 개인화된 멀티미디어 방송 매체라고 할 수 있다. 또한 DMB 방송은 이동통신망의 상향채널을 이용하여 정보 유통의 양방향성과 상호작용성을 기술적으로 보장해 준다. 이동 중 TV를 시청하면서 뉴스, 날씨, 음악 다운로드 등 각종 생활 정보 검색 서비스, 방송프로그램 연동 서비스, 퀴즈 및 투표 등의 참여형 서비스와 같은 다양한 이동통신망과 연동한 양방향 데이터방송 서비스가 가능하다. 반면에 DMB 방송은 개인 휴대 단말기를 통하여 혼자만 볼 수 있기 때문에 지상파TV 방송처럼 여러 명이 동시에 시청하는 효과는 기대할 수 없다.

지상파 DMB 방송 광고의 유형에는 프로그램 광고, 토막광고, 자막광고 등이 있으며, 중간광고가 허용된다. 프로그램 광고의 경우 광고주의 요구가 있을 시에는 다양한 초수의 판매가 가능하며, 운동경기, 문화예술행사 프로그램 등의 중간 휴식 또는 준비 시간에는 중간광고의 횟수, 건수, 시간에 제한이 없다. 지상파 DMB 방송의 광고는

KBS와 MBC의 경우 한국방송광고공사, SBS의 경우 SBS M&C가 판매를 대행하고 있는 반면에 YTN DMB, U1 미디어, 한국DMB를 포함한 나머지 지상파 DMB 방송의 경우 지상파 DMB 방송사업자들이 직접 광고를 판매한다.

〈표 18-8〉 지상파 DMB 방송 서비스 현황

구분	현황
사업자 수	• 수도권 9개사[U-KBS, My MBC, SBS(u), EBS m, YTN DMB, CJ DMB, QBS DMB, U1 미디어, OBS m], 전국 14개 지역 31개 사업자
사업자 지위	• 지상파 방송 사업자 • 플랫폼 사업(채널 운용/임대), 종합, 보도, 전문편성 PP 송출
서비스 개시	• 2005년 12월 수도권 지역
서비스 지역	• 2007년부터 전국으로 확대
제공 채널 수	• 수도권 9개 사업자, 전국 14개 지역 31개 사업자 • 비디오 채널 92개, 오디오 채널 22개, 데이터 채널 27개
요금 수준	• 무료
수익모델	• 광고시장 기반 • 광고(주 수입), 송출료(채널임대료), 데이터 방송(유료)
수신기	• 개인형 단말기(휴대폰, 스마트폰, 태블릿 PC, PMP), 가정용 단말기(데스크톱, 노트북), 차량용 수신기(내비게이션), PDA

출처: 김상훈, 이경렬(2010).

〈표 18-9〉 지상파 DMB 방송 광고의 유형과 광고 규정

광고 유형		허용량	
프로그램 광고	전후CM	프로그램 시간의 10/100	매시간 6분 이내
	중간광고	40~60분 미만 프로그램 1회 이내 60~90분 미만 프로그램 2회 이내 90~120분 미만 프로그램 3회 이내 120~150분 미만 프로그램 4회 이내 150~180분 미만 프로그램 5회 이내 180분 이상 프로그램 6회 이내	매회 1분 이내
토막광고		매시간 4회, 매회 1분 40초 이내	매시간 3분 20초 이내
자막광고(ID, 곧이어)		매시간 10회 이내, 매회 10초 이내, 자막 크기는 화면의 1/3	1분 40초
계		시간당 평균 10분 이내, 매시간 최대 12분 이내, 단 방송 시간이 120분 이상인 프로그램 편성 시 해당 시간의 전체 광고시간이 방송 광고 프로그램 시간의 15/100 이내인 경우에는 시간당 15분 이내	

출처: 한국방송광고공사.

지상파 DMB의 광고 시급은 A, B, C의 3등급으로 비교적 단순하며 출퇴근 시간인 오전 7부터 10시까지가 A타임이며, 밤 12시부터 다음날 오전 6시까지가 C타임, 그 이외의 시간대는 B타임에 속한다. 지상파 DMB 방송의 광고 판매는 일반상품의 경우 구매자가 원하는 프로그램이나 시간을 선택하여 구매하는 방식을 취하고 있으나, 패키지상품의 경우 광고횟수, 드라마와 프로야구 등 인기 프로그램이나 출·퇴근 시간대를 묶어서 판매하고 있다. 또한 청약 기간과 물량에 따른 보너스 제도 등을 도입하여 운영하고 있다.

[그림 18-8] **지상파 DMB 광고의 시급**

2. 라디오

라디오(radio)는 오랫동안 광고주가 선호하는 4대 매체 중의 하나로 자리 잡아 왔으나, 디지털 기술의 발전으로 위성, 케이블, IPTV, DMB 등이 오디오 방송 서비스를 제공하고 인터넷을 통한 다양한 형태의 오디오 방송(예: 개인 음악방송 등)이 활성화되면서 청취자가 분산되고, 광고시장에서 라디오의 점유율이 지속적으로 하락하고 있다. 특히 음악방송을 전문으로 하는 채널과 프로그램의 경우 스마트폰과 MP3 등 신규 유사 서비스를 제공하는 기기들과 차별성이 약하여 청취율과 청취시간이 지속적으로 감소하는 원인이 되고 있다. 2014년 기준으로 라디오의 광고비 규모는 2,235억 원으로서 총 광고비의 2.5%를 점유하고 있으며, 2011년 이후 점유율이 지속적으로 하락하고 있다.

최근에 침체된 라디오의 발전과 광고시장 활성화를 위하여 라디오 방송에 대한 규제 완화와 조기 디지털화에 대한 논의가 이루어지고 있다. 라디오 방송의 디지털화가 이루어지면 CD 수준의 멀티 서라운드 고음질 오디오 서비스(5.1 채널 제공)뿐만 아니라 EPG를 이용한 서비스(채널 검색, 녹음 등), 다채널 서비스, 정지영상 서비스(slide show service), 부가 데이터 방송 서비스(뉴스, 증권, 교통, 날씨 등), TPEG(Transport Protocol Expert Group) 서비스(교통정보제공 서비스), GPS 서비스, 다운로드 서비스, R-Commerce와 같은 다기능의 서비스가 가능할 것으로 예상된다.

라디오의 장점은 TV에 비해 광고비가 저렴하고 제작비가 적게 들며, 프로그램별로 수용자의 특성이 두드러지기 때문에 타깃 선별력이 강하다. 예를 들어, 주부를 대상으로 하는 프로그램과 심야 청소년을 대상으로 하는 음악 전문 프로그램의 경우 수용자의 특성이 뚜렷하고 프로그램에 대한 충성도가 높아서 특정 수용자를 대상으로 광고를 하는 것이 가능하다. 라디오는 고정청취자를 대상으로 반복 노출이 가능하므로 TV 혹은 신문광고를 통해 창출된 인지도를 지속적으로 유지하기 위한 리마인더(reminder) 매체로서 효과적이다. 따라서 제품이 쇠퇴기에 접어들었을 때 도입기 및 성장기에 축적된 제품에 대한 인지도, 호감, 이미지 등을 지속적으로 유지하기 위하여 상표명 혹은 광고 메시지의 핵심 내용을 자주 회상시킬 수 있는 라디오 같은 매체가 필요하다. 또한 다른 일을 하면서도 청취하는 것이 가능하고, 정서적으로 호소하는 것이 용이하며, 시공간의 제약이 덜하다. 반면에 라디오 광고는 다른 매체들보다 보급률에 비해 이용률이 낮으므로 도달률이 낮고, 메시지 전달이 순간적이어서 집중도가 떨어지고 청각적 자극만을 제공하기 때문에 라디오 프로그램의 내용이나 광고에 대한 학습, 태도 형성이 어렵다는 것이 단점으로 지적된다.

1) 라디오 광고의 종류

라디오 방송국은 하루 평균 1,300분의 방송을 하고 있다. 우리나라에는 13개사의 라디오 방송국이 있는데, 라디오 광고의 경우에 MBC AM과 MBC FM이 전체 라디오 광고비에서 차지하는 점유율이 63.9%나 된다. 라디오 광고의 형태는 TV 광고와 거의 유사하다. 즉, 광고의 종류도 프로그램 광고, 토막광고, 특집광고, 스포츠 광고, 시보 광고 등이 있으며, 광고단가도 시급별로 책정된다.

〈표 18-10〉 **라디오 광고의 종류**

광고 유형	허용량	광고 길이	내용
프로그램 광고	프로그램 시간의 10/100	주로 20초	스폰서로 프로그램에 참여하여 프로그램 전후에 방송. 중CM은 제한(스포츠 중계는 허용)
토막광고	시간마다 4회, 4건 이내	20초	프로그램과 프로그램 사이, 즉 SB(Station Break)에 방송

중간광고	–	매회 1분 이내	45분 이상 프로그램은 1회, 60분 이상 프로그램은 2회, 90분부터는 30분당 1회씩 추가, 180분 이상은 최대 6회까지 가능
특집광고	프로그램 광고에 준함	20초	비정규 프로그램으로 편성된 특집 프로그램에 참여하는 광고
스포츠 광고	–	20초	스포츠 중계 시 집행되는 광고로 연간 계약
시보 광고	법령에는 명시되어 있지 않음	10초	시간 고지 시에 제공형태 광고

출처: 「방송법 시행령」.

2) 라디오 광고의 시급과 요금책정

라디오는 공중파 매체이기 때문에 TV와 마찬가지로 KOBACO를 통해 판매되며, 광고요금 역시 광고공사에서 책정하고 있다. TV처럼 공공재로 간주해 원가주의에 입각한 광고요금 책정방식을 이용하고 있다. 라디오 광고 가운데 토막광고와 시보 광고는 시급에 따라 요금의 차이가 있으며, 프로그램 광고요금의 경우 전파료와 제작비를 합쳐 계산한다. 그러나 프로그램 광고요금의 경우 높은 시급의 프로그램에 높은 가격이 책정되는 경향이 있으므로 라디오 광고요금의 수준을 결정하는 가장 중요한 요인은 시급이라고 할 수 있다.

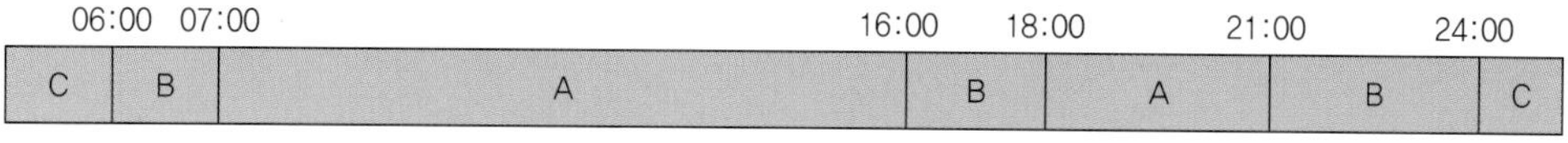

[그림 18-9] 라디오 광고의 시급

3. 방송 광고의 제한규정

TV 광고는 다른 매체에 비해 규제가 심해 제품의 성격에 따라 노출에 제한이 있다. 방송 광고 심의규정에 의하면 주류광고의 경우 TV와 라디오의 실시간 방송에 한해 알코올 도수 17도 이상의 주류는 방송할 수 없고, TV의 경우 알코올 도수 17도 이하의 주류광고도 오후 10시 이후부터 다음 날 오전 7시 전까지만 허용되는 등 시간의 제약을 받는다. 라디오의 경우 주류광고는 오후 5시부터 다음 날 오전 8시까지 전면금지되어 있으며 오전 8시부터 오후 5시 사이에도 어린이와 청소년을 대상으로 하는 라디오 프로그램의 전후에 주류광고를 할 수 없게 규정되어 있다. 주류광고에 등장하는 인물은 19세 이상이어야 하며, 청소년의 외형과 목소리를 묘사하지 못하게 되어 있다. 2015년에 국회에서 디지털 케이블과 IPTV의 VOD 프로그램에도 청소년 보호 시간대 그리고 어린이와 청소년이 시청할 수 없는 등급의 방송콘텐츠에서 주류광고를 하지 못하도록 의무화하는「국민건강증진법」일부 개정안이 추진 중에 있다. 또한 영화, 음반, 비디오, 간행물 등의 청소년 유해 매체물 광고의 경우 어린이와 청소년을 대상으로 하는 방송프로그램의 광고시간 또는 전후 토막시간에 방송이 허용되지 않는다.

〈표 18-11〉 **방송 광고 제한규정**

구분	내용
주류광고	• 알코올 성분 17도 이상의 주류광고 금지(방송심의규정과「국민건강증진법」) • 알코올 성분 17도 이하의 주류광고는 TV 07:00~22:00, 라디오 17:00~익일 08:00 방송불가
청소년 유해 매체물 광고	• 청소년 유해 매체물 광고의 경우 어린이와 청소년을 대상으로 하는 방송프로그램의 광고시간 또는 전후 토막시간에 방송불가

출처:「방송법 시행령」.

인쇄 매체

1. 신문광고

우리나라 최초의 신문은 1883년에 창간된 『한성순보』이며 광고가 게재된 최초의 신문은 1886년 램프, 시계, 직물 등의 제품 광고가 처음 게재된 『한성주보』이다. ABC[1] 부수공사 보고서에 따르면 2021년 7월 기준 인쇄 매체의 수는 일간신문 179개사, 주간신문 733개사, 생활 정보 신문 1개사 등 총 1,118개사에 달하고 있다. 최근에 온라인과 모바일을 이용한 뉴스 보기가 활성화되면서 '인터넷 신문'을 발행하는 단체나 기관이 급증하고 있으나, 포털과 주요 일간지의 온라인판 신문을 제외한 대다수의 인터넷 신문은 소규모 자본과 조직을 토대로 운영되고 있으며, 정보의 생산보다는 유통에 치우치고 있어 저널리즘 본연의 기능을 수행하지 못하고 있다. 신문광고 매출액은 2021년 기준 전체 총 광고비 13조 9,889억 원 중 1조 4,170억 원으로서 디지털(7조 5,118억 원)과 케이블/종편(2조 1,504억 원)에 이어 3위의 점유율을 차지하고 있다. 일간신문은 한때 전 연령층에서 고루 읽힐 만큼 영향력이 큰 매체였으나. 인터넷 포털이 뉴스 콘텐츠를 공급하면서 열독률이 큰 폭으로 하락하였다.

광고 매체로서 신문 매체의 장점은 넓은 커버리지, 신뢰성, 기록성, 보존성, 뉴스성, 시의성 등을 들 수 있다. 신문광고는 중앙지의 경우 전국적으로 배포되기 때문에 넓은

---

1) 'Audit Bureau of Cirtification'의 약어로, 신문, 잡지, 웹사이트의 발행 부수, 수용자 크기 등을 객관적 방법으로 실사, 확인하여 공개하는 매체량 공사기구를 말한다.

도달 범위를 갖고 있고, 지방지의 경우 지역적 특성이 있으므로 지역별 광고계획 수립이 가능하다. 뿐만 아니라 신문광고는 매일 발행되고 광고 집행 절차가 간단하여서 시장의 변화에 맞추어 최신 정보를 항상 신속하게 전달할 수 있으며 광고 크기와 게재 횟수 등이 유연한 장점을 가지고 있다. 또한 신문광고는 신문의 보도, 논평, 해설 등의 저널리즘 기능으로 인하여 신뢰도가 높으며 최신의 뉴스를 전달할 수 있는 특성으로 인하여 항상 최신의 제품 이미지를 목표 청중의 마음속에 심어 줄 수도 있다. 신문광고는 시간의 제약에 자유롭고, 큰 지면을 가지고 있고 자세한 정보를 담을 수 있어서 광고 인지도, 주목도, 접촉도가 높다. 따라서 신문광고는 가전제품 및 컴퓨터제품 등과 같이 자세한 정보전달이 필요한 제품이나 제품의 성장기 및 성숙기의 판촉 메시지를 전달하는 데 효과적이다. 반면에 신문광고의 단점은 독자층이 광범위하여 명확하고 세분화된 목표 청중에 대한 도달이 어렵고 목표 청중이 선별적일 경우 광고비의 낭비를 초래할 수가 있다. 그리고 잡지에 비해 수명이 짧으며 중앙지의 경우 광고단가가 비싸고 컬러 재생능력이 잡지에 비해 떨어진다.

1) 신문의 분류

신문은 판형, 발행주기, 페이지 크기, 독자의 성격, 배포 시장, 이용자에 따라 분류할 수 있다. 전 세계적으로 신문은 크게 세 가지 판형으로 나뉜다. 일간지 크기의 대판(broadsheet, 가로 391mm, 세로 545mm), 지하철 무가지 크기의 타블로이드(tabloid, 가로 272mm, 세로 391mm), 대판과 타블로이드 중간 크기인 베를리너판(berliner format, 가로 323mm, 세로 470mm)이다. 우리나라 일간지의 대다수가 대판을 채택하고 있으나, 2009년에 『중앙일보』가 최초로 베를리너판을 도입하였다. 배를리너판은 미국의 『뉴욕타임즈(New York Times)』 『월스트리트 저널(Wall Street Journal)』, 영국의 『더 가디언(The Guardian)』 『더 타임즈(The Times)』 『디 인디펜던트(The Independent)』 등 해외 유수의 신문들이 채택하고 있으며, 무가지보다는 크고 일간지보다는 작은 중간 크기여서 지하철에서 옆 사람에게 불편을 주지 않는 장점도 있으나, 대판 크기에 익숙한 일반 독자에게 이질감이 느껴지는 단점이 있다.

신문은 독자의 성격에 따라 경제지, 스포츠지, 영자지, 소년지 등으로 분류되며 배포 시장에 따라 전국지(중앙지)와 지방지로 분류된다. 발행주기에 따라 일간지, 주간지, 격

주간지, 일요지, 월간지 등으로 분류되며, 우리나라에서는 등록된 신문 대부분이 일간지이며 이 가운데 90% 이상이 조간지이다. 신문의 성격 혹은 내용에 따라 상업지·특수지(기관지)·대학지(학생지)로 분류된다. 상업지란 영리를 목적으로 운영되는 신문으로, 다시 일반적인 종합지, 경제지, 스포츠지 등으로 나누어진다. 특수지(기관지)는 일반회사나 정당, 노동조합, 각종 단체 등의 조직체가 자체 구성원이나 외부의 사람들을 위한 정보제공 또는 홍보를 목적으로 비상업적으로 발행하는 신문이다. 학교신문은 말 그대로 학교에서 학생들이 내는 신문이다. 또한 이용자가 누구냐에 따라 전국 광고주, 지역 광고주, 공동광고주로 분류된다. 전국 광고주는 전국지에 게재되는 광고의 스폰서를 말하며 지역 광고주는 지방지에 게재되는 광고의 스폰서를 말한다. 공동광고주는 제조사와 지역 대리점 혹은 도매상이 광고비를 공동으로 분담하는 형태로서 이러한 유형의 광고를 공동광고라고 한다. 공동광고는 제조사의 제품과 지역 대리점 혹은 도매상의 메시지를 동시에 전달할 수 있어 광고비 절감과 시너지 효과를 극대화할 수 있는 장점이 있다.

〈표 19-1〉 **신문의 분류**

신문의 종류		신문명
전국지 (중앙지)	종합지	「조선일보」「동아일보」「중앙일보」「한국일보」「한겨레」 등 14개지
	경제지	「매일경제」「한국경제」「서울경제」「헤럴드경제」「머니투데이」 등 10개
	스포츠	「일간스포츠」「스포츠서울」「스포츠조선」 등 6개
	영자지	「코리아 헤럴드」「코리아 타임스」「중앙데일리」 등
	소년지	「어린이조선일보」「소년한국일보」 등
지방지		「부산일보」「대구매일」「광주일보」「충청일보」「강원일보」 등 91개
대학지		「대학신문」(서울대학교), 「연세춘추」(연세대학교) 등
특수지		「환경일보」「농민신문」「의협신문」 등
주간지		「주간조선」「일요신문」「일요서울」「일요시사」「주간현대」 등
전문지		「전자신문」「미디어 오늘」「디지털 타임스」 등

출처: 한국민족문화대백과사전.

2) 신문광고의 규격

우리나라 일간신문의 규격은 세로는 단(1단은 3.4cm), 가로는 센티미터(cm)로 표현되며 전체 신문지면의 크기는 세로 15단×가로 37cm로 되어 있다. 신문의 단수는 광고의 크기를 말하는데 아래로부터 4단, 5단, 8단, 10단 그리고 15단으로 구분된다. 따라서 흔히 말하는 5단 통 광고는 5단×37cm, 전면광고인 경우는 15단×37cm이다.

신문광고는 면별로 광고규격이 정해져 있으며, 종합 섹션 1면은 대표적인 광고 지면으로 4단 광고, 7.5단×15cm 광고, 제호 광고, 돌출광고 등을 실을 수 있고, 종합뉴스 섹션 2면부터는 신문광고의 가장 대표적인 형태인 5단×37cm와 9단×21cm 광고를 지정하여 실을 수 있다. 신문의 한 면 전체를 차지하는 15단 광고는 종합뉴스 섹션, 경제면 등 고정 섹션과 신문의 제일 뒷면에 실을 수 있다. 따라서 광고면에 게재되는 광고의 크기는 각 면마다 지정된 광고 단을 초과하지 않는 범위 내에서 결정되며 2페이지 스프레드 광고와 같이 특별한 경우는 광고 및 편집 데스크와의 협의를 통해 결정한다. 무가지의 경우는 판형의 크기가 일반신문보다 작아서 2단 1칼럼, 2단 2칼럼, 3단 2칼럼, 3단 5칼럼, 5단 5칼럼, 6단 3칼럼, 10단 5칼럼의 7개 광고규격이 있다. 신문광고는 1면, 사회면, 경제면, 뒷면, 기타면 등 거의 모든 면에 광고를 할 수 있어 광고캠페인의 목표를 효과적으로 달성하기 위하여 어떤 면을 선택하여야 할 것인지를 잘 결정하여야 한다. 일반적으로 1면은 뉴스성과 화제성이 있어서 신제품의 런칭에 적합하며 뒷면 전면광고는 주목률이 가장 높다. 반면에 신문광고의 1면과 전면광고는 광고효과가 높지만 비용이 많이 든다는 단점이 있다.

일반적으로 신문광고의 열독 효과는 15단, 10단, 8단, 5단의 크기순으로 차이가 난다. 그러나 이 수치는 단순한 열독 효과의 크기를 나타낸 것일 뿐 비용 대비 효율성을 고려한 것은 아니다. 따라서 이러한 열독 효과의 단순비교보다 광고단가 대비 열독 효과를 계산하여 가장 효율적인 광고 단수와 색상을 선택하는 것이 바람직하다. 또한 광고의 내용이 신문기사와 관련이 있으면 광고효과가 커진다. 예를 들어, 컴퓨터 관련 기사가 게재되는 신문의 면에 컴퓨터 광고를 게재한다면 신문광고의 열독 효과가 커진다. 따라서 신문광고의 게재 위치를 결정할 때 기사와의 관련성을 고려하여야 한다.

3) 신문광고의 분류

신문광고의 지면은 게재되는 위치에 따라서 면별, 내용별, 돌출, 제호로 분류된다. 면별 광고 지면은 크게 종합뉴스 섹션, 경제 및 기타 섹션으로 구분되고, 내용별은 부고/성명서/해명서, 공고, 부동산, 대학/학원, 안내 광고 등으로 분류된다. 면별 광고 지면은 가장 기본적인 형태의 광고로 종합뉴스나 경제 및 기타 면에서 광고의 밑면이 하단 가장자리에 닿아 있는 광고를 말한다. 미국의 경우 신문광고는 형태에 따라서 디스플레이광고, 분류 광고, 간지 광고 등으로 구분된다. 디스플레이광고(display advertising)는 헤드라인, 그림, 카피로 구성된 일반적인 상품 광고를 말하며, 분류 광고(classified advertising)는 신문의 일정한 난에 한데 묶어서 내는 가장 간략한 형태의 광고로서 주로 공고, 부고, 성명서, 구인, 구직, 매매, 소개, 분실, 심인(찾는 사람), 안내 등에 이용되는 광고를 말한다. 간지 광고(pre-printed inserts)는 신문에 삽입된 전단지 형태의 광고를 말한다.

〈표 19-2〉 **신문광고의 분류**

구분	내용	종류
면별	종합	1면, 2면, 3면, 4면, 5면, 사회면, 기타면 지정, 기타면 비지정, 지방판, 스프레드, 뒷면
	경제/기타	1면, 2, 3면, 기타면 미지정, 뒷면
내용별		부고,[2] 공고,[3] 준공고,[4] 성명서,[5] 해명서, 부동산, 금융, 대학/학원, 구인, 구직, 모집, 심인(찾는 사람), 심부름 등의 안내 광고
돌출		종합 섹션 1면, 경제 섹션 1면, 사회면, 기타면
제호		종합 섹션, 경제 섹션 기타 섹션

출처: 조선 미디어.

---

[2] 부고는 사망, 장례 일정 및 진행 주체, 장례 후 사의를 표하는 인사광고를 포함한다.
[3] 국가 기관이나 공공단체에서 일정한 사항을 일반 대중에게 광고, 게시 또는 다른 공개적 방법으로 널리 알리는 것을 말한다.
[4] 체인점 모집 등 공고성 내용이 기타 내용과 함께 나가는 광고를 말한다.
[5] 국가, 단체, 개인의 주장을 담은 광고로서 담화문, 호소문, 의견서, 사과문 등이 해당된다.

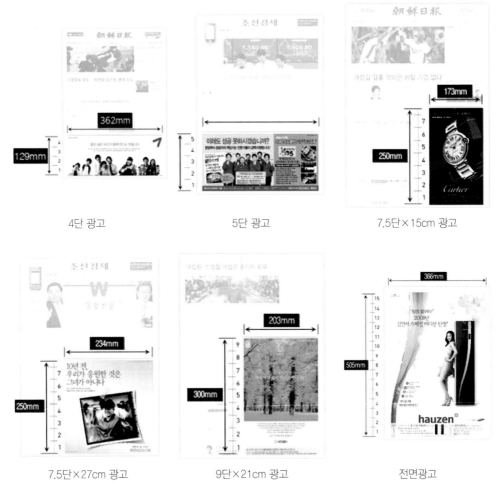

4단 광고   5단 광고   7.5단×15cm 광고

7.5단×27cm 광고   9단×21cm 광고   전면광고

[그림 19-1] **신문광고의 유형(조선일보)**

출처: 조선 미디어.

　신문광고는 게재되는 면과 단수에 따라서 다양한 크기와 형태가 있으나 최근에 신문광고의 주목 효과를 높이기 위하여 가로와 세로의 길이를 변형하여 신문기사의 좌우 측면에 게재하는 등 광고의 형태와 크기가 비교적 자유로운 다양한 변형 광고가 등장하고 있다. 변형 광고는 기사 옆에 주로 게재되는 15단×15cm, 15단 반이 대표적이며, 2~3개 면에 걸쳐 게재되는 종합 섹션 및 경제 섹션 복수면 광고(스프레드 광고), 같은 날 같은 매체에 동일 품목을 2페이지 이상 시리즈로 연속 게재하는 멀티광고 등이 있다. 신문을 펼쳤을 때 2개 지면에 광고를 싣는 복수면 광고(스프레드 광고)는 넓은 지면을 활용하여 독자들에게 많은 정보를 힘 있게 전달할 수 있는 장점이 있다.

종합 섹션 15단 반　　　　　　　　　경제 섹션 복수면

[그림 19-2] 변형 광고의 사례

출처: 조선 미디어.

　　돌출광고는 제호 옆이나 본문 각 섹션의 특정 기사 위, 가운데, 혹은 밑에 주로 브랜드명이나 로고 중심으로 게재되는 작은 사이즈의 광고물을 말한다. 제호 광고는 신문의 제목인 제호 옆에 게재되는 돌출광고의 일종이다. 돌출광고는 광고면 광고에 비해 차지하는 면적은 작지만 면적당 주목률은 뛰어나며, 광고비도 면적이 적기 때문에 상대적으로 저렴하다. 특히 본지 1면 제호 옆 돌출광고는 톡톡 튀는 크리에이티브로 적은 예산만으로도 독자의 주목을 끌어낼 수 있어 신문광고 중 비용 대비 광고효과가 크다. 돌출광고는 시선의 흐름에서 벗어난 위쪽 구석에 위치하여서 스쳐 지나가더라고 무슨 광고인지 금방 알아챌 수 있게 해야 한다. 따라서 일관된 디자인 정책과 임팩트(impact) 있는 아이디어로 독자의 주목을 끌어내는 것이 중요하다. 대표적인 돌출광고의 성공 사례로서 '스포츠 토토'를 들 수 있다.

　　신문광고는 표현 형식에 따라서 기사식 광고, 삽화광고, 의장 광고, 안내 광고 등으로 구분하기도 한다. 기사식 광고(advertorial)는 광고 형태와 내용을 신문기사와 유사하게 만든 광고로서 기사에 대한 독자의 신뢰를 편승하여 광고에 대한 거부감을 줄이는 효과가 있다. 기사식 광고는 독자들을 혼돈스럽게 할 우려가 있으므로 신문 상단에 전면광고라고 표기하여야 한다. 삽화광고(illustration advertising)는 삽화 형식의 광고를 말하며, 의장 광고(design advertising)는 의장이나 도안을 기초로 하여 문안이나 문자를 덧붙여서 하는 광고를 말한다. 또한 신문광고는 색도에 따라 흑백광고와 컬러광고로 나누어지며, 컬러광고는 청색이나 적색만 들어가는 1도 컬러광고, 2도 컬러광고도 있다.

제호 옆 돌출광고   기사 중간 돌출광고

[그림 19-3] 돌출광고의 사례

출처: 조선 미디어.

신문광고의 단가는 1단×1칼럼(3.4cm)을 기본단위로 하며, 이를 표준 광고 단위 (Standard Advertising Unit: SAU)라고 한다. 반면에 내용에 따라 분류되는 광고의 경우 1단×1cm를 기본단위로 산정한다. 신문광고의 단가는 신문의 종류, 발행 부수 및 커버리지, 광고게재 위치 및 규격(면, 단수), 색도, 광고 성격, 광고 일자 및 요일에 따라 다르게 적용된다. 신문의 종류별로 볼 때 중앙지 혹은 종합일간지가 가장 비싸며 경제지, 스포츠지, 지방지, 소년지 순으로 광고의 단가가 차등 적용된다. 신문광고의 단가는 광고 게재 위치에 따라 1면부터 54면, 종합 섹션과 경제 및 스포츠 섹션의 가격이 모두 다르게 책정된다. 일반적으로 1면이 가장 비싸며 사회면, 뒷면, 제2사회면, 2~3면, 스포츠면 순으로 광고단가가 차이가 난다. 신문광고의 크기에 따라 전면부터 소형 광고까지 광고비 차이가 많기 때문에 제품 성격, 소비자, 예산 등 여러 가지 상황을 고려하여 크기를 선택하여야 한다. 색도에 따라서도 컬러광고가 흑백광고보다 요금이 1.5~2배 정도가 높으며 광고 성격에 따라 특수공고, 일반공고, 영업광고 순으로 광고요금의 차이가 난다. 또한 월요일부터 일요일까지 매월 1일부터 31일까지 광고비가 다르기 때문에 사전에 광고 일자와 요일 등을 확정하여 광고를 집행하여야 한다.

[그림 19-4] 신문광고의 기본단위

출처: 헬스조선.

2. 잡지광고

우리나라 최초의 잡지는 1896년에 창간된 『대조선 독립회보』이며 우리나라에서 최초로 광고가 게재된 잡지는 1907년 창간된 『조양보』로 알려져 있다. 잡지는 초기에는 일반 대중의 구미에 맞는 내용을 골고루 담은 종합지로서의 성격이 강하였으나 사회가 갈수록 분화되고 사람들의 라이프스타일이 복잡해짐에 따라 더욱 전문화되었다.

2019년을 기준으로 문화체육관광부 정기간행물에 등록된 잡지는 총 8,553종으로, 이 중 월간지는 5,071종, 격월간지는 761종, 계간지는 1,786종, 연 2회 간은 935종에 달한다. 이 중 유료 잡지는 61.4%, 무료 잡지는 36.6%이며, 일반 기업, 단체, 기관이 발행한 잡지가 38.7%로 가장 많고 이어 잡지 전문 발행이 24.7%, 도서 출판 중심이 18%로 나타났다. 잡지 분류에서는 '문학·문화·예술'이 22.3%로 가장 많았고, 사보·기관지·회보(12.7%), 산업·경제·경영(9.3%), 종교(6.8%), 시사·교양(6.8%) 등이 뒤를 이었다. 이들 대다수의 잡지는 특정 연령, 성, 직업, 취미, 기호를 지닌 소수집단을 대상으로 그들에게 적합한 정보를 제공하는 전문지이다. 한국언론진흥재단이 발간한 「2020 잡지산업 실태조사」에 따르면 2019년 기준 잡지광고 매출액은 총 7,775억 원으로 2017년보다 24.9% 감소했고, 2012년과 비교하면 1/3 수준으로 가파른 감소세를 보였다.

잡지광고는 목표 청중을 선별적으로 수용할 수 있고 상세한 제품 정보를 전달하며 발행주기가 길기 때문에 4대 매체 중 광고 노출 확률이 가장 높다. 또한 재독 및 회독률이 높기 때문에 광고의 반복 노출 효과가 크고 광고효과가 오래 지속되며, 고급, 다색도 인쇄가 가능하여 선명한 컬러 재생의 장점이 있다. 반면에 잡지광고는 다른 매체들에 비해 도달률이 낮으며, 발행주기가 길어서 최신 정보를 고객에게 신속하게 전달할 수 없고 광고에 대한 반응이 늦다는 점을 들 수 있다. 또한 페이지 수가 많아서 광고에 대한 접촉률이 균일하지 않으며 광고량이 많아 매체 클러터 현상이 심하다는 점을 들 수 있다.

최근에 잡지 매체는 전체 기사의 50%를 광고가 차지할 만큼 잡지의 광고 의존도가 높아 잡지 본연의 정보전달 기능을 상실하고 있다는 지적을 받고 있다. 이러한 현상은 1997년 I잡지 판매량의 감소로 나타나 1998년 한해 폐간한 잡지의 수가 무려 1,753건으로, 등록된 총 잡지 수의 27%에 달하였다. 특히 경쟁이 심한 여성 월간지는 창간과 폐간이 반복되었으며 새로 창간된 여성지도 독자의 주목을 끌기 위하여 형식과 내용 면에서 더욱 감각적인 형태로 변하였다. 잡지광고의 주요 업종은 1위 패션, 2위 화장품, 3위 서비스, 4위 가정용품의 순으로 광고를 많이 집행하고 있다.

1) 잡지의 분류

잡지는 발행주기, 잡지의 판형(크기), 잡지의 성격에 따라 분류할 수 있다. 잡지는 발행주기를 기준으로 월간지, 격월간지, 계간지, 연 2회 간(반 연간지)로 분류된다. 잡지는 판형(크기)에 따라 4×6판, 4×6배판, 5×7판(국판), 5×7배판(국배판), 신5×7판(신국판), 크라운판, 타블로이드판, 변형판 등으로 분류된다. 이 중 가장 많이 사용하는 판형은 5×7배판(국배판)으로 대부분의 시사주간지와 여성지가 이 판형으로 되어 있다. 잡지는 성격에 따라서 남성지, 여성지, 학생지, 시사지, 일반교양지, 경제지, 취미 · 레저지, 스포츠지, 전문지, 특수지 등으로 분류할 수 있다. 잡지는 〈표 19-3〉에서 보이듯이 독자층이 뚜렷하여 명확한 타기팅이 가능하다. 따라서 각 독자층의 인구통계학적 특성에 맞게 제품을 효과적으로 광고할 수 있다. 예를 들어, 여성 및 주부가 타깃인 식품, 가전제품, 화장품, 여성용 패션과 같은 제품의 경우 여성지, 리빙지 등이 효과적인 매체이다. 타깃이 남성인 면도기, 남성용 패션, 아웃도어(outdoor) 제품 등은 남성지, 경제지, 시사주간지, 레저지 등이 효과적이다. 또한 상류층을 타깃으로 하는 명품 브랜드, 고급 자동차, 시계, 보석, 고급 가전, 고급 호텔의 경우 상류 무가지, 멤버십 잡지, 고급 패션지, 시사 및 경제 주간지 등에 광고를 하면 효과적이다. 미국의 경우 잡지는 크게 소비자지, 농업지, 그리고 비지니스지로 분류된다. 일반지는 일반 대중이 쉽게 볼 수 있는 소비자 잡지이며 농업지는 농업에 종사하는 사람들을 대상으로 정보를 제공하거나 교육을 하며 비즈니스지는 다양한 업종에 종사하는 사람들을 대상으로 하는 잡지이다.

잡지의 총매출액은 2019년을 기준으로 7,775억 원에 달하며, 이 중 구독료 수입 비중이 전체의 39.6%로 가장 높고, 그다음 광고 수입의 비중이 34.2%, 기타 수입의 비중이 23.9%, 콘텐츠 판매 수입의 비중이 2.3%를 차지하고 있다.

잡지광고는 게재되는 면의 위치와 광고 형태에 따라서 분류된다. 광고가 게재되는 면의 위치에 따라 크게 표지 면(cover page)과 내지 면으로 구분된다. 표지 면은 앞과 뒤의 겉표지를 말하며 표 1면, 표 2면, 표 2대면, 표 3면 그리고 표 4면으로 구분된다. 표

〈표 19-3〉 잡지광고 유형과 타깃

카테고리	매체명	타깃
여성지(패션지)	『Vogue』『Elle』『Marie Claire』『Bazzar』 등	25~34세 여성
영패션지	『Ceci』『Vogue Girl』『Elle Girl』『유행통신』『Ecole』 등	18~25세 여성
주부지(종합여성지)	『여성중앙』『우먼센스』『주부생활』『여성동아』『레이디경향』『여성조선』 등	30~40대 주부
리빙지(인테리어)	『행복이 가득한 집』『메종』『까사리빙』『리빙센스』 등	30~40대 주부
육아지	『Babee』『Best Baby』『Enfant』 등	20대 후반~30대 중반 여성
웨딩지	『마리끌레르 웨딩』『웨딩21』 등	20대 후반~30대 초반 여성
남성지	『GQ』『Esquire』『포브스 코리아』 등	20대 후반 남성 30~40대 남성
주간신문류	『일요신문』『토요신문』『일요시사』『민주신문』 등	20대 후반~30대 남성
시사, 경제지	『시사저널』『주간조선』 등 시사지 『매경이코노미』『이코노미조선』 등 경제지	30~40대 남성
영화, 레저지	『씨네21』『Golf Journal』 등	30~40대 남성
상류 무가, 멤버십지	『Nobless』『Luxury』『The Neighbor』, 백화점 잡지 및 『The first』 등	30~40대 상류 남성

출처: castingn (2017. 9. 13.).

1면은 잡지의 표지(front cover), 표 2면은 표지 안쪽 면(inside front cover), 표 2대면은 표 2면과 마주 보는 면(facing inside front cover), 표 3면은 뒤표지의 안쪽 면(inside back cover), 표 4면은 뒤표지의 겉면(back cover), 내지면(inside)은 겉표지를 제외한 잡지의 나머지 면을 말한다.

　잡지광고는 형태에 따라 좌수광고, 우수광고, 기사 대면 좌수광고, 기사 대면 우수광고, 접지(folder) 광고 그리고 새로운 페이지가 삽입되는 여부에 따라 삽지광고로 분류된다. 좌수광고는 잡지의 가운데를 기준으로 좌측면에 게재되는 광고, 우수광고는 우측면에 게재되는 광고, 기사 대면 좌수광고는 기사의 좌측면에 게재되는 광고, 기사 대면 우수광고는 기사의 우측면에 게재되는 광고를 말한다. 접지광고는 책의 가운데를 기준으로 2페이지가 마주 보는 형태로 된 광고를 말하며 삽지광고는 잡지 면 사이에 1/2페이지 혹은 엽서 크기로 끼워 넣는 광고를 말한다. 국내 잡지광고 집행 현황을 보면 기사 대면 광고 집행 시 대부분 오른쪽 페이지에 광고를 게재하는 경우가 많다. 최근에는 광고의 주목도를 높이기 위하여 변형 광고를 이용하는 사례가 증가하고 있다.

〈표 19-4〉 잡지광고의 형태에 따른 분류

잡지광고의 형태	분류		
좌수, 우수광고	좌수광고	광고	
	우수광고		광고
기사 대면 광고	기사 대면 좌수광고	광고	기사
	기사 대면 우수광고	기사	광고
접지 광고	2P 접지(스프레드)		
	2P 변형 접지		
	1과 1/2 접지		
	4P 접지		
1/2P 삽지광고	1/2P 세로삽지		
	1/2P 가로삽지		
카탈로그형 다 페이지 광고			

　　잡지광고의 경우 게재 면과 위치에 따라 광고효과가 달라진다. 일반적으로 표 4면이 가장 효과적이며 표 2면과 표 2대면은 표 4면 다음으로 주목 효과가 크다. 내지면 중에서 보통 목차전의 앞부분(약 3~20페이지)이 더 효과적이며 오른쪽 페이지가 왼쪽 페이지보다 더 낮다. 따라서 잡지유닛을 결정할 때 게재 위치를 고려하여야 한다.

〈표 19-5〉 잡지 게재 면에 따른 열독 효과의 크기

표 4면 > 표 2면 및 표 2대면 > 내지면 앞부분 > 내지면 뒷부분

2) 잡지광고의 광고요금체계

　　잡지광고의 요율은 표지 면과 내지 면에 따라 달라진다. 광고단가가 가장 높은 면은 표지 4면이며 가장 낮은 면은 내지 면이다. 광고단가는 표 4면이 가장 비싸고, 그다음 표 2면과 표 2대면, 목차면, 내지면, 표 3면의 순으로 비싸다. 잡지광고가 게재되는 면

의 위치에 따라 광고단가가 다르게 적용되는 이유는 광고가 게재되는 면에 따라 광고에 대한 주목 효과가 다르다고 가정하기 때문이다. 잡지광고의 요율은 매체사에 의해 결정되며 잡지광고의 지면은 1년 단위로 계약을 하거나 혹은 잡지의 발행주기에 맞추어 주 단위 혹은 월 단위별로 융통성 있게 구입할 수 있다. 단, 1년 단위 계약이 가능한 광고 면은 표지 면과 특별 면에 한정이 된다.

3. 인쇄 광고의 구매 및 집행과정

인쇄 매체는 신문과 잡지 등을 포함한다. 인쇄 광고의 구매는 방송 광고와 달리 KOBACO를 거치지 않고 매체사 광고영업부를 통해 바로 부킹(booking)함으로써 이루어진다. 인쇄 광고의 업무 프로세서는 먼저 광고주가 예산을 편성하고, 광고회사의 AE에게 인쇄 광고의 게재를 요청한다. AE는 인쇄 매체팀에 게재를 의뢰하고, 인쇄 매체팀은 집행할 비히클, 게재 일자, 면, 단가 등을 협의, 결정한 후 매체사에 광고게재를 부킹, 확정함으로써 구매가 끝난다. 광고회사 제작팀은 게재 일정에 맞추어 인쇄 광고물을 제작한 후 광고주 승인을 거쳐, 필름 형태의 광고물을 인쇄 매체팀에 전달하고, 인쇄 매체팀은 다시 매체사에게 광고물을 전달한다. 매체사는 광고를 집행하고 인쇄 매체팀은 광고물이 요청한 일자 및 면에 제대로 게재되었는지 확인한다. AE는 게재된 결과를 증빙하여 광고주에게 청구서를 발송하고 광고회사의 경리팀은 AE를 통해 정산한다.

디지털 매체

최근 몇 년 동안 고사양 스마트 기기의 보급 확대와 인터넷 속도의 개선으로 광고 매체의 중심이 대중매체에서 디지털 미디어로 급속히 이동하고 있다. 2017년 제일기획 조사에 의하면 국내 디지털 광고시장 규모는 3조 8,402억 원으로서 전체 광고시장의 34.5%를 차지하였으며, 2018년에는 4조 862억 원으로 방송 광고(지상파TV, 케이블, 종편, 라디오)를 제치고 시장점유율 1위를 차지할 것으로 예상하였다. 디지털 광고시장이 지속적으로 성장하는 주된 이유는 최근에 모바일 기반의 SNS(예: 인스타그램) 및 동영상 플랫폼(예: 유튜브) 이용자 수의 지속적인 증가 때문이다. 향후 5G 스마트폰의 보급 확대와 모바일 기반의 SNS 및 동영상 이용자 수의 증가로 디지털 광고시장이 지속적으로 성장할 것으로 예상된다. 디지털 미디어 기반의 디지털 광고는 대중매체 중심의 전통적인 광고 커뮤니케이션 패러다임을 바꾸고 있다. 과거의 송신자에서 수신자로 이어지는 단선적인 커뮤니케이션에서 벗어나 소비자와의 상호작용이 가능한 커뮤니케이션으로 패러다임이 변화하고 있으며, 이러한 새로운 환경에서 광고 매체는 단순한 노출 중심의 전통적인 역할에서 벗어나서 통합적 마케팅 커뮤니케이션(integrated marketing communication)을 구현하는 마케팅 채널로 확장되고 있다.

1. 디지털 매체의 분류

디지털 매체는 광고가 전달되는 매체가 제공하는 서비스 유형에 따라서 포털, 소셜 미디어, 메신저, 동영상 플랫폼, 개별사업자 플랫폼(예: 뉴스 사이트) 등으로 구분할 수 있다. 포털(portal)에는 구글, 네이버, 다음카카오, 네이트 등이 포함되며, 소셜 미디어에는 유튜브(YouTube), 페이스북(Facebook), 인스타그램(Instagram), 트위터(Twitter), 링크드인(Linkedin), 블로그(Blog), 구글 플러스(Google+), 핀터레스트(Pinterest), 카카오스토리(Kakaostory), 스냅챗(Snapchat), 텀블러(Timblr), 틱톡(Tiktok) 등의 SNS가 포함된다.

동영상 플랫폼은 미디어의 형태에 따라서 동영상 공유 플랫폼, 포털, OTT 서비스, 소셜 미디어, MCN 계열로 분류된다. 동영상 공유 플랫폼 계열의 동영상 서비스로는 유튜브와 틱톡을 들 수 있으며, 포털 기반의 동영상 서비스로는 네이버TV와 카카오TV 등을 들 수 있다. OTT 서비스 계열의 동영상 서비스는 넷플릭스, 웨이브, 왓챠, 티빙 등이 있다. 또한 소셜 미디어 계열로는 페이스북 워치가 있고, MCN 계열로는 아프리카TV 등이 있다. 메신저에는 한국의 카카오톡(Kakaotalk)과 라인(Line), 미국의 왓츠앱(Whatsapp), 페이스북 메신저(Facebook messange), 스카이프(Skype), 바이버(Viber), 중국의 큐큐(QQ), 위챗(Wechat) 등이 있다.

〈표 20-1〉 **동영상 플랫폼의 분류**

동영상 플랫폼		예
동영상 공유 플랫폼		You Tube TikTok
포털		NAVER TV kakaoTV
OTT 서비스		TVING Disney+ wavve NETFLIX WATCHA coupang play
소셜 미디어/MCN	소셜 미디어	Watch
	MCN	afreecaTV

2. 디지털 광고의 유형

디지털 광고는 광고의 역할에 따라서 크게 디스플레이광고와 검색 광고로 구분할 수 있다. 디스플레이광고는 웹이나 앱 혹은 메신저에서 텍스트, 이미지, 혹은 플래시 동영상의 형태로 메시지를 전달하는 배너광고가 대표적이다. 배너광고는 전통적 인터넷 광고의 형태로서 배너(띠)라고 불리는 특정 광고 영역에 노출되는 광고이다. 검색 광고는 이용자가 검색어를 입력했을 때 검색결과에 나타나는 광고 유형을 말한다.

광고 소재의 형식(format)에 따라서 텍스트, 이미지, 동영상 광고로 분류된다. 텍스트 광고(text ad)는 텍스트로써 광고를 노출하는 것을 말한다. 텍스트 광고(text ad)는 주로 언론사 웹사이트에서 많이 사용되는 광고의 유형이다. 이미지광고(image ad)는 온라인이나 모바일 환경에서 사각형 안에 광고의 간략한 설명이나 특징 등을 담아 이미지와 함께 구현되는 광고를 말한다. 동영상 광고(video ad)는 영상 콘텐츠를 활용한 광고로 유튜브가 대표적이다. 광고 목적에 따라서 디지털 광고는 노출, 클릭, 정보전달, 행동유도, 인게이지먼트(참여)를 목적으로 하는 광고로 구분할 수 있다. 또한 디지털 광고는 과금 체계에 따라서 CPM(Cost Per Mil, 1,000회 노출당 과금 방식), CPC(Cost Per Click, 클릭당 과금 방식), CPV(Cost Per View, 광고 시청당 과금 방식), CPVC(Cost Per View and Click), CPA(Cost Per Action, 행동당 과금 방식), CPS(Cost Per Share, 공유당 과금 방식) 등으로 구분할 수 있다. 또한 앱 광고의 경우 앱 설치당 과금 방식인 CPI(Cost Per Install)도 있다. 또한 광고가 구현되는 스크린 유형에 따라서 웹 광고와 앱 광고 그리고 이 2개 플랫폼에서 모두 구현되는 광고로 구분할 수 있다.

1) 디스플레이광고

디스플레이광고(display advertising)는 이용자의 의도와는 상관없이 웹사이트 또는 웹페이지의 이동 시에 자동적으로 노출되는 광고를 말한다. 즉, 수동적인 이용자를 능동적으로 변환시켜 광고 메시지로 끌어들이기 위한 수단이라고 할 수 있다. 디스플레이광고에는 텍스트(text), 배너(banner), 리치미디어(rich media), 동영상 광고 등이 포함된다. 텍스트 광고에는 기사식의 광고와 이동통신사의 메시징 서비스를 기반으로 하는

SMS 광고 등이 있다.

(1) 배너광고

배너광고(banner ad)는 검색 광고와 함께 현재 가장 많이 사용되는 전통적인 인터넷 광고의 형태로서 배너(띠)라고 불리는 웹사이트의 특정한 부분에 위치하는 일정한 규격의 사각형 틀 안에 광고제품이나 기업에 대한 간략한 설명이나 특징 또는 광고표현물을 담아서 사용자에게 노출하는 광고이다. 배너광고를 클릭하게 되면 광고주의 웹사이트로 연결될 수 있도록 링크되어 있다. 배너 클릭을 통하여 웹페이지에 접속하게 되면 더 자세한 제품 정보를 얻게 되거나, 이벤트 혹은 프로모션에 참여하게 되어 보다 더 큰 광고효과를 기대할 수 있다.

인터넷 배너광고는 클릭을 통한 웹사이트 접속이라는 자발적 노출을 전제로 하기 때문에 광고 정보처리의 결과는 더 강력하고 효과적이라고 할 수 있다. 인터넷 배너광고는 노출 후 몇 초 동안의 짧은 순간에 클릭이 결정되는데 이 과정에서 수용자의 클릭 동기를 유발하는 것이 중요하다. 따라서 배너광고는 광고 메시지에 대한 수용자의 클릭 동기를 유발하기 위하여 제품에 적합한 타깃을 찾는 노력을 기울이거나, 이벤트성 캠페인을 많이 활용한다. 예를 들어, 이벤트를 통하여 경품을 제공하거나, 재미있는 동영상을 무료로 다운로드하게 하거나, 혹은 무료 샘플 및 할인 쿠폰을 제공하기도 한다. 따라서 수용자가 푸시형 광고인 배너에 노출된 후 자발적으로 클릭을 통하여 웹사이트와 같은 랜딩 페이지에 접속하지 않으면 기대하는 만큼의 광고효과가 발생하지 않는다.

미국 인터랙티브 광고협회(IAB)에 따르면 배너광고의 표준 규격은 전통적인 띠 모양의 메인 가로형 풀 배너(full banner)에서 벗어나서 큰 직사각형, 큰 정사각형, 직사각형, 리더보드(leaderboard), 스카이스크래퍼(skyscraper) 등으로 다양화되고 있으며, 게재 위치 또한 화면 상단, 좌우측, 하단을 벗어나서 기사를 가리는 형태 등으로 다양화되고 있다. 배너광고의 경우 CTR이 매우 중요한 광고효과의 지표로 사용되고 있으나, 최근에 CTR이 발생하지 않아도 배너 자체에 대한 노출만으로도 주목 효과가 발생한다는 연구결과가 보고되고 있다. 따라서 링크 교환과 마찬가지로 배너광고를 노출할 웹사이트의 선택이 중요하다고 할 수 있다.

[그림 20-1] 구글 배너광고의 예

출처: 헤들리 디지털(2021. 5. 21.).

(2) SMS 및 MMS 광고

SMS(Shot Message Service) 광고 및 MMS(Multimedia Message Service) 광고는 이동통신사의 메시징 서비스를 기반으로 하는 텍스트 광고 형식이다. 대표적인 텍스트 광고는 단문메시지 서비스를 기반으로 하는 SMS 광고이다. 메시지 기반의 광고는 피처폰과 스마트폰을 포함하여 모든 휴대폰에 적용되며, 주로 이벤트를 통하여 즉각적인 흥미를 유발하기 위한 단순 정보제공에 목적이 있다. SMS 기반의 광고는 인터넷 배너광고와 같이 3단계 정보처리과정을 거치게 되는데, 1단계 정보처리과정은 광고주에 의해 발송된 SMS를 수신하는 수동적 노출 단계이고, 2단계는 콜백(call back)[1]을 이용하여 콜센터 ARS 및 무선인터넷(WAP) 홈페이지에 접속하는 단계, 3단계 과정은 콜백 후 콜센터의 ARS 통화연결 및 무선인터넷 홈페이지에 접속한 후 쿠폰을 다운로드하거나 이벤트에 참여하는 등 본격적으로 메시지와 상호작용하는 단계이다.

SMS 기반의 모바일 광고 이용자는 SMS 수신 후 몇 초 동안의 짧은 순간에 단문 메시지(SMS) 내용을 읽어 보고 추가 정보를 얻기 위하여 콜센터 및 무선 인터넷 홈페이지에 접속할 것인가를 결정하게 되는데, 이 과정에서 콜백이 발생하지 않으면 광고의 효과는 기대하기 어렵다. 따라서 이 과정에서 콜백을 유도하기 위하여 SMS 메시지에 대한

---

1) 메시지 수신자가 회신하는 것을 말한다.

수용자의 관여도를 높이는 것이 중요하다. SMS 메시지에 대한 수용자의 관여도를 높이기 위하여 이벤트성 메시지를 많이 사용한다. 예를 들어, SMS 메시지를 통하여 쿠폰 제공, 게임, 동영상 다운로드, 이벤트 경품 제공 등 다양한 이벤트 정보와 혜택을 제공하거나 광고를 보는 대가로 통화요금을 감면받는 포인트(points)를 적립해 준다.

2) 검색 광고

흔히 키워드 광고(keyword advertising)라고도 불리는 검색 광고는 기업이나 제품 정보를 능동적으로 찾는 사용자를 위해 검색 엔진에 키워드를 등록한 다음 이용자가 검색창에 찾고자 하는 검색어를 입력했을 때 그와 관련된 광고를 보여 주거나 해당 웹사이트를 보여 주는 광고이다. 검색 광고는 2017년 기준 전체 4조 4,000억 원의 디지털 광고시장에서 50%의 점유율로 가장 큰 비중을 차지하고 있으며, 국내 검색시장의 75.2%를 점유하고 있는 네이버가 시장을 주도하고 있다. 검색 광고는 특정 제품이나 관심을 가진 사람에게만 광고가 노출된다는 점에서 불특정 다수를 상대하는 기존의 배너광고보다 타기팅 효과가 뛰어난 장점이 있다. 검색 광고는 제품을 구매할 준비가 되어 있는 잠재고객들에게 기존 매체를 통하여 기대하기 어려운 제품에 대한 능동적인 정보 수집과 탐색의 기회를 제공하여 소비자의 구매 결정을 도와주고 제품구매로까지 연결하는 효과를 발휘한다. 검색 엔진은 검색어의 키워드 및 디렉토리(카테고리) 내에서 관련 제품 및 서비스의 주소(링크)를 제공한다. 사용자는 검색 엔진이 찾아낸 링크 중 검색할 필요가 있다고 판단되면 클릭하여 해당 홈페이지로 넘어갈 수 있다.

검색 엔진에 등록하는 것은 거의 무료인데 검색 엔진 최적화(Search Engine Optimization: SEO)[2]를 위한 비용이 발생하기도 한다. 검색 광고의 과금 방식은 크게 CPC와 CPT의 두 가지로 구분된다. 첫째, CPC(Cost Per Click) 방식은 이용자가 검색 후 클릭하여 광고주의 사이트를 방문해야만 광고비가 부과되는 클릭당 과금 방식으로 국내에서는 네이버, 다음, 오버추어 코리아가 이 방식을 채택하고 있다. 둘째, CPT(Cost Per Time) 방식은 일정 기간 내에 진행하는 광고에 대해 고정금액을 정액제로 지정한 후에 그 금액만큼만 노출하고 클릭과는 상관없이 진행되는 쉽고 안정적인 광고 방식으로써 다음과 네

---

2) 검색 엔진에서 검색했을 때 상위에 나타나도록 관리하는 것을 말한다.

이트(Nate)에 동시 노출되는 스페셜링크, 스폰서박스 상품 등이 있다.

　검색 광고는 스크린 유형에 따라서 온라인(PC) 검색 광고와 모바일 검색 광고로 구분할 수 있다. 온라인(PC) 검색 광고는 온라인 웹에서 구현되며, 모바일 검색 광고는 모바일 웹에서 사용자들이 키워드 검색을 통하여 구현되는 광고를 말한다. 모바일 검색 광고는 모바일 웹페이지의 상단, 중간, 하단에 배너 형태로 노출되며, 클릭하면 무선인터넷 홈페이지나 콜센터로 연결된다. 모바일 검색 광고는 온라인(PC) 검색 광고와 달리 바로 통화가 가능하다. 예를 들어, 네이버 검색 광고는 키워드 검색결과 화면에 클릭초이스 광고가 최대 3개까지 노출되는데, 모바일 단말기에 노출되는 클릭초이스 광고에는 텍스트 광고 이외에 사용자가 전화번호를 클릭하면 바로 전화 연결이 가능하도록 광고주가 직접 입력한 전화번호가 추가된다. 모바일 검색 광고는 제품 정보를 탐색하는 소비자들에게 제품에 관련된 정보를 실시간으로 제공함으로써 소비자를 잠재고객에서 적극적인 구매자로 유도할 수 있으며, 이러한 이유로 뮤지컬, 연극, 영화, 꽃 배달, 커플링과 같은 생활밀착형 상품 광고의 경우 소비로 전환되는 비율이 높다.

[그림 20-2] **구글 검색 광고의 예**

출처: 헤들리 디지털(2021. 5. 21.).

3) 동영상 광고

동영상 광고(video advertising)는 디스플레이광고의 일종으로서 인터넷상에서 동영상 스트리밍(video streaming) 방식으로 동영상 콘텐츠의 재생 전, 중간, 후에 노출되는 광고를 말한다. 동영상 광고는 게재 위치, 광고 길이, 스킵 옵션, 과금 체계, 형식 등에 따라 구분된다. 동영상 광고는 게재 위치에 따라 프리롤 광고(pre-roll ad)와 미드롤 광고(mid-roll ad), 포스트롤(post-roll) 광고로 구분된다. 프리롤은 대부분의 동영상 재생 전에 게재하는 가장 일반적인 형태의 광고 유형이며, 미드롤은 재생 중간에 게재되는 형태의 광고이다. 미드롤 광고는 동영상 콘텐츠의 길이가 긴 경우(페이스북은 3분 이상, 유튜브는 10분 이상)에만 집행된다. 포스트롤은 동영상 재생이 끝난 후 게재되는 광고로서 많이 사용되지는 않는다.

동영상 광고의 길이는 최소 6초 이하(예: 범퍼 광고)에서부터 최대 30초 이상(예: 트루뷰 인스트림 광고)에 이르며, 스킵 옵션도 5초 후, 15초 후 스킵, 스킵 불가에 이르기까지 선택의 폭이 넓다. 유튜브의 대표 광고상품인 트루뷰 인스트림(true view instream) 광고의 경우 5초 후 스킵이 가능한 반면, SMR(Smart Media Rep)[3]에서 제공되는 동영상 콘텐츠에 삽입된 동영상 광고는 15초 후에 스킵이 가능하다. 또한 동영상 광고는 과금 방식에 따라 크게 CPM, CPC, CPV 방식으로 구분된다. CPM 방식은 1,000회 노출당 광고비, CPC는 클릭당 광고비, CPV는 광고 시청당 단가를 말한다. CPM 방식은 노출(impression), CPC는 유효 클릭(랜딩 페이지로 이동하는 것)을 기준으로 하는 과금 방식인 반면, CPV 방식은 이용자가 광고에 대해 긍정적인 관심을 가지고 스킵하지 않고 끝까지 시청한 광고에 대해서만 광고비를 부과하기 때문에 광고주나 광고대행사 입장에서 더 객관적이고 명확한 단가 방식이다.

동영상 광고는 동영상 플레이어 내·외부의 배치 위치와 기능에 따라 인스트림 광고(instream ad)와 아웃스트림 광고(outstream ad), 인터랙티브 동영상 광고(interactive video ad)로 구분된다. 인스트림 광고는 동영상 콘텐츠를 시청할 때, 동영상 플레이어 내에 광고가 강제로 노출되는 것을 말한다. 인스트림 광고는 콘텐츠를 시청하는 도중

---

3) 지상파 방송 3사, CJ E&M, 종편채널 4개의 콘텐츠를 클립(clip)의 형태로 네이버, 다음, 다음카카오, 곰TV, 티빙, 푹(pooq) 등에 독점적으로 공급하는 미디어렙사를 말한다.

에 광고가 노출되기 때문에 주의와 관심을 끌 수 있는 반면에 노출 후 클릭으로 전환하는 비율이 상대적으로 낮다. 한편 아웃스트림 광고는 동영상 광고가 텍스트 기반의 콘텐츠 또는 소셜의 피드(feed) 사이에 삽입되는 형태이다. 아웃스트림 광고는 웹사이트의 키워드 추출을 통해 관련 광고를 보여 줄 수 있기 때문에 잠재고객을 더 효율적으로 확보할 수 있다. 인터랙티브 동영상 광고는 상호작용형 동영상 광고로서, 비디오, 애니메이션, 정적 이미지 등의 대화형 요소와 혼합되어 있다. 이 광고를 통해서 사용자는 광고상품에 대한 정보를 더 얻기 위해서 클릭하거나, 글을 기입하는 등의 상호작용을 하게끔 유도된다.

동영상 광고의 장점은 콘텐츠 시청 전과 중간에 노출되기 때문에 주목 효과가 크며 브랜드 인지도와 소비자 인게이지먼트를 높일 수 있고, 이를 기반으로 리드(lead) 창출과 매출 증대에 도움을 줄 수 있다. 또한 데모 타기팅, 관심사 타기팅, 카테고리 타기팅, 행동 타기팅, 키워드 타기팅, 리타기팅, 유사 타기팅, 게재 위치 타기팅, 지역 타기팅 등을 포함한 다양한 타기팅 옵션들을 활용하여 정교한 타기팅이 가능하다. 최근에 유튜브를 중심으로 동영상 콘텐츠 이용자 수가 지속적으로 증가함으로서 국내 디지털 광고시장의 중심이 점차 동영상 광고로 이동하고 있다. 메조미디어에 의하면 2018년 상반기 기준 전체 6,086억 원 규모의 디스플레이광고시장에서 동영상 광고가 차지하는 비중이 33%에 이르는 것으로 나타났으며, 이 중 유튜브(1,169억 원 매출)와 페이스북(930억 원 매출)의 시장점유율이 무려 73.1%에 달하는 것으로 나타났다. 향후 동영상 광고시장은

[그림 20-3] 카카오 동영상 광고

출처: 카카오 비즈니스.

이용자의 60% 이상이 모바일 위주로 동영상을 이용하는 것을 감안할 때 모바일을 중심으로 지속적으로 성장할 것으로 예상된다. 최근 동영상 광고의 일종으로서 광고 및 마케팅의 도구로서 많이 활용되고 있는 광고 형식은 네이티브 동영상 광고,[4] UGC(User Generated Content), 튜토리얼 동영상 광고 등이 있다.

(1) 유튜브 광고

유튜브는 당신(You)과 브라운관(Tube, TV)이라는 단어의 합성어로서 2005에 미국에서 설립되었으며, 2006년 10월 구글에 의해 인수된 세계 최대의 무료 동영상 공유 사이트이다. 유튜브는 사용자에게 댓글을 달아 소통할 수 있기 때문에 소셜 미디어 서비스의 일종으로도 분류된다. 2018년 미국 시장 조사 기관인 드림 그로우(DreamGrow)에 의하면 전 세계 유튜브의 사용자 수는 페이스북(22억 3,000만 명)에 이어 2위(19억 명)를 차지하였다. 유튜브의 매체 현황을 살펴보면 유튜브는 2018년 기준 전 세계적으로 구글 다음으로 검색량이 많으며, 순방문자(UV)가 15억 명 이상이고 1분당 500시간 이상 분량의 영상이 업로드된다. 또한 유튜브 사용자의 평균 이용 시간은 324분이며, UV는 월 2,631만 명, PV는 월 6.63억 회에 달한다. 이용자 성별은 남녀 6:4의 비율이며, 연령별로는 10대부터 50대에 이르기까지 전 세대에서 고르게 이용되고 있다.

유튜브가 가장 많은 이용자 수를 가진 동영상 플랫폼으로 성장한 가장 큰 이유는 무료 와이파이의 보급 확대와 무제한 데이터 요금제 도입으로 인한 이용자 부담의 감소를 들 수 있다. 또한 1인 창작자와의 수익 배분 프로그램의 도입 및 언제 어디서나 5~10분간 짧은 시간에 콘텐츠를 즐기는 스낵 컬쳐(snack culture) 트렌드의 확산도 주요 성장 요인 중의 하나라고 할 수 있다. 유튜브를 통하여 사용자는 영상을 보기도 하고 다른 사람의 영상을 공유하거나 본인이 직접 만든 영상을 업로드할 수 있고, 또한 동영상 시청 중 댓글을 달아 소통할 수 있다. 또한 유튜브를 통하여 자신이 만들어 올린 동영상으로 수익을 창출할 수 있으며, 일반인이 한순간에 셀럽(유명인사)이 될 수도 있고 혹은 언론인이나 마케터가 될 수 있다. 유튜브의 콘텐츠 유형을 살펴보면, 일반인이 업로드한 UGC가 전체의 32%로 가장 큰 비중을 차지하고 있으며, 그다음 방송국(예:

---

4) 네이티브 동영상 광고(native video ads)는 배너광고처럼 별도의 광고 영역이 존재하지 않고 해당 웹사이트의 피드 영역에 콘텐츠처럼 자연스럽게 배치되는 광고를 말한다.

YTN)이나 동영상 호스팅 서비스들을 포함한 매체사의 콘텐츠(30%), 인플루언서 콘텐츠(19%), 브랜디드 콘텐츠(16%)의 순으로 비중을 많이 차지하는 것으로 나타났다.

유튜브의 트래픽이 매년 폭발적으로 증가하면서 많은 기업이 유튜브를 주요 마케팅의 수단으로 활용하고 있다. 유튜브는 모든 연령대를 대상으로 다양한 동영상 소재를 활용한 캠페인 집행이 가능하며, 여러 개의 타기팅 옵션을 활용하여 정교한 타기팅이 가능하다. 유튜브의 타기팅 옵션은 데모 타기팅, 관심사 타기팅, 카테고리 타기팅, 행동 타기팅, 키워드 타기팅, 리타기팅, 유사 타기팅, 게재 위치 타기팅, 지역 타기팅 등을 포함한다. 또한 유튜브는 인공지능(AI)을 기반으로 구독 중인 동영상 이외에도 사용자의 콘텐츠 기록을 바탕으로 유사 콘텐츠를 선별해 맞춤형 콘텐츠를 노출함으로써 이용자들의 검색 피로도를 감소시키고, 타기팅 효과를 높일 수 있다. 반면 이러한 인공지능 추천 시스템이 편향된 콘텐츠만 지속해서 소비하도록 유도한다는 비판도 제기된다. 유튜브 활용한 마케팅의 성공 사례는 14억 뷰를 돌파한 싸이의 〈강남 스타일〉 뮤직비디오와 방탄소년단의 뮤직비디오를 들 수 있다. 방탄소년단의 뮤직비디오 〈쩔어〉는 38억 뷰, 〈피 땀 눈물〉은 최단 시간 조회 수가 1,000만 뷰를 돌파하였으며, 2018년 〈Fake Love〉에 수록된 앨범 'LOVE YOURSELF'는 빌보드 차트 1위를 차지하였다. 이에 힘입어 유튜브는 다양한 형태의 광고상품을 개발하고, 기업의 마케팅 활동을 돕기 위한 다양한 분석 서비스를 제공하고 있다.

2015년에는 수익 구조 개선을 위해 광고가 없이 재생되는 프리미엄 서비스인 '유튜브 레드(YouTube Red)'를 출시하였으며, 동영상 시장에서의 강력한 지배력에 힘입어 스킵 옵션 또한 5초에서 15초, 나아가 스킵 불가 상품에 이르기까지 다양하게 선택할 수 있게 하였다. 최근에 스킵이 불가능한 6초짜리 인스트림 동영상 광고인 범퍼 광고를 출시하였다. 이 광고 포맷은 모바일 도달 범위가 넓고 게재 빈도가 높아 단기간 브랜드 노출의 극대화가 가능하다. 또한 캠페인 목적과 진행 단계에 따라 기존 유튜브 광고상품과 연계한 전략적인 광고 노출이 가능하다.

유튜브의 동영상 광고는 크게 트루뷰 인스트림 광고, 범퍼 광고(bumper ad), 트루뷰 동영상 검색 광고, 오버레이광고로 구분되며, PC와 모바일 스크린을 통해 집행이 가능하다. 트루뷰 인스트림은 유튜브의 대표적인 광고상품으로서 동영상 콘텐츠의 시청 전과 중간에 5초 스킵 버튼과 함께 노출되며, 광고를 30초 이상 시청(조회)하였을 때 과금이 되는 CPV 방식의 광고이다. 따라서 광고주와 사용자 모두에게 유리한 방식의 광고

상품이다. 범퍼 광고는 현재 가장 많은 광고주가 사용하고 있는 유튜브 광고상품으로
서 6초 동안 스킵할 수 없으며, 광고 재생 시간이 짧아서 시청자의 거부감이 적고 광범
위한 도달력과 브랜딩 효과를 높일 수 있는 장점이 있다. 또한 다른 광고상품과 연동하
여 집행함으로써 바이럴의 시너지 효과를 기대할 수 있다. 이 광고상품은 노출 수를 기
준으로 과금이 이루어지며, 광고비가 비교적 저렴하기 때문에 적은 예산으로도 많은
노출량을 확보할 수 있다. 트루뷰 동영상 검색 광고상품은 사용자가 원하는 영상의 키
워드를 검색했을 때 화면의 추천 영상에 노출되는 광고 형태로서 타기팅 효과가 크다.
오버레이광고상품은 웹사이트 동영상 재생 중간에 가로형 배너 형태로 화면 하단에 노
출되는 상품으로서, 웹사이트 전환에 유리한 상품이다. 트루뷰 인 디스플레이광고상품
은 동영상 재생 중간에 배너 형태로 삽입되는 광고상품으로, 클릭 시 외부 사이트로 연
결이 가능하며, 클릭당 비용을 지불하는 CPC 방식의 광고이다.

〈표 20-2〉 **유튜브 동영상 광고 형식**

형식	작동 방식	과금 방식
건너뛸 수 있는 인스트림 광고	유튜브 동영상 전후 또는 시청 중간에 삽입. 재생 5초 후 건너뛰기(skip) 가능	CPV, CPM
건너뛸 수 없는 인스트림 광고	최대 15초 이하의 건너뛸 수 없는 인스트림 광고 형식	CPM
아웃스트림 광고	유튜브가 아닌 구글 파트너의 모바일 웹이나 앱에서 재생되는 모바일 전용 광고	CPM
인피드 동영상 광고	웹사이트 피드 내부에 자연스럽게 배치되는 네이티브 광고 형식	CPV
범퍼 광고	최대 6초 이내의 건너뛰기가 불가능한 광고 형식	CPM
마스트헤드 광고	유튜브 홈 피드 상단에 게재되는 광고로 구글 영업 담당자를 통해서만 집행이 가능	CPM

출처: Google Ads.

4) 소셜 미디어 광고

소셜 미디어(social media)는 사람들이 자신의 생각과 의견, 경험, 관점 등을 서로 공
유하고 참여하기 위해 사용하는 개방화된 미디어 플랫폼을 말한다. 소셜 미디어는 참
여자 간의 친구관계를 넓힐 목적으로 개설된 커뮤니티형 웹사이트에서 시작되었으나,
점차 페이스북처럼 참여자의 게시글이나 콘텐츠를 생산, 공유하는 기능이 강화되면서

소셜 미디어라는 개념으로 확장되었다. 소셜 미디어가 지속적으로 성장하게 된 배경은 스마트폰 및 태블릿 PC와 같은 스마트 미디어의 보급과 유무선 인터넷 속도의 향상으로 언제 어디서든 24시간 다른 사람과 소통할 수 있는 네트워크 인터페이스 환경이 개선되었기 때문이다.

　소셜 미디어 유형 중에서 이용자 수가 가장 많은 SNS(Social Network Service)는 회원들끼리 서로 친구를 소개하거나 사이트 내에서 공통 관심사를 가진 사람과 친구가 되는 등 새로운 인간관계를 넓혀 가는 것을 목적으로 개설된 커뮤니티형 인터넷 사이트이다. SNS는 크게 개방형과 폐쇄형으로 구분되며, 페이스북, 인스타그램, 트위터와 같은 개방형 SNS는 누구나 쉽게 접근할 수 있으며 불특정 다수와도 연결되는 등 폭넓은 인간관계를 목적으로 한다. 반면에 네이버 밴드 및 다음카카오 스토리와 같은 폐쇄형 SNS는 가족, 친구, 연인, 동호회, 직장동료 등 기존에 알고 있던 특정한 사람들과만 소통하는 것을 목적으로 하고 있다.

　시장 조사 전문기관인 스태티스타(Statista)의 조사에 의하면 2018년 기준 SNS 이용자 수는 27억 7,000만 명에 달하며, 2020년에는 30억 명으로 늘어날 것으로 예상된다. 또한 글로벌 웹 인덱스(Global Web Index)의 조사에 의하면 인터넷 사용자 중 98% 이상이 SNS를 이용하고 있으며, 1인당 평균 7.6개의 계정을 보유하면서 하루 평균 2시간 22분을 이용하고 있는 것으로 나타났다. 한편 국내의 경우, 2018년 인터넷 이용자 조사(NPR)에 의하면 우리나라 국민의 SNS 이용률은 81.6%에 달하며, 남성의 이용률이 84.7%로, 여성의 이용률 78.3%보다 조금 높고, 연령별로는 10대(87.8%), 20대(87.5%)의 이용률이 가장 높은 반면에 50대의 이용률(73.8%)이 가장 낮게 나타났다. SNS 유형별로 살펴보면 페이스북(67.8%)의 이용률이 가장 높은 것으로 나타났으며, 그다음 인스타그램(23.2%), 네이버 밴드(13.7%), 다음카카오 스토리(12.3%)의 순으로 이용률이 높은 것으로 나타났다. SNS 유형 중 인스타그램이 전년 대비 가장 큰 폭으로 성장하였는데, 이는 여성 및 1020세대 이용자가 증가하였기 때문이다. 또한 10~30대에서는 페이스북과 인스타그램을 많이 이용하는 것을 나타난 반면, 40~50대에서는 밴드와 다음카카오 스토리의 이용률이 상대적으로 높은 것으로 나타났다.

　기업이 소셜 미디어를 고객과의 커뮤니케이션에 있어 중요한 수단으로 활용하는 이유는 소셜 미디어가 인터넷 포털의 디스플레이광고, 카페, 기업 홈페이지의 기능과 일정 부분 유사함에도 불구하고 이로부터 생성된 콘텐츠에 개인의 생각, 관련 정보, 감성, 판단 등이 부가되어 다른 사람들에게 전달되고 확산하는 소셜 광고 및 소셜 마케팅의 형태를 띠기 때문이다. 이러한 점에서 소셜 미디어를 활용한 광고는 불특정 다수를 대상으로 하는 기존의 대중매체 기반의 푸시형 광고 및 마케팅과 큰 차이가 있고, 자신과 관련 있는 사람들 간의 관계를 기반으로 소통이 이루어진다는 점에서 관리자 중심의 블로그의 전달 방식과도 다르다. 기업이 소셜 미디어로부터 기대하는 광고효과는 비즈니스 혹은 브랜드 노출, 트래픽 생성 및 구독자 증가, 시장에 대한 통찰력 제공, 충성고객 개발, 잠재고객 창출, 검색어 상위 랭크, 새로운 비즈니스 제휴, 마케팅 비용 절감, 매출 증대 등으로 나타났다. 이 외에도 브랜드나 제품의 평판 개선, PR 개선, 고객 서비스 품질 향상, 고객 지불 비용 감소, 고객 지원 비용 감소 등도 기업들이 기대하는 주요 소셜 미디어 광고 및 마케팅의 효과로 나타났다. 글로벌 기업이 광고 및 마케팅의 수단으로 선호하는 소셜 미디어는 페이스북, 유튜브, 인스타그램, 핀터레스트, 트위터, 링크드인, 틱톡 등이 있으며, 특히 페이스북은 지난 5년간 지속적으로 부동의 1위 자리를 유지하고 있다.

(1) 페이스북(메타)

SNS 이용자들 간의 네트워킹 형성과 정보의 공유를 목적으로 하는 페이스북(facebook)은 2003년에 페이스메시(Facemash)라는 이름으로 출발하였으나 2004년에 facebook.com으로 설립된 후 2021년에 메타 플랫폼스(Meta Platforms, Inc.)로 개명하여 오늘에 이르고 있다. 페이스북은 2018년 기준 월 사용자 수가 22억 명에 달하는 SNS이자 광고 미디어 플랫폼이다. 이처럼 수많은 이용자를 기반으로 하는 페이스북은 전 세계 92%의 마케터가 마케팅의 도구로 사용하고 있는 가장 강력한 광고 플랫폼이자 소셜 미디어이다.

페이스북 광고는 상품을 판매하거나 브랜드 홍보를 위해 페이스북 비즈니스 계정을 만들어 일정한 광고비를 지불하고 사람들에게 피드를 통해 광고를 노출하는 방식이다. 페이스북 광고는 크게 '게시물 홍보하기'와 '비즈니스 홍보하기'의 두 가지 방식으로 나눌 수 있다. '게시물 홍보하기'는 말 그대로 비즈니스 게시물의 홍보를 사람들에게 노출하고 고객 유입을 이끌어 내는 것을 목적으로 한다. 반면 '비즈니스 홍보하기'는 주변 지역에 비즈니스를 홍보하고 웹사이트 트래픽을 늘릴 수 있다. 이 두 가지 방식의 광고는 페이스북 광고 관리자 도구를 통해 세부적으로 타기팅, 노출 위치, 다양한 광고 형식을 지원할 수 있다.

　페이스북 광고 유형에는 사진, 동영상, 스토리, 메신저, 슬라이드, 슬라이드쇼, 컬렉션, 플레이어블 등의 8개 유형이 있다. 사진 광고는 눈길을 끄는 이미지와 문구를 사용하는 깔끔하고 단순한 광고 형식이다. 사진으로 구성된 고화질 이미지나 그림을 통해 비즈니스 정보와 브랜드 인지도 제고와 같은 상품 및 서비스 홍보가 가능하다. 페이스북 페이지에서 바로 사진 광고를 만들 수 있다. 동영상 광고는 이동 중에도 볼 수 있는 피드 기반의 짧은 형식부터 긴 형식까지 다양한 길이와 형태로 제작하는 것이 가능하다. 동영상 광고는 뉴스피드와 워치(watch) 등 콘텐츠가 조회되는 모든 곳에서 재생되며 주로 동영상 시청 중에 재생되는 미드 롤(mid-roll) 형태로 게재된다. 동영상 광고는 시각 효과와 사운드, 모션을 통해 스토리를 전달하며 광고 및 브랜드 인지도, 구매의향을 높이는 데 도움을 준다.

　스토리 광고는 직접 디자인할 수 있는 전체 화면 광고 형식으로 몰입도 높은 경험을 제공한다. 사람들이 좋아하는 다른 사람들의 일상 이야기를 통해 매 순간 사람들과 소통하며 일상을 벗어나 새로운 경험을 할 수 있게 해 준다. 메신저 광고는 메신저 앱의 '채팅' 탭에 노출되는 광고로서 사람들이 광고를 누르면 메신저 내에서 상세 화면으로 이동된다. 보통 상세 페이지에는 광고주의 웹사이트나 앱 혹은 메신저 대화로 연결되는 CTA 버튼이 포함된다. 메신저 광고는 사람들이 비즈니스와 대화를 시작하는 데 도움을 주며, 더 많은 고객과 손쉽게 대화를 시작하게 해 줌으로써 기존 고객 또는 잠재 고객과의 관계를 형성하게 해 준다. 슬라이드 광고는 여러 컷의 이미지로 이루어진 슬라이드를 옆으로 넘기면서 보는 광고이다. 하나의 광고에 이미지 또는 동영상을 최대 10개까지 추가하고 슬라이드마다 별도의 링크 포함이 가능하다. 여러 상품을 홍보하거나 한 가지 제품 혹은 서비스에 대한 자세한 정보를 담을 수 있으며, 브랜드 스토리를 각 슬라이드에 이어서 전달할 수 있다. 이 광고는 상품에 대한 고객의 이해도를 높일 수 있으며, 고객은 슬라이드를 넘기면서 더 많은 내용을 확인할 수 있다.

　슬라이드쇼 광고는 100% 동영상이 아닌 사운드, 텍스트, 모션(motion)이 추가된 여러 컷의 슬라이드 모션 형식이다. 슬라이드쇼 광고는 적은 제작 비용으로 쉽게 만들고 수정할 수 있으며, 인터넷 연결 속도가 느리고 구형 휴대폰 기기를 사용하는 사람이 많은 시장에서 낮은 사양의 동영상 클립 형식으로서 동영상 광고의 장점을 활용할 수 있다. 컬렉션 광고는 메인 동영상 혹은 이미지가 있고, 그 밑에 작은 이미지 3개가 그리드

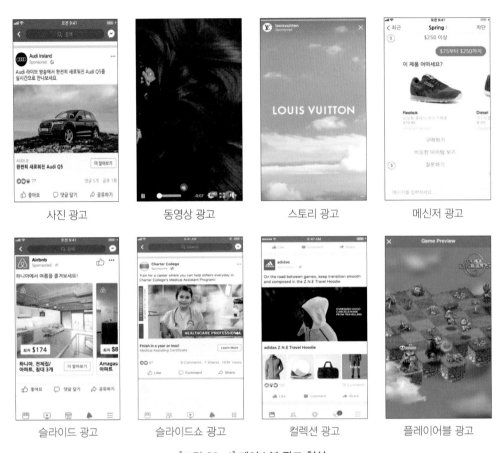

사진 광고	동영상 광고	스토리 광고	메신저 광고
슬라이드 광고	슬라이드쇼 광고	컬렉션 광고	플레이어블 광고

[그림 20-4] 페이스북 광고 형식

출처: Facebook for Business.

레이아웃으로 배치된다. 보통 제품이 4개 이상 포함된 카탈로그가 있는 경우 한곳에서 제품을 둘러볼 수 있게 한다. 이 광고상품은 사람들이 비즈니스의 상품/서비스를 빠르게 둘러보고 제품을 발견한 후 광고를 눌러서 특정 상품에 대해 자세히 알아볼 수 있게 하고 구매까지 가능하게 한다. 플레이어블 광고는 사람들이 플레이할 수 있는 게임 형식의 인터렉티브 동영상 광고이다. 이 광고상품은 사람들이 게임 앱을 다운로드하기 전에 참여해 볼 수 있는 미리 보기 기능을 제공한다. 따라서 게이머와 고객이 앱을 구매하기 전에 미리 체험해 볼 수 있게 함으로서 앱을 다운로드할 의향이 높은 사용자를 찾는 데 도움을 준다.

페이스북 광고 유형은 광고캠페인의 목표에 따라 적절히 선택된다. 예를 들어, 이미지형 광고는 브랜드 인지도, 참여, 도달, 매장 방문 등의 목표에 활용되며, 동영상형 광고는 도달률 및 조회 수 증대, 타깃의 참여 및 전환 유도 등에 활용된다. 슬라이드형 광고는 브랜드 인지도, 도달, 전환, 매장 방문, 트래픽 증대 등에 효과적이며, 컬렉션형 광고는 트래픽, 전환, 매장 방문, 카탈로그 판매와 연동 등의 목표에 사용할 수 있다. 따라서 페이스북 광고를 활용한 캠페인은 비즈니스 목표에 부합하는 광고 목표를 선택하는 것에서부터 시작된다. 즉, 페이스북 광고를 활용한 캠페인은 마케터가 얻고자 하는 캠페인 성과에 맞추어 적절한 목표를 선택한 후, 타깃의 인구통계학적 특성과 행동을 고려하여 적절한 타깃을 선택하고, 그다음 웹과 앱을 포함한 광고게재 위치를 선정한다. 이어서 총 광고 예산과 일일 예산을 입력하고, 광고게재 기간 및 동영상, 이미지 등의 광고 형식을 선택한다. 광고게재 후에는 성과를 추적하고 캠페인을 수정할 수 있다. 페이스북 광고의 타기팅 옵션은 핵심 타기팅(인구통계/관심사), 맞춤 타기팅(CRM 데이터/동영상 시청자 리타기팅), 유사(look-a-likes) 타기팅을 포함한다. 최근에 동영상 조회자 맞춤 타깃 업데이트를 통해 기존 타기팅 옵션에 3초, 10초, 25%, 50%, 75%, 95% 조회

〈표 20-3〉 페이스북 광고의 목표

목표	세부목표	비즈니스 목표
인지도	브랜드 인지도	비즈니스, 브랜드 또는 서비스에 대한 인지도를 높인다.
	도달	타깃 대상에 해당하는 최대한 많은 사람에게 광고를 노출한다.
관심	트래픽	사람들이 페이스북에서 회원님의 웹사이트 랜딩 페이지, 블로그 게시물, 앱 등 원하는 URL로 이동하도록 유도한다.
	참여	게시물에 참여할 가능성이 높은 사람들에게 도달한다. 참여에는 좋아요, 댓글, 공유가 포함되며 광고주의 페이지에서 발급된 쿠폰도 포함된다.
	앱 설치	회원님 비즈니스의 앱을 다운로드할 수 있는 스토어로 사람들을 유도한다.
	동영상 조회	비즈니스의 동영상을 시청할 가능성이 높은 페이스북 사용자에게 동영상을 공유한다.
	잠재고객 확보	뉴스레터 등록하기 등 회원님의 제품에 관심이 있는 사람들로부터 정보를 수집하는 광고를 만들어 비즈니스에 맞는 잠재고객을 확보한다.
	메시지	페이스북을 이용하는 사람들과 교류하고 잠재고객 또는 기존 고객과 소통하여 고객이 회원님의 비즈니스에 관심을 갖도록 유도한다.
전환	전환	사람들이 회원님의 비즈니스 사이트에서 장바구니에 담기, 앱 다운로드, 사이트 가입 또는 구매 등의 특정 행동을 취하도록 유도한다.
	카탈로그 판매	전자상거래 매장 카탈로그의 제품을 표시하여 매출을 창출한다.
	매장 유입	전 오프라인 비즈니스 위치를 근처 사람들에게 홍보한다.

출처: Facebook for Business.

자 옵션을 추가하고, 사용자의 웹사이트 방문 횟수와 구매금액 등 행동 가치에 따라 정교한 타기팅이 가능해졌다. 과금 방식은 광고 목적에 따라 각각 다르다. 페이스북 광고의 효과는 게시물 도달률, 게시물 참여율, 페이지 좋아요 클릭 수, 평균 인게이지먼트율(average engagement rate) 등으로 측정할 수 있다.

(2) 인스타그램

인스타그램(Instagram)은 '인스턴트(instant)'와 '텔레그램(telegram)'의 합성어로서, 사진 및 동영상을 공유할 수 있는 소셜 미디어 플랫폼이다. 인스타그램은 '세상의 순간들을 포착하고 공유한다(capturing and sharing the world's moments).'라는 슬로건을 내걸고 2010년에 설립되었으며, 2012년 4월 페이스북에 의해 인수되었다. 인스타그램의 사용자 현황을 살펴보면, 2022년 7월 기준 앱 마켓 시장 분석 솔루션 모바일인덱스에 의하면 인스타그램의 구글 플레이스토어, 애플 앱스토어 합산 국내 월간 활성 이용자(MAU) 수는 1,891만 명으로, SNS 앱 부문 1위를 차지했다. 성별로는 남성 이용자의 비율(44%)보다 여성 이용자의 비율(59.7%)이 상대적으로 높으며, 연령대별로는 10~30대의 경우 인스타그램이 가장 많이 사용하는 소셜 미디어로 나타났으며, 40~50대는 밴드를 가장 많이 사용하는 것으로 나타났다.

인스타그램은 특히 긴 텍스트보다 많은 의미를 함축적으로 전달할 수 있는 사진이나 이미지를 선호하는 스낵 컬처에 익숙한 젊은 층에게 큰 인기를 얻고 있다. 인스타그램의 성장으로 셀카(자기 촬영) 문화가 더욱 확산이 되었으며, 먹스타그램[5]과 같은 신조어도 탄생하였다.

또한 인스타그램은 대화로 소통을 기반으로 하는 페이스북이나 트위터와 달리 이미지를 기반으로 하기 때문에 사용자 인터페이스가 굉장히 단순하고, 유지 및 관리가 수월하다. 인스타그램은 PC 버전이 없어서 노출 스크린의 범위는 모바일에 제한된다. 즉, 인스타그램은 다른 SNS와 달리 PC 버전이 없고 모바일 환경에 최적화되어 있어서 사진이나 영상을 스마트폰으로 바로 찍어서 바로 올리면 된다. 인스타그램 이용자

---

5) 먹스타그램은 동사 '먹다'와 '인스타그램'이 더해져 탄생한 신조어로서, 자신이 먹은 음식 사진을 인스타그램에 올리는 행위 등을 가리키는 용어이다. 이용자들은 음식 사진을 올릴 땐 '#먹스타그램' 태그를 붙이는데, 이 태그는 검색어 기능을 수행한다.

는 사진이나 동영상을 업로드하고 이를 팔로워나 친구들과 공유할 수 있으며, 다른 친구들이 공유한 게시물을 보고, 댓글을 남기며 '좋아요'를 누를 수 있다. 또한 해시태그(hashtag, #)[6] 분류 시스템을 사용하여 팔로워가 쉽게 열람이 가능하기 때문에 원하는 관심 분야의 사진과 영상도 쉽게 찾아볼 수 있다.

　인스타그램에는 2013년 말부터 광고가 등장하기 시작하였으며, 광고 형식으로는 이미지와 동영상이 가능하고, 광고상품의 유형은 페이스북과 거의 유사하다. 과금 방식은 클릭당 비용을 뜻하는 CPC 또는 1,000회 노출당 비용(CPM) 방식으로 제공되며, 타기팅 옵션은 페이스북처럼 핵심 타기팅(데모 및 관심사 타기팅), 맞춤 타기팅(CRM 타기팅, 리타기팅), 유사 타기팅이 가능하다. 또한 인스타그램 계정 없이도 페이스북 팬페이지를 활용하여 광고 집행이 가능하다. 인스타그램 광고의 장점은 한 장의 사진으로 사람들의 시선을 사로잡을 수 있으며, 핵심적인 내용을 적절하게 전달할 수 있다. 또한 해시태그를 이용하여, 비교적 오랜 시간에 콘텐츠를 찾아볼 수 있어서, 인스타그램에 업로드된 콘텐츠의 유통기한, 즉 생명력이 다른 SNS에 비해 길다.

　인스타그램 광고는 광고캠페인의 목적에 따라 7개의 유형이 있다. 첫째, 이미지 피드 광고는 사진 한 장을 피드의 게시물로 게재하는 형식이며, 단순하면서도 깔끔하고 아름다운 크리에이티브 공간을 통해 브랜드 스토리를 전달할 수 있다. 정사각형, 가로 방향 또는 세로 방향의 이미지를 사용할 수 있다. 둘째, 이미지 스토리 광고는 인스타그램의 스토리로 나타나는 단일 사진 또는 여러 사진을 말한다. 셋째, 비디오 피드 광고(동영상 광고)를 사용하면 시각, 음향 효과 및 역동적인 요소를 통해 이미지광고 못지않게 몰입도 높은 시각적 경험을 제공할 수 있다. 최대 60초 길이의 동영상을 공유할 수 있다. 넷째, 비디오 스토리 광고는 인스타그램 스토리에 나타나는 짧은 동영상으로서, 행동을 유도할 수 있도록 독창적이고 눈길을 끌며 몰입도 높은 전체 화면 광고 형식을 제공한다. 다섯째, 캐러셀(carousal) 피드 광고는 슬라이드 광고로서 옆으로 살짝 밀어 하나의 광고에서 여러 이미지나 동영상을 볼 수 있다. 여섯째, 컬렉션 광고는 피드에서 여러 제품의 이미지가 그리드 레이아웃 형태로 보이는 광고 형식이다. 일곱째, 탐색 탭 광고(explore tab ads)는 이미지와 동영상으로 이루어지며, 탐색 그리드 자체에는

---

6) 사용자가 특정한 화제에 관하여 트윗할 때 해시태그(#)와 화제와 관련된 키워드를 트윗문 속에 넣어 두는 것이며, 종합적으로 해시태그를 사용한 트윗들만 검색하게 하는 것을 말한다.

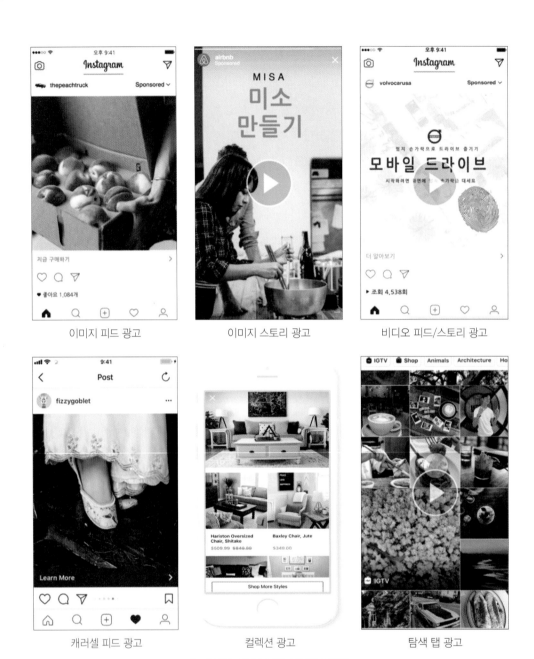

이미지 피드 광고   이미지 스토리 광고   비디오 피드/스토리 광고

캐러셀 피드 광고   컬렉션 광고   탐색 탭 광고

[그림 20-5] 인스타그램 광고 유형

출처: Facebook for Business.

광고가 표시되지 않지만 유저가 탐색 게시물을 탭하고 검색 피드를 스크롤하면 광고가 표시되기 시작한다. 인스타그램을 활용한 광고캠페인의 과정도 캠페인의 목표 선정에서부터 타깃 설정, 게재 위치 선정, 총 예산 및 일 예산 입력, 게재 기간 설정, 광고 형식 선택, 게재 후 성과측정 및 캠페인 수정에 이르기까지 페이스북과 거의 동일하다.

(3) 트위터

2006년에 등장한 트위터(Twitter)는 사용자들이 '트위츠(tweets)'라고 불리는 최대 140자의 단문 메시지를 보내고 읽을 수 있는 무료 소셜 네트워킹 서비스(social networking service) 혹은 마이크로 블로깅 서비스(micro-blogging service)이다. 트위터는 140자의 짧은 글로 지금의 생각, 사진을 팔로워들과 공유할 수 있으며, 해시태그를 통해 실시간 온라인 대화 및 버즈 생성에 기여하며, 사이트 간 개방성으로 캠페인의 공유 및 확산에 용이하다. 기업들은 트위터를 통하여 기업이나 신제품 정보를 팔로워에게 제공하고, 각종 프로모션 정보나 기회를 제공한다. 트위터는 2011년부터 페이스북, 인스타그램, 밴드, 다음카카오 스토리와의 경쟁에 밀려 5위까지 추락하였으나, 최근에 국내외 정치적 이슈의 등장과 K-POP의 인기에 힘입어 점유율과 이용 시간이 회복세를 보이고 있다. 2017년 기준 우리나라의 트위터 이용률은 16.2%에 달하며, 연령별로는 20~30대가 가장 많이 이용하는 것으로 나타났다.

트위터는 페이스북보다 실시간성, 신속한 정보전달력, 정보 공개성, 개방성에서 앞서며 불특정 다수의 모든 이용자와 정보를 교환할 수 있는 비대칭적 관계성을 차별적인 장점으로 한다. 예를 들어, 트위터는 상대방의 승인을 필요로 하는 대칭적 관계하에서 정보를 열람하게 하는 페이스북과 달리 불특정 다수에게 실시간으로 신속하게 정보를 전달할 수 있으며, 모든 정보가 이용자들에게 공개되며, 게시글을 포스팅한 사람이 누구인지도 공개된다. 즉, 트위터는 이용자들이 자신이 투고하는 정보가 해시태그(#)와 리트윗(retweet)으로 실시간으로 신속하게 전달되고 타임라인(timeline)[7]상에서 공유된다. 투고된 트윗(tweet)[8]은 즉석에서 데이터베이스에 보관되어 트위터의 오른쪽 메뉴에 있는 검색란에서 검색할 수 있게 되며 검색의 결과는 트위터의 타임라인과 같이 최신 결과부터 순서대로 나열된다. 따라서 기업은 트위터의 검색 기능을 이용하여 회사의 상품이나 서비스에 대한 고객의 소리를 청취하고, 고객들의 의견을 실시간으로 조사하여, 이를 경영과 서비스 개선에 반영할 수 있다. 트위터 통계 분석 도구인 'TweetVolumn(http://tweetVolume.com)'과 같은 서비스를 이용하여 자기 회사의 상품

---

7) 트위터에서 자신이 팔로우하고 있는 사람들의 투고가 표시되는 페이지를 말한다.

8) 특정 이용자를 지목해 말을 걸었다는 의미로 모든 이용자가 아닌 해당 이용자에게만 메시지를 전했다는 뜻이다. 트위터에 투고된 개별 메시지를 말한다.

및 서비스가 트위터에서 어느 정도 거론되는가를 그래프로 볼 수 있으며, 설문조사를 통하여 트위터상의 고객의 소리를 직접 청취할 수 있다. 또한 트위터는 블로그, 싸이월드, 페이스북과 달리 상대방의 수락 과정이 필요 없기 때문에 누구나 원하는 사람의 소식을 받아볼 수 있고, 그들에게 자유롭게 메시지를 보낼 수 있다. 특히 트위터의 팔로우 기능은 다른 사용자의 트윗을 자신의 타임라인에 자유롭게 표시하도록 함으로써 다른 SNS들처럼 현실 세계의 인간관계를 의식할 필요가 없이 자유롭게 정보를 수집하고 전달할 수 있다. 즉, 누구의 트윗을 자신의 타임라인에 표시하는 결정권은 오로지 자신의 자유로운 의사에 달려 있다. 이 외에도 트위터는 기존 고객과의 관계를 더 강화하고 잠재고객과의 관계를 구축할 수 있는 잠재력이 큰 채널이다. 기업이 고객과 진정한 대화를 나누고 진심으로 배려하려는 진정성을 가지고 트위터를 활용한다면 고객이 먼저 다가오게 되고 이는 고객 관계를 공고히 할 수 있는 유용한 도구가 될 수 있다.

　기업들은 고객 관계 관리(CRM), 판매촉진, 조사, 브랜딩, 협업과 같은 기업의 고객 대상 마케팅 활동에 트위터를 활용할 수 있다. 예를 들어, 고객 관계 관리를 위하여 많은 기업은 콜센터를 운영하고 있으나 콜센터는 전화로 고객을 지원하거나 상담하는 데 한계를 지니고 있다. 그러나 트위터에서는 다이렉트 메시지나 설정을 비공개 모드(mode)로 하지 않는 한, 지원 및 상담이 같은 문제를 안고 있는 모든 고객에게 공유되어 고객의 불만을 효율적으로 해결해 준다. 기업들은 트위터를 판매촉진의 수단으로도 활용할 수 있다. 기업들은 트위터를 통하여 상품을 소개하거나, 타임 세일(time sale)을 실시하거나, 쿠폰을 발행하여 매출을 증대시킬 수 있다. 가령 미국의 서브웨이(Subway) 샌드위치는 신제품 출시를 앞두고 팔로워들에게 신제품 소개 트윗과 함께 할인 쿠폰을 제공하여 신제품 홍보 및 매출 효과를 거두었다. 또한 기업은 트위터를 통하여 팔로워를 늘림으로써 기업 이미지 제고나 브랜드 홍보 효과를 극대화할 수 있다. 한 조사에 의하면 트위터의 관심 글 이용자 중 약 9%가 기업/단체의 이벤트나 행사에 관한 글을 관심 글로 수집해 놓고 있는 것으로 나타난 만큼 기업이 전달하는 메시지에 단순 노출되는 것을 넘어 소비자들이 적극적인 반응을 보임을 알 수 있다.

　트위터의 주요 광고상품은 프로모션 트윗(promotion tweet), 프로모션 계정(promotion account), 프로모션 트렌드(promotion trends) 등이 있다. 프로모션 트윗은 일종의 트윗 메시지 광고로서 타임라인에 나오는 친구 소식 사이에 노출되며, 광고와 트윗을 혼동하지 않게 트윗 아래에 작게 '～님이 프로모션 중'이라고 표시가 되어있다. 프로모션 계정은 타임라인 왼쪽과 '발견하기'에서 사용자가 팔로잉(following)하면 좋을 계정을 사용자의 관심사나 친구 성향에 따라 몇 개 추려 주는 데 여기에 종종 프로모션 계정을 소개하거나 검색결과에 프로모션 계정(예: 'samsung'을 검색하면 @SamsungCamera를 보여 줌)을 띄워 주기도 한다. 프로모션 트렌드는 실시간 트렌드에 나타난다. 실시간 트렌드는 네이버의 실시간 급상승검색어 및 다음의 실시간 이슈와 비슷하다. 즉, 프로모션 트렌드는 네이버 실시간 급상승검색어가 광고로 운영되는 경우와 같다. 트위터 사용자는 프로모션 트렌드를 클릭하면 해당 주제와 관련된 사용자, 트윗, 이미지를 볼 수 있다. 트위터 광고의 노출 스크린의 범위는 모바일과 PC를 포함하며, 타기팅 옵션은 광고상품에 따라 성별, 지역, 관심사, 사용자 ID, 키워드, 디바이스, 팔로워, 유사 타기팅 등이 다양하게 적용 가능하며, 과금 체계는 CPI, CPV, 고정 가격 등 다양하다.

(4) 블로그

블로그(blog 혹은 web log)는 인터넷을 의미하는 웹(web)과 일지 혹은 기록을 뜻하는 로그(log)를 합친 낱말로, 스스로가 가진 느낌이나 품어 오던 생각, 알리고 싶은 견해나 주장 같은 것을 웹을 이용하여 올리고 저장하여 다른 이용자들과 공유할 수 있는 공간으로 정의된다. 블로그는 2013년「소셜 미디어 마케팅 산업 리포트(social media marketing industry report)」에 의하면 페이스북, 트위터, 링크드인에 이어 전세계 마케터들이 네 번째로 많이 사용하는 전통적인 소셜 미디어이지만 페이스북, 트위터, 유튜브 등 새로운 소셜 미디어 플랫폼의 성장으로 광고 매체로서 그 영향력이 점차 감소하고 있다.

블로그는 일반적으로 한 사람마다 하나씩(계정마다) 가입 및 설정할 수 있으며, 한 사람이 자신의 글을 올리고 관리하지만 많은 사람이 볼 수 있고 의견을 나눌 수 있기 때문에 1인 미디어라고 불린다. 블로그는 일기나 감상의 기록, 자유로운 자아표출이 가능한 공간일 뿐만 아니라 답글, 방명록, 쪽지, 이메일 등의 기능을 통해 블로거(blogger)[9]와 방문자 간의 일대일 커뮤니케이션이 가능하고 다른 블로그와 연결되어 수없이 확산될 수 있다. 블로그는 광고 노출뿐만 아니라 신제품 런칭, 제품 광고, 고객 정보 수집, 입소문 마케팅, 브랜드 커뮤니티 형성, 고객 관계 관리, 기업 및 브랜드 이미지 홍보

---

9) 블로그를 소유해 관리하고 있는 사람이다.

를 위한 통합적 마케팅 커뮤니케이션 채널로써 활용되고 있다. 특히 블로그를 이용하는 소비자 간의 제품을 둘러싼 자발적 여론 형성, 다양한 네트워크 확장성을 이용한 빠른 입소문, 정보에 대한 신뢰성, 친밀감 등으로 인하여 광고주의 입장만을 전달하는 기업의 홈페이지보다 효과가 크다. 또한 블로그는 기업들에게는 제품에 대한 소비자들의 리뷰(사용후기) 등을 통하여 소비자들의 관심이나 욕구, 문제점, 취향 등을 파악할 수 있는 공간으로써 활용된다.

광고 매체로서 블로그의 특성은 정보의 투명성, 신뢰성, 상호작용성, 네트워크의 확장성을 들 수 있다. 블로그에서 제공되는 정보는 공개되며, 게시글을 포스팅한 사람이 누구인지도 공개된다. 또한 이용자가 필요로 하는 전문적 정보를 제공하기 때문에 이용자들의 메시지에 대한 관여도가 높고 인위적인 조작이 가해지지 않은 참여자의 생생한 목소리를 그대로 전달한다는 장점으로 인하여 신뢰성이 크다. 블로그는 조회하기,[10] 답글 남기기,[11] 스크랩하기,[12] 엮인 글 달기,[13] 공감하기[14]와 같은 상호작용적 기능들을 이용하여 블로거와 방문자 혹은 방문자들 간에 사회적 관계 맺기나 사회적 연결망을 형성할 수 있다. 가령 블로거가 자신의 블로그에 게시글을 작성하면 다른 이용자는 이 게시글에 대하여 조회를 하거나, 답글을 남기거나, 스크랩을 하거나, 엮인 글 달기를 할 수 있다. 이러한 다양한 블로그의 상호작용적 기능으로 블로그는 사회적 연결망을 확립할 수 있으며, 이 과정에서 특정 블로그는 연결망 내에서 중심적인 노드(node)로 자리매김할 수 있고, 블로거 사이에 영향력을 행사할 수도 있다. 블로그는 트랙백(trackback),[15] 태그(tag),[16] 퍼머링크(permanent link),[17] RSS(Really Simple Syndication)[18]와 같은 네트워크 기능들을 제공해 다른 블로그와 서로 네트워크를 형성

---

10) 게시글을 읽는 행동을 말한다.
11) 게시글에 대하여 자신의 의견을 남기는 행동을 말한다.
12) 게시글의 내용을 복사하여, 자신의 블로그에 게시글로 등록하는 행동을 말한다.
13) 게시글과 연관된 새로운 내용을 자신의 블로그 내에 게시글로 작성하는 행동을 말한다.
14) 포스트를 읽은 다른 이용자가 해당 글에 대한 공감 여부를 표현할 수 있는 일종의 추천 기능으로, 포스트 하단의 공감하기 버튼을 클릭하면, 해당 포스트의 공감 수가 증가한다.
15) 다른 사람의 글을 읽고 그 글에 직접 댓글을 올리는 대신에 자신의 블로그에 글을 올리고 글의 일정 부분이 다른 사람의 댓글로 보이도록 트랙백을 보내는 것이다.
16) 블로거가 자신의 포스트에 키워드를 설정하면 다른 블로거가 키워드 검색을 통해 해당 포스트를 찾을 수 있는 기능이다.
17) 다른 블로그 사이트 이용자 간의 제한 없는 활동을 할 수 있는 기능이다.
18) 타 블로그에 올라온 글들을 실시간으로 본인의 블로그에 수집할 수 있는 기능이다.

할 수 있다. 이러한 네트워크 기능들을 이용하여 블로그는 다른 블로그와 연결하여 커뮤니티를 형성할 수 있으며, 일 대 일, 일 대 다수, 다수 대 다수의 커뮤니케이션을 할 수 있다. 블로거는 블로그의 네트워크 기능을 이용하여 그들의 일상 속으로 들어가게 되고, 다양한 소식을 주고받음으로써 관계의 넓이를 확장하고 기존에 형성되었던 친밀한 관계를 더욱 강화하게 된다.

　기업은 직접 블로그를 개설하여 고객 관계 관리와 마케팅에 활용하거나, 광고 플랫폼 혹은 바이럴(viral)의 수단으로 활용한다. 예를 들어, 기업, 제품, 서비스 이름으로 블로그를 개설하여, 직접 제품 관련 글을 작성하여 게재하는 등 적극적인 마케팅을 전개할 수 있다. 반면 이 방법은 자신들이 올린 게시글에 대해서 소비자가 의문을 제기하거나, 이용자들의 방문을 유도하기가 쉽지 않다는 단점이 있다. 또한 기업들은 일반 블로그에 디스플레이광고를 삽입하여 블로그 방문자들에게 노출하는 광고 플랫폼으로 활용한다. 이 방법은 기업이 블로거와 별도로 관계를 맺지 않고 웹 광고대행사를 통해 배너광고와 문맥 광고(context ad)[19] 등을 블로그에 게재하고 블로그 방문자의 클릭률에 따라 블로거에게 대가를 지불한다. 구글의 애드센스(Adsense), 네이버의 애드포스트(Adpost), 다음의 애드클릭스(Adclix) 등이 대표적인 문맥 광고상품들이다. 이들 광고상품은 광고를 보여 주는 것에 동의한 블로거들에게도 수익을 나눠 줌으로써 블로거의 적극적인 참여를 유도할 수 있으나 너무 지나친 광고 노출로 방문자들의 광고에 대한 거부감을 자극하여 블로그에 대한 신뢰성을 떨어뜨리기도 한다. 이 외에도 기업들은 파워블로거와 고객체험단을 모집하여 제품에 대한 리뷰(사용후기)나 해당 브랜드에 대한 호의적인 글을 올리게 함으로써 조회 수와 방문자 수를 높일 수 있다. 이 방법은 파워블로거와 고객체험단이 오피니언 리더(opinion leader)로서 역할을 수행하면서 블로거 간의 의사소통을 통해 광고에 대한 거부감을 줄이고, 구전효과를 기대할 수 있다. 다만, 파워블로거와 고객체험단을 이용하여 블로그 콘텐츠를 생성할 때 기업의 제품홍보에 대한 소비자의 거부감을 줄이기 위하여 자연스럽게 소비자의 감성을 자극하면서 공감을 이끌어 낼 수 있어야 한다. 예를 들어, 한국HP는 신제품 런칭 행사에 파워 블로거를 기자와 동등한 대우로 초청하여 행사 후기 및 제품 리뷰를 공개하고, 이슈 거리를 만들어 많은 블로그 방문과 검색 효과를 거두었고 제품에 대한 호감은 물론 매출 상승

---

19) 콘텐츠와 광고 메시지의 내용을 일치시키는 광고로서 콘텐츠 매칭광고로도 불린다.

의 효과를 거두었다.

5) 메신저 광고

메신저 광고(messinger ad)는 카카오톡, 페이스북 메신저, 라인 광고 등이 대표적이다. 카카오는 카카오톡 메신저를 기반으로 플랫폼이 카카오스토리, 다음, 카카오 서비스, 카카오 네트워크 등으로 확장되면서 광고상품의 종류 또한 다양해졌다. 카카오톡 광고는 카카오모먼트(Kakaomoment)라 불리는 다음카카오의 광고 플랫폼을 통해 관리된다. 카카오모먼트에서 지원하는 카카오톡 광고상품은 노출 영역에 따라서 카카오 비즈보드, 디스플레이광고, 채널 메시지, 동영상 광고 등이 있다.

(1) 카카오 비즈보드

카카오 비즈보드는 카카오톡 채팅 탭의 트래픽을 활용하여 최적의 광고효율을 이끌어 낼 수 있는 상품이다. 카카오톡 채팅 리스트 최상단에 고정된 배너로부터 효율적인 톡 내 랜딩 방식을 광고주가 선택할 수 있으며 광고주가 원하는 최종 액션으로 안내한다. 카카오 비즈보드는 일간 메시지 수신과 발신 100억 건, 하루에도 수많은 사람이 찾는 카카오톡 채팅 탭에 노출되며 카카오톡 채팅 탭에 노출되며 톡 내에서 비즈니스 액션을 완결시킬 수 있게 도와준다. 즉, 다양한 카카오 비즈 솔루션으로 사용자의 최종 마케팅 액션까지 막힘없이 연결할 수 있다. 광고주가 선택할 수 있는 마케팅 액션으로는 원클릭 결제하기, 톡으로 회원가입하기, 참여/설문/응모/예약하기, 톡으로 문의하기, 구매하기, 주문하기, 선물하기, 상품구독, 시승 신청하기, 채널 포스트 랜딩하기, 채널 추가하기, 톡 캘린더 저장하기 등이 있다.

카카오 비즈보드 광고는 앱스토어 또는 앱, 카카오 서비스 혹은 애드뷰(adview)[20]로 연결할 수 있다. 카카오 비즈보드는 카카오톡뿐만 아니라 다음 앱, 다음 웹툰 그리고 카카오의 주요 서비스에도 노출된

[그림 20-6] **카카오 비즈보드 광고**
출처: 카카오 비즈니스.

[그림 20-7] 카카오 비즈보드의 네 가지 배너 유형

출처: 카카오 비즈니스.

다. 카카오 비즈보드는 카카오모먼트에서 등록이 가능하며 등록 시 광고그룹 게재 지면을 선택할 수 있다. 카카오 비즈보드 광고는 카카오모먼트를 이용하여 광고 등록부터 맞춤 타기팅, 보고서 확인까지 직접 운영할 수 있어 광고주로 하여금 효율적인 관리를 할 수 있게 해 준다. 또한 캠페인 목표에 따라 픽셀과 SDK[21]를 설치할 때 전환 최적화 기능을 지원해 준다. 카카오 비즈보드는 오브젝트형, 썸네일형, 마스킹형, 텍스트형의 네 가지 배너 유형을 다양한 형태로 변형해서 마케팅에 최적화된 광고 소재를 제작할 수 있게 해 준다.

(2) 디스플레이광고

카카오모먼트의 디스플레이광고는 PC, 모바일의 다양한 지면에 다양한 유형의 크리에이티브로 마케팅 메시지를 전달하는 광고상품이다. 이 광고상품은 광고 유형과 광고 목표를 선택하고, 원하는 타깃 집단과 게재 지면을 설정하여 소재를 등록하면 쉽게 디스플레이광고를 시작할 수 있다. 디스플레이 광고캠페인의 목표는 도달, 방문, 전환 목

---

20) 채팅 리스트 아래에서 위로 화면이 노출되어 사용자에게 화면 전환의 이질감 없이 자연스럽게 광고 상세 정보를 노출할 수 있는 카카오 비즈보드의 광고페이지이다.

21) 카카오의 픽셀(pixel)과 SDK는 카카오에서 제공하는 전환 추적 서비스이다. 최적의 잠재고객을 파악하고 광고에서 발생한 회원가입과 구매 등의 전환을 확인할 수 있는 스크립터 도구이다.

표를 설정할 수 있다. 먼저, 도달 목표는 광고주의 제품 또는 서비스를 홍보하기 위해 많은 사람에게 광고를 노출시켜 인지도를 높인다. 둘째, 방문 목표는 광고주가 원하는 랜딩 페이지로 사용자들의 방문을 극대화하여 원하는 마케팅 목표를 달성한다. 셋째, 전환 목표는 광고주의 비즈니스에 대한 관심을 구매 또는 참여, 설치 등의 행동으로 전환시킨다. 즉, 전환 가능성이 높은 대상에게 최적화된 광고를 노출한다.

광고 노출 영역은 카카오톡, 카카오스토리, 다음, 카카오페이지 및 프리미엄 네트워크 서비스의 지면에 노출된다. 카카오톡에는 친구탭, 채팅탭, #탭, 더보기 탭의 모바일 지면과 PC 로그인 시 노출되며, 다음에는 다음 PC와 APP 초기 화면, 주요 서비스 최상단 등 콘텐츠 소비 영역에 노출된다. 카카오스토리에는 카카오스토리 사용 시 소식 피드 사이에 자연스럽게 광고가 노출되며, 카카오 서비스에는 카카오페이지, 카카오 헤어샵과 같은 프리미엄 네트워크 서비스에서 노출이 가능하다. 팝업 그리고 채팅창 하단까지 다양한 콘텐츠 소비 영역에 노출이 되는 카카오 광고는 동영상, 네이티브, 배너등 다양한 광고 형식을 지원한다.

카카오 광고 플랫폼은 카카오의 기술력으로 적합한 사용자를 찾고, 광고가 필요한 순간을 포착해 광고를 노출할 수 있다. 즉, 인구통계학적 특성뿐 아니라 오디언스의 행동, 관심사, 카카오 서비스, 키워드, 현재 위치에 따라 다양하고 정교한 타기팅과 오디언스 설정이 가능하다. 카카오모먼트의 디스플레이광고는 광고 목적에 따라 입찰 방식이 다르며, 광고주는 선택하는 입찰 방식에 따라 실시간 입찰 경쟁에 참여한다. 예를 들어, 광고 목표가 방문인 경우 CPC와 CPM 방식으로 입찰에 참여하며, 목표가 전환인

| 카카오톡 | 다음 | 카카오스토리 | 카카오 서비스 |

[그림 20-8] 카카오 디스플레이광고 노출 영역

출처: 카카오 비즈니스.

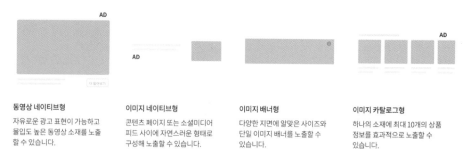

동영상 네이티브형
자유로운 광고 표현이 가능하고
몰입도 높은 동영상 소재를 노출
할 수 있습니다.

이미지 네이티브형
콘텐츠 페이지 또는 소셜미디어
피드 사이에 자연스러운 형태로
구성해 노출할 수 있습니다.

이미지 배너형
다양한 지면에 알맞은 사이즈와
단일 이미지 배너를 노출할 수
있습니다.

이미지 카탈로그형
하나의 소재에 최대 10개의 상품
정보를 효과적으로 노출할 수
있습니다.

[그림 20-9] 카카오 디스플레이광고 형식

출처: 카카오 비즈니스.

경우 CPA, CPC, CPM 방식이 모두 가능하다.

디스플레이광고를 처음 시작하는 경우 카카오모먼트의 '광고 만들기' 프로세스를 통해 캠페인에서 소재 등록까지 순차적으로 진행할 수 있다. 첫째, 카카오 계정으로 카카오모먼트 플랫폼에 직접 가입하고, 둘째, 원하는 광고 목표와 광고 유형을 선택한다. 셋째, 캠페인과 광고그룹을 만든다. 여기에서는 선택한 광고 유형과 목표에 필요한 캠페인, 광고그룹 정보 설정을 진행하고, 광고그룹에서 집행 대상(오디언스, 게재 지면, 디바이스) 및 집행 전략(입찰방식, 예산, 집행 기간 등)을 설정할 수 있다. 넷째, 이미지, 동영상 소재를 등록하고, 다섯째, 심사 진행과 완료 후 자동으로 광고를 노출한다.

(3) 카카오톡 채널 메시지 광고

메시지 광고상품은 내 카카오톡 채널의 카카오톡 채팅방으로 전달되는 메시지형 광고이다. 메시지 광고는 내 카카오톡 채널을 더 강력한 비즈니스 수단으로 활용할 수 있으며, 마케팅 목적에 맞게 최적의 순간에, 최적의 친구를 찾아, 최적의 메시지를 발송할 수 있다. 따라서 타깃 관여도가 높은 메시지 광고를 통해 더 효과적으로 이용자들의 카카오톡 채팅방에 마케팅 메시지를 노출할 수 있다. 광고 형식은 [그림 20-10]에서 보이듯이 와이드 이미지형, 와이드 리스트형, 기본 텍스트형이 있다. 와이드 이미지형은 큰 사이즈의 이미지를 활용해 주목도 높은 메시지를 구성할 수 있다. 와이드 리스트형은 다양한 주제의 메시지를 리스트 형식으로 구성할 수 있다. 기본 텍스트형은 상품이나 서비스에 대한 자세한 설명이 필요할 때 활용된다.

메시지 광고는 내 카카오톡 채널과 친구 관계인 사용자 혹은 전화번호, 앱 사용자

아이디로 만든 친구 그룹에만 발송하거나 내 카카오톡 채널의 친구인 사용자 중 데모그래픽, 관심사 등을 활용해 타깃 오디언스로 추정되는 사용자에게 메시지를 발송할 수 있다. 메시지 광고는 발송당 구매 방식인 CPMS(Cost Per Message Send)로 제공되며, 메시지는 설정한 발송 일시와 오디언스 설정에 맞춰 한번에 일괄 발송한다. 내 데이터, 카카오 데이터, 데모그래픽 중 전체가 아닌 성별, 연령, 지역을 선택하여 발송하는 경우와 실시간 맞춤 타깃 선택 시 건당 금액은 20원이며, 타기팅 미적용이나 데모그래픽 중 지역−전체(국내), 전체(국내+해외), 디바이스로 설정한 경우 건당 금액은 15원이다.

메시지 광고캠페인의 성공 사례로서 패밀리 레스토랑 브랜드인 VIPS를 들 수 있다. 이 캠페인은 회원이 아닌 @LF몰 친구를 대상으로 회원가입을 유도했다. 구체적인 광고 집행 목표는 신규 회원가입 증대이며, 발송 대상은 맞춤 타깃이고, 발송방식은 다이렉트 메시지 보내기로서 오디언스 설정은 '내 데이터 가져오기→고객 파일'에서 설정했다. 메시지 형식은 와이드 리스트형이며, 과금 방식은 CPMS 방식이다. 메시지 발송일은 2019년 1월 14일로서 광고 집행 결과 성과는 기존 대비 2배 이상의 회원가입률을 달성했다.

와이드 이미지형   와이드 리스트형   기본 텍스트형

[그림 20-10] 메시지 광고 형식

출처: 카카오 비즈니스.

(4) 동영상 광고

카카오 동영상 광고는 카카오 서비스에서 제공하는 동영상 형태의 광고로서 다양한 지면에 노출할 수 있으며, 광고주의 광고를 많은 사람이 조회하도록 유도하여 홍보 및 브랜딩을 강화할 수 있다. 카카오 동영상 광고는 카카오의 다양한 서비스의 프리미엄 콘텐츠 영역 및 영상 콘텐츠에 전 국민 대상 사용자 풀(pool)을 기반으로 브랜드에 적합한 최적의 수용자에게 동영상 광고를 노출할 수 있으며, 카카오의 전 국민 대상의 사용자를 기반으로 높은 타깃 커버리지를 확보할 수 있게 해 준다.

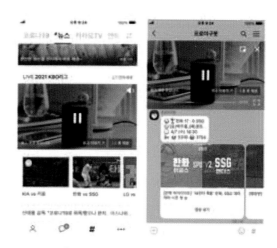

[그림 20-11] 카카오 동영상 광고

출처: 카카오 비즈니스.

카카오 동영상 광고는 인스트림과 아웃스트림 동영상 광고의 두 가지 유형으로 나뉜다. 인스트림 동영상 광고는 시청하는 영상과 동일한 형태로 영상 시청 전과 중간에 몰입도 높은 동영상 소재를 노출할 수 있다. 인스트림 동영상 광고는 카카오톡을 중심으로 뷰탭, 카카오TV앱/웹, 다음 스포츠 영상 등 다양한 동영상 지면에 노출된다. 반면 아웃스트림 동영상 광고는 카카오의 뉴스, 웹툰 콘텐츠 등에 네이티브 형태로 노출되어 콘텐츠 가독성을 방해하지 않고 자연스러운 브랜드 경험을 제공할 수 있다. 아웃스트림 동영상 광고는 카카오톡, 다음, 카카오스토리, 카카오 서비스 지면에 노출된다. 카카오 동영상 광고는 동영상 조회당 비용이 과금되는 방식(CPV)으로 진행된다.

[그림 20-12] 인스트림(왼쪽)과 아웃스트림(오른쪽) 광고

출처: 카카오 비즈니스.

6) 이메일 광고

이메일 광고(email advertising)는 HTML 문서, 이미지, 소리, 동영상 등 다양한 멀티미디어 기술을 활용하여 다양한 형태의 메시지를 개인의 이메일을 통하여 전달하는 광고이다. 이메일 광고는 개인에게 DM(Direct Mail)의 형식으로 메시지를 보낼 수도 있고, 비개인화된 전체 수용자들을 대상으로 동일한 메시지를 동시에 전달하는 방법도 있다. 이메일은 전 세계 대부분 소비자가 사용하는 커뮤니케이션 도구로서 기업들은 이메일을 이용하여 브랜드 및 기업 정보, 소비자의 필요에 맞는 구매 정보를 제공할 수 있으며 이벤트, 할인 행사, 신제품 등에 관한 다양한 정보 등을 제공함으로써 소비자와의 친밀한 관계를 형성·유지하고 나아가 브랜드 충성도를 높일 수 있다.

광고성 이메일은 크게 스팸(spam) 메일, 옵트인(opt-in) 메일, 옵트아웃(opt-out) 메일로 구분된다. 스팸 메일은 수신자의 허락 없이 일방적으로 발송되는 메시지인 반면, 옵트인 메일은 수신 동의를 한 수신자들에게만 메일을 발송하는 형태이며, 옵트아웃 메일은 최초 메일을 동의 없이 보내지만 수신 거부 여부를 확인하여 재발송하는 광고 형태를 말한다. 스팸 메일의 단점인 '정크(junk) 메시지'의 이미지를 개선하기 위하여 이용자의 수신 허가를 전제로 한 옵트인 메일의 비중이 확대되고 있다. 이메일 광고는 점차 문자 중심에서 그래픽과 동영상을 첨부한 멀티미디어 형태로 발전하고 있다. 이메일 광고를 활용함으로써 얻을 수 있는 마케팅 효과는 신규 고객의 확보, 매출 증대, 기존 고객의 유지 및 관리를 들 수 있다. 이메일 광고는 메일 서비스, 뉴스그룹, 메일링 리스트, 또는 타 기업의 뉴스레터를 통하여 잠재고객 명단을 확보하여 메시지를 전달함으로써 새로운 고객을 유치할 수 있다. 이메일을 통하여 카탈로그, 신상품 소개서, 경품행사 안내, 세일 안내를 통하여 직접 판매를 이끌어 낼 수 있다. 거래 과정에서 주문확인, 거래확인, 계좌확인, 배송확인 등에 이메일을 이용함으로써 고객의 신뢰를 얻을 수 있고, 고객들에게 주기적으로 뉴스레터를 발송하여 재구매를 유도할 수 있으며, 고객의 문의 사항을 접수하여 처리할 수 있다. 이처럼 이메일을 이용하여 고객에게 다양한 서비스를 제공함으로써 기업이나 브랜드에 대한 신뢰를 구축하여 장기적으로 브랜드 자산의 축적에 도움을 줄 수 있다. 그러나 이러한 장점에도 불구하고 대부분의 광고성 이메일 메시지가 흔히 스팸 메시지로 인식되어 바로 삭제되는 경우가 많은 점과 너무 많은 광고성 이메일 메시지가 전달되는 데에 따른 이용자의 거부감 등은 극복해야 할 문제이다. 좋은 이메일 광고는 고객과 상호 윈윈(win-win)할 수 있는 양방향 커뮤니케이션을 달성할 수 있는 광고라고 할 수 있다. 이를 위해 고객 데이터베이스와 과거 구매 행태나 정보처리 행위에 대한 자료를 바탕으로 고객에게 특화된 이메일을 발송하는 것이 이메일 광고 성공의 열쇠라고 할 수 있다. 이메일 광고를 이용하여 고객 개개인의 욕구에 맞춰진 제품의 추천과 특별한 인센티브 프로모션을 통하여 반복구매를 유도함으로써 궁극적으로 고객 충성도와 관계 향상에 기여할 수 있다.

옥외매체

1. 옥외매체란

옥외매체는 집 밖 외부에 각종 구조물을 이용하여 설치된 광고 매체를 말한다. 옥외매체는 미국에서 'Out Of Home(OOH)' 혹은 'outdoor advertising media'로 불린다. 일반적으로 'Out Of Home'이 'outdoor advertising'보다 더 넓은 의미이다. 즉, outdoor advertising이 빌보드, 포스터 혹은 네온과 같은 전통적인 형태의 옥외광고를 가리키는 반면, 'Out Of Home'은 버스정류장 광고, 쇼핑카트 광고, 비행기 혹은 비행선을 이용한 광고에 이르기까지 집 밖에서 보이는 모든 광고 형태를 포함한다.

옥외매체는 기존의 광고 매체와 여러 가지 측면에서 다르다. 첫째, 옥외매체는 사람들의 눈에 많이 띄는 장소이면 어느 곳에나 설치할 수 있으며, 방송 및 인쇄 매체와 달리 비교적 시공간의 제약을 적게 받는다. 이러한 이유로 광고 메시지의 회상 능력이 뛰어나며 지역에 밀착된 광고효과를 창출할 수 있는 장점이 있다. 반면에 옥외매체의 단점으로는 광고 메시지가 짧고 특정 목표 청중을 선별적으로 수용하기 어려우며 설치장소가 부족하다는 점을 들 수 있다. 특히 옥외매체에 노출된 소비자들은 옥외라는 메시지 전달의 한계로 인하여 깊이 있는 정보처리가 어렵다. 그럼에도 불구하고 옥외매체는 브랜드명, 로고 혹은 슬로건 등을 소비자에게 반복적으로 노출함으로써 기호의 정박효과를 증대시킬 수 있다. 최근에 옥외매체에 디지털 기술이 적용됨으로써 옥외매체는 상호작용적 커뮤니케이션을 구현할 수 있는 디지털 사이니지로 발전하고 있다.

2. 옥외매체의 분류

옥외매체는 설치 위치와 형태에 따라 빌보드, 교통광고, 스포츠경기장 광고, 공공시설물 이용 광고, 창문 이용 광고, 특정 지역 광고, 특수광고, 엔터테인먼트 매체 광고 등으로 분류할 수 있다. 「옥외광고물 등의 관리와 옥외광고산업 진흥에 관한 법률」상에서는 〈표 21-1〉에서 보이듯이 벽면 이용 간판, 돌출 간판, 공연 간판, 옥상 간판, 지주 이용 간판(야립), 입간판, 현수막, 애드벌룬, 벽보, 전단, 공공시설물 이용, 교통시설 이용, 교통수단 이용, 선전탑, 아치 광고물, 창문 이용 광고물 등 총 16가지 유형으로 분류된다. 옥외매체는 분류의 정도에 따라서 대분류, 중분류, 소분류로 나눌 수 있다. 옥외매체는 광고물의 소재와 표현방법에 따라서도 아크릴, 금속재, 도료, 종이, 비닐 테이프, 디지털 디스플레이(네온, 전광판, 내부 및 외부 조명, 화공) 등으로 분류된다.

〈표 21-1〉 **옥외매체의 분류**

분류		내용 및 유형
빌보드 (간판)	옥상 간판	건물 옥상 구조물에 따라 삼각형·사각형 또는 원형 등의 게시시설을 설치하여 문자·도형 등을 표시하는 것
	지주 이용 간판 (야립)	문자·도형 등을 표시한 목재·아크릴·금속재·디지털 디스플레이 판을 지면에 따로 설치한 지주에 붙이는 것
	건물 벽면 간판	문자·도형 등을 건물·시설물 등의 벽면, 유리벽의 바깥쪽, 옥상 난간 등에 길게 붙이거나 표시하는 것
	돌출 간판	문자·도형 등을 표시한 목재·아크릴·금속재 등의 판이나 표지 등을 건물의 벽면에 튀어나오게 붙이는 것
	공연 간판	공연·영화를 알리기 위한 문자·그림 등을 해당 공연 건물의 벽면에 표시하는 광고물
	입간판	건물의 벽에 기대어 놓거나 지면에 세워 두는 등 고정되지 않은 게시시설에 문자·도형을 표시하는 것
	전광판	풀컬러(옥상, 벽면, 지주 방식)
교통광고	교통수단 이용 광고	버스, 지하철, 택시, 철도, 자동차, 항공기, 선박, 대여 자전거, 대여 전동 킥보드
	교통시설물 이용 광고	공항, 항만, 버스 승차대, 고속도로, 지하철 역사 내·외부, KTX 내부

스포츠경기장 광고	야구장	내외야 펜스, 조명탑, 전광판
	축구장	A 보드, 골대 뒤 90도 광고
	농구장	A 보드, 경기장 바닥
	배구장	A 보드, 경기장 바닥. 네트 그물 광고
	골프장	클럽하우스 내(PDP, 전광판), 에어건, 코스안내판, 시계탑, 진입 도로변 파일론 광고
	스키장	야립, 와이드컬러, 리프트 체어, 전광판
	기타	수영장, 볼링장, 아이스하키장, 자동차 경주장
공공시설 이용 광고		공공목적을 위해 설치하는 인공구조물 또는 편익시설물에 표시하는 것
창문 이용 광고		문자 · 도형 등을 도료 · 천 · 종이 · 비닐 · 테이프 등을 이용해 건물 · 시설물 · 점포 · 영업소 등의 유리벽 안쪽, 창문, 출입문에 표시하는 것
특정 지역		지하상가, 아파트, 학교, 쇼핑몰, 할인점, 테마파크 광고물 등
특수광고		현수막, 벽보, 전단, 애드벌룬, 선전탑, 아치 광고물, 비행선, 점보트론, 열기구, 전화번호부 광고 등
엔터테인먼트 매체 광고		극장광고, 복합문화공간, 쇼핑몰 등

출처: 「옥외광고물 등의 관리와 옥외광고산업 진흥에 관한 법률 시행령」.

1) 빌보드

빌보드(billboard)는 문자 · 도형 등을 목재 · 아크릴 · 금속재 · 디지털 디스플레이 등을 이용하여 판이나 입체형으로 제작 · 설치하여 건물 · 시설물 등의 옥상, 벽면, 유리벽의 바깥쪽, 옥상 난간, 지주 등에 길게 붙이거나 표시하는 광고물을 말한다. 빌보드는 옥외광고의 가장 일반적인 형태로 구조물이 설치된 위치에 따라 「옥외광고물 등의관리와 옥외광고산업 진흥에 관한 법률」상의 옥상 간판, 지주 이용 간판(야립), 건물 벽면 간판, 돌출 간판, 공연 간판, 입간판, 전광판 등을 총칭한다. 보통 교통량이 많고 사람의 왕래가 빈번한 장소에 위치한 건물 옥상 구조물에 별도의 장방형, 삼각형, 원형 등의 게시시설을 설치하여 문자, 도형 등을 표시하거나, 승강기탑 등 건물의 옥상 구조물에 문자, 도형 등을 직접 표시한다.

빌보드는 광고물의 소재와 표현방법에 따라 네온, 전광판, 내부 및 외부 조명, 화공 등으로 분류된다. 네온사인은 유리관에 주입하는 가스의 종류와 유리관 내부에 착색된 형광도료에 의해 30여 개의 색상을 표출하는 광고의 유형으로서 네온관의 색상과 점멸기의 전기적 점멸장치에 의해 표출 프로그램 변경이 가능하다. 전광판은 보통 LED로 만드는데, LED는 'Light Emitting Diode'의 축약어로 자기 발광 소자로 번역된다. 전자식 발광 또는 화면 변환의 특성을 이용하여 표시내용이 수시로 변화면서 문자 또는 형상을 나타내는 광고물로서, 동화상을 구현하여 소비자에게 제품 및 서비스에 대한 정보를 제공한다. 전광판 광고는 옥외에 설치되는 대형 TV라고 할 수 있으며, 서울에는 40여 개의 전광판 광고가 있으며 광고문과 시청 앞의 전광판이 대표적이다. 전광판 광

벽면 이용 간판	돌출 간판	공연 간판	옥상 간판
자주 이용 간판	입간판	현수막	애드벌룬
벽보	전단	공공시설물 이용 광고물	교통시설 이용 광고물
교통수단 이용 광고물	선전탑	아치 광고물	창문 이용 광고물

[그림 21-1] 옥외광고의 종류

고는 대다수 소유자가 신문사이거나 영업행태가 정책적인 배경하에서 이루어지는 이유로 인하여 유독 우리나라에만 성행하는 기형적으로 확대된 매체이다.

2) 교통광고

교통광고는 교통수단의 내·외부에 설치되는 교통수단 이용 광고물과 교통시설에 설치되는 교통시설물 이용 광고물로 구분된다. 교통광고는 제작비가 저렴하고, 적은 비용으로 커버리지를 확대할 수 있다는 점에서 빌보드보다 선호되는 매체이다. 교통광고에는 지하철광고, 차량광고(버스, 택시), 철도광고, 공항광고, 고속도로광고가 있다.

지하철광고는 지하철 역사 내 광고와 지하철 내·외부 광고로 나뉘는데 지하철 역사 내 광고의 대표적 유형으로는 스크린도어 광고, 와이드컬러광고, 래핑 광고 등이 있다. 지하철 내부 광고로는 천장 걸이형, 모서리형, 액자형 그리고 천장에 걸려 있는 LCD 모니터를 이용한 동영상 광고 등이 있다. 천장 걸이형은 가시거리가 양호하며, 모서리형은 내부 혼잡도와 관계없이 지속적 노출이 가능하며, 액자형은 탑승객의 눈높이에 위치하고 있어 주목 효과가 크다. 지하철광고는 일일 평균 지하철 이용 인원이 수도권의 경우 1,000만 명에 달하기 때문에 노출 효과가 매우 크고 노출 효과에 비해 광고단가가 비교적 싸기 때문에 광고주들의 선호도가 높다.

지하철광고 다음으로 사람들의 눈에 자주 띄는 교통광고는 버스광고이다. 버스광고는 버스 내·외부 및 버스 승하차장에 부착한다. 버스광고는 자연스럽게 사람들의 시선을 유도하며 일정한 노선을 반복 주행함으로써 더 넓은 지역에 반복적으로 노출되는 효과가 있다. 철도광고는 철도차량을 이용하는 여행객들을 대상으로 한 광고로서 차량 내와 역사 내·외부 광고가 있다. 공항광고는 국제 및 국내 공항 내·외부에 일정 기간 지속적으로 설치된 광고물로서 공항 내·외부의 눈에 쉽게 띄는 곳에 설치된 디지털 사이니지와 카트광고 등이 있다. 공항광고는 공항을 출입하는 내·외국인을 대상으로 기업들의 대외 이미지를 제고할 수 있다. 고속도로광고는 고속도로 휴게소, 톨게이트, 고속도로 연도 등 고속도로와 관련된 시설물에 설치된 광고로 고속도로망이 연결된 비교적 넓은 지역에 도달할 수 있다.

〈표 21-2〉 **교통광고의 유형**

구분	종류	내용
교통수단 이용 광고	지하철광고, 버스광고, 택시광고	지하철, 버스, 택시의 내·외부에 설치된 광고. 지하철 내부 광고는 천장 걸이형, 모서리형(측면 벽과 천장 사이 모서리 부분), 액자형(출입문/좌·우측 벽면에 설치된 광고)
교통시설물 이용 광고	버스 승하차장, 공항광고, 고속도로 시설물, 지하철 역사 내	공항광고는 디지털 사이니지, 카트광고가 있으며, 고속도로광고는 고속도로 휴게소, 톨게이트 그리고 고속도로 연도 등에 설치된 광고물이 있음. 지하철 역사 내부 광고는 와이드컬러광고, 래핑 광고, 스크린도어 광고 등

출처: 「옥외광고물 등의 관리와 옥외광고산업 진흥에 관한 법률 시행령」.

3) 스포츠경기장 광고

스포츠경기장 광고는 스포츠 관련 시설물에 광고물을 설치하여 일정 기간 내에 지속적으로 표시하는 광고물로서 경기장 시설물에 직접 문자, 도형 등을 표시하거나 목재, 아크릴, 금속재 등의 게시시설을 설치하여 표시한다. 스포츠 광고의 종류로는 야구장, 축구장, 농구장, 배구장, 골프장, 스키장, 수영장, 볼링장, 아이스하키장, 자동차 경주장 광고 등이 있다. 스포츠 광고는 TV나 신문 등 다른 보도 매체를 통한 간접광고효과가 더 큰 것으로 알려져 있다.

4) 엔터테인먼트 매체 광고

엔터테인먼트 매체 광고는 극장광고, 복합문화공간, 쇼핑몰 등을 포함한다. 이 중 극장광고는 영화와 같은 필름 형태의 광고를 상설 영화관에 집행하는 광고로서 폐쇄된 공간에 대형 스크린을 통해 메시지를 전달하므로 주목 효과가 높다. 극장광고는 극장의 좌석 수, 극장시설 및 쾌적성 등을 사전에 확인하여 적어도 1개월 전에 예약해야 섭외할 수 있으며, 영상물 등급위원회로부터 사전 심의를 받아야 집행할 수 있다.

5) 특수광고

특수광고는 옥외광고, 교통광고, 스포츠 광고를 제외한 판매촉진을 위해 여러 장소에 다양한 도구를 이용한 다양한 형태의 광고를 총칭한다. 대표적인 광고물로는 현수막, 벽보, 전단, 애드벌룬, 선전탑, 아치 광고물 비행선, 점보트론(jumbotron), 열기구, 엘리베이터 광고, 전화번호부 광고 등이 있다. 특수광고는 새로운 형태의 광고물 개발로 지속적으로 증가하는 추세이다.

6) 특정 지역 광고

특정 지역 광고는 특정 지역에 있는 지하상가, 아파트(엘리베이터 광고 등), 학교, 쇼핑몰, 할인점, 테마파크 등에 설치된 광고물을 말한다.

7) 공공시설물 광고

공공시설물 광고는 도로 등의 일정한 장소에 광고탑을 설치하여 탑 면에 문자, 도형 등을 표시하는 광고물을 말한다.

8) 창문 이용 광고

창문 이용 광고는 문자, 도형 등을 목재, 아크릴, 금속재, 디지털 디스플레이 등을 이용하여 판이나 입체형으로 제작·설치하여 건물, 시설물, 점포, 영업소 등의 유리벽 안쪽, 창문, 출입문에 붙이거나 표시하는 광고물을 말한다.

9) 전화번호부 광고

전화번호부 광고는 전화번호부 앞, 뒤, 중간 부분에 주로 짧은 문구로 구성된 형태의 광고를 말한다. 전화번호부 광고는 특정 지역에서 영업활동을 하는 다양한 업소들의 상호, 위치, 제품 및 서비스의 종류, 연락처 등을 지역 소비자들에게 연결하는 기능을 한다. 전화번호부 광고는 연간 2,000만 부 이상 발행되는 최대 발행 부수의 광고 매체이며 한번 게재되면 1년 365일 지속하는 장점이 있다. 전화번호부 광고를 가장 많이 사용하는 업종들은 미국의 경우 병원, 식당, 자동차 관련 업종, 보험대리점, 변호사 사무실, 미용실, 백화점 등을 들 수 있으며 한국에서는 전 업종에 걸쳐 이용된다.

3. 옥외광고의 효과측정

일반적으로 옥외광고의 효과측정은 차량 유동인구, 도보 유동인구, 가시각도, 노출 시간, 차량 정체도(평균 주행 속도) 등에 따라 달라진다. 이들 효과측정 요인 중 가장 중요한 요인은 DEC(Daily Effective Circulation)이다. DEC는 차량 유동인구와 도보 유동인구를 합한 일일 유효 노출 사람 수를 나타내는 개념으로 해당 옥외광고물을 볼 가능성이 있는 최대 인원수를 말한다. DEC 이외에도 가시각도, 가시거리, 노출 시간, 차량의 평균 주행 속도에 따라 옥외광고물의 인지 가능성은 다르므로 전통적 옥외광고의 노출 효과는 일반적으로 DEC에 가시각도, 가시거리, 노출 시간, 차량 평균 주행 속도를 가중치로 적용하여 결정한다. 예를 들어, 옥외광고의 효과측정 모델에서 옥외광고 노출 지수 50의 의미는 도보 유동인구 및 유동 차량 탑승객 총원 중 50%가 해당 광고물을 본다는 것을 말한다. 한편 보행자의 수가 많은 길거리에서는 보행자들이 상호 충돌을 회피하는 데에 신경을 집중하기 때문에 광고물에 대한 보행자들의 시선이 분산되고 광고물의 주목 효과가 감소한다는 주장도 설득력을 얻고 있다.

〈표 21-3〉 **옥외광고의 노출 효과 평가항목**

항목		정의
DEC	차량 유동인구	하루 동안 특정 옥외광고물에 노출되는 총 차량 탑승자 수
	도보 유동인구	하루 동안 특정 옥외광고물에 노출되는 총 보행자 수
가시성	가시각도	특정 옥외광고물이 식별 가능한 영역 가시각도=유효 가시각도/최대 가시각도
	가시거리	특정 옥외광고물이 최초로 보이기 시작한 지점으로부터의 거리 가시거리=유효 가시각도/최대 가시거리
	노출 시간	특정 옥외광고물에 노출될 가능성이 있는 시간
차량 정체도		옥외광고물이 설치된 지역의 평균 주행 속도 차량 정체도(평균 주행 속도)=허용속도/평균속도
옥외광고 효과측정 모델의 예		옥외광고 노출지수=DEC×가시각도×노출 시간×평균 주행

출처: 심성욱, 고한준, 김효규(2012)의 자료를 바탕으로 재구성함.

4. 디지털 사이니지

　디지털 사이니지(digital signage)란 옥외, 점두, 공공 공간, 교통기관 등 모든 장소에서 전자적 표시 기구를 이용하여 정보를 발신하는 시스템 혹은 중앙의 한 지점에서 제어되는 디스플레이들의 네트워크로서 정의된다. 즉, 디지털 사이니지는 네트워크를 통한 원격제어가 가능한 디지털 디스플레이를 공공장소나 상업공간에 설치하여 정보, 엔터테인먼트 프로모션, 광고 등의 다양한 콘텐츠를 제공하는 디지털 매체라고 할 수 있다. 이상의 정의에서 보이듯이 디지털 사이니지는 디지털 디스플레이 기술, 네트워크 기술, 인터랙티브 기술을 기반으로 공공장소와 상업공간에서 LCD, PDP, LED 등의 디스플레이 패널을 통해 다양한 정보와 광고 등의 콘텐츠를 표출하는 디지털 미디어를 뜻하고 있음을 알 수 있다. 따라서 디지털 사이니지는 기존의 전통적인 옥외매체와 달리 유무선 네트워크를 이용하여 언제, 어디서든 타깃이 밀집된 지역에 원하는 정보를 전달할 수 있을 뿐만 아니라 인터랙티브 기능을 활용하여 타깃에게 브랜드와 관련하여 흥미로운 경험을 제공할 수 있다.

　디지털 사이니지는 전통적인 옥외광고와 달리 광고 커뮤니케이션 패러다임을 기존의 일방향에서 양방향 구조로 바꾸고 있다. 즉, 전통적인 옥외매체는 푸시형 방식으로 일방적으로 소비자들에게 광고 메시지를 전달하였으나, 디지털 사이니지는 특정한 시간과 공간 혹은 장소에 속해 있는 사람들의 특성을 파악하여, 맞춤형 메시지를 전달할 수 있으며, 이벤트나 세일즈 프로모션을 통하여 고객으로부터 직접적인 반응을 촉구할 수도 있다. 예를 들어, 20대 여성을 타깃으로 하는 화장품 회사가 신제품에 대한 인지도를 높이고 싶다면 이들의 라이프스타일을 파악하고 이들이 자주 이용하는 복합상영관이나 헤어숍 등에 설치된 인도어(indoor) 디지털 사이니지를 이용하여 신제품에 대한 브랜드 인지도를 높일 수 있다. 또한 옥외광고물에 부착된 QR코드와 연동하여 실시간 상품을 주문, 구매하게 할 수도 있다. 이러한 이유로 디지털 사이니지는 점차 보조 매체로서 역할을 넘어서 통합적 마케팅 커뮤니케이션을 구현하는 광고 매체로 발전될 것으로 전망된다. 최근에 디지털 사이니지는 무안경 3D 디스플레이 기술, NFC, 증강현실, 멀티터치 기술, 소형 카메라를 활용한 안면인식기술 등 다양한 기술이 접목되어 멀티미디어성과 상호작용성을 극대화하고 이용자와 소통할 수 있는 형태로 진화하고 있다.

〈표 21-4〉 **전통적 옥외매체와 디지털 사이니지의 차이**

역할	전통적 옥외매체	디지털 사이니지
노출 유형	수동적 노출(push형)	능동적 노출(pull형)
커뮤니케이션 패러다임	일방향	양방향, 상호작용
정보처리과정 (효과 위계 모형)	수동적 정보처리과정 (예: AIDMA 모델 등)	능동적 정보처리과정 (예: AISAS, AIMSCAS 모델 등)
광고효과	타깃 커버리지, 타깃 OTS	타기팅 효과, 인게이지먼트, 체험, ROI 효과, 구전효과, Lead(잠재고객 창출)
효과측정 방법	기억에 의존하는 설문조사	로그 파일 분석 등 추적(tracking)조사

전통적인 옥외매체와 디지털 사이니지의 차이점을 살펴보면 전통적인 옥외매체는 불특정 다수에게 광고 메시지를 노출하고, 타깃 커버리지와 타깃 OTS(Opportunities To See)를 제공하는 것에 초점을 맞추고 있으나, 디지털 사이니지는 단순히 타깃 커버리지와 타깃 OTS를 넘어서 스마트폰 및 QR코드 기술 등과 연동하여 소비자에게 제품 정보탐색뿐만 아니라 프로모션과 이벤트 참여 등의 기회를 제공하고 소비자로 하여금 광고에 직접 참여하게 하는 등 상호작용적 커뮤니케이션을 가능하게 한다. 예를 들어, 2014년에 현대자동차는 미국 뉴욕의 타임스 스퀘어에서 'Hyundai Brilliant Interactive Art'라는 양방향 옥외광고캠페인을 런칭하여 큰 화제를 불러일으켰다. 이 광고는 3면 형태의 옥외광고판 안에 살고 있는 'Mr. Brilliant'라는 가상의 인물을 내세워 시시각각 다양한 화면을 보여 주며 관람객과 감성적 소통을 시도하는 방식으로 진행되었다. 구체적으로 현장 관람객이 최첨단 안면인식 카메라 앞에서 여러 가지 포즈와 표정을 지으면 촬영된 얼굴을 Mr. Brilliant가 다양한 테마의 이미지로 꾸며 자신의 캔버스에 하나의 예술작품으로 완성해 제시한다. 또한 관람객이 즉석에서 가족, 친구, 연인 등 소중한 사람들의 이름과 이들을 향한 메시지를 스마트폰으로 작성, 와이파이를 통해 전송하면 이를 Mr. Brilliant가 옥외광고판에 게재하여 추억을 선사하는 기회도 제공한다. 이렇듯 소비자를 직접 광고에 참여시켜 광고의 주인공으로 만드는 마케팅 방식을 컨슈미디어 마케팅(consumedia marketing)[1]이라고 한다. 이 밖에 디지털 사이니지는 중앙제어를 통해 과학적이고 정확한 효과측정이 가능하다는 점에서 차량 및 도보 유동인구 조사에

---

1) 소비자(consumer)와 매체(media)를 결합한 신조어로, 소비자가 자연스럽게 미디어가 되는 현상을 의미한다.

[그림 21-2] 현대자동차 양방향 옥외광고
출처: 현대자동차그룹 뉴스룸(2014. 8. 15.).

의존하는 전통적 옥외광고의 효과측정과 큰 차이가 있다고 할 수 있다. [그림 21-2]는
뉴욕 타임스 스퀘어 현대자동차 옥외광고판에서 Mr. Brilliant가 방문객의 모습을 자신
의 캔버스에 그려 주는 모습을 보여 주고 있다.

5. 앰비언트 미디어

앰비언트(ambient)란 사전적 의미에서 '포위한' '에워싼'이란 뜻이다. 앰비언트 미디
어란 우리 주위의 사물, 시설물, 자연 공간을 이용하여 광고를 표현하거나 기존의 정형
화된 옥외매체를 창의적으로 변형하여 주목률을 높이는 매체를 말한다. 앰비언트 미디
어는 우리 생활 주변의 기기를 이용하여 재미있고 기발한 아이디어를 표현한다는 점에
서 미디어 크리에이티브를 구현할 수 있는 대표적인 생활 접점형 매체라고 할 수 있다.
앰비언트 미디어는 TV나 온라인과 같은 기존의 정형화된 광고 형식(크기, 길이, 위치 등)
을 가진 광고 매체와 다른 광고효과를 유발한다. 앰비언트 미디어는 고유의 의외성과
기발함이 다양한 디지털 기술과 연계되면서 디지털 사이니지와는 다른 차원의 놀라움
과 즐거움을 제공한다. 즉, 작품의 의외성과 독창성으로 소비자에게 놀라움을 자극해
소비자의 자발적인 관심을 유발하고, 나아가 소비자에게 기억되고, 이해되며, 목표한
행동을 유발하는 등의 후속적인 반응을 촉발한다. 앰비언트 미디어는 소비자와의 교감

을 중시하는 체험 마케팅에서 인지적 체험, 감성적 체험, 감각적 체험을 자극하는 중요한 수단으로 적극 활용되고 있다.

앰비언트 미디어는 신규로 설치하는 것, 기존의 사물이나 시설물을 활용하는 것, 기존의 옥외광고물을 더 창의적으로 활용하는 것의 세 가지 형태가 있으나 기본적으로 우리 주변의 모든 사물이 앰비언트 미디어로 활용될 수 있다. [그림 21-3]은 길거리에 흔히 널려 있는 전선을 이용해 신제품인 '리조이스 린스(Rejoice rinse)'를 홍보하고 있다. 즉, 대형 초록색 빗을 엉킨 전선 위에 설치하여 '엉키세요. 그러면 리조이스 린스로 바꾸세요.'라는 카피로 뒤엉킨 머릿결을 부드럽게 해 준다는 메시지를 인상적으로 전달하고 있다. 앰비언트 미디어는 주변 지형지물을 이용하는 것을 넘어서 '증강현실' '가상현실' '안면인식기술' '동작 인식 기술' 등 다양한 ICT 기술이 결합하여 특정 소비자에 최적화되고 소비자가 직접 참여하고 체험할 수 있는 인터랙티브한 광고로 진화하고 있다.

[그림 21-3] WINDEX 광고

출처: 인터비즈(2017. 4. 14.).

참고문헌

과학기술정보통신부, 방송통신위원회(2021. 12. 27.). 지난해 국내 방송시장 18조 규모… 전년 대비 1.9% 증가. https://www.korea.kr/news/policyNewsView.do?newsId=148897331

김동우(2019. 8. 22.). 구글 애널리틱스 실전 활용법. https://3rdscholar.tistory.com/9

김상훈, 이경렬(2010). 디지털 방송 광고 이용행태조사. 한국광고단체연합회.

김영경(2018. 1. 30.). 누군지는 잘 모르지만, 뭘 좋아하는지는 가장 잘 아는 비식별고객 정보. https://blog.b2en.com/321

김위근, 이강형, 이동훈(2010). 한국의 파워블로거. 한국언론진흥재단.

김재필, 허정욱, 성민현(2011). 국내 모바일 광고시장 및 플랫폼 사업 동향. KT 경제경영연구소.

김필준(2017. 2.). 브랜드 마케팅+숫자, 퍼포먼스 마케팅+감성 모바일 유저를 사로잡는 비법. 동아비즈니스리뷰, 219(2). https://dbr.donga.com/article/view/1202/article_no/7984

김희진, 이혜갑, 조정식(2007). 광고매체기획론. 경기: 학현사.

네이버 블로그(2010. 9. 17.). 시청률 미터 조사법. https://blog.naver.com/PostView.nhn?isHttpsRedirect=true&blogId=naninayeon&logNo=80115559216

대한상공회의소 외(1995). 마케팅 연구회 발표자료집.

메조미디어(2017. 2. 14.). 메조미디어 DMP, DATA MAX 소개서. http://www.slideshare.net/Mezzomedia/data-max

박원기, 오완근, 이승연(2006). 광고매체론. 서울: 커뮤니케이션북스.

박현수(2008). 광고매체기획론. 서울: 한경사.

식품음료신문(2022. 4. 29.). 국민 식탁문화 바꾼 '동원참치' 40년, 누적 판매 70억 캔… 세계인의 참치로. https://www.thinkfood.co.kr/news/articleView.html?idxno=94447

심성욱, 고한준, 김효규(2012). 기금조성용 옥외광고 효과측정 모델 개발 연구. 한국옥외광고센터.

양윤직(2010). 디지털 시대의 광고미디어. 서울: 커뮤니케이션북스.

엠포스(2019. 4. 15.). 신용카드사 SNS광고 트렌드 분석. http://www.openads.co.kr/content/contentDetail?contsId=2572

오가닉 미디어랩(2015. 9. 3.). 바이럴만 살아남는 더러운 세상, 그것이 알고 싶다. https://www.venturesquare.net/599145

이강호(2011). 기업의 트위터 활용유형에 따른 도입방안에 관한 연구. 한국기업경영학회, 37(1), 279-297.

이경렬(2001). 텔레비전 방송광고 회피행동에 영향을 미치는 예측변인들에 관한 연구. 광고학연구, 12(2), 165-189.

이경렬(2002). 이월효과가 매체 스케줄링의 유형별 효과에 미치는 영향에 관한 연구. 광고연구, 54, 191-219.

이경렬(2010). 교차광고의 효과에 관한 탐색적 및 실증적 연구. 한국방송광고공사 연구보고서.

이경렬(2013). 이월효과가 텔레비전 매체 스케줄링의 효과에 미치는 영향에 관한 연구: 도달률과 유효도달률의 누적을 중심으로. 광고연구, 93, 29-56.

이경렬(2016). 디지털 시대의 광고매체론. 서울: 서울경제경영.

이경렬, 김상훈(2005). 모바일광고의 접속의향에 영향을 미치는 예측변인들에 관한 연구. 광고학연구, 16(3), 191-218.

이경렬, 김상훈, 안대천(2008). 뉴미디어를 활용한 매체기획. 한국광고학회.

이경렬, 목양숙(2012). 뉴미디어광고에 대한 소비자 정보처리과정과 광고패러다임의 변화에 관한 탐색적 고찰: 인터넷광고, 모바일광고, 양방향TV광고, 그리고 페이스북광고를 중심으로. 조형미디어학, 15(4), 111-118.

이경렬, 이수범, 강형구, 이희복, 변상규, 윤여광, 김유경(2009). 스마트 시대의 광고 미디어. 경기: 한울아카데미.

이경렬, 전민진(2009). 텔레비전 매체스케줄링의 효과에 영향을 미치는 요인에 관한 연구: 타이밍과 예산배분의 변동을 중심으로. 광고학연구, 20(4), 7-24.

이동현(2019). 프로그래매틱에 대한 이해. 크로스 미디어 시대 콘텐츠 운영전략. https://mece.tistory.com/entry/%ED%81%AC%EB%A1%9C%EC%8A%A4%EB%AF%B8%EB%94%94%EC%96%B4

인터비즈(2017. 4. 14.). 앰비언트 광고, 기발한 사례들 (1): 달걀과 빨대도 미디어다! https://m.blog.naver.com/businessinsight/220983281112

제일기획(1996). 과학적 광고예산의 산출. 마케팅연구 보고서

조정식, 김선자(1998). 신문광고의 열독률 분석: 광고매체적 요인들을 중심으로. 광고학연구, 9(4), 149-166.

조창환, 이희준(2018). 디지털 마케팅 4.0(제2판). 서울: 청송미디어.

한상필, 이경렬, 박현수(2009). 텔레비전 광고효과의 이월(carryover)과 소멸(decay)에 관한 실증적 연구. 한국언론학보. 53(3), 5-29.

헤들리 디지털(2021. 5. 21.). 구글 애즈 완벽 가이드북: 구글 광고의 종류와 사용방법 2021. https://www.hedleyonline.com/ko/blog/%EA%B5%AC%EA%B8%80-%EC%95%A0%EC%A6%88-google-ads/

현대자동차그룹 뉴스룸(2014. 8. 15.). 'Hyundai Brilliant Interactive Art' Set to Captivate New Yorkers. https://www.hyundaimotorgroup.com/news/CONT0000000000073313

Aaker, D. A. (1991). *Managing brand equity: Capitalizing on the value of a brand name.* New York, NY: The Free Press.

Aaker, D. A. (1996). Measuring brand equity across products and markets. *California Management Review, 38*, 102-120.

Aaker, D. A., & Myers, J. G. (1987). *Advertising management* (3rd ed.). Englewood Cliffs, NJ: Prentice Hall.

Abernethy, A. M. (1991). Physical and mechanical avoidance of television commercials: An exploratory study of zipping, zapping and leaving. In R. Holman (Ed.), *Proceedings of the 1991 Conference of the American Academy of Advertising* (pp. 223-231). Richmond, VA: American Academy of Advertising.

Abernethy, A. M. (1991). Television exposure: Programs vs. advertising. *Current Issues and Research in Advertising, 13*(1-2), 61-77.

Achenbaum, A. (1977). Effective exposure: A new way of evaluating media. ANA media workshop, New York.

Advertising Research Foundation (1980). ARF comparability study: A controlled filed experiment comparing three methods of estimation magazine audiences. Study executed by Simmons Market Research Bureau, Inc.

allReport(2023. 1. 13.). 방송 산업, 케이블TV시장, 산업의 현황, 산업의 구조, 산업의 법과구조, 무료방송시장, 케이블방송, 방송시장 현황. https://www.allreport.co.kr/search/detail.asp?pk=21023016

Anagnos, E. (1993). The value of alternative advertising media scheduling patterns. M. A. Thesis. Gainesville, FL: University of Florida.

Appel, V. (1966). The reliability and decay of advertising measurements. National Industrial Conference Board meeting paper, October.

Appel, V. (1971). On advertising wear-out. *Journal of Advertising Research, 11*(10), 11-14.

Atkinson, R. C., & Shiffrin, R. M. (1968). Human memory: A proposed system and its control processes. In K. W. Spence & J. T. Spence (Eds.), *The psychology of learning and motivation, Volume 2* (pp. 89-195). New York, NY: Academic Press.

Brown, G. (1994). The awareness problem: Attention and memory effects from TV and magazine advertising. *Admap, January*, 15-20.

Cannon, H. M. (2012). Media analysis and decision making. In S. Rodgers & E. Thorson (Eds.), *Advertising theory* (pp. 313-336). New York, NY: Routledge.

Cannon, H. M., Leckenby, J. D., & Abernethy, A. (2002). Beyond effective frequency: Evaluating media schedules using frequency value planning. *Journal of Advertising Research, 42*(6), 33-47.

castingn(2017. 9. 13.). 잡지광고는 어떻게 만들어야 하나요? https://www.castingn.com/cblog/detail?JI_PK=98

Danaher, P. J., & Green, B. J. (1997). A comparison of media factors that influence the effectiveness of direct response television advertising. *Journal of Direct Marketing, 11*(2), 46-58.

Davis, S. M., & Dunn, M. (2002). *Building the brand-driven business.* San Francisco, CA: Jossey-Bass.

Ebbinghaus, H. (1885). *Uber das Gedachtnis.* Dunter and Humbolt, Leipzig.

Ebbinghaus, H. E. (1964). *Memory: A contribution to experimental psychology.* New York, NY: Dover Publications.

Ephron, E. (1995). More weeks, less weight: The shelf-space model of advertising. *Journal of Advertising Research, 35*(3), 18-23.

Ephron, E. (1997). Recency planning. *Journal of Advertising Research, 37*(4), 61-65.

Ha, L. (1996). Observations: Advertising clutter on consumer magazines: Dimensions and effects. *Journal of Advertising Reseach, 36*(4), 76-84.

Jacobovits, L. (1966). Semantic satiation and cognitive dynamics. American Psychological Association meeting paper, September.

Jones, J. P. (1992). *How much is enough?* New York, NY: Lexington Books.

Jones, J. P. (1995). Single-source research begins to fulfill its promise. *Journal of Advertising Research, 35*(3), 9-16.

Jugenheimer, D. W., Barban A. M., & Turk, P. B. (1992). *Advertising media: Strategy and tactics.* Dubuque, IA: William C. Brown Publishing.

Kamin, H. (1978). Advertising reach and frequency. *Journal of Advertising Research, 18,* 21-25.

Katz, H. (2019). *The media handbook: A complete guide to advertising media selection, planning, research, and buying.* New York, NY: Routledge.

Kotler, P. (1988). *Marketing management: Analysis, planning, control, and implimentation* (6th ed.). Englewood Cliffs. NJ: Prentice Hall.

Kotler, P. (2016). *Marketing 4.0: Moving from traditional to digital.* Hoboken, NJ: Wiley.

Kotler, P. (2017). 필립 코틀러의 마켓 4.0: 4차 산업혁명이 뒤바꾼 시장을 선점하라(*Marketing 4.0: Moving from traditional to digital*). 이진원 역. 서울: 더퀘스트. (원저는 2016년 출간).

Krugman, H. E. (1972). Why three exposures may be enough. *Journal of Advertising Research, 12*(6), 11-14.

Lancaster, K. M., & Katz, H. E. (1989). *Strategic media planning.* Lincolnwood, IL: NTC business Book.

Lasswell, H. D. (1984). The structure and function of communication in society. Reprinted in W. Schramm & D. Roberts (Eds.), *The process and effects of mass communication* (1974, pp. 84-99). Urbana, IL: University of Illinois Press.

Lavidge, R. J., & Steiner, G. A. (1961). A model for predictive measurements of advertising effectiveness. *Journal of Marketing, 25*(6), 59-62.

Leckenby, J. D., & Wedding, N. (1982). *Advertising management-criteria, analysis and decision making.* Columbus. OH: Grid Publishing Inc.

Longman, K. A. (1997). If not, effective reach, then what? *Journal of Advertising Research, 37,* 44-45.

McDonald, C. (1966). Advertising sales effects. *Admap, April,* 39-43.

McDonald, C. (1995). *Advertising reach and frequency: Maximizing advertising results through effective frequency* (2nd ed.). Lincolnwood, IL: NTC Business Books.

McDonald, C. (1996). How frequently should you advertise? *Admap, July-August,* 22-25.

McDonald, C. (1997). From frequency to continuity: Is it a new dawn? *Journal of Advertising research, 37*(4), 21-25.

MRI (1993). Mediamark Reports User Guide.

Naples, M. (1979). *Effective frequency: The relationship between frequency and advertising effectiveness.* New York, NY: Association of National Advertisers INC.

Naples, M. (1997). Effective frequency: Then and now. *Journal of Advertising Research, 37*(4), 7-12

Nice-nana(2020. 11. 4.). 검색광고 특징과 종류 알아보기. https://nice-nana.com/sem_basic/

Ostrow, J. W. (1982). Setting effective frequency levels, effective frequency: The state of the art or science. Advertising Research Foundation, key issues workshop, New York.

Ostrow, J. W. (1984). Setting frequency levels: An art or science? *Journal of Advertising Research, 24*(4), 1-11.

Ozga, S. A. (1960). Imperfect markets through lack of knowledge. *Quarterly Journal of Economics, 74*(1), 29-52.

Paivio, A. (1986). *Mental representations*. New York, NY: Oxford University Press.

Pavlov, I. P. (1902). *The work of the digestive glands*. London, UK: Griffin.

PD 저널(2018. 2. 23.). 23개 방송사 협찬고지 위반 등으로 과태료 2억원. https://www.pdjournal.com/news/articleView.html?idxno=61643

Peckham, J. O. (1981). *The wheel of marketing*. Scarsdale, NY: Self-published.

Rarchford, B. T. (1987). New insights about the FCB grid. *Journal of Advertising Research, 27*(4), 24-38.

Reichel, W., & Wood, L. (1997). Recency in media planning-re-defined. *Journal of Advertising Research, 37*(4), 66-74.

Rossiter, J. R., & Danaher, P. J. (1998). *Advanced media planning*. Norwell, MA: Kluwer Academic Publishers.

Rossiter, J. R., & Percy, L. (1997). *Advertising communications and promotion management* (2nd ed.). New York, NY: McGraw-Hill.

Schultz, D., & Barnes, B. E. (1995). *Strategic advertising campaigns* (4th ed.). Lincolnwood, IL: NTC Business Book.

Scissors, J. Z., & Barron, R. (2002). *Advertising media planning?* New York, NY: McGraw-Hill.

Scissors, J. Z., & Bumba, L. (1996). *Advertising media planning* (4th ed.). Lincolnwood, IL: NTC Business Books.

Stelzner, M. A. (2013). 2013 Social media marketing industry report. Social Media Examiner.

Tellis, G. J. (1997). Effective frequency: One exposure of three factors? *Journal of Advertising Research, 37*(4), 44-50.

Vaughn, R. (1980). How advertising works: A planning model. *Journal of Advertising Research, 20*(5), 27-33.

Vaughn, R. (1986). How advertising works: A planning model revisited. *Journal of Advertising Research, 26*(1), 57-66.

Zajonc, R. B. (1968). Attitudinal effects of mere exposure. *Journal of Personality and Social Psychology, 9*(2), 1-27.

Zielske, H. A. (1959). The remembering and forgetting of advertising. *Journal of Marketing,*

23(1), 239-243.

Zielske, H. A. (1986). Using effective frequency in media planning. *Journal of Media Planning*, *1*(1), 53-56.

방송법 시행령. https://www.law.go.kr/LSW/lsInfoP.do?efYd=20221211&lsiSeq=245875#0000

옥외광고물 등의 관리와 옥외광고산업 진흥에 관한 법률 시행령. https://www.law.go.kr/LSW/lsInfoP.do?efYd=20221211&lsiSeq=245737#0000

조선 미디어. https://about.chosun.com/home.php

카카오 비즈니스. https://business.kakao.com

한국방송광고공사. 방송광고 판매유형 및 방식. https://www.kobaco.co.kr/site/main/content/broad_ad_type

한국인터넷진흥원. https://www.kisa.or.kr/

AGB 닐슨 미디어 리서치. https://www.nielsenkorea.co.kr/

CleverTap. Funnel analysis: How funnel analytics can increase conversions. https://clevertap.com/blog/funnel-analysis/

Dentz-cross media life cycle. https://channelyou.modoo.at/?link=e4eb8y8z

eMforce monthly report. 신용카드사 SNS광고 트렌드 분석. http://www.sns-media.co.kr/wp-content/uploads/1903_Salesreport.pdf

FitSmallBusiness. https://fitsmallbusiness.com/

Google Ads. https://ads.google.com

How a web session is defined in Universal Analytics. https://support.google.com/analytics/answer/2731565?hl=en#zippy=%2Cin-this-article

Interactive Advertising Bureau (IAB). https://www.iab.com.

NeoNiche. The phenomenal 360 degree marketing approach. http://neonicheintegrated.blogspot.com/2015/06/the-phenomenal-360-degree-marketing.html

Product Frameworks. AARRR metrics. https://www.product-frameworks.com/AARRR-Metrics.html

Slideshare. https://www.slideshare.net/

SproutSocial. Marketing funnel. https://sproutsocial.com/glossary/marketing-funnel/

Tubefilter. https://www.tubefilter.com/

찾아보기

내용

저자 소개

이경렬(Lee, Kyung Yul)

한국외국어대학교 신문방송학과를 졸업하고 University of Texas at Austin에서 광고학 석사(M.A), University of Florida에서 광고 전공으로 커뮤니케이션학 박사학위(Ph.D)를 받았다. 박사학위 취득 후 삼성전자 국내영업본부 마케팅팀 과장으로서 가전, C&C(Computer & Communication) 제품들을 포함하여 20개 이상의 브랜드의 광고효과 조사 및 매체 기획 업무를 담당하였다. 동아대학교 사회언론광고학부(현 미디어커뮤니케이션학과)와 한양대학교 광고홍보학부 교수를 거쳐 현재 한양대학교 ICT융합학부 미디어 테크놀로지 전공 교수로 재직 중이다. 2005, 2007, 2009년 대한민국 광고대상 심사위원, 문화관광부 홍보정책자문위원회 자문위원, 한국방송광고진흥공사 교육자문위원, 연구자문위원, 미디어포럼 광고분과위원, 한국광고학회 광고학연구 편집위원장, 한국광고학회 영문저널 JAPR 편집위원장, 한국브랜드디자인학회 부회장, 한국커뮤니케이션학회 회장을 역임하였다. 저자의 관심 연구 분야는 매체 기획(media planning), 애드테크(Adtech), 디지털 마케팅(digital marketing) 등이며, 다수의 논문과 저서가 있다. 대표적인 논문으로는 「Predictors of electronic word-of-mouth behavior on social networking sites in the United States and Korea」(2019)가 있고, 저서로는 『디지털 시대의 광고매체론』(2판, 서울경제경영, 2019)과 『디지털 시대의 애드테크 신론』(학지사, 2022) 등이 있다.

메일 주소: kylee19@hanyang.ac.kr

광고 매체론
Advertising Media in the Digital Age

2023년 9월 5일 1판 1쇄 인쇄
2023년 9월 15일 1판 1쇄 발행

지은이 • 이경렬
펴낸이 • 김진환
펴낸곳 • **학지사비즈**
　　　　　　04031 서울특별시 마포구 양화로 15길 20 마인드월드빌딩
대표전화 • 02-330-5114　　팩스 • 02-324-2345
등록번호 • 제313-2006-000265호

홈페이지 • http://www.hakjisa.co.kr
인스타그램 • https://www.instagram.com/hakjisabook

ISBN 979-11-982113-5-4　93320

정가 25,000원

출판미디어기업 **학지사**

간호보건의학출판 **학지사메디컬** www.hakjisamd.co.kr
심리검사연구소 **인싸이트** www.inpsyt.co.kr
학술논문서비스 **뉴논문** www.newnonmun.com
교육연수원 **카운피아** www.counpia.com